Ski Guide Nordamerika

adventure
Michael Th[...]
Saarstr. 42
55276 Dienheim
Tel. 0 61 33 / 92 44 03
Fax 0 61 33 / 92 44 27
www.usareisen.com

Eine Übersichtskarte von Nordamerika mit den eingezeichneten Ski-Gebieten finden Sie in der vorderen Umschlagklappe.

Christoph Schrahe

Ski Guide
Nordamerika

VISTA POINT VERLAG

Leitfaden

Leitfaden für den Vista Point Ski Guide Nordamerika

Arrowhead in Colorado

Wildwestambiente in Silverton

Auf den folgenden Seiten erfahren Sie, welche Details die Kapitel über die Skigebiete beinhalten und wie Sie die für Sie relevanten Informationen schnell und einfach finden.

Der Ski Guide enthält nicht nur eine große Fülle von Informationen zu den beschriebenen Skigebieten, auch auf die Qualität wurde größter Wert gelegt. Die persönliche Recherche vor Ort bildet die wichtigste Grundlage für die zusammengetragenen Daten und Fakten. Die Abfahrten und Liftanlagen sämtlicher in diesem Buch beschriebenen Skigebiete wurden auf Basis von digitalen Luftbildern und topografischen Karten in einer rechnergestützen geografischen Datenbank mitsamt verschiedensten Attributen erfasst. Auf diese Weise konnten die Daten, bei denen Werber gerne übertreiben, wie Pistenlängen, Höhendifferenzen oder Neigungswinkel, exakt ermittelt und angegeben werden, das heißt, 100 Pistenkilometer sind auch wirklich 100 Pistenkilometer.

Am meisten gemogelt wird in den Werbebroschüren bei den *skiable acres*, das ist die Fläche, die man per Ski befahren können soll – diese Angabe ist in Nordamerika verbreiteter als die in Europa üblichen Pistenkilometer (die ebenfalls gern Gegenstand von Beschönigungen sind). Teilweise wird mehr als das Doppelte der Gesamtfläche des Skigebiets als *befahrbare* Fläche genannt. Selbst 100 Prozent wären wegen Bäumen, Felsen und Gebäuden schon ein Ding der Unmöglichkeit.

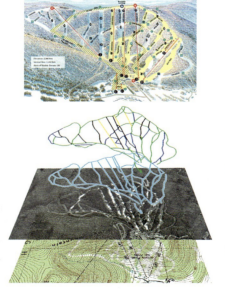

Panoramakarte

Digitalisiertes Pistennetz

Beschneite Pisten

Luftbild

Topografische Karte

Auch die Schneefallmengen sind in Nordamerika ein wichtiger Aspekt im Marketing und damit potentiell Gegenstand beschönigender Werbung. Daher wurden neben den Archiven der nationalen Wetterdienste weitere unabhängige Quellen einbezogen. Das Ergebnis war erfreulich: Es fällt tatsächlich eine Menge Schnee! Manche Orte melden allerdings nur, was am Gipfel fällt, weil unten im Ort zu bescheidene Mengen vom Himmel kommen. Mehr dazu ab Seite 23.

Was sich hinter den Angaben in den Skigebietskapiteln verbirgt, erfahren Sie hier:

Neben dem Namen des Skigebietes erlauben Piktogramme eine schnelle Einschätzung dessen, was im betreffenden Gebiet zu erwarten ist.

Leitfaden

Einer der ältesten Skiorte der USA: Stowe in Vermont

Qualität des Skiberges
- Topskigebiet
- eine Reise wert
- einen Umweg/Ausflug wert
- interessant, falls man in der Gegend ist

Für wen geeignet
- ♦♦ Experten mit Hang zum Extremen
- ♦ Sportliche Skifahrer, die auch Buckelpisten goutieren
- ■ Komfortskifahrer mit einem Faible für gewalzte Cruiser
- ● Anfänger

Angebot abseits der Pisten
- Sehr lebhafter Ort mit umfangreichem Angebot abseits der Pisten
- Lebhafter Ort mit gutem Angebot
- Ruhiger Ort mit beschränktem Angebot
- Skifahren, Essen und Schlafen

Ambiente
- Historischer Ort mit Wildwesttouch wie z.B. Silverton in Colorado (siehe Bild links unten).
- Am Reißbrett geplantes, fußgängerfreundliches Skidorf der neuen Generation. Ein Beispiel dafür ist Arrowhead, eines der drei Skidörfer im Skigebiet Beaver Creek in Colorado (siehe Bild links oben).
- Zweckmäßiger Retortenort mit zentralen Einrichtungen, zumeist in den siebziger Jahren entstanden, so wie Big Sky/Montana (siehe unten).
- Eine oder mehrere Hotels bzw. Lodges rund um die Talstation
- Gewachsene Ortschaft am Fuß des Berges (siehe oben).
- Reines Skigebiet ohne Unterkünfte am Berg

Ski-Resort aus den 1970ern: Big Sky, Montana

Leitfaden

Funitel in Squaw Valley, Kalifornien

Der **Infoblock »Fakts & Figures«** am Seitenrand enthält die wichtigsten Daten und Fakten zum Skigebiet:

Berg – Höhenlage der höchstgelegenen Liftstation oder des höchstgelegenen Punkts, den man per Pistenraupe erreichen kann. Wenn man zu Fuß höher aufsteigen kann, wird im Text darauf hingewiesen.

Tal – Höhenlage der niedrigsten Liftstation, manche Skigebiete haben einen Auslauf, der weiter hinunterführt, aber keinen Liftservice bietet.

HD – Maximale, von Aufstiegshilfen bediente Höhendifferenz, die man ohne Zwischenanstieg abfahren kann. Diese kann geringer sein als die Differenz zwischen Berg- und Talstation, wenn es keine direkte Abfahrt vom höchsten zum niedrigsten Punkt gibt.

Lifte – Summe aller Liftanlagen inklusive Übungslifte.

Seilbahn – Großkabinenbahnen oder Zweiseilumlaufbahnen.

Gondelbahnen – Einseilumlaufbahnen mit Gondeln für bis zu 15 Personen und die so genannten Cabriolets (Korblifte).

Express-Sessel-Sesselbahnen, die in der Talstation fürs bequeme Einsteigen mit verminderter Geschwindigkeit fahren, dafür auf der Strecke mit schnellen vier bis fünf Metern pro Sekunde unterwegs sind.

Die theoretische **Beförderungsleistung aller Liftanlagen** ist in Personen pro Stunde angegeben und schließt auch die Übungslifte ein. Daher weicht sie manchmal von den offiziellen Angaben ab.

Skigebiet – Gesamtflächenausdehnung des erschlossenen Skigebiets.

Abfahrten – Anzahl der im Pistenplan ausgewiesenen Abfahrten, wird öfters dadurch nach oben getrieben, dass Skigebiete Hänge in obere, mittlere und untere Pistenabschnitte aufteilen und dann als drei Abfahrten zählen, daher schwer vergleichbare Zahl.

Fläche bzw. Pistenfläche – befahrbare Fläche innerhalb der Skigebietsgrenzen, umfasst meist auch unpräpariertes Gelände.

beschneit – Fläche in Hektar oder Anteil der Pisten in Prozent, die technisch beschneit werden können.

Flutlicht – Länge und Höhendifferenz der beleuchteten Pisten.

Länge – Gesamtlänge aller Abfahrten, einschließlich der Pisten, Ziehwege und im Pistenplan ausgewiesenen Glades, die mit Liften bedient werden.

Charakter – Aufteilung des Pisteninventars auf die Kategorien Pisten, Glades und Skiwege (Angaben in %). Wenn der Anteil der Glades Null ist, heißt das nicht, dass Tree-Skiing nicht möglich ist, sondern lediglich, dass die entsprechenden Zonen nicht offiziell im Pistenplan ausgewiesen sind.

● – Länge der als leicht ausgewiesenen Abfahrten
■ – Länge der als mittelschwer ausgewiesenen Abfahrten
♦ – Länge der als schwer ausgewiesenen Abfahrten
♦♦ – Länge der als sehr schwer ausgewiesenen Abfahrten

hike-to – Länge der im Pistenplan ausgewiesenen (!) Abfahrten, die man nur mit einem Aufstieg erreichen kann.

Facts & Figures	
Berg	3417 m
Tal	2422 m
HD	995 m
Lifte	8
Seilbahn	0
Gondelbahn	1
Express-Sessel	2
Sesselbahnen	5
Schlepplifte	0
	12 390 Pers./Std.
Skigebiet	366 ha
Abfahrten	76
Fläche	272 ha
beschneit	85 ha
Flutlicht	20 ha
Länge	50 km
Charakter	84/4/13
●	0,0 km
■	28,6 km
♦	12,1 km
♦♦	8,8 km

max. – längstmögliche Abfahrt.

Fall-Linie – längste Abfahrt ohne Querfahrten, Ziehwege oder Zwischenanstiege.

Besucher – Anzahl der Ersteintritte pro Saison (ein Besucher, der eine Sechstagekarte löst, wird mit sechs Ersteintritten gezählt).

Skitage – Anzahl der Tage mit Skibetrieb in einem Winter.

VTM/Skifahrer – Vertikale Transportmeter (VTM) pro Skifahrer und Tag an einem besuchermäßigen Spitzentag. Die VTM ergeben sich aus der Summe der Produkte von Höhendifferenz und Beförderungsleistung jedes Lifts, geben also die Anzahl an Höhenmetern an, die alle Skifahrer im betreffenden Skigebiet an einem Tag fahren könnten. Ein durchschnittlicher Skifahrer hat einen Bedarf von rund 3000 Höhenmetern am Tag (Könner mehr, Anfänger weniger). In Skigebieten mit vielen Expressliften sind es mehr als 4000 Höhenmeter. Liegt die hier angegebene Zahl unter 3000 sind an Spitzentagen längere Wartezeiten zu erwarten, liegt sie deutlich über 4000 sind Wartezeiten eher die Ausnahme.

Skifahrer/km – Die durchschnittliche Anzahl der täglichen Ersteintritte dividiert durch die Länge der Abfahrten in Kilometern. Diese Kennziffer ist ein Maß für die Verkehrsdichte auf den Pisten, 50 ist bereits ein sehr guter Wert, in Skigebieten wie den Trois Vallées oder Val d'Isère beträgt er rund 100.

Schneefall – Summe der Neuschneehöhe in Zentimetern pro Saison (Durchschnitt der letzten 10–20 Jahre). Sind zwei Werte angegeben, bezieht sich der linke auf das Niveau der Talstation und der rechte auf die Schneefallmenge am Berg.

Keystone, Colorado, beleuchtet 23 Pistenkilometer

max.	5,3 km
Fall-Linie	4,4 km
Besucher	315 000
Skitage	137
VTM/Skifahrer	6300
Skifahrer/km	48
Schneefall	443/638 cm

Aufstieg zur Highland Bowl bei Aspen, Colorado

Leitfaden

Landschaft bei Aspen, Colorado

Bewertung
Preis/Leistung 3
Landschaft 3

Skigebiet
Off-Piste 2
Experten 4
Fortgeschrittene 3
Anfänger 1
Never-Ever 1
Wartezeiten 3
Bergrestaurants 3
Dining 5
Activities 5
Après-Ski/Nightlife 5

Kicking Horse, British Columbia, hat das höchstgelegene Bergrestaurant Kanadas

Die **Bewertung der Skigebiete** erfolgt mit einem bis zu fünf Sternen, wobei fünf Sterne jeweils optimal sind:

Preis/Leistung – beim Preis-Leistungs-Verhältnis können auch absolut betrachtet teure Orte gut abschneiden, wenn man dafür auch Entsprechendes bekommt.

Landschaft – Die Bewertung bezieht sich auf nordamerikanische Verhältnisse, so manches alpine Skigebiet würde vielleicht sechs Sterne erhalten. Ein Stern bedeutet: unspektakulär, mittelgebirgsmäßig, *nothing special*.

Off-Piste – Die Bewertung fasst Quantität, Qualität und Zugänglichkeit des Terrains abseits der markierten Abfahrten zusammen.

Experten – Eine extreme Abfahrt reicht nicht für eine gute Bewertung, da Experten Vielfahrer sind, spielt neben dem Terrain mit einem und zwei schwarzen Diamanten auch die Gesamtlänge der Abfahrten eine Rolle.

Fortgeschrittene – Länge, Gesamtlänge und Charakter der mittelschweren Abfahrten finden Eingang in diese Bewertung. Auch High-Speed-Lifte führen hier zu einem Bonus.

Anfänger – Damit sind in diesem Fall Skifahrer und Boarder gemeint, die sich bereits über den Babylift hinaus trauen, aber möglichst sanfte Abfahrten ohne böse Überraschungen suchen. Wenn ein Skigebiet für diese Zielgruppe viele Pisten und die Möglichkeit bietet, das gesamte Areal zu erkunden, gibt's die maximale Bewertung.

Never-Ever – Inwieweit ein Skigebiet für Menschen geeignet ist, die noch nie auf einem oder zwei Brettern gestanden haben, hängt von der Qualität und Ausstattung des Übungsgeländes und von den durch die Skischule angebotenen Programmen ab.

Wartezeiten – Eine niedrige Bewertung heißt nicht, dass man ständig an jedem Lift ansteht. Sie wurde vergeben, wenn es an wichtigen Liften regelmäßig zu längeren Wartezeiten kommt. In Skigebieten mit fünf Sternen sind Wartezeiten praktisch ausgeschlossen.

Bergrestaurants – Für diese Bewertung relevant: Gibt es Restaurants am Berg? Wie viele? Wie sieht es mit Ambiente und Qualität der Speisen aus?

Dining – Qualität, Anzahl und Abwechslungsreichtum der Restaurants im Ort drückt diese Bewertung aus.

Activities – Inwieweit der Ort das Zeug hat, tagsüber auch Nicht-Skifahrer bei Laune zu halten, kann man an dieser Bewertung ablesen. Neben den abseits der Pisten angebotenen sportlichen Aktivitäten wie Langlaufen, Schneeschuhwandern, Hundeschlitten- oder Snowmobile-Fahren, Eislaufen, Schwimmen oder Tennisspielen werden auch die Shoppingmöglichkeiten und das kulturelle Angebote einbezogen.

Après-Ski/Nightlife – Anzahl, Art, Dichte und Kultfaktor der Bars, Pubs und Diskotheken, aber auch andere Abendangebote wie Kino, Comedy oder Casinos beeinflussen die Bewertung in dieser letzten Kategorie.

Die angegebenen **Preise** verstehen sich bei den Skipässen inklusive Steuer und entsprechen, soweit nicht anders angegeben, dem Stand der Saison 2004/05. Bei den Verleihpreisen kommt in Kanada meist noch die Steuer hinzu (in Alberta 7 %, in British Columbia bis zu 14,5 %).

Skipass

1 Tag – Preis für Erwachsene in der Nebensaison (falls angeboten) und der Hauptsaison (die teuerste Zeit sind die Weihnachtsferien). Auch wenn nur ein Preis angegeben ist, gibt es zu Beginn oder Ende der Saison manchmal Ermäßigungen (bei reduziertem Angebot).
Jugend/Kinder – Spannbreite der Tageskartenpreise in den entsprechenden Altersgruppen.
6 Tage – Preis für Erwachsene in der Nebensaison (falls angeboten) und der Hauptsaison, meist kann ein Sechstagespass innerhalb von acht oder neun Tagen abgefahren werden.

Verleih

Ski 1 Tag – Preis für die Miete von einem Paar Standardski bzw. so genannten *High-performance-* oder Demo-Ski für Erwachsene. Die Preisspanne ergibt sich auch durch unterschiedliches Preisniveau verschiedener Verleihgeschäfte am Ort.
Ski 6 Tage – siehe oben, Preis für sechs Tage.
Set 1 Tag – Preis für die Miete von Ski, Skistiefeln und Stöcken.
Set 6 Tage – siehe oben, Preis für sechs Tage.

Anreise

Damit die weite Anreise in den nordamerikanischen Schnee nicht zu strapaziös wird, finden Sie in diesem Abschnitt ausführliche Informationen für den Weg von A nach B.

- ✈ Nächstgelegener internationaler Flughafen und nächstgelegener regionaler oder lokaler Airport, letztere jeweils mit Angaben zu den Flugverbindungen, in Klammern die Entfernung vom Airport (!) zum Ski-Resort.
- 🚌 Informationen über Shuttle-Transfers vom Flughafen ins Ski-Resort und über das örtliche Angebot an öffentlichen Verkehrsmitteln.
- 🚆 Manche Skigebiete sind per Zug erreichbar. Hier finden Sie entsprechende Informationen.
- 🚗 Hinweise, ob ein Mietwagen empfehlenswert ist oder nicht.
- ↔ Entfernungen zu Orten in der Umgebung oder wichtigen Städten.

Anreisedauer – Dauer des Fluges von Frankfurt oder München mit der schnellstmöglichen Verbindung, die nicht immer die preisgünstigste ist. Die Transferzeiten beziehen sich auf einen Transfer per Shuttle, mit dem Mietwagen geht es etwas schneller. Nicht berücksichtigt sind Fahrt-/Flugzeiten zum Interkontinental-Flughafen in Deutschland, Wartezeiten beim Check-in und bei der Ankunft (Immigration/Gepäck).

i Hier erfahren Sie die wichtigsten Kontaktdaten. Auf die Angabe der Telefonnummern von Schneeberichten haben wir verzichtet, da man diese Informationen besser im Internet abrufen kann. Dort erfahren Sie auch die kostenlosen Telefonnummern der Reservierungszentralen der Skigebiete. Diese Nummern sind nur von Telefonen in Nordamerika aus erreichbar.

Im Textteil erfahren Sie, wo am Berg die besten Hänge für **Könner**, **Fortgeschrittene** und **Anfänger** sind. Als Könner verstehen wir dabei Skifahrer, die in allen Schnee- und Geländearten sicher fahren können, einschließlich Buckelpisten und Tiefschnee.

Als Fortgeschrittener sollten Sie sich angesprochen fühlen, wenn Sie einen Parallelschwung auf gewalzten Pisten sicher beherrschen, auch wenn diese mal steiler sind, und Sie auch schwarze Pisten heil, wenn auch nicht immer elegant hinunter kommen. Als Anfänger haben wir Skifahrer eingestuft, die bereits etwas Erfahrung haben, kontrollierte Schwünge fahren können, aber vor steileren Hängen und jeder Art nicht präparierten Schnees zurückschrecken.

Und jetzt: Viel Spaß mit dem Vista Point Ski Guide Nordamerika!

Leitfaden

Skipass
1 Tag	$ 74
Jugend (13–17)	$ 67
Kinder (7–12)	$ 45
Kinder (0–6)	kostenlos
6 Tage	$ 444

Verleih
Ski 1 Tag	$ 10.50–40
Ski 6 Tage	$ 63–216
Set 1 Tag	$ 13.50–45
Set 6 Tage	$ 81–243

Anreise
✈ Denver (613 km), Durango (104 km), Montrose (95 km)
🚗 Ein Mietwagen ist die einzige Möglichkeit, im Winter nach Silverton zu gelangen.
↔ Telluride 117 km

i **Silverton Mountain**
P.O. Box 654
Silverton, CO 81433
✆ (970) 387-5706
www.silvertonmountain.com

Die Skigebiete verfügen meist über gute innerörtliche Busverbindungen

Zehn Gründe

Zehn Gründe für einen Skiurlaub jenseits des Atlantiks

Ein Skitrip nach Nordamerika ist auf den ersten Blick eine vergleichsweise teure Angelegenheit. Aber das Preis-Leistungs-Verhältnis überzeugt: Für gutes Geld erhält man eine Qualität, die man diesseits des Atlantiks oft vergebens sucht.

1. Die Menschen

Das Image der Amerikaner hat in Europa zuletzt etwas gelitten. Aber erstens sind nicht alle Amerikaner US-Bürger (worauf die Kanadier großen Wert legen) und außerdem entpuppen sich die Menschen von beiden Seiten der Grenze, wenn man sie dann persönlich kennen lernt und nicht nur in der Zeitung über sie liest, als die angenehmsten Zeitgenossen der Skigeografie.

Das fängt in der Warteschlange am Lift an: Da geht es höchst zivilisiert zu, niemand drängelt (in einer Menschentraube stehen hier höchstens ein Drittel der Leute, die in den Alpen am Lift warten, daher geht es auch viel schneller vorwärts), fährt über fremde Ski oder läuft gar mit abgeschnalltem Gerät zwischen den Mitwartenden nach vorn. Das Reißverschlusssystem funktioniert völlig selbstverständlich.

Hat man im Lift Platz genommen, wird man sofort in ein Gespräch verwickelt, und gibt man sich als Neuling im Skigebiet zu erkennen, folgt oft die Einladung zu gemeinsamen Abfahrten. Sie nehmen es mit dem Skifahren zwar ernst, im Mittelpunkt steht aber der ansteckende Spaß an diesem Sport. Verbissenheit ist den Amerikanern fremd. Man muss es ihnen lassen: Sie sind einfach besser drauf als wir.

Olympiasiegerin zum Anfassen: Nancy Greene ist in Sun Peaks, British Columbia, fast täglich mit Gästen unterwegs.

2. Freie Fahrt auf freien Pisten

Liftbetreiber in den Alpen lieben Lifte. Also bauen sie ständig neue, schnellere mit irrwitzigen Beförderungskapazitäten von 3000 oder gar 4000 Personen pro Stunde. Das ist toll für die Liftfahrer, denn sie müssen nicht mehr anstehen. Schwierig wird's, wenn Liftfahrer an der Bergstation zu Abfahrern mutieren, denn die Liftbetreiber haben eben nur neue Lifte gebaut, die plötzlich dreimal so viele Menschen auf dieselbe Piste schaufeln, auf der es dann nur noch gilt, irgendwie kollisionsfrei zwischen all den Massen talwärts zu finden.

Wer Ski fährt, um des Skifahrens willen, will seine eigene Linie zeichnen, seinem eigenen Rhythmus folgen, selbst Tempo, Schwungradien und Stopps bestimmen. Das ist es, worauf es in letzter Konsequenz wirklich ankommt. Diese unschätzbare Freiheit bieten die Skigebiete im Land der unbegrenzten Möglichkeiten, denn sie sind das Produkt passionierter Skifahrer und nicht technokratischer »Seilbahner«, wie sich die Skigebietsmanager im deutschsprachigen Raum bezeichnenderweise nennen. In Amerika ist es die Regel, nicht die Ausnahme, eine Piste für sich zu haben, wenn man es will, ob verbuckelt oder perfekt glattgebügelt – so wie auf dem Bild rechts, aufgenommen im kanadischen Sun Peaks.

Zehn Gründe

Kostenlose Heißgetränke am Aspen Mountain, Colorado

3. Der Service

Das mit der guten Laune gilt in Nordamerika nicht nur für die Gäste, sondern auch fürs Personal. Natürlich bringt es keinen zählbaren Mehrwert, wenn lächelnde junge Menschen bei jeder Bergfahrt »Have a nice run!« wünschen, aber es ist allemal angenehmer als das muffelige Gebaren alpiner Prägung. Kostenlos gereichte heiße Getränke und Cookies, geführte Gratis-Kennenlerntouren durchs Skigebiet, perfekt organisierte, kostenfreie Shuttlebusse zwischen Bett und Berg, bewachte Skiaufbewahrung ohne Berechnung am Bergrestaurant und hilfsbereite Guest-Service-Mitarbeiter, die einem die Ski vom Auto oder in die Halter am Bus hieven, lassen auch mitteleuropäische Krämerseelen einen echten Benefit erkennen, der nicht nur für die Stimmung gut ist.

Führend beim Service: Beaver Creek, Colorado

Zehn Gründe

4. Der Schnee
Qualität und Menge des Schnees, der im Marketingjargon amerikanischer Skigebiete selbstverständlich nicht einfach als Schnee, sondern als *Cold Smoke* oder *Champagne Powder* daherkommt, stellen in einigen Skigebieten alles in den Schatten, was man aus den Alpen kennt. Mehr über das Geheimnis des »Greatest Snow on Earth«, wie er in Utah genannt wird (das Foto rechts entstand in Brighton, Utah) ab Seite 23.

5. Die doppelten Diamanten
Zwei schwarze Diamanten. Damit bezeichnen amerikanische Skigebiete ihre schwersten Abfahrten und die führen nicht selten durch Gelände, wie es in Europa im markierten, kontrollierten (also vor alpinen Gefahren gesicherten) Skiraum schlichtweg nicht zu finden ist. Ausgerechnet in dem Land, wo jede Treppenstufe aus Angst vor millionenschweren Schadenersatzklagen mit der Aufschrift »watch your steps« gekennzeichnet ist, eröffnen die Skigebiete Terrain, das die Bezeichnung »extrem« mehr als verdient.

Wer echte Herausforderungen sucht, kann das in Amerika mit kontrolliertem Risiko tun. Natürlich sind 20 Meter hohe Klippen auch dann noch gefährlich, wenn sie auf einer im Pistenplan markierten Route liegen. Sein Hirn darf man schon noch benutzen. Mehr zur eigenen Verantwortung findet man übrigens im umfangreichen Kleingedruckten auf der Rückseite der Skipässe.

Doppelschwarzes Terrain am Lookout Mountain im kanadischen Skigebiet Sunshine Village

Zehn Gründe

6. Tree-Skiing

In den Alpen ist es wegen des Wildes und der jungen Bäume, die einmal zu Lawinenschutzschildern heranreifen sollen, irgendwie tabu, von der Pistenschneise in den Wald abzubiegen. Anders in Nordamerika. Grenzen setzt innerhalb des Skigebietes nur das eigene Können. Es gilt das Prinzip: »What you can see, you can ski.« Also auch wahnwitzige Linien durch den Wald, bei Powder ein fast metaphysisches Erlebnis, schon allein wegen des extremen Nervenkitzels, dass nur ein falscher Schwung dazu führen kann, sein Leben an einer Fichte auszuhauchen. Das ist der Grund, warum in Amerika so viele Skifahrer mit Helm unterwegs sind.

Für Einsteiger gibt es die so genannten *gladed areas*. Dort ist das Unterholz von Stolperfallen befreit und zum Teil hat man Bäume herausgenommen, so dass der Abstand zwischen den verbliebenen etwas weniger heimtückisch ist. Manche Glades sind daher in den Pistenplänen als *nur* mittelschwer markiert. Man muss kein Profi sein, um solche zu bewältigen. Unser Tipp: Unbedingt ausprobieren (aber das Kleingedruckte am Ende dieses Buches lesen ...).

7. Ski plus ...

Eine Reise nach Nordamerika hat fast jeder auf seiner Wunschliste – aber zum Skifahren? Das kann man doch auch hier. Klar, aber man kann das eine tun, ohne das andere zu lassen und die Klassiker – Metropolen und Nationalparks – ohne weiteres in einen Skitrip einbinden: San Francisco zur Jetlag-Überbrückung bei einer Reise in die Skigebiete am Lake Tahoe, Los Angeles und San Diego vor dem Trip zum Mammoth Mountain, das Death Valley und Las Vegas im Anschluss.

Utahs Canyons sind auch im Winter wunderschön, zum Wandern ist das Wetter dort im März oder April viel besser geeignet als im brüllend heißen Sommer. Nationalparks wie Yellowstone, Banff oder Jasper sind auch tiefverschneit überwältigend. Bloß wälzen sich im Winter nicht Millionen von Touristen hindurch. New York und Boston entfalten in der Vorweihnachtszeit einen besonderen Reiz, Vermonts Skigebiete liegen vor der Haustür. Selbst Colorado muss nicht nur Skifahren heißen, der Süden des Bundesstaates birgt interessante Sights – von den uralten Indianersiedlungen in Mesa Verde bis zu den gigantischen Sanddünen des Great Sand Dunes National Park.

Skilegende Billy Kidd beim Tree-Skiing in seinem Heimatort Steamboat, Colorado

Der Grand Canyon liegt in Sichtweite des Skigebiets Arizona Snowbowl

Zehn Gründe

Keystone in Colorado bietet luxuriöse Unterkünfte

Telluride, Colorado – hier raubte Butch Cassidy seine erste Bank aus

Discovery Center der Skischule von Killington in Vermont

8. Wild wild West

Alle haben als Kinder Cowboy und Indianer gespielt. Wer hat nicht davon geträumt, den wilden Westen mal live und nicht nur mit John Wayne, Will Smith oder Clint Eastwood im Fernsehen zu sehen. Viele alte Gold- und Silberminenstädtchen der Rockies haben sich in Ski-Resorts verwandelt und ihren Wildwestcharme in die Neuzeit hinübergerettet. Aspen, Park City, Jackson Hole und Breckenridge sind die bekanntesten, Telluride, Crested Butte und Red River die ursprünglichsten. Weniger bekannt sind Fernie, Silverton, Truckee, Flagstaff und Ketchum. Dort läuft einem im Pioneer Saloon auch schon mal der echte Clint Eastwood über den Weg.

9. Logis mit Komfortextra

Skifahrer haben viel Gepäck dabei und dirigieren ihre Oberschenkel täglich in die Übersäuerung. Da trifft es sich gut, dass auch preiswertere Unterkünfte in Nordamerika fast ausnahmslos über Whirlpool und geräumige Zimmer verfügen. Hotelzimmer bieten außer Platz und den hierzulande bekannten Selbstverständlichkeiten auch Kaffeemaschine, Teekocher, Bügelbrett, Bügeleisen, Kühlschrank und fast immer Internetzugang, oft auch eine kleine Küche. Apartments haben nicht selten ebenso viele Bäder wie Schlafzimmer und dazu Waschmaschine sowie komplett ausgestattete Küchen mit Ofen, Mikrowelle, Spülmaschine, Toaster und riesigem Eisfach. Da ein gut sortierter Supermarkt meist nicht weit ist, kann man die Kosten eines Skitrips nach Nordamerika bei Belegung so einer Wohnung oder Hütte mit mehreren Personen mächtig drücken. Für ein paar Dollar mehr bekommt man den eigenen Hot Tub auf der Terrasse dazu – herrlich!

10. Skischulen

Amerikanische Skilehrer sind zuerst Skifahrer, dann Amerikaner und zuletzt Lehrer. Das bedeutet: Sie haben mächtig Spaß an ihrem Job, eine unverwüstlich gute Laune und ihre Schüler sollen vor allem eines haben: Fun! Das mit der Technik kommt dann nebenbei wie von selbst. Auch für sehr gute Skifahrer lohnt es sich, mit *instructor* zu fahren. Sie kennen die versteckten Schätze ihres Berges und wissen, wann es wo den besten Pulver gibt. Auch bei einer Gruppenstunde wird in den höchsten Levels kaum unterrichtet, sondern hauptsächlich ordentlich Ski gefahren. Die meisten Skischulen haben zumindest einige Mitarbeiter, die Deutsch sprechen.

Top of the Slopes – die besten Skigebiete Amerikas

Top of the Slopes

Kanada und die USA bieten eine Reihe großartiger Skiberge. Aber welches sind die Top-Gebiete in Nordamerika? Amerikanische Skimagazine stellen jeden Herbst Ranglisten der besten Skigebiete auf, meist rangieren Vail und Whistler auf den vordersten Plätzen.

Der Haken an diesen Rankings: Sie gelten für einen durchschnittlichen Wintersportgast, den es in der Realität gar nicht gibt. Dem einen ist Après-Ski wichtiger als rasantes Terrain oder Champagne Powder. Andere legen Wert auf lange Abfahrten oder abwechslungsreiches Gelände und wer schon überall war, sucht Gebiete abseits des Mainstream. Aus unseren Top-Listen kann jeder seine ganz persönlichen Favoriten herausfiltern. Viel Spaß dabei – und natürlich im amerikanischen Schnee.

Die Höhendifferenzen amerikanischer Skiberge sehen im Vergleich mit manch alpiner Mega-Abfahrt bescheiden aus. Das täuscht! Während man in den Alpen oft nur eine Abfahrt bis ins Tal hat und sich der Löwenanteil des Skiareals weiter oben erstreckt, kann man in der neuen Welt auf zahlreichen bestens gepflegten Pisten – und die ganze Saison über – *from top to bottom* gleiten. Zwischenanstiege, Ziehwege, vereiste Schlussstücke: Fehlanzeige! Nur eine Ausnahme gibt es: Sunshine Village, wo die letzten 400 Höhenmeter über einen wenig spekatukulären Zieher verlaufen.

An der Ostküste führt der Whiteface Mountain, Olympiaberg von 1980, mit 975 Metern die Rangliste der Höhendifferenzen an, ein kleiner Aufstieg verlängert die Distanz auf 1055 Meter. Nennenswert durch Aufstiege im kontrollierten Skiraum vergrößern kann man die Höhendifferenzen auch in Aspen Highlands (auf 1317 Meter in der Highland Bowl), Moonlight Basin (auf 1125 Meter durch Anstieg zum Lone Peak), in Breckenridge (auf 1043 Meter bei Erklimmen des Peak 8), Silverton Mountain (auf 965 Meter) und Taos (945 Meter vom Kachina Peak).

Hier die Top 10 in der Kategorie fahrbare (und durch Lifte erschlossene) Höhendifferenz.

Top 10 – Fahrbare Höhendifferenz
1	Whistler/Blackcomb, BC	1609 m
2	Mount Hood Meadows, OR	1395 m
3	Snowmass, CO	1340 m
4	Jackson Hole, WY	1261 m
5	Panorama, BC	1215 m
6	Kicking Horse, BC	1146 m
7	Big Sky, MT	1110 m *
8	Steamboat, CO	1110 m
9	Timberline, OR	1094 m
10	Aspen Highlands, CO	1076 m

* Die Lifte von Big Sky bedienen 1327 Höhenmeter. Man kann aber vom Gipfel des Lone Peak nicht bis zur Talstation des Lone Moose Triple abfahren.

Bei der Höhenlage der Skigebiete lässt Nordamerika die Alpen nicht nur in der Breite sondern ab dem Winter 2005/06 auch in der Spitze hinter sich. Eine neue Sesselbahn wird in Breckenridge am Peak 8 bis auf 3913 Meter Meereshöhe führen, das sind 14 Meter mehr, als der Skilift auf die Goba di Rollin in Zermatt erreicht. Die Höhe sorgt einerseits für trockenen Schnee, andererseits verursacht sie so manchem gesundheitliche Probleme. Die Spitzenplätze belegen ausschließlich Skigebiete in Colorado, New Mexico und Arizona.

In Kalifornien und Utah geht es bis auf rund 3350 Meter, in Kanada nicht über 2700 Meter und im Nordosten nicht über 1300 Meter. Durch Anstiege innerhalb des von der Ski Patrol überwachten Geländes lassen sich noch extremere Höhen erreichen – und die 4000-Meter-Marke knacken. Die entsprechenden Höhen sind in Klammern angegeben.

Whistler/Blackcomb, British Columbia

Top of the Slopes

Top 10 – Höhenlage Bergstation
1	Breckenridge, CO	3913 m (3963 m)
2	Loveland, CO	3871 m (3965 m)
3	Snowmass, CO	3813 m
4	Arapahoe Basin, CO	3795 m (3978 m)
5	Silverton Mountain, CO	3749 m (4111 m)
6	Copper Mountain, CO	3743 m
7	Telluride, CO	3735 m
8	Santa Fe Ski Area, NM	3658 m
9	Winter Park, NM	3650 m
10	Monarch Ski Resort, CO	3642 m

Auch die Skiorte liegen in **Rekordhöhen**. Wo man in den Alpen hunderte Meter Gletschereis unter sich hätte, bummelt man hier durch lebhafte Ortschaften mit bunten Fassaden im viktorianischen Stil. Im Summit County in Colorado liegen mehrere Resorts in fast 3000 Meter Höhe. Wem das den Schlaf zu rauben droht, der findet an der Ostküste mit Tremblant oder Lake Placid Skiorte in Höhen von nur 200 Metern.

Breckenridge ist einer der höchstgelegenen Skiorte der Welt, der Peak 9 im Hintergrund ist der höchste Skigipfel Amerikas

Top 10 – Höhenlage Skiorte
1	Brian Head, UT	2975 m
2	Copper Mountain, CO	2960 m
3	Breckenridge, CO	2926 m
4	Telluride Mountain Village, CO	2909 m
5	Crested Butte Resort, CO	2865 m
6	Taos, NM	2859 m
7	Silverton, CO	2840 m
8	Keystone, CO	2836 m
9	Winter Park Village, CO	2765 m
10	Durango Mountain Resort, CO	2731 m

Die Höhenlage bewirkt in den meisten Ski-Resorts konsistente Schneebedingungen. Mehr zur Schneequalität und darüber, dass sich 13 Meter Schnee in Kalifornien und Utah unterscheiden, erfahren Sie ab Seite 23. Hier die Liste der Skigebiete mit der größten jährlichen **Neuschneemenge**.

Top 10 – Schneefall pro Jahr
1	Mount Baker, WA	1906 cm
2	Alyeska, AK	1603 cm
3	Alta, UT	1422 cm
4	Grand Targhee, WY	1280 cm
5	Snowbird, UT	1270 cm
6	Sugar Bowl Ski Resort, CA	1270 cm
7	Brighton, UT	1270 cm
8	Powder Mountain, UT	1270 cm
9	Kirkwood, CA	1270 cm
10	Powder King, BC	1257 cm

Die Schneemenge allein sagt natürlich noch nichts darüber aus, wie hoch die Wahrscheinlichkeit ist, *first tracks* in jungfräulichen Pulver zirkeln zu können. Das hat auch mit Glück zu tun. Für diejenigen, die nichts dem Zufall überlassen wollen, wurde ermittelt, wie viel Schnee pro Winter auf jedes einzelne Skigebiet in Nordamerika fällt und diese Menge durch die Anzahl der Skifahrer pro Saison dividiert. Das Ergebnis zeigt, wie viel Kubikmeter Neuschnee auf jeden Skifahrer entfallen. In manchen Gebieten ist dieser leichter zugänglich, weil das gesamte Areal fahrbar ist, während anderswo undurchdringliche Wälder und unüberwindbare Felsen warten. Zugegeben: Das ist ein Stück weit Zahlenspielerei, aber das Ergebnis spiegelt die Realität dennoch ganz passabel wider.

Top 10 – Schnee pro Skifahrer
1	Moonlight Basin, MT	597 m^3
2	Snowbasin, UT	501 m^3
3	Ski Smithers, BC	500 m^3
4	Grand Targhee, WY	437 m^3
5	Castle Mountain, AB	409 m^3
6	Red Mountain, BC	392 m^3
7	Big Sky, MT	334 m^3
8	Loveland, CO	318 m^3
9	Solitude, UT	292 m^3
10	Big Mountain, MT	280 m^3

Top of the Slopes

Die Lone Peak Tram bietet beste Chancen auf Tiefschnee-Runs, denn sie befördert pro Stunde nur 200 Skifahrer auf die weitläufigen und mit zehn Meter Schnee pro Jahr gesegneten Hänge von Big Sky, Montana

Um objektive Daten zum Pistenangebot zu erhalten, wurden für den Ski Guide daher nicht nur die Flächen, sondern auch die in den offiziellen Pistenplänen der Skigebiete verzeichneten Abfahrten in einer geografischen Datenbank digitalisiert. Dabei wurden die Abfahrten nach ihrem Schwierigkeitsgrad und danach kategorisiert, ob es sich um Pisten, Ziehwege, Glades oder nur via Aufstieg zu erreichendes Gelände handelt. Letzteres haben wir in der folgenden Rangliste außen vor gelassen.

Top 10 – Länge der Abfahrten

1	Whistler/Blackcomb, BC	223 km
2	Vail, CO	215 km
3	Park City/Deer Valley, UT	170 km *
4	Big Sky/Moonlight, MT	168 km **
5	Beaver Creek, CO	152 km
6	Alta/Snowbird, UT	143 km
7	Snowmass, CO	137 km
8	Killington, VT	120 km
9	Breckenridge, CO	118 km
10	Stowe/Smuggler's Notch, VT	117 km *

* Kein gemeinsames Liftticket.
** Mit den Pisten des (leider privaten) Skigebiets Yellowstone Club kommen 230 Kilometer zusammen.

Per Pedes erreicht man in vielen Skigebieten zusätzliches, nicht präpariertes Terrain, meist in der Kategorie »schwer« oder »sehr schwer«. Könner bleiben dort unter sich, denn schwächere Skifahrer scheuen Aufstiege. Deren Länge variiert zwischen fünf und 45 Minuten, in Silverton geht es auch darüber hinaus.

Vail Mountain in Colorado ist mit 215 Pistenkilometern der größte Skiberg der USA, viele der Pisten werden bis zur Perfektion präpariert

Bei Städten, Highways und Maisfeldern geht Amerika geradezu verschwenderisch mit dem im Überfluss vorhandenen Platz dieses riesigen Kontinents um. Nicht so bei den Skigebieten. Während sich in den Alpen diverse Pistenareale über mehr als 100 Quadratkilometer erstrecken, sind die amerikanischen Gebiete vergleichsweise kompakt und ein Muster an effizienter Nutzung des Geländes. Innerhalb der designierten Skigebietsfläche kann man oft fast jeden Quadratzoll unter die Bretter nehmen. Hier die flächenmäßig größten Skigebiete Amerikas.

Top 10 – Skigebietsfläche

1	Vail, CO	3424 ha
2	Whistler/Blackcomb, BC	2947 ha
3	Snowmass, CO	2153 ha
4	Beaver Creek, CO	1810 ha
5	Winter Park, CO	1572 ha
6	Telluride, CO	1550 ha
7	Big Sky, MT	1463 ha
8	Killington, VT	1389 ha
9	Copper Mountain, CO	1365 ha
10	Steamboat, CO	1348 ha

Top of the Slopes

Top 10 – Länge Hike-to-Abfahrten
1	Silverton Mountain, CO	38,0 km
2	Copper Mountain, CO	14,1 km
3	Keystone, CO	13,8 km
4	Park City Mountain, UT	13,3 km
5	Aspen Highlands, CO	10,0 km
6	Sunshine Village, AB	9,3 km
7	Silver Star, BC	8,9 km
8	Loveland, CO	7,9 km
9	Winter Park, CO	7,2 km
10	Moonlight Basin, MT	7,0 km

Die extremen Abfahrten in Aspen Highlands, Colorado

9	Big Sky, MT	11,7
10	Ski Cooper, CO	11,8

Viele Pistenkilometer bedeuten viel Abwechslung. Wie viel Spaß man bei jeder einzelnen Abfahrt hat, hängt aber auch davon ab, ob man sich mit Massen Gleichgesinnter teilen muss oder mehr oder weniger allein dem eigenen Rhythmus folgen kann. Für die folgende Rangliste wurde die mittlere tägliche Besucherzahl in Beziehung zur Länge der Abfahrten gesetzt. Die Zahl gibt an, wie viele Skifahrer sich durchschnittlich auf einem Pistenkilometer tummeln, dabei ist berücksichtigt, dass etwa ein Drittel der Besucher jeweils gerade liftet oder sich im Restaurant aufhält. Für Wochentage kann man grob mit einem Drittel dieser Durchschnittswerte kalkulieren.

Wer sich nicht zu den absoluten Könnern zählt, hat natürlich nichts davon, wenn 80 Prozent der Pisten eines großen Skigebiets für ihn zu anspruchsvoll sind. Umgekehrt gilt das selbstverständlich auch. Daher haben wir ausgewertet, welche Skigebiete für welches Leistungsniveau geeignet sind.

Den besonderen Reiz der amerikanischen Skigebiete machen Hänge aus, an deren Befahrung – geschweige denn an deren offizielle Ausweisung auf dem Pistenplan – man in den Alpen nicht einmal denken würde. Diese *double black diamond runs* sind die Y-Chromosomen jedes Skigebiets. Die folgende Aufstellung zeigt, wer am meisten davon hat.

Top 10 – Skifahrer pro Abfahrtskilometer
1	Silverton Mountain, CO	0,6
2	Moonlight Basin, MT	4,2
3	Ski Smithers, BC	7,8
4	Castle Mountain, AB	8,5
5	Panorama, BC	10,1
6	Mad River Glen, VT	11,2
7	Sun Peaks, BC	11,2
8	Snowbasin, UT	11,3

Etwa 45 Minuten benötigt man für den Aufstieg zum fast 3800 Meter hohen Highlands Peak in Colorado, belohnt wird man mit steilen Tiefschnee-Runs.

Top 10 – *double black diamond runs*
		Liftservice inklusive/hike-to
1	Silverton Mountain, CO	15,0 km/53,0 km
2	Copper Mountain, CO	10,5 km/24,6 km
3	Breckenridge, CO	17,7 km/23,7 km
4	Aspen Highlands, CO	12,2 km/22,2 km
5	Park City Mountain, UT	8,3 km/21,6 km
6	Mt. Hood Meadows, OR	20,8 km/20,8 km
7	Telluride, CO	18,2 km/20,8 km
8	Snowmass, CO	20,1 km/20,1 km
9	Squaw Valley USA, CA	13,4 km/15,7 km
10	Big Sky, MT	11,1 km/14,9 km

Diese Rangliste gibt die Pistenmarkierung der Skigebiete wieder. Was ein *double black diamond run* ist und was nicht, bewertet jedes Areal anders. Daher fehlt Jackson Hole. Viele der schwarzen Pisten von Jackson Hole würden andernorts das Siegel doppelt- oder gar dreifachschwarz erhalten.

Andere Skiorte haben zwar nicht die Masse an extremem Terrain, das Wenige dafür aber in besonders extremer Ausprägung, zum Beispiel Heavenly oder Kirkwood in Kalifornien.

Diejenigen, die auf der Suche nach der ultimativen Herausforderung sind, finden sie auf den fünf folgenden Abschussrampen in die ewigen Skifahrerjagdgründe:

Top of the Slopes

The Billboard Silverton, CO
Jede Steilrinne im Boo-Yah Basin (45 Minuten Aufstieg) beginnt jenseits der 50 Grad und hat eine durchschnittliche Neigung von 45 Grad.
Höhendifferenz: 884 m
Maximales Gefälle: 55 Grad

The Big Couloir, Big Sky, MT
Alle 15 Minuten werden nur zwei mit Piepsern und Schaufel ausgerüstete Skifahrer in diesen engen, fast senkrechten Couloir gelassen.
Höhendifferenz: 450 m
Maximales Gefälle: 60 Grad

Extreme Limits, Crested Butte, CO
Bevor man sich in diese ausgedehnte, stark bewaldete und mit Klippen gespickte Bergflanke stürzt, sollte man den örtlich verlegten *Extreme Limits Ski Guide* studieren.
Höhendifferenz: 518 m
Maximales Gefälle: 60 Grad

KT-22, Squaw Valley, CA
Gigantische Felsabstürze, enge Steilrinnen und dazwischen all die anderen Arten von Terrain, die Schweiß auf die Stirn treiben.
Höhendifferenz: 548 m
Maximales Gefälle: 65 Grad

Wildwest, Sunshine Village, AB
Diese vier nordseitigen Chutes sind so lawinengefährdet, dass sie in einem der letzten Winter nur an zwei Tagen geöffnet werden konnten.
Höhendifferenz: 579 m
Maximales Gefälle: 65 Grad

Die meisten amerikanischen Skigebiete ragen nicht über die Baumgrenze hinaus. Das setzt den Möglichkeiten zum **Off-Piste-Skiing** abseits der gewalzten Pisten gewisse Grenzen. Nachfolgend die besten Locations für freies Skifahren und Carven im offenen Gelände.

Top 10 – Off-Piste
1 Whistler/Blackcomb, BC
2 Vail, CO
3 Jackson Hole, WY
4 Big Sky, MT
5 Alta, UT
6 Snowbird, UT
7 Crystal Mountain, WA
8 Squaw Valley USA, CA
9 Lake Louise, AB
10 Sunshine Village, AB

Mag Nordamerika beim freien Gelände gegenüber den Alpen noch den Kürzeren ziehen – bei Anzahl und Qualität der **Buckelpisten** suchen amerikanische Reviere in der Skigeografie ihresgleichen. Hier kommen die besten Skigebiete für *Hot-Dogger* mitsamt ihren Aushängeschildern (in Klammern: Länge und Höhendifferenz):

Top 10 – Buckelpisten
1 Winter Park, CO: Summit Express (1367/464 m)
2 Telluride, CO: Bushwacker (2624/965 m)
3 Vail, CO: Prima (1050/396 m)
4 Snowbird, UT: Mach Schnell (1096/558 m)
5 Jackson Hole, WY: North Hoback (1240/634 m)
6 Copper Mountain, CO: Far East (1300/463 m)
7 Aspen Mountain, CO: Ridge of Bell (560/268 m)
8 Taos, NM: Al's Run (900/463 m)
9 Killington, VT: Outer Limits (784/361 m)
10 Mammoth Mountain, CA: Grizzly (900/401 m)

Top of the Slopes

Wer nicht die Fähigkeiten besitzt, im extremen oder ungespurten Gelände zu bestehen, sucht eher nach gut präparierten Hängen für unbeschwertes Gleiten. In jüngster Zeit haben viele Skigebiete dieser Klientel verstärkte Aufmerksamkeit gewidmet und wie in Vail oder Beaver Creek zusätzliche Pistenraupen angeschafft und den Anteil der täglich gewalzten Pisten kräftig erhöht. Folgende Gebiete gelten als führend bei der **Präparierung** ihrer Pisten.

Top 5 – Grooming
1 Deer Valley, UT
2 Snowmass, CO
3 Beaver Creek, CO
4 Bretton Woods, NH
5 Okemo Mountain, VT

Die meisten blau markierten, **mittelschweren Pisten**, bieten folgende Gebiete:

Rattler in Deer Valley, Utah, ist eine der schönsten Buckelpisten der USA

Vail Mountain in Colorado bietet mehr freies Gelände als jeder andere US-Skiberg, dafür aber auch rekordverdächtig viele Ziehwege

Top 10 – Mittelschwere Pisten*
1	Whistler Blackcomb, BC	92 km
2	Snowmass, CO	78 km
3	The Canyons, UT	59 km
4	Mammoth Mountain, CA	58 km
5	Big Sky/Moonlight Basin, MT	50 km
6	Sun Peaks, BC	49 km
7	Breckenridge, CO	45 km
8	Alta/Snowbird, UT	45 km
9	Beaver Creek, CO	44 km
10	Vail, CO	43 km

* Nur Skigebiete, für die es einen gemeinsamen Skipass gibt.

Egal ob Crack oder Genussskifahrer: **Ziehwege** nerven alle. Die folgenden Skigebiete verzeichnen die größten Anteile dieser unrühmlichen Schiebepartien in ihrem Abfahrtsinventar. Also Stöcke nicht vergessen.

Top 10 – Anteil Ziehwege an den Abfahrtskilometern
1	Beaver Creek, CO	35 %
2	Kicking Horse, BC	32 %
3	Snow King Resort, WY	31 %
4	Bogus Basin, ID	30 %
5	Vail, CO	29 %
6	Silver Mountain, ID	28 %
7	Killington, VT	26 %
8	Sundance, UT	26 %
9	Fernie Alpine Resort, BC	24 %
10	Sun Valley Bald Mountain, ID	24 %

Apropos Ziehwege: Häufig gehören die **längsten Abfahrten** der Skigebiete zu dieser Kategorie. Für Anfänger eine tolle Sache, Fortgeschrittene möchten aber eher auf gut geneigten Pisten, zum Schwingen ausreichend breiten und der Fall-Linie folgenden Hängen vom Gipfel bis ins Tal gelangen können. Daher listen wir neben den absolut längsten Abfahrten nachfolgend auch die längsten Fall-Line Runs auf.

Top of the Slopes

Top 10 – Längste Abfahrten
1. Whistler/Blackcomb, BC — 13,1 km
2. Killington, VT — 12,6 km
3. Beaver Creek, CO — 11,0 km
4. Steamboat, CO — 10,7 km
5. Vail, CO — 10,3 km
6. Snowmass, CO — 9,4 km
7. Kicking Horse, BC — 9,2 km
8. Heavenly, CA — 8,5 km
9. Jackson Hole, WY — 8,4 km
10. Keystone, CO — 8,3 km

Top 10 – Fall-Line Runs
1. Snowmass, CO — 8,8 km
2. Winter Park, CO — 6,8 km
3. Whistler/Blackcomb, BC — 6,4 km
4. Telluride, CO — 6,1 km
5. Timberline, OR — 5,9 km
6. Vail, CO — 5,6 km
7. Sun Valley, ID — 5,1 km
8. Copper Mountain, CO — 5,0 km
9. Aspen Highlands, CO — 5,0 km
10. Mt. Bachelor, OR — 4,9 km

Neben dem Profil und der Länge der Abfahrten prägt das Drumherum den Skigenuss. Ein großartiges Panorama kann aus einer durchschnittlichen Abfahrt ein unvergessliches Erlebnis machen. Hier sind die **landschaftlich attraktivsten Skigebiete** und das, was ihren besonderen Reiz ausmacht.

Top 10 – Szenerie
1. Heavenly, CA: Lake Tahoe, Nevada Desert
2. Lake Louise, AB: Victoria-Gletscher
3. Sunshine, AB: Mount Assiniboine
4. Grand Targhee, WY: Grand Tetons
5. Grouse Mountain, BC: Pazifik, Vancouver
6. Telluride, CO: San Juan Mountains
7. Big Sky, MT: Lone Peak
8. Aspen Highlands, CO: Maroon Bells
9. Mammoth Mountain, CA: The Minarets
10. Whistler/Blackcomb, BC: The Black Tusk

Da es beim Skifahren ums Abfahren und nicht ums Auffahren geht, ist es ziemlich egal, wie viele Liftanlagen ein Skigebiet hat. Dass nordamerikanische Skigebiete in dieser Kategorie im Vergleich mit den Alpen hoffnungslos unterlegen sind (200 Liften in den Trois Vallées stehen gerade mal 34 in Vail und Squaw Valley gegenüber), ist denn auch nur auf den ersten Blick ein Manko. Während ein Lift in alpinen Skigebieten meist nur zwei bis drei Pistenkilometer erschließt, sind es in Nordamerika meist mehr als fünf, in Sun Peaks sogar 13 Kilometer.

Das sorgt für angenehm leere Pisten. Zu denen möchte man natürlich möglichst schnell gelangen. Ein gutes Maß für die Effizienz eines Liftsystems ist die Anzahl der **Expresslifte**: Seilbahnen, Gondelbahnen oder kuppelbare Sesselbahnen.

Top 10 – Expresslifte
1. Whistler Blackcomb, BC — 15
2. Vail, CO — 15
3. Mammoth Mountain, CA — 13
4. Beaver Creek, CO — 10
5. Heavenly, CA — 10
6. Telluride, CO — 10
7. Breckenridge, CO — 9
8. Deer Valley, UT — 9
9. Keystone, CO — 8
10. Winter Park, CO — 8

Die **Beförderungsleistung** der Liftanlagen in Personen oder vertikalen Transportmetern pro Stunde sind ebenfalls Zahlen, die für sich betrachtet nichts über die Qualität eines Skiareals aussagen. Erst wenn man sie in Bezug zur Besucherzahl oder zum verfügbaren Terrain setzt, lässt sich ableiten, wie es mit dem Platz auf den Pisten bestellt ist.

Deshalb wurde analysiert, wie viele Personen die Lifte maximal pro Stunde auf einen Pistenkilometer schaufeln können. Ein durchschnittlicher Skifahrer braucht für einen Kilometer ungefähr vier Minuten, 150 Skifahrer pro Stunde bedeuten also im Schnitt einer alle 100 Meter.

Nicht verwunderlich ist, dass einige weniger bekannte Skigebiete in dieser Rangliste auftauchen. Diese haben häufig ältere, leistungsschwache Lifte. Der Lohn für eventuelle Wartezeiten: mehr Platz auf den Hängen.

Heavenly in Kalifornien bietet himmlische Aussichten

Top of the Slopes

Die John Paul Lodge in Snowbasin, Utah, ist eines der luxuriösesten Bergrestaurants der Staaten

Top 10 – Maximale Personen pro Stunde und Abfahrtskilometer
1 Silverton Mountain, CO — 14,0
2 Ski Smithers, BC — 91,8
3 Sun Peaks, BC — 96,3
4 Whitewater, BC — 98,7
5 Maverick Mountain, MT — 99,3
6 Aspen Highlands, CO — 107,8
7 Kicking Horse, BC — 110,7
8 Panorama, BC — 117,9
9 Red Mountain, BC — 120,9
10 Ski Cooper, CO — 125,0

Das Anstehen ist in nordamerikanischen Skigebieten zwar ungleich angenehmer als in den Alpen, trotzdem verzichtet man lieber ganz darauf. Hier hat man die besten Chancen, nach jeder Abfahrt gleich zum nächsten Sessel durchzugleiten:

Top 10 – Keine Wartezeiten
1 Moonlight Basin, MT
2 Tamarack Resort, ID
3 Big Sky, MT
4 Deer Valley, UT
5 Grand Targhee, WY
6 Castle Mountain, AB
7 Panorama, BC
8 Sun Peaks, BC

9 Mt. Bachelor, OR
10 Nakiska, AB

Bergrestaurants gelten allgemein nicht gerade als Stärke der nordamerikanischen Skiziele. Wer im Schneeurlaub auch tagsüber Wert auf gutes Essen in gepflegter Atmosphäre legt, sollte die folgenden Orte in seine Planungen einbeziehen.

Top 10 – Bergrestaurants
1 Sun Valley, ID
2 Keystone, CO
3 Deer Valley, UT
4 Beaver Creek, CO
5 Vail, CO
6 Snowbasin, UT
7 Telluride, CO
8 Grouse Mountain, BC
9 Aspen Highlands, CO
10 Taos, NM

Après-Ski ist in Nordamerika erfrischend anders, denn selbst die größten Partylöwen kommen vor allem zum Skifahren oder Snowboarden. Daher kippt man die ersten Drinks auch erst nach Liftschluss, was immer noch genug Zeit lässt, richtig in Stimmung zu kommen – das Highlife alpiner Après-Hot-Spots darf man zwar nicht erwarten, trotzdem kommt man in den folgenden Orten bei Bedarf feiertechnisch voll auf seine Kosten.

Top 10 – Après-Ski
1 Aspen, CO
2 Vail, CO
3 Whistler/Blackcomb, BC
4 Heavenly, CA
5 Breckenridge, CO
6 Park City, UT
7 Tremblant, QU
8 Ketchum, ID
9 Killington, VT
10 Banff, AB

Zu guter Letzt noch die Top 10 der Orte, in die man guten Gewissens Nicht-Skifahrer mitnehmen kann, weil sie eine reiche Auswahl an **alternativen Aktivitäten** bieten.

Top 10 – Abseits der Pisten
1 Aspen, CO
2 Vail, CO
3 Heavenly, CA
4 Whistler Village, BC
5 Steamboat, CO
6 Lake Placid, NY
7 Breckenridge, CO
8 Sun Valley, ID
9 Park City, UT
10 Squaw Valley USA, CA

Das Geheimnis des »Greatest Snow on Earth«

Steamboat in Colorado hat seinen Champagne Powder als Markenzeichen eingetragen, im Heimatland einer bei Cowboys beliebten Zigarettenmarke heißt er *Cold Smoke* und die Bewohner Utahs fahren den Claim »Greatest Snow on Earth« (großartigster Schnee auf Erden) auf ihren Nummernschildern spazieren. All diese Begriffe bezeichnen den legendären, trockenen, federleichten Pulverschnee, dieses weiße Gold, das in den Rocky Mountains vom Himmel fällt und auf Skifahrer eine ähnliche Anziehungskraft ausübt, wie das gelbe Edelmetall auf die Glücksritter zu Zeiten des Goldrauschs.

Glaubt man den Werbebroschüren der Skigebiete, dann erhebt der Pulverschnee à la Rocky Mountains das Skifahren von der körperlichen Aktivität zum metaphysischen *Flow*-Erlebnis. Schweben statt fahren, eintauchen statt abrutschen. »Bring your snorkel« – Schnorchel mitbringen – empfehlen Marketingstrategen mit Blick auf ihre Schneemengen, die praktischerweise überwiegend nachts vom Himmel fallen sollen, während tags die Sonne vom ungetrübten Firmament strahlt und die weißen Flocken in eine Decke aus glitzernden Diamanten verwandelt.

Und die Fakten? Bei der Qualität setzt der Schnee in den Rockies tatsächlich Maßstäbe, denn je leichter der Schnee desto besser und hier ist er ultraleicht. Ein Kubikmeter frisch gefallener Schnee wiegt in **Big Sky**, Montana, nur 41 Kilogramm. Zum Vergleich: Ein Kubikmeter Wasser wiegt 1000 Kilo. Die Schneedecke besteht in Big Sky also zu über 95 Prozent aus: Nichts, Luft, Leichtigkeit! Auch die anderen Skigebiete in den Rockies, von New Mexico über Colorado, Wyoming, Idaho, Alberta und das östliche British Columbia erhalten Schnee mit einem Gewicht von 50 bis 75 Kilo pro Kubikmeter. Das

Champagne Powder in Steamboat, Colorado

Das Geheimnis des »Greatest Snow on Earth«

Laboratorien wie am Storm Peak in Steamboat, Colorado, messen die Schneehöhen

spezifische Schneegewicht erklärt das Phänomen des Champagne Powder aber nur zum Teil, schließlich fällt der Schnee auch am Sonnblick in Österreich mit lediglich 54 Kilo pro Kubikmeter vom Himmel.

Das Geheimnis sind die tiefen Temperaturen und die geringe Luftfeuchtigkeit. Während es schneit, ist es zwar immer etwas wärmer – auch in den Rockies – aber danach kühlt es dort sofort wieder ab. Wenn der Schnee, der noch eine gewisse Restfeuchte hat, gefallen ist, friert er bei tiefen Temperaturen teilweise wieder aus. Durch die geringe Luftfeuchtigkeit (40–60 % im Vergleich zu 70–80 % in den Alpen) kann die Restfeuchte auch leichter verdunsten. Dadurch verwandelt sich der Schnee nach dem Fall und wird noch lockerer. Er hat weniger Verbindungen an den Kanten als vorher, wenn er noch feuchter ist und eher klebt. In den Alpen, wo feuchte Luftmassen vom Atlantik das Klima bestimmen, bleibt er klebriger.

Einen ähnlichen Effekt bewirkt der große **Salzsee in Utah**. Wegen des hohen Salzgehalts friert er niemals zu. Trockene Luftmassen, die auf ihrem Weg vom Pazifik zu den Wasatch Mountains über seine 4400 Quadratkilometer große Wasserfläche streichen, saugen sich so mitten in der Wüste nochmals wie ein Schwamm mit Feuchtigkeit voll. Prallen sie auf die Skiberge östlich von Salt Lake City, fällt diese Feuchtigkeit in Form von Schnee wieder zur Erde. Durch den höheren Feuchtigkeitsgehalt der Luft aber schon doppelt so schwer wie in Big Sky. Dafür verzeichnet Utah dank des Sees die größten Schneefallmengen und die mächtigsten Schneedecken in den Rocky Mountains. In **Alta** im Little Cottonwood Canyon, dessen Höhe und Enge den Schnee förmlich aus der Luft pressen, fallen im langjährigen Mittel 12,98 Meter Neuschnee pro Winter. Im März ist die Schneedecke durchschnittlich 234 Zentimeter hoch. Im nur 13 Kilometer entfernten Park City auf der Lee-Seite der Wasatch-Berge fällt mit 351 Zentimetern pro Jahr gerade mal ein Viertel der Schneemenge, mit der Alta gesegnet ist.

Mit dieser relativ überschaubaren Schneemenge steht **Park City** unter den Skiorten der Rockies aber keineswegs alleine da. Tiefe Temperaturen und geringe Luftfeuchtigkeit resultieren aus dem kontinentalen Klima in den Rockies und das heißt: Es ist verdammt trocken. Gut für die Bräune, schlecht für Träume von dachkantenhohen Schneemassen in den Gassen der

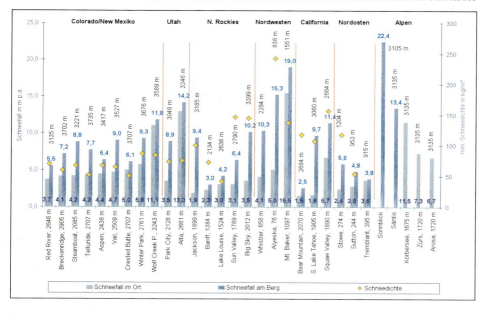

Das Geheimnis des »Greatest Snow on Earth«

Powder in Jackson Hole, Wyoming

Wintersportorte. Jährlichen Schneefallmengen von vier bis fünf Metern in den Resorts Colorados und zwei bis vier Metern in New Mexiko sowie den nördlichen Rockies (in **Jasper** sind es sogar nur 138 Zentimeter) sorgen für mittlere Schneedecken von 40 bis 90 Zentimetern. Auf den Skibergen fällt mehr Schnee, die maximalen Schneedecken erreichen dort durchschnittlich zwei bis drei Meter.

In **Aspen** versuchte man in den 1990er Jahren Wolken mit Silberjodid zu impfen, um sie zum Schneien zu animieren. Diese technisierte Variante des Regentanzes zeigt, dass auch im gelobten Land des Schnees die Mengen manchmal zu wünschen übrig lassen. Das kontinentale Klima sorgt aber für beständigeres Wetter. Die in den Alpen üblichen Wechsel zwischen kaltem Hochdruckwetter und milden Westlagen, die dem Pulverschnee bis in die Hochlagen den Garaus machen, gibt es höchst selten. Auch wenn es mal eine Weile nicht schneit, kann man in den Rockies noch auf erstklassigen Schnee treffen, nur ist es dann etwas schwieriger, diesen auch unverspurt vorzufinden. Und noch etwas: Der leichte Schnee verflüchtigt sich leider auch schnell – im wahrsten Sinne des Wortes. Sublimation nennen Meteorologen den Effekt, dass Schnee nicht schmilzt sondern direkt in den gasförmigen Zustand übergeht. Das funktioniert in der trockenen Luft der Rockies besonders gut, auch bei Minusgraden. Bei ansteigenden Temperaturen sackt das federleichte Weiß auf sonnenbeschienenen Hängen schnell zusammen.

Schwer fällt der Schnee am Lake Tahoe, Kalifornien, vom Himmel

Das Geheimnis des »Greatest Snow on Earth«

Bei den Quantitäten sind die Alpen den Rockies sogar voraus: Selbst im nur 765 Meter hoch gelegenen Gosau im Salzburger Land fallen schon 491 Zentimeter Schnee pro Winter, in Arosa sind es 6,7 Meter, in Zürs am Arlberg 7,3 Meter und am Hochtannbergpass dank Bodensee-Effekt jährlich 11,5 Meter. Gipfel wie der 3105 Meter hohe Sonnblick versinken unter durchschnittlich 22,4 Metern Schnee pro Jahr. Die 1980 gemessenen 31,12 Meter übertreffen auch die bislang maximal in Amerika gemessenen 28,96 Meter Schnee pro Saison.

Diese Menge fiel im Winter 1998/99 am **Mount Baker**. Das schneereichste Skigebiete Nordamerikas (durchschnittlich 15,6 Meter Schnee an der Talstation, 19 Meter an der Bergstation) liegt in der Cascade Range im Bundestaat Washington. Die entlang der Pazifikküste verlaufenden Gebirgsketten, von den Chugach Mountains in Alaska über die Coast Mountains in British Columbia, die Cascades in Washington und Oregon sowie die Sierra Nevada in Kalifornien verbuchen durchweg Schneequantitäten auf Alpenniveau. Über die Qualität sagt die örtliche Bezeichnung *Sierra Cement* eigentlich alles. Selbst im Hochwinter wiegt ein Kubikmeter frisch gefallener Schnee zwischen 120 und 150 Kilo. Pulverschnee findet man nur in den höher gelegenen Skigebieten und auch dort nicht so regelmäßig und nicht von dieser ultraleichten Konsistenz, wie in den Rockies.

Tiefschneefahren in Steamboat, Colorado

Dafür ist Schnee, der dreimal so viel Wasser enthält, wegen seiner größeren Masse dauerhafter und er bildet eindrucksvollere Schneedecken aus. Am **Donner Pass** nahe dem **Lake Tahoe** liegen die Eingangstüren der Häuser im zweiten oder dritten Stockwerk, in machen Wintern türmt sich der Schnee höher als die Liftmasten, im Rekordwinter 1982/83 lag noch Mitte Mai eine zehn Meter mächtige Schneedecke. Durchschnittlich wächst die Schneedecke im nahe gelegenen Skidorf **Sugar Bowl** jeden Winter auf 493 Zentimeter an.

Mittelwerte erzählen indes nur einen Teil der Geschichte. Gerade im fernen Westen unterliegen die Schneefälle von Jahr zu Jahr großen Schwankungen. Die 1181 Zentimeter Schnee, die durchschnittlich in den letzten 23 Jahren im kalifornischen **Kirkwood** fielen, resultieren unter anderem aus drei Wintern mit mehr als 18 Meter Schnee und drei Saisons mit weniger als fünf Metern. Daher gibt es auch rund um den **Lake Tahoe** Beschneiungsanlagen. Im Süden Kaliforniens kann es zwischen null und acht Metern schneien, hier werden fast alle Pisten beschneit.

Wo aber fällt regelmäßig viel Schnee? Tony Crocker gibt auf seiner Webseite die Antwort. Er wertete über 20 Jahre die monatlichen Schneefallmengen von fast 100 Stationen aus und berechnete, in wie viel Prozent der Wintermonate (Dezember bis März) mehr als 230 Zentimeter Schnee pro Monat fielen, das entspricht einem guten halben Meter Neuschnee pro Woche. Auf Platz eins liegt der Mt. Baker mit 63 Prozent, gefolgt von Alyeska mit 52 Prozent und Alta mit 48 Prozent. Auf denselben Wert kommt die Station Mount Fidelity in den Selkirk Mountains, einem Heliski-Areal in British Columbia. Grand Targhee in Wyoming notiert 47 Prozent, die Pisten am Lake Tahoe je nach Höhenlage zwischen 13 und 45 Prozent (Squaw Valley). Whistler kommt immerhin noch auf 33 Prozent, während die Skiberge Colorados die 230 Zentimeter pro Monat teilweise nie (Keystone) oder äußerst selten (Aspen Mountain 3 %) erreichen. Vail kommt immerhin auf 18 Prozent, Wolf Creek auf 25 Prozent.

Das Geheimnis des »Greatest Snow on Earth«

So schön viel Schnee auch ist: Erst muss er mal fallen! Und dabei hält er sich auch in Amerika nicht an Tageszeiten. Zwar fällt Schnee wegen der geringeren und damit die Kondensation fördernden Temperaturen tendenziell schon eher nachts. Doch dieser Effekt ist nicht besonders stark. Wenn ein Tiefdruckgebiet Feuchtigkeit heranführt, spielt es kaum eine Rolle, ob das tags oder nachts geschieht. Höchstens auf kleinere Tiefdruckgebiete, die nur einige Zentimeter bringen, kann sich der Tag- und Nachtunterschied auswirken: Tagsüber verdunstet die Feuchtigkeit eher. Die nächtliche Abkühlung kann dann bei solchen Lagen zu etwas Schneefall führen.

Trotz aller Statistik gehört auch in den Rockies etwas Glück dazu, perfekte Bedingungen zu erwischen. Aber warum sollte es modernen Tiefschneefreaks anders gehen als den Goldsuchern des 19. Jahrhunderts? Die stießen schließlich auch nicht alle beim ersten Spatenstich auf eine Goldader. Und wo hat die Suche nach dem »Greatest Snow on Earth« nun am ehesten Aussicht auf Erfolg? Berücksichtigt man Schneefallmenge, Qualität, Häufigkeit schneereicher Monate, die Wahrscheinlichkeit von besonders schneearmen Monaten und mittlere sowie maximale Schneedeckenhöhen, dann gibt es auf diese Frage nur eine Antwort: Alta!

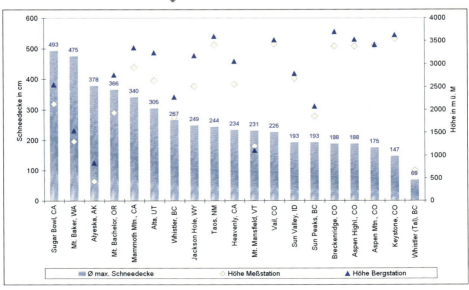

Weißes Gold – selbst gemacht

Schnee aus der Maschine ist in weiten Teilen Nordamerikas der Garant für gute Pistenqualität. Selbst die Skigebiete in den mit reichlich Schnee gesegneten Rockies und der Sierra Nevada setzen verstärkt auf Technik. Sich nur auf Mutter Natur zu verlassen ist für die Multimillionen-Dollar-Flaggschiffe der Skiindustrie einfach zu riskant. In den südlichen Bundesstaaten wäre alpiner Skisport ohne technischen Schnee nicht möglich.

Begonnen hat alles 1937. Im New Yorker Madison Square Garden präsentierten Skilehrer die damals noch junge Sportart bei einem Schaulaufen auf gehacktem Brauerei-Eis. Die ersten Versuche zur Schneeerzeugung in einem Skigebiet unternahm Walt Schoenknecht am **Mohawk Mountain** in Connecticut. Der Ostküstenwinter war schon damals wechselhaft, Regenfronten spülten die weiße Pracht in schöner Regelmäßigkeit von Schoenknechts Pisten. Also ließ er die Ingenieure Art Hunt, Milton Pierce and Dave Richey eine Maschine zur Erzeugung von Schnee konstruieren.

Am 14.3.1950 wurde die Hochdruckkanone mit dem Namen TEY erfolgreich getestet. Das Prinzip war denkbar einfach: Druckluft wurde in einen Wasserstrahl injiziert, zerstäubte den Wasserstrom in winzige Partikel und schoss ihn in die Atmosphäre. Ab hier glich der Prozess dem der Natur: Die Wassertröpfchen gefroren in der frostkalten Luft und fielen als Eiskristalle zu Boden. Das Ergebnis: Schnee!

Ohne von der Erfindung in Connecticut Kenntnis zu haben, machten die Brüder Phil und Joe Tropeano per Zufall dieselbe Entdeckung, als sie bei Versuchen mit Bewässerungssystemen mit Druckluft experimentierten. Sie brachten ihre Maschinen unter dem Namen Larchmont auf den Markt. Larchmont-Kanonen sind in den nordamerikanischen Skigebieten noch heute weit verbreitet und am Prinzip hat sich seit 50 Jahren nicht viel geändert.

Den letzten Stand der Technik stellen sie nicht mehr dar. Sie sind laut, verbrauchen enorm viel Energie und die Schneequalität ist mäßig. Aber Energiepreise waren lange kein Thema, die Maschinen sind einfach zu bedie-

In Sunday River, Maine, sind fast 1600 Schneekanonen am Werk

nen, leicht zu handhaben und spottbillig. Der Lärm störte auch niemand, denn die Skigebiete entstanden im Gegensatz zu den Alpen fernab von Dörfern oder Städten. Auch die fabrikähnlichen Gebäude für gigantische Kompressoren, Nachkühler und Pumpenanlagen wurden nicht beanstandet. Die modernen, energiesparenden *Fan-Guns*, die das Wasser mittels eines Propellers *(Fan)* in die Luft schießen, können bis zu 65 000 Dollar kosten. Trotzdem erobern sie langsam das Terrain, denn der hohe Anschaffungspreis kommt durch die Einsparungen bei den inzwischen gestiegenen Energiekosten wieder rein.

Weißes Gold – selbst gemacht

Das ist nicht nur gut für die Umwelt, sondern auch für die Skifahrer, denn Propellermaschinen produzieren in der Regel besseren Schnee. Trotz des bei der Bevölkerung in amerikanischen Gebirgsregionen überdurchschnittlich ausgeprägten Umweltbewusstseins, ist die aus Europa bekannte Diskussion über schädliche Wirkungen der Beschneiung auf die Vegetation so in Amerika nie geführt worden. Erbittert diskutiert wird allenfalls, wenn neue Pisten in die Wälder geschlagen werden sollen. Ist die Piste aber erst mal da, herrscht Einigkeit darüber, dass es sich dabei um eine Nutzfläche handelt, genau wie der Acker eines Farmers, der manuell bewässert werden muss. Dass eine lückenlose Schneedecke ohnehin der beste Schutz der Vegetation vor mechanischen Schäden durch die Stahlkanten der Ski und die Alustege der Pistenraupen ist, hat sich inzwischen ja auch hierzulande herumgesprochen.

Auch in den Rockies, wie hier in Steamboat, Colorado, kann man auf Schnee aus der Maschine vielerorts nicht verzichten

Wasser ist allerdings ein Konfliktthema. Der Bedarf ist enorm, jeder Kubikmeter Schnee benötigt rund 500 Liter. Ein Skigebiet wie **Sunday River** in Maine produziert pro Saison rund 700 000 Kubikmeter Schnee, **Killington** in Vermont 2,3 Millionen – im vergleichsweise niederschlagsreichen Neuengland unproblematisch. In Südkalifornien, wo die Skigebiete klimabedingt besonders viel Schnee produzieren müssen und Wasser eigentlich Mangelware ist, hingegen schon. So senkt sich der Pegel des Big Bear Lake durch den Wasserbedarf der Skigebiete **Snow Summit** und **Big Bear** im Winter um fünf bis acht Zentimeter ab.

Zwar wird der Schnee bei Tauwetter wieder zu Wasser und fließt (am Big Bear Lake zu 50 %) dorthin zurück, wo er herkam, aber gerade wenn die Schneeanlagen am meisten Wasser benötigen, bei frostigem Wetter, führen die Bäche am wenigsten. Vielerorts wurden daher gigantische Reservoirs gebaut. Im unweit von New York gelegenen **Mountain Creek** fassen sie 494 000 Kubikmeter. Genug Wasser, um sämtliche Pisten mit einer 150 Zentimeter mächtigen Schneedecke einzuschneien. Die ist dann übrigens bis zu achtmal so dicht wie der Champagne Powder in Colorado, entspricht also rund zwölf Meter Naturschnee und taut entsprechend langsam weg.

Die Reservoirs machen unabhängig von natürlichen Gewässern, können den Sommer über langsam, also gewässerschonend volllaufen. Ganz unabhängig vom Wetter machen sie nicht, denn zum Schneeproduzieren braucht es nach wie vor Minusgrade. Daher sorgt man sich in den Skigebieten trotz immer ausgefeilterer Beschneiungstechnik ernsthafter um die globale Erwärmung als in so manchen ovalen Büroräumen. Auch ein Grund, auf energiesparendere Technik umzusteigen. Zwar ist das nur ein Tropfen auf den heißen Stein, aber allzu viele Sorgen um die Zukunft der Wintersportmöglichkeiten muss man sich angesichts des in Nordamerika im Vergleich zu Europa fast durchweg deutlich kälteren Klimas noch nicht machen. ❖

Große Schneeanlagen:

Killington, VT	1850
Sunday River, ME	1570
Sugarloaf/USA, ME	1300
Hunter, NY	1100
Mountain Creek, NY	1000
Tremblant, QC	885
Sun Valley, ID	575
Snowbasin, UT	547
Snowsummit, CA	500
Attitash, NH	500

Die schönsten Ski- und Snowboardgebiete Nordamerikas

REGION 1
*Colorado und
New Mexico*

Colorado und New Mexico
Skigebiete von Aspen bis Ski Apache

Die Magie des Skifahrens in den südlichen Rocky Mountains beginnt mit dem leichten, trockenen Schnee. Es ist so, als ob die Ski besser gewachst wären, beim Tiefschneefahren setzt der Champagne Powder kaum Widerstand entgegen und gewalzt verwandelt er sich in eine Art Seide, die ungeahnte Fähigkeiten aus Skifahrerbeinen herauskitzelt.

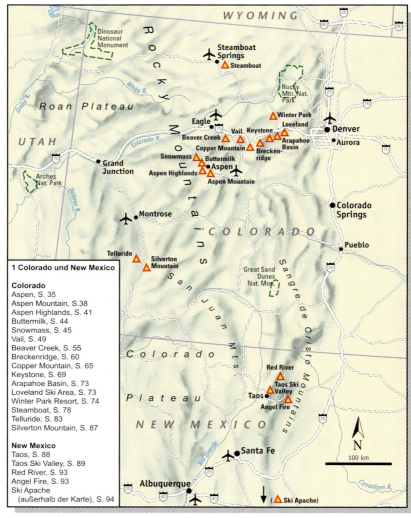

1 Colorado und New Mexico

Colorado
Aspen, S. 35
Aspen Mountain, S. 38
Aspen Highlands, S. 41
Buttermilk, S. 44
Snowmass, S. 45
Vail, S. 49
Beaver Creek, S. 55
Breckenridge, S. 60
Copper Mountain, S. 65
Keystone, S. 69
Arapahoe Basin, S. 73
Loveland Ski Area, S. 73
Winter Park Resort, S. 74
Steamboat, S. 78
Telluride, S. 83
Silverton Mountain, S. 87

New Mexico
Taos, S. 88
Taos Ski Valley, S. 89
Red River, S. 93
Angel Fire, S. 93
Ski Apache
  (außerhalb der Karte), S. 94

Aber das ist nur der Anfang. Spätestens nach Liftschluss registriert man, was einen Skiurlaub in Colorado so einzigartig macht: Es sind die Skitowns, die Ortschaften und Städtchen am Fuß der hohen Berge. Schnee von der Qualität des Champagne Powder gibt es auch anderswo in den Rockies, eine solche Vielzahl von Orten, die von und mit den Bergen leben, für deren Bewohner der Skisport nicht nur Geschäft oder Freizeitbeschäftigung, sondern Lebenseinstellung ist, nicht. Viele dieser Ortschaften wie Aspen, Breckenridge, Crested Butte, Telluride, Steamboat Springs, aber auch Red River in New Mexico sind alte Gold- oder Silberminenstädtchen und blicken auf eine für amerikanische Verhältnisse lange Geschichte zurück. Sie bedienen mit ihren von Häusern im viktorianischen Stil gesäumten Main Streets die Klischees, die man in Europa gemeinhin vom Wilden Westen hat. Statt Büros von Minengesellschaften beherbergen diese Häuser jetzt Galerien, Modegeschäfte und gemütliche Cafés. Auch am Reißbrett entstandene Orte wie Vail haben es geschafft, sich zu Resorts zu entwickeln, die abseits der Pisten mindestens so viel Abwechslung bieten wie am Berg.

So bestechend wie die Atmosphäre der Orte ist die Professionalität am Berg. Vier große Gesellschaften kontrollieren 75 Prozent des Marktes. Der scharfe Wettbewerb hat sie dazu gezwungen, den Level des Service in immer neue Höhen zu schrauben. Ihre Größe hat es ihnen ermöglicht.

**REGION 1
Colorado und
New Mexico**

Top-Service wie hier das Verteilen von Hot Cider ist in Colorado selbstverständlich

Berge und Klima

Colorado ist das Dach Nordamerikas. Nirgendwo sonst auf dem Kontinent gibt es derart viele Gipfel über 14 000 Fuß. Im Summit County liegen selbst die Talstationen schon 3000 Meter über dem Meer. Trotzdem hat die Landschaft vielfach eher Mittelgebirgs- oder Voralpencharakter. Erst bei rund 3600 Metern durchstoßen die Berge die Baumgrenze und so erinnert das Summit County an das Riesengebirge, der Mount Werner in **Steamboat** an den Schwarzwald. Optisch spektakulärer präsentieren sich **Aspen** mit den Felskatarakten der Maroon Bells und **Telluride** in den rauen San Juan Mountains.

Die in Folge der extremen Höhe sehr dünne Luft und die mehr als 1000 Kilometer Entfernung bis zur nächsten großen Wasserfläche sorgen für eine geringe Luftfeuchtigkeit. Ihr verdankt Colorado seine legendäre Schneequalität. Die kontinentale Lage sorgt auch für viel Sonnenschein. Die südliche Lage lässt die Temperaturen in Vail oder Aspen bei Sonnenschein tagsüber auch im Januar auf über null Grad Celsius ansteigen, aber nachts wird es bitterkalt. Auf den Bergen gern auch tagsüber. Der besonders im Summit County öfters heftige Wind kann im Hochwinter ganz schön zu schaffen machen. Die beste Zeit für einen Skitrip nach Colorado ist der März, dann ist das Wetter schon angenehmer und der Schnee noch perfekt. New Mexico steuert man besser schon im Februar an. Die Saison dauert meist bis Mitte April, in **Loveland** bis Juni und in **Arapahoe Basin** bis Juli.

Skigebiete

Die Entwicklung zum Nabel der nordamerikanischen Skiszene verdankt Colorado nicht zuletzt der 10th Mountain Division. Diese Gebirgsjäger-Einheit der US-Army trainierte während des Zweiten Weltkriegs in Camp Hale bei Leadville für Einsätze in den Gebirgen Europas. Nach dem Krieg kehrten

REGION 1
Colorado und New Mexico

Top-Qualität bieten auch die Skischulen wie hier am Vail Mountain

viele Angehörige der Einheit zurück und begründeten die Skiindustrie Colorados. Der Skisport begann allerdings viel früher, denn bereits 1859 fuhren Minenarbeiter in **Breckenridge** per Ski zu den Claims und 1886 ging das erste Skirennen über die Hänge von **Crested Butte**. Das erste Skigebiet entstand 1936 am **Loveland Pass** nahe Denver, ab 1940 konnte man mit dem Zug zu den Pisten von **Winter Park** gelangen. Den entscheidenden Aufschwung brachte der Bau der Interstate durch das Herz Colorados. Sie machte die Berge zugänglich und heute reihen sich entlang der I-70 einige der größten Skigebiete Nordamerikas auf: der zweimalige WM-Ort **Vail**, das größte Skigebiet der USA, **Beaver Creek** und **Copper Mountain**.

Colorado notiert pro Saison rund zwölf Millionen Skifahrertage, fast ein Viertel des US-Marktes entfällt damit auf die 27 Skigebiete Colorados. Die zehn Skigebiete New Mexicos kommen zusammen gerade mal auf die Besucherzahl eines der großen Resorts in Colorado. Ein ähnliches Gefälle herrscht bei den Preisen, die in New Mexico rund ein Drittel niedriger sind. Die folgenden Seiten beschreiben 20 Skigebiete in Colorado und New Mexico. Weitere interessante Skiziele sind:
Crested Butte (www.crestedbutteresort.com)
Eldora (www.eldora.com)
Durango Mountain (www.durangomountainresort.com)
Ski Cooper (www.skicooper.com)
Wolf Creek (www.wolfcreekski.com)
Pajarito Mountain (www.skipajarito.com)
Sandia Peak (www.sandiapeak.com)
Santa Fe Ski Area (www.skisantafe.com).

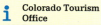

i Colorado Tourism Office
1625 Broadway, Ste. 1700
Denver, CO 80202
✆ (303) 892-3885
www.colorado.com

i Colorado Ski Country USA
1507 Blake St.
Denver, CO 80202
✆ (303) 837-0793
www.coloradoski.com

i New Mexico Department of Tourism
491 Old Santa Fe Trail
Santa Fe, NM 87503
✆ (505) 827-7400 und
1-800-733-6396
www.newmexico.org

i Ski New Mexico Inc.
Santa Fe, NM 87504-1244
✆ (505) 982-5300
www.skinewmexico.org

Gateways

Der **Denver International Airport** ist mittlerweile per Direktflug von Deutschland aus erreichbar. Die Skigebiete im Summit County und im Vail Valley sowie Winter Park und Loveland erreicht man von hier bequem mit Shuttlebussen oder per Mietwagen über die I-70. Bei Reisen nach Aspen, Steamboat und ins südliche Colorado macht ein Anschlussflug zu den entsprechenden Regionalflughäfen Sinn. Die Skigebiete New Mexicos erreicht man via **Albuquerque**. Infos zu den Straßenverhältnissen in Colorado unter www.cotrip.org.

Aspen, CO ●🏨

Aspen ist Amerikas bekanntester Skiort, und das nicht ohne Grund. Rund um das ansprechend restaurierte, ehemalige Silberminenstädtchen aus viktorianischer Zeit bieten vier Skiberge zusammen rund 280 Pistenkilometer – weit mehr, als man binnen einer Woche abfahren könnte. Der Ort selbst verfügt über eine lebhafte Kulturszene, eine riesige Auswahl an Restaurants und Bars sowie mehr als 200 Shops und Galerien. Und Aspen ruht sich nicht auf den Lorbeeren seines weltweit hervorragenden Rufs aus, sondern wartet fortwährend mit neuen Attraktionen, Angeboten und Liftanlagen auf.

Neben seiner Reputation als Skigebiet steht Aspen vor allem in dem Ruf, Treffpunkt der Prominenz aus Politik, Wirtschaft und Showbusiness zu sein, und tatsächlich stehen deren Privatjets zu Dutzenden auf dem örtlichen Flughafen. Trotzdem muss man kein Millionär sein, um sich Aspen leisten zu können, denn die meisten Promis suchen in Aspen so etwas wie das einfache Leben. Trotz Glanz und Glitter ist Aspen auch eine relativ normale amerikanische Kleinstadt mit 6000 Einwohnern.

Vor etwas mehr als 100 Jahren waren es 12 000. Damals förderten die Minen in Aspen ein Sechstel der amerikanischen Silberproduktion, verfügte der Ort über sechs Tageszeitungen, zehn Kirchen, ein Opernhaus und einen kleinen, aber florierenden Rotlichtdistrikt in der Durant Street. Aspens Blüte endete abrupt mit der Aufhebung des Silberstandards. Die Bevölkerungszahl sank bis in die 1930er Jahre auf 700 Seelen. Zu dieser Zeit legte der skibegeisterte Schweizer Ingenieur André Roch die erste Abfahrt an. Unter den Skiläufern auf dem Roch Run war auch Friedl Pfeifer. Er wusste sofort: Aspen ist der ideale Platz für ein Ski-Resort. Gemeinsam mit dem finanzstarken Chicagoer Industriellen Walter Paepcke gründete er 1945 die Aspen Skiing Corporation und am 11.1.1947 eröffneten sie Aspen Mountain.

Den Grundstein für seine internationale Reputation legte Aspen 1950 mit der Austragung der Ski-Weltmeisterschaften. Da man auch in deren Folge kein großes Werbebudget hatte, lud man Hollywood-Stars nach Aspen ein. Ein genialer PR-Coup, denn so erhielt man nicht nur kostenlos Werbung, sondern positionierte Aspen auch als den begehrenswerten Urlaubsort der Reichen und Schönen, der er bis heute geblieben ist.

**REGION 1
Colorado und
New Mexico**

Bewertung
Dining 5
Activities 5
Après-Ski/Nightlife 5

Kinderbetreuung
Der staatlich lizenzierte **Kid's Club** in der 315 Garmisch St. (gelbes Backsteingebäude) betreut Kinder im Alter von 8 Wochen bis zu 4 Jahren für $ 98 am Tag, ✆ (970) 925-3136. Babysitting durch die Aspen Babysitting Company, ✆ (970) 948-6849. Reservierungen in jedem Fall empfehlenswert. Skiunterricht für Kinder ab 3 Jahren.

Das ehemalige Silberminenstädtchen Aspen genießt weltweit einen hervorragenden Ruf

REGION 1
Colorado und New Mexico

Anreise

✈ Denver (357 km), Eagle (85 km, Verbindungen siehe Vail), Aspen (7 km) mit mindestens 10 tägl. Flügen von Denver und Flügen von Los Angeles, San Francisco und Minneapolis. Aspens Airport wird häufig wetterbedingt geschlossen. Kalkulierbarer ist die Anreise mit Shuttle von Denver.

🚌 Die Shuttles von Colorado Mountain Express (www.ridecme.com, ✆ 970-926-9800 oder 1-800-525-6363) fahren tägl. mehrmals vom **Denver International Airport** in 5 $1/4$ Std. und vom **Eagle County Airport** in 1 $1/2$ Std. direkt zu zahlreichen Unterkünften in Aspen. Kosten pro Person: $ 106 (von Denver) bzw. $ 54 (von Eagle, jeweils einfache Fahrt).

Kostenlose Shuttlebusse verkehren 8–16.30 Uhr zwischen den vier Skibergen. Die zum Teil bis 2 Uhr früh fahrenden Busse von RFTA sind innerhalb Aspens (auch zum Flughafen) ebenfalls kostenlos.

🚗 Ein Auto ist überflüssig, Ausflüge nach Vail sind per Bus möglich.

⬅ Vail 164 km, Colorado Springs 253 km, Denver 319 km, Telluride 333 km

Anreisedauer: Flug nach Aspen 15 $1/2$ Std., Transfer 10 Min.

Après-Ski/Nightlife

Wenn die Lifte schließen, ist die **Ajax Tavern** beim Little Nell Hotel der angesagteste Treffpunkt. Später verteilt sich das Geschehen auf die vielen Bars in Downtown Aspen: Gedämpft, aber zwanglos ist die Club-Atmosphäre in **The Greenhouse**, ein Muss der Besuch in der **J-Bar** im Hotel Jerome, Jack Nicholsons bevorzugter *hangout*. Jugendlicher geht's im **39 degrees** im Sky Hotel zu. Im **Mezzaluna** gibt's Après-Specials wie Pizza für fünf und Bier für zwei Dollar, wer etwas auf sich hält, lässt sich hier zumindest einmal am Abend blicken. Nach dem Dinner lohnt ein Abstecher in den **Club Chelsea** (Live-Musik und DJs), in **Eric's Bar**, **Bentley's** oder in die **Red Onion**, Aspens älteste Bar, seit 1892 Treffpunkt der *locals*. Zum Tanzen eignen sich **Club Anonymous** und **Shooter's**. Wirklich abgefahren ist ein Trip mit dem **Ultimate Taxi**, einer Disco inklusive Nebelmaschine, Spiegelkugel, neun Lasern und Live Performance in – einem Taxi (!). Einen Überblick über die vielen weiteren Bars verschafft der *Aspen Magazine's Traveler's Guide*. Den örtlichen Tageszeitungen *The Aspen Times* und *The Aspen Daily News* kann man Infos zu aktuellen Happenings entnehmen.

Restaurants

Fast 150 Restaurants bedeuten Qual der Wahl. Eine große Orientierungshilfe ist der in den meisten Hotels erhältliche *Official Menu Guide*.

🍴 **Montagna**
675 E. Durant, Aspen, CO
✆ (970) 920-6330
Preisdekoriertes Restaurant mit zeitgenössischer amerikanischer Küche im Little Nell Hotel. Breakfast, Lunch, Dinner. $$$

🍴 **Piñons**
105 S. Mill St., Aspen, CO
✆ (970) 920-2021
Ranchatmosphäre, über Kirschholz gegrillte Fleisch- und Fischgerichte sowie täglich wechselnde Desserts. Dinner. $$–$$$

🍴 **Elevation**
304 E. Hopkins Ave., Aspen, CO
✆ (970) 544-5166
Kreative Crossover-Küche bei House-Musik, Treffpunkt der Jeunesse dorée, umfangreiche Weinkarte. $$–$$$

🍴 **Jimmy's American Bar & Restaurant**
205 S. Mill St., Aspen, CO

36

📞 (970) 925-6020
Sehr angesagt, sehr voll, sehr amerikanisch. Steaks und Seafood. Dinner. $$–$$$

✗ Cantina
411 E. Main St., Aspen, CO
📞 (970) 925-3663
Mexikanische Küche, Cocktails auch im Pitcher, üppige Portionen. Lunch, Dinner. $–$$

✗ La Cocina
308 E. Hopkins, Aspen, CO
📞 (970) 925-9714
Mexikanische Küche in einem schnuckeligen viktorianischen Häuschen, geschmackvolles Interieur, aufmerksamer Service. Dinner. $

Sonstige Aktivitäten
Fast unüberschaubar ist das Angebot abseits der Pisten: 80 Kilometer Loipen zwischen Aspen und Snowmass (keine Loipengebühr, www.aspennordic.com), geführte Schneeschuhwanderungen am Aspen Mountain und in Snowmass, Skate Park in der Mill Street, Eisbahn mit NHL-Maß, Kletterturm, 25-Meter-Sportbecken und Freizeitbad im Aspen Recreation Center (📞 970-544-4117). Eisklettern, Skitouren von Hütte zu Hütte und Lawinenausbildung mit den Guides von Aspen Expeditions (www.aspenexpeditions.com). Ballonfahrten mit Unicorn Balloon (📞 970-925-5752), Pferdeschlittenausflüge mit Maroon Bells Lodge & Outfitters (📞 970-920-4679), Snowmobiling zur Geisterstadt Independence mit T Lazy 7 (📞 970-925-4614, $ 180). Außerdem: Reiten, Fliegenfischen, Paintball, Paragliding.

REGION 1
Colorado und New Mexico

Downtown Aspen

Nahe gelegene Skiorte
Sunlight, CO, 74 km
4 Lifte, 613 m HD
www.sunlightmtn.com

ℹ **Aspen Chamber Resort Association**
425 Rio Grande Place
Aspen, CO 81611
📞 (970) 925-1940
Fax (970) 920-1173
www.aspenchamber.org

Tipp
Jacken, Overalls, Hosen, Mützen, Handschuhe und Skibrillen verleiht **Suit Yourself** und liefert sie auch noch ins Hotel (📞 970-920-0295).

Die in diesem Buch empfohlenen **Restaurants** sind in Preiskategorien eingeteilt, die sich auf ein Abendessen (ohne Getränke, Vorspeisen, Desserts, Steuer und Trinkgeld) beziehen:
$ – bis 15 Dollar
$$ – 15 bis 25 Dollar
$$$ – über 25 Dollar

Aspen und seine vier Skiberge: Ajax, Highland, Buttermilk und Snowmass (von links)

REGION 1
Colorado und New Mexico

Aspen Mountain, CO ▲▲ ♦

Aspen Mountain ist steil, kompakt und gespickt mit Tausenden von Buckeln – kein Berg für Skifahrer mit schwachen Nerven. Auch unter den hier geballt auftretenden Pelzmützen und in den auffallend modischen Skianzügen verbergen sich ausschließlich überdurchschnittliche Skifahrer – und nicht selten Prominenz.

+ Reichhaltiges Angebot an Buckelpisten
+ Lifte starten quasi aus der Stadtmitte
+ schnelle Gondelbahn vom Tal bis zum Gipfel maximiert die Zeit zum Abfahren
+ vorbildlicher Service, freundliches Personal
+ kaum Wartezeiten.

- Einige der zentralen Pisten sind häufig überfüllt
- mittelmäßige Skifahrer haben das für sie adäquate Gelände schnell abgefahren
- einige sehr alte und langsame Lifte
- zum Tiefschneefahren nicht ideal, da fast immer Buckel unter dem Neuschnee sind.

The Mountain

Aspen Mountain, die Einheimischen nennen ihn nach einem alten Minen-Claim kurz »Ajax«, steilt direkt über der Downtown von Aspen empor und ist der älteste der vier Skiberge Aspens. Mit der Silver Queen Gondola gelangt man in nur 13 Minuten vom Stadtrand auf den Gipfel. In den Kabinen kreisen die Gespräche nicht selten um Firmenübernahmen und gewinnbringende Scheidungen. Wer es gewohnt ist, im richtigen Leben große Schlachten zu schlagen, will sich eben auch beim Skifahren beweisen. Das kann man am Aspen Mountain ganz hervorragend.

Natürlich ist diese Klientel anspruchsvoll, am Aspen Mountain hat man sich darauf eingestellt: Kostenlosen Kaffee oder Hot Cider gibt's an der Hütte der Guest Services bei der Bergstation, die auch kostenlos Handschuhe oder Skibrillen für einen Tag verleihen, falls man die mal im Hotel vergessen hat. Wer am nächsten Tag einen der anderen drei Skiberge Aspens

Facts & Figures
Berg	3417 m
Tal	2422 m
HD	995 m
Lifte	8
Seilbahn	0
Gondelbahn	1
Express-Sessel	2
Sesselbahnen	5
Schlepplifte	0
	12 390 Pers./Std.
Skigebiet	366 ha
Abfahrten	76
Fläche	272 ha
beschneit	85 ha
Länge	50 km
Charakter	84/4/13
●	0,0 km
■	28,6 km
♦	12,1 km
♦♦	8,8 km
max.	5,3 km
Fall-Linie	4,4 km
Besucher	315 000
Skitage	137
VTM/Skifahrer	6300
Skifahrer/km	48
Schneefall	443/638 cm

Bewertung
Preis/Leistung	3
Landschaft	3
Skigebiet	
Off-Piste	2
Experten	4
Fortgeschrittene	3
Anfänger	1
Never-Ever	1
Wartezeiten	3
Bergrestaurants	3

Skipass
1 Tag	$ 74
Jugend (13–17)	$ 67
Kinder (7–12)	$ 45
Kinder (0–6)	kostenlos
6 Tage	$ 444
Verleih	
Ski 1 Tag	$ 10.50–40
Ski 6 Tage	$ 63–216
Set 1 Tag	$ 13.50–45
Set 6 Tage	$ 81–243

Aspen Mountain ragt direkt über der Downtown vom Aspen auf

erkunden möchte, kann seine Ski an der Talstation abgeben. Für fünf Dollar werden sie über Nacht zum gewünschten Skigebiet gebracht.

Für Könner
In den Monsterbumps von **Ridge of Bell** oder den **Mine Dumps**, jener Serie von *double black diamond slopes*, die von der Ruthie's Ridge in die Spar Gulch kippen, stellt man schnell fest, ob man beim Oberschenkeltraining geschlampt hat. Links und rechts der Ridge of Bell wartet bestes Tree-Skiing-Terrain, bei Neuschnee ein Traum. Extrem steil sind einige der Rinnen durch die untere Flanke des Berges, wie **Corkscrew** und **Corkscrew Gully**. Der Schnee reicht hier nicht immer aus, alle Felsen zu bedecken, aber bei guten Bedingungen trübt nichts die Herausforderung, der man auch auf **Silver Gully** und **Silver Queen** begegnet. Zu den schwersten Hängen gehören auch **Walsh's Hyrup's** und **Kristi** links des unsäglich langsamen Gent's-Ridge-Lifts.

Für Fortgeschrittene
erscheint der Aspen Mountain vom Town aus als eine Spur zu anspruchsvoll. Das täuscht. In der Gipfelregion bedienen die Lifte Gent's Ridge, Ajax Express und Ruthie's eine Reihe mittelschwerer Cruiser wie **Silver Bell, Bellissimo** oder den sehr zahmen **Ruthie's Run**. Viel mehr als 300 Höhenmeter kommen aber nicht zusammen, will man sich die Talabfahrt durch die engen Täler der Spar oder Copper Gulch ersparen, die vor allem nachmittags stark frequentiert sind, da fast alle Abfahrten vom Berg ins Tal in diese beiden Strecken münden, die schließlich sogar selbst zusammenlaufen und sich zu einem Skiweg um die Kleenex Corner verengen. Entspannter gestaltet sich die Talabfahrt via **Roch Run** und **Strawpile**, vorausgesetzt diese recht steilen Hänge sind gewalzt (Grooming Reports gibt es an den Kassen und bei den Guest Services).

Für Anfänger
ist Aspen Mountain nicht geeignet, der Pistenplan zeigt keine einzige leichte Abfahrt. Faktisch gibt es zwar schon problemlos zu bewältigende Wege vom Berg ins Tal, wie die **Summer Road**, und auch viele Hänge an der Gent's Ridge und am Ajax Express sind mit etwas Selbstvertrauen machbar, aber Spaß werden Anfänger eher am Buttermilk Mountain oder in Snowmass haben.

Für Snowboarder
war Aspen Mountain lange Zeit gesperrt. Diese Zeiten sind seit dem 1. April 2000 vorbei, aber Pipes oder Terrain Parks sucht man nach wie vor vergebens. Die Anzahl mittelschwerer Carving-Runs ist beschränkt.

Bergrestaurants
Das **Sundeck** auf dem Gipfel des Aspen Mountain verfügt über ein Self-Service Restaurant der besseren Sorte, die Sandwiches werden hier nach Wunsch frisch zubereitet. Alternativ kann man bei **Benedict's** Bistrogerichte mit Tischservice genießen. **Bonnie's** etwas unterhalb von Ruthie's-Lift serviert europäische Küche (Apfelstrudel) in einfachem Ambiente. Direkt an der Talstation der Gondelbahn bringt die **Ajax Tavern** (schöne Terrasse, ideal zum Après-Ski) mediterran beeinflusste Gerichte auf den Tisch.

Wartezeiten
kommen zu Spitzenzeiten an der **Silver-Queen-Gondelbahn** vor, aber es gibt zwei alternative Wege zum Gipfel. Statt der Gondel nimmt man den Little-Nell-Vierer. An dessen Bergstation fährt man entweder links zum Bell-Mountain-Lift oder rechts zum Shadow-Mountain-Lift. Der anschließende Ruthie's-Lift ist ein schneller Dreier. Vom Ruthie's und vom Bell Mountain führt eine kurze Abfahrt zum auf den Gipfel zielenden Ajax Express.

**REGION 1
Colorado und
New Mexico**

Die Silver Queen Gondola schwebt auf den Aspen Mountain

i Aspen Skiing Company
Aspen, CO 81612
✆ (970) 925-1220
Fax (970) 925-9008
www.aspensnowmass.com

News
Die Gondeln der **Silver Queen Gondola** werden zur Saison 2006/07 durch neue, moderne Fahrbetriebsmittel ersetzt.

Tipp
Für Menschen mit Geld: Snowcat-Skiing auf der Rückseite des Aspen Mountain (vgl. S. 249). Für solche mit schmalem Budget: Brotzeit in den Rucksack und die herrlich platzierten Picknicktische auf dem Aspen Mountain nutzen.

Aspen Highlands, CO

Obwohl zu Recht berüchtigt als Mekka der Extremskifahrer, bietet Highlands das ausgewogenste Pisteninventar der drei Hausberge von Aspen. Außer den bis zu 109 Prozent steilen Abgründen von Temerity, Steeplechase und Highland Bowl findet man nämlich aussichtsreiche Cruiser ebenso wie sanft geneigte Schneeboulevards.

+ Großartiges Extreme-Skiing-Terrain
+ die geringsten Wartezeiten aller Skiberge Aspens
+ wirklich zutreffende Klassifizierung der Pisten
+ die schönsten Blicke auf die Felskatarakte der Maroon Bells
+ das beste Bergrestaurant Aspens: Cloud Nine.

- Viele Abfahrten enden in Ziehwegen und ewig langen Ausläufen
- das Liftsystem bedient das Terrain für weniger gute Skifahrer nicht in optimaler Weise
- keine frei mietbaren Unterkünfte im Base Village
- eingeschränktes Terrain für alle ohne schwarzen Gurt.

In Highlands hat sich in den letzten Jahren viel getan. Das Areal gehörte lange nicht zur Aspen Skiing Company. Als diese es dann übernahm, verpasste sie dem Berg die überfällige Frischzellenkur. Heute begrüßt die Skifahrer an der Talstation ein Base Village, dessen Lodges so aussehen, wie Walt Disney sie in einem Donald Duck Comic gezeichnet hätte. So wirken sie zumindest auf ehemalige Mickeymaus-Leser gleich vertraut und irgendwie sehr passend, schließlich ist das hier Amerika. Schade nur, dass man sich in den Ferienwohnungen nicht einmieten kann, die gesamte Anlage wurde als Timeshare-Objekt konzipiert. Die Atmosphäre in Highlands ist weniger glamourös und ungezwungener als am Aspen Mountain.

The Mountain

Ähnlich wie am Aspen Mountain erstreckt sich das Skiterrain entlang einem in Nord-Süd-Richtung verlaufenden Bergrücken. Der Unterschied: In Highlands fehlen die eingestreuten Mulden und Grate, die den Bergrücken am Aspen Mountain so schön gliedern. Zu beiden Seiten der Schulter kippt das Terrain mehr oder weniger steil in die Tiefe und obschon das Skigebiet zwar über mehr als sechs Kilometer vom Tal bis zum 3777 Meter hohen Highland Peak aus, in der Breite misst es aber nirgends mehr als handtuchschmale 800 Meter. Wenn auch die steilen Flanken den legendären Ruf von Highlands begründen, ist die lästige Folge dieser Topografie aber, dass man über lange und teilweise haarige (für Snowboarder teils nur zu Fuß zu bewältigende) Ziehwege oder Traversen wieder zurück auf die Bergschulter muss, wenn man sie weiter oben verlassen hat.

Für Könner
gehört der Aufstieg zum **Highland Peak** zum Pflichtprogramm. Vom Gipfel des Loge Peak befördert eine Pistenraupe kostenlos zum Start des Hiking-Trails auf etwa 3580 Meter, 20 Personen haben auf der Ladefläche Platz. Die letzten 200 Höhenmeter muss man aus eigener Kraft bewältigen, angesichts der Höhenlage nicht zu unterschätzen. Die **Highland Bowl** ist extrem steil, aber im Zentrum ohne jedes Hindernis, und Buckel bilden sich wegen der geringen Frequenz nicht. Die Herausforderung ist daher eher psychologischer als skitechnischer Natur. Die größte Schwierigkeit kommt, wenn man den Steilhang bewältigt hat: die Traverse zurück zum Loge-Peak-Lift.

Einen anderen Charakter hat die **Temerity**-Zone. Hier führen alle Varianten durch den Wald, und das mit immer noch bis zu 39 Grad Gefälle. Das offene, von Bauminseln durchsetzte und mächtig verbuckelte **Steeplechase**-

---

REGION 1
Colorado und New Mexico

Facts & Figures

Berg	3536 m
Tal	2460 m
HD	1076 m
Lifte	6
Snowcat	1
Gondelbahn	0
Express-Sessel	3
Sesselbahnen	2
Schlepplifte	0
	7170 Pers./Std.
Skigebiet	446 ha
Abfahrten	130
Fläche	320 ha
beschneit	45 ha
Länge	45 km
Charakter	81/0/19
🟢	10,4 km
🟦	13,6 km
♦	8,8 km
♦♦	12,2 km
hike-to	10,0 km
max.	7,1 km
Fall-Linie	5,0 km
Besucher	157 000
Skitage	114
VTM/Skifahrer	6800
Skifahrer/km	25
Schneefall	443/605 cm

Bewertung

Preis/Leistung	3
Landschaft	4
Skigebiet	
Off-Piste	4
Experten	5
Fortgeschrittene	3
Anfänger	2
Never-Ever	1
Wartezeiten	3
Bergrestaurants	3

Preise
Vgl. Aspen Mountain.

 Vgl. Aspen Mountain.

REGION 1
Colorado und New Mexico

News

In der Saison 2005/06 geht ein neuer Dreiersessel in Betrieb, der Skifahrer aus der Highland Bowl und dem Deep-Temerity-Areal wieder Richtung Loge Peak befördert. Die Talstation liegt unterhalb des Ziehwegs, über den man diese Zonen bislang verlässt. Die Höhenunterschiede der Abfahrten verlängern sich dadurch um 250–300 m.

Tipp

Ein spezieller Pistenplan, der *Highlands Extreme Guide*, informiert im Detail (Höhenlage, größte und mittlere Neigung) und mit sehr anschaulichen Fotos über die 55 fast ausschließlich doppelschwarzen Varianten in der Highland Bowl, Temerity, Steeplechase, Olympic Bowl und in der No Name Bowl sowie über die richtige Verhaltensweise in diesem Gelände.

Areal erreicht man ohne Aufstieg vom Loge-Peak-Lift. Die 49 Grad steilen **B-Cliffs** rangieren unter den steilsten offiziellen Abfahrten der Skigeografie. Es gibt noch zahllose weitere Optionen für Könner: So stürzen unterhalb des Thunderbowl-Lifts zahlreiche doppelschwarze Glades zu Tal, und wer bei der letzten Abfahrt noch Kraft für eine fast senkrechte Buckelwand hat, findet in **Lower Stein** eine Herausforderung, die sich gewaschen hat.

Für Fortgeschrittene

sind die Hänge am Loge Peak und am Cloud-Nine-Lift wie **Broadway, Grand Prix** oder **Gunbarrel** eine ideale Spielwiese. Die schwarze **Face of Oly** wird gewalzt und ist von daher ebenfalls einen Versuch wert. **Golden Horn** am Thunder-Bowl-Lift ist ein herrlich breiter Cruiser.

Für Anfänger

wirkt Highlands vom Tal aus eher abschreckend. Wer bereits einige Schwünge flüssig aneinander reihen kann, sollte die Bergfahrt mit dem Exhibition Quad trotzdem wagen – nicht nur wegen der an der Bergstation kostenlos servierten heißen Schokolade. Hier starten auch leichte Pisten wie **Riverside Drive**, **Red Onion** und **Apple Strudel**. Allerdings enden sie nach 300 Höhenmetern in einem Ziehweg, der Park Avenue, über die man dann die verbleibenden 300 Höhenmeter ins Tal absolvieren muss. Früher gab es einen Lift für den oberen Abschnitt, ihn abzubauen war keine richtig gute Idee.

Für Snowboarder

ist Highlands nur dann relevant, wenn sie *blacks* und *double-blacks* suchen. Es gibt weder eine Half-Pipe noch einen Terrain Park, aber Hänge, die für 100 oder mehr Turns in Champagne Powder gut sind. Zwar gibt es auch Pisten, die schönes Carving ermöglichen, aber davon findet man wesentlich mehr in Buttermilk oder Snowmass.

Bergrestaurants

Die Terrasse des **Cloud 9** ist berühmt für die atemberaubenden Blicke auf die Maroon Bells, das wohl schönste Gebirgsmassiv Colorados. Da trifft es sich gut, dass das europäisch orientierte Essen mithalten kann und in einem einfachen, aber liebevoll dekorierten Ambiente serviert wird. Übrigens auch abends, dann geht's per Pistenraupe zu Tisch. Das **Merry Go Round** an der Bergstation des Exhibition Quad ist ein krasser Gegensatz: 1960er-Jahre-Design, Plastikstühle, abgewohnter Eindruck. Aber: Das Essen (Gebratenes, Burger, Mexikanisch) ist in Ordnung und irgendwie hat der Laden Charme. Außerdem kann man an den *Freestyle Fridays* von der großen Terrasse aus so herrlich die Sprünge der Freestyler bewundern.

Blick in die Highland Bowl

REGION 1
Colorado und New Mexico

Buttermilk und Pyramid Peak

Facts & Figures

Berg	3013 m
Tal	2398 m
HD	615 m
Lifte	9
Seilbahn	0
Gondelbahn	0
Express-Sessel	2
Sesselbahnen	3
Schlepplifte	4
	8250 Pers./Std.
Skigebiet	342 ha
Abfahrten	42
Fläche	174 ha
beschneit	44 ha
Länge	37 km
Charakter	76/3/20
●	14,7 km
■	15,5 km
◆	7,0 km
◆◆	0,0 km
max.	5,4 km
Fall-Linie	3,6 km
Besucher	141 000
Skitage	114
VTM/Skifahrer	5200
Skifahrer/km	34
Schneefall	443/508 cm

Bewertung

Preis/Leistung	3
Landschaft	3
Skigebiet	
Off-Piste	1
Experten	1
Fortgeschrittene	4
Anfänger	5
Never-Ever	4
Wartezeiten	3
Bergrestaurants	2

Preise
Vgl. Aspen Mountain.

 Vgl. Aspen Mountain.

Buttermilk, CO

Was Ajax und Highlands für Experten sind, ist Buttermilk für Anfänger. Die Kombination aus perfekter Pistenpflege und zahmen Hängen machen den Berg zu einem einzigen riesigen Übungsgelände und zum Tummelplatz der Snowboarder. Die Skischule gilt als eine der besten im Lande. Für arriviertere Skipiloten eignen sich Tiehacks meist problemlose Schneeteppiche zur Überwindung des Jetlag am ersten Tag.

The Mountain
Von den drei Talstationen Tiehack, Main Buttermilk und West Buttermilk zielen Lifte auf den sanft gerundeten Gipfel, von den beiden Letztgenannten mit High Speed. Von oben hat man einen prächtigen Blick hinüber nach Aspen Highlands und auf die Maroon Bells. Die Abfahrten fließen von hier immer der Fall-Linie folgend talwärts und bieten ordentlich Platz.

Wartezeiten sind in Buttermilk praktisch unbekannt. Nur einmal im Jahr herrscht Ausnahmezustand: Wenn die ESPN Winter X Games über Buttermilks Pisten gehen. Die Übertragungen von unglaublichen Sprüngen per Snowboard oder Motocross-Bike werden im ganzen Land gesehen und sind weit populärer als olympische Abfahrtsrennen oder gar Weltcup-Wettbewerbe.

Für Könner
lohnt Buttermilk trotz seines Übungshügel-Images einen Abstecher. Die Tiehack-Seite bietet einige schöne Buckelpisten wie **Javelin** und **Racer's Edge** sowie die **Timber Doodle** und **Ptarmigan Glades**. Da die Egomanen alle am Ajax oder Highlands fahren, hat man die anspruchsvollen Hänge hier für sich. Das ist vor allem an Tagen mit Neuschnee großartig. Selbst nachmittags kann man direkt unter dem Lift noch *first tracks* legen – aber bitte nicht weitersagen!

Für Fortgeschrittene
bietet Buttermilk Cruiser auf jeder seiner drei Flanken, die schönsten auf der **Tiehack**-Seite. Auf den Hängen entlang dem Summit Express stören die eingestreuten Flachstücke etwas. Sehr zahm sind die Pisten am West Buttermilk Express, vom kurzen Stück unterhalb des Zwischeneinstiegs mal abgesehen.

Für Anfänger
ist der Berg wie geschaffen. Weit ausgedehnte Übungswiesen an der **Main Buttermilk Base** und zahlreiche leichte Pisten vom Gipfel, besonders hinunter zum **West Buttermilk Express**.

Für Snowboarder
Die Superpipe der X Games steht Snowboardern den ganzen Winter über zur Verfügung. Die wahnwitzigsten Jumps werden zwar nach dem Event wieder eingeebnet, aber der **Crazy T'rain Park** oberhalb der Main Buttermilk Base kann sich mit 15 Jumps und 25 Rails trotzdem sehen lassen.

Bergrestaurants
Das **Cliffhouse** an der Bergstation des Summit Express bietet mongolisches Barbecue. Dabei werden Fleischstücke blitzschnell auf einer heißen Metallplatte gebraten – lecker! Auch wegen des Blicks von der Terrasse zum matterhornähnlichen Pyramid Peak lohnt es, hier einen Boxenstopp einzulegen. Ein schönes Beispiel dafür, wie man die übliche amerikanische Cafeteria-Verpflegung auf ein neues, besseres Level heben kann, ist **Bumps** an der Main Buttermilk Base: Angenehme Atmosphäre mit viel Holz und abwechslungsreiches, qualitativ einwandfreies und dennoch bezahlbares Essen.

Snowmass, CO

Snowmass ist Aspens Retortenbaby und ein Nirwana für Genuss-Skifahrer: Von den bis zu 3813 Meter hohen Skigipfeln fließen dank des größten Höhenunterschieds aller US-Skigebiete serienweise Nonstop-Runs über vier, fünf Kilometer talwärts. Insgesamt bietet Snowmass mehr Pistenkilometer als Aspens drei andere Skiberge zusammen.

+ Weitläufiges Skiareal mit Abfahrten jeder Couleur
+ Cruising vom Feinsten
+ keine Ziehwege, sondern ausschließlich Fall-Line Skiing
+ ideale Buckelpisten für Einsteiger
+ Unterkünfte direkt an den Pisten
+ umfangreiche Attraktivierung im Gang.

− Der kälteste und windigste von Aspens Skibergen (aber Hot Cider und Cookies vom Guest Services)
− Bergrestaurants und Village ohne Charme (soll bis 2007 anders werden)
− Downtown Aspen ist 14 Kilometer entfernt, Snowmass selbst abends sehr ruhig
− einige lange und langsame Sessellifte.

Snowmass Village ist ein Dorf aus der Retorte und etablierte zu Beginn der 1970er Jahre den Typ des *Ski-in/ski-out*-Resorts. Treppenförmig staffeln sich die Condominiums scheinbar endlos die Bergflanke empor. Bei 95 Prozent der 6000 Zimmer kann man bis vor die Tür abfahren. Auf Ski oder Board schwingt man zum Shopping oder Après-Ski in die Village Mall. Dieses Ortszentrum bietet zwar alles, was man in einem Skiurlaub braucht, aber nicht viel von dem, was man sich wünscht: Charme und Atmosphäre. Viel Beton und schmucklose Gehwegplatten dominieren das Bild. Wer in Aspen logiert und einen Ausflug nach Snowmass unternimmt, parkt am besten an der Two Creeks Base. Das spart einige Kilometer Auto- oder Busfahrt und man ist sogar noch schneller auf dem ersten Skigipfel als von Snowmass Village aus – in etwa 20 Minuten. Bei der Bergfahrt mit dem Two Creeks Express schwebt man über die jüngste Erweiterung des Village: zahllose üppig ausgestattete und hübsch anzuschauende Ferienvillen in der Preisklasse von sechs bis acht Millionen Dollar.

The Mountain

Snowmass' Terrain umfasst vier Skiberge: **Elk Camp, High Alpine, Big Burn** und **Sam's Knob**. Die ersten beiden steuert man am besten von der Two Creeks Base an. Letzteren erreicht man vom Assay Hill, dem Haupteinstiegspunkt ins Skigebiet, ab dem Winter 2005/06 mit nur noch einer statt drei Liftfahrten. Eine weitere und man ist auf dem Big Burn.

REGION 1
Colorado und New Mexico

Facts & Figures

Berg	3813 m
Tal	2473 m
HD	1340 m
Lifte	21
Seilbahn	0
Gondelbahn	0
Express-Sessel	7
Sesselbahnen	8
Schlepplifte	6
	27 928 Pers./Std.
Skigebiet	2153 ha
Abfahrten	87
Fläche	945 ha
beschneit	73 ha
Länge	137 km
Charakter	97/1/2

Snowmass Village, ein Dorf aus der Retorte

REGION 1
Colorado und New Mexico

●	12,9 km
■	77,7 km
♦	24,4 km
♦♦	21,9 km
max.	9,4 km
Fall-Linie	8,8 km
Besucher	670 000
Skitage	137
VTM/Skifahrer	7900
Skifahrer/km	37
Schneefall	443/668 cm

Für Könner
lockt das anspruchsvollste Terrain an der **Hanging Valley Wall**: touren-ähnliche Partien durch felsgesäumte Couloirs, Rinnen und schüttere Wälder wie Possible, Roberto's oder Adios Ridge, erreichbar vom High-Alpine- oder Cirque-Lift. Vor einigen Jahren noch hätten sich die Ski-Patroller nicht vorstellen können, was für Gelände hier heute zum Skifahren freigegeben ist. Möglich macht dies die moderne Technologie zur Lawinenkontrolle. Auch im **Cirque** wartet extremes Gelände. Für Buckelpisten ist **Sam's Knob** erste Wahl: Fast Draw, Promenade und Wildcat bedient ein eigener Expresslift. **Bearclaw** und **Powderhorn** führen hinunter zum Campground-Lift. In diesem etwas abseits gelegenen Areal bleibt der Pulver länger unberührt als anderswo.

Für Fortgeschrittene
sind die Optionen fast grenzenlos. Snowmass' Trumpfkarte heißt **Big Burn**, ein zwei Kilometer langes und ebenso breites, locker bewaldetes Schneefeld, dazu bestimmt, im Gleitflug hinunterzuschweben. Herrlich auch **Banzai Ridge** oder die schwarzen, aber gewalzten Pisten **Zugspitze** und **Slot** am Sam's Knob. Fast ein halbes Dutzend Cruiser mit interessantem, wechseln-

den Profil fließen vom **Elk Camp** zu Tal. Die blau markierten Pisten am **Two Creeks** Express sind weniger spannend, dieses Areal wurde nur für schwerreiche Häuslebauer erschlossen.

Für Anfänger

gibt es am **Assay Hill** und **Fanny Hill** designierte Übungslifte. Diverse Hänge vom **Sam's Knob** (Lunchline, Dawdler) und vom Café Suzanne (entweder hinunter nach Two Creeks oder via Funnel Bypass nach Assay Hill) erfordern wenig Wagemut. Auch die blau markierten Cruiser am **Elk Camp** sind leicht zu meistern.

Für Snowboarder

bietet der **Pipeline Park** entlang dem Coney-Glade-Express-Lift eine Halfpipe, Soundsystem und zahlreiche Features. Bei der Liftfahrt kann man sich einen guten Überblick verschaffen. Anfänger sind im **Makaha Park**, den man mit dem Funnel- oder Wood-Run-Lift erreicht, besser aufgehoben.

Bergrestaurants

Gwyn's am High-Alpine-Lift ist ein elegantes Restaurant, das exzellentes

REGION 1
Colorado und New Mexico

Bewertung
Preis/Leistung 3
Landschaft 3
Skigebiet
Off-Piste 3
Experten 4
Fortgeschrittene 5
Anfänger 3
Never-Ever 2
Wartezeiten 4
Bergrestaurants 2
Ort
Dining 3
Activities 3
Après-Ski/Nightlife 2

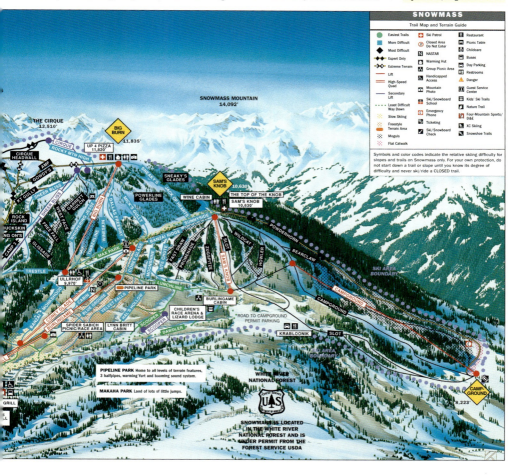

REGION 1
Colorado und New Mexico

Preise
Vgl. Aspen Mountain.

News
Im April 2005 wurden die Pläne zum Bau eines seit mehr als 30 Jahren projektierten Base-Village unterhalb der bestehenden Mall bewilligt. Bis 2007 soll auf 5 ha Fläche für rund 600 Mill. Dollar ein fußgängerfreundliches Dorf mit Hotels, Restaurants und Shops entstehen. Zum Projekt gehören auch eine Gondelbahn vom Village zur Mall sowie ein kuppelbarer Sechser direkt zu Sam's Knob (fertig zum Winter 05/06). Die Gondelbahn zum Elk Camp geht zum Winter 06/07 in Betrieb. Dafür werden einige ältere Lifte weichen.

Kinderbetreuung
Die ganztägige Betreuung von Kindern im Alter von 8 Wochen bis zu 3 1/2 Jahren kostet einschließlich Lunch $ 98, bei mehrtägiger Betreuung gibt es Rabatt. Reservierungen erforderlich, ✆ (970) 923-0563.

ℹ Vgl. Aspen Mountain.

Tipp
Ein Hit für Kinder ab 7 Jahren ist eine Fahrt mit einer der großen Pistenraupen. Mi 17 Uhr und Do 7 Uhr kann ein Kind pro Pistenraupe kostenlos mitfahren. Reservierungen unter ✆ (970) 923-0560.

Essen serviert. Die schönste Aussicht hat man vom **Sam's Knob**, das dortige Restaurant wird zum Winter 2005/06 durch ein neues Haus ersetzt. **Café Suzanne** am Elk Camp und der meist überfüllte **Ullrhof** zwischen Big Burn und Sam's Knob sind etwas lieblos gestaltete Verpflegungsstationen. Pizza auf über 3600 Meter bekommt man bei **Up 4 Pizza** an der Bergstation Big Burn. Viele *locals* nutzen die Picknicktische zur Schonung ihres Geldbeutels.

Wartezeiten
kann man in der Regel durch die Wahl alternativer Lifte vermeiden. Neue Lifte werden die Lage weiter verbessern. Sehr voll wird es nachmittags auf der Fanny-Hill-Piste zurück ins Village. Eine Art Verkehrspolizei sorgt dafür, dass niemand zu schnell fährt.

Off the Mountain
Die besten Adressen zum Après-Ski sind **Brothers' Grille** und das **Cirque Café**. Wer Kneipen voller Fernseher mag, in denen Sportübertragungen laufen, ist in **Zane's Tavern** gut aufgehoben. Das am Berg in einer rustikalen Blockhütte untergebrachte Restaurant **Krabloonik** ist der beste Platz für ein besonderes Dinner oder Hundeschlittentouren (✆ 970-923-4342). Skilanglaufen kann man auf dem Golfplatz von Snowmass. Tubing ($ 15) am Assay Hill. Weitere Aktivitäten siehe Aspen.

Snowmass Village Mall

48

Vail, CO

Vail Mountain ist der größte Skiberg der USA, bietet Service auf höchstem Niveau, erstklassige Schnee- und Wetterbedingungen sowie Tiefschnee-, Cruising- und Buckelhänge vom Feinsten. In den Gassen, Pubs und Tanzbars von Vail Village herrscht eine ansteckend vibrierende, ungezwungene Atmosphäre und das Angebot alternativer Sportarten reicht von rasanten Snowbikefahrten bis zu Schneeschuhwanderungen durch einsame Bergtäler.

+ Größtes Skigebiet der USA
+ weitläufiges Off-Piste-Terrain in den baumfreien Back Bowls
+ lebhaftes, weitgehend autofreies Village am Fuß der Pisten, das tatsächlich so etwas wie Tiroler Dorfatmosphäre aufkommen lässt
+ moderne Lifte, überwiegend mit High Speed.

- Die Back Bowls sind Südhänge, das bekommt dem Schnee nicht immer gut
- viele Ziehwege und Kreuzungen
- Wildwest-Touch sucht man vergebens
- hohes Preisniveau
- häufig überfüllte Bergrestaurants.

Im Zentrum des Vail Village wähnt sich so mancher auf der Dorfstraße eines klassischen österreichischen Wintersportorts. Genau das war die Vision von Pete Seibert, damals in den 1950er Jahren. Im März 1957 bestieg Seibert erstmals den Vail Mountain. Der ehemalige Skirennläufer war zehn Jahre lang auf der Suche nach dem perfekten Skiberg durch die Rocky Mountains gereist. Schließlich hatte ihm sein Freund Earl Eaton geraten, sich eine mächtige, bewaldete Nordflanke westlich des Vail-Passes anzusehen. Auf Ski erklommen die beiden Männer den Gipfelgrat und was sie auf der Rückseite des Berges erblickten, waren grandiose, fast baumlose Paradehänge. Seibert wusste sofort, dass er seinen Platz gefunden hatte. Nach weiteren fünf Jahren, in denen er 1,5 Millionen Dollar auftrieb, Land kaufte, Pisten rodete und Lifte errichtete, öffnete Vail am 15. Dezember 1962 mit 500 Betten, einer Gondel- und zwei Sesselbahnen seine Pforten.

Heute bringt es Vail auf 19000 Betten, während der Skisaison auf 7500 Einwohner und lässt keine der Zutaten vermissen, die ein Weltklasse-Ski-Resort ausmachen. Nicht schlecht für einen Ort, an dem sich vor gut 40 Jahren nur fünf Familien, ein paar Schafherden und eine Sägemühle verloren. Die Atmosphäre in den Gassen des Dorfs wirkt sofort ansteckend. Vail ist im Gegensatz zu manch anderer Retortenstation voller Leben. Hier verkehren nicht nur amerikanische High Society, Geldadel, Stars und Sternchen, sondern auch passionierte Skifahrer von überall auf der Welt und Skibums, die zur Finanzierung ihrer Sucht nach der nächsten Dosis Pulver auch schlechtbezahlteste Jobs annehmen und dabei trotzdem noch Spaß haben. Das Village selbst bildet aber nur den kleinsten Teil eines Mega-Resorts, das sich über viele Meilen durch das Tal des Eagle River zieht, mit überwiegend eher modernen, anonym wirkenden Gebäuden.

REGION 1
Colorado und New Mexico

Facts & Figures

Berg	3527 m
Tal	2450 m
HD	998 m
Lifte	34
Seilbahn	0
Gondelbahn	1
Express-Sessel	14
Sesselbahnen	9
Schlepplifte	10
	53381 Pers./Std.
Skigebiet	3424 ha
Abfahrten	193
Fläche	2140 ha
beschneit	158 ha
Länge	215 km
Charakter	69/2/29
●	61,4 km
■	65,5 km
♦	80,1 km
♦♦	8,2 km
max.	10,3 km
Fall-Linie	5,6 km
Besucher	1 600 000
Skitage	150
VTM/Skifahrer	5900
Skifahrer/km	48
Schneefall	470/879 cm

Erinnert an österreichische Wintersportorte: das lebhafte, autofreie Vail Village

**REGION 1
Colorado und
New Mexico**

The Mountain

Vom Tal aus betrachtet beeindruckt **Vail Mountain** nicht sonderlich, aber der erste Anschein trügt. Zwischen der **Mongolia Bowl** im Osten und **Cascade Village** im Westen erstreckt sich das Skiterrain über elf Kilometer. Vom Dorf aus sieht man nur die Frontseite des Vail Mountain und die Hänge am Golden Peak. Verborgen bleiben die **Game Creek Bowl**, die riesige Schneeschale oberhalb von Mid Vail, sowie die Hänge hinter dem Golden Peak, die alle noch auf der bewaldeten Nordseite des lang gestreckten Kamms des Vail Mountain liegen.

REGION 1
Colorado und New Mexico

Bewertung
Preis/Leistung 4
Landschaft 3
Skigebiet
Off-Piste 4
Experten 4
Fortgeschrittene 5
Anfänger 3
Never-Ever 3
Wartezeiten 2
Bergrestaurants 4
Ort
Dining 5
Activities 5
Après-Ski/Nightlife 4

Skipass
Die Lifttickets gelten auch in Beaver Creek
1 Tag $ 47–77
Kinder (5–12) $ 29–47
Kinder (0–4) kostenlos
6 Tage $ 282–462
Verleih
Ski 1 Tag $ 13.50–41
Ski 6 Tage $ 30–209
Set 1 Tag $ 17–45
Set 6 Tage $ 59–230

Anreise
✈ Denver (195 km), Eagle (58 km) mit Flügen u.a. von Minneapolis, Chicago, New York, Los Angeles und Denver.
🚌 Die Shuttlebusse von Colorado Mountain Express (Vans für 10 Passagiere) fahren tägl. mehrmals vom **Denver International Airport** in 2 1/2 Std. und vom **Eagle County Airport** in 1 Std. direkt zu den Unterkünften im Vail Valley. Kosten pro Person: $ 66 (ab Denver) bzw. $ 44 (ab Eagle, jeweils einfache Fahrt), Infos und Buchung unter www.ridecme.com, ✆ (970) 926-9800 oder 1-800-525-6363. Kostenlose Busse verkehren bis gegen 2 Uhr nachts auf verschiedenen Linien zwischen Vails Ortsteilen und dem

Die Südhänge bilden die legendären sieben **Back Bowls**. Sie verleihen Vail seine fast magische Anziehungskraft. Überwiegend baum- und felsfreies Gelände erstreckt sich hier über zwölf Quadratkilometer – einmalig in den USA. Hinter den Back Bowls erschließen drei schnelle Vierer die nordseitigen Hänge des famosen **Blue Sky Basin**, wo sich offene Flächen und schütterer Wald abwechseln, durch die hunderte Linien führen, die nur darauf warten, entdeckt zu werden. Um eine Entdeckung wird man am Vail Mountain nicht herum kommen: die vielen Skiwege. Satte 62 der 215 Pistenkilo-

REGION 1
Colorado und New Mexico

Transportation Center (3 Min. Fußweg zur Vista Bahn) sowie im Vail Village.

🚗 Kostenlose Busse, relativ teure ($ 16/Tag) und begrenzte Parkplätze am Skigebiet sprechen gegen einen Mietwagen. Wer nicht direkt im Village wohnt, ist abends mit Auto aber flexibler (dann sind auch die Parkplätze kostenlos). Wer Ausflüge in benachbarte Areale vorhat, sollte einen Mietwagen nehmen. Die I-70 von Denver nach Vail ist in der Regel auch im Winter gut befahrbar.

↔ Aspen 164 km, Colorado Springs 229 km, Denver 158 km, Grand Junction 242 km
Anreisedauer: Flug nach Denver 10 $^{1}/_{2}$ Std., Transfer 2 $^{1}/_{2}$ Std.

Vail ist das größte Skigebiet der USA

meter zählen zu dieser wenig erbaulichen Kategorie. Die meisten Runs in den Back Bowls münden in schmale Flachpassagen und auch die Frontseite durchziehen sie reihenweise, allerdings kann man ihnen hier durch eine extra Liftfahrt meist entrinnen. Die Skisaison dauert von Mitte November bis Mitte April.

Für Könner

bietet Vail alles und davon viel – von extremen Herausforderungen einmal abgesehen. In den **Back Bowls** und im **Blue Sky Basin** werden nur ganz wenige Abfahrten präpariert und rund 90 Prozent des Terrains sind schwarz markiert. Man hat die Wahl: Buckel, Tiefschnee, Tree-Skiing. Etwas von allem bedient der High-Noon-Lift, der zwar modernisiert, aber nicht auf High Speed umgerüstet wurde und daher von den Massen links liegen gelassen wird. Mancher ist vom Terrain in der **Sun Down** und **Sun Up Bowl** so begeistert, dass er glatt vergisst, den Rest von Vail Mountain zu erkunden. Die schwierigsten Pisten warten auf der Vorderseite: **Prima Cornice** erfordert mutige Sprünge über Felsabsätze, belohnt wegen der geschützten Lage aber mit erstklassigen Schneebedingungen. Die längsten Buckelpisten findet man am **Highline**-Lift. Wer Buckel mag sollte außerdem **Prima, Pronto** und die **Game Creek Bowl** ansteuern.

Für Fortgeschrittene

Zur Saison 2004/05 schaffte Vail zehn neue Pistenraupen an und erweiterte das täglich gewalzte Terrain um ein Drittel auf 640 Hektar – zusammen mit der größten High-Speed-Liftflotte Amerikas eine ideale Voraussetzung zum Kilometerfressen. Herrliche, fast menschenleere Cruiser fließen über das kuppierte Gelände am Pride Express und unter der Eagle-Bahn talwärts: **Simba, Bwana** oder **Pride-Liftline**. Die soften Buckel auf **Lower Safari** nimmt man nach diesen Prachtpartien dann aus lauter Übermut auch noch mit. Perfektes Terrain für Fortgeschrittene bedienen der **Mountaintop** und der **Avanti Express**. Jeweils drei gewalzte Hänge gibt es in den **Back Bowls** (Poppyfields am Orient Express) und im **Blue Sky Basin** (besonders schön: Grand Review). Ego Building kann man betreiben, wenn die Steilhänge von Riva Ridge im Grooming Report auftauchen. Dann heißt es nichts wie hin, denn bereits mittags bilden sich wieder mächtige Buckel.

Für Anfänger

ist die Frontseite des Vail Mountain eine Spur zu steil. Ortsnahe Übungshänge findet man nur am **Golden Peak**. Der nächste Schritt führt dann in

REGION 1
Colorado und New Mexico

i Vail Mountain
Vail, CO 81658
✆ (970) 845-2500
Fax (970) 845-2609
www.vail.com
in Deutschland:
Vail Resorts
✆ (02 21) 923 56 92
Fax (02 21) 923 56 93
info@vailresorts.de

News
Derzeit werden Vail Village und die Lionshead Base einer umfangreichen Renovierung unterzogen, in deren Verlauf in den nächsten Jahren 500 Mill. Dollar investiert werden. Für die Saison 2005/06 schafft Vail neun neue Pistenraupen an. Die Restaurants in Mid Vail und am Eagle's Nest erhalten ein Facelifting.

Kinderbetreuung
In der **Small World Playschool** an der Talstation Golden Peak betreut man Kinder im Alter von 2 Monaten bis zu 6 Jahren. Kosten für einen Tag inkl. Lunch: ab $ 79. Für Kinder ab 20 Monaten gibt es als Extra für $ 18 ein halbstündiges *Snow play*-Programm. Reservierung erforderlich (gpsmallworld@vailresorts.com oder ✆ 970-479-3285). Ganztägige Skikurse für Kinder ab 3 Jahren kosten inklusive Liftticket und Lunch ab $ 110.

Nahe gelegene Skiorte
Beaver Creek, CO, 17 km, vgl. S. 55 ff.
Copper Mountain, CO, 33 km, vgl. S. 65 ff.
Breckenridge, CO, 60 km, vgl. S. 60.
Keystone, CO, 59 km, vgl. S. 69 ff.

---

die Höhenregion, denn vier Lifte am Kamm des Berges (Game Creek, Wildwood, Mountaintop und Sourdough) bedienen jeweils mindestens ein, zwei leichte Pisten. Die vielen Skiwege erlauben problemloses Navigieren und eine sichere Talabfahrt.

Für Snowboarder
publiziert Vail eine eigene *trail map* (sie zeigt, wo Freestyler und Freerider die besten Runs finden), eine spezielle Website (www.ridevail.com) und präpariert drei Terrain Parks und eine Super Pipe. Der **Super Park** und der **Mule Skinner Park** am Golden Peak zeigen, wie wichtig Vail die Board-Klientel nimmt. Alle 20 Meter sind Schneekanonen postiert, um die Schneemassen zu produzieren, die für die gewaltigen *terrain features*, Pipes und handgeformten Jumps im Park benötigt werden. Ein High-Speed-Quad sorgt für schnellen und bequemen Zugang. Mit dem **Bwana Park** an der Eagle-Bahn kommt Vail auf 25 Tables, 40 Rails und 12 *log rails*. Freerider finden ihr Nirwana in den Back Bowls, die für Skifahrer öfter unbefriedigende Schneequalität tangiert sie peripher.

Bergrestaurants
Erste kulinarische Adresse im Pistenzirkus von Vail ist das **Two Elk**. Am Eingang reichen ältere Damen in Ralph-Lauren-Jeans Kleenex-Tücher, beim Hinausgehen Zahnstocher. Die Speiseauswahl ist beachtlich, die Atmosphäre dank der großzügigen Dachkonstruktion aus Baumstämmen, dem Holzmobiliar und echtem Besteck angenehm – trotz der gewaltigen Größe (1000 Sitzplätze!). Gutes Essen in intimerer Runde und Tischservice bietet das **Larkspur Restaurant** in der eleganten **Golden Peak Lodge**, am Berg nur das **Blue Moon** am Eagle's Nest. Der **Market Place** im selben Gebäude ist ein einfaches SB-Restaurant. Erstklassige Burger vom Holzkohlegrill bekommt man am **Wildwood Smokehouse**. Eine urige, gemütliche Hütte mit großem Kamin ist das **Belle's Camp** in Blue Sky Basin. Es serviert nur Sandwiches, aber auf der Terrasse steht ein Grill für mitgebrachtes Fleisch.

Wartezeiten
Der Bau drei neuer Bahnen im Blue Sky Basin hat die Wartezeiten reduziert, denn Vails Besucherzahl blieb danach konstant. An Wochenenden, wenn die Tagesausflügler aus Denver einfallen, wird es an einigen Liften nach wie vor voll, besonders am Northwoods Express. Hinweistafeln informieren, wie lang man wo zu warten hat.

REGION 1
Colorado und New Mexico

Vails anspruchsvollste Piste: Prima Cornice

Tipps
Im April gibt es meist noch gute Schneebedingungen und das Liftticket kostet für 6 Tage nur $ 109 (Kinder $ 89), wenn man es zwei Wochen im Voraus im Internet kauft.
  Falls das Gepäck auf sich warten lässt: Bei **Ski Clothing Rentals**, 616 W. Lionshead Circle, ℂ (970) 479-1904, kann man Skijacken ($ 70 für 7 Tage), Hosen, Handschuhe ($ 6/Tag), Mützen, Skibrillen, Fleece- und sogar Thermo-Unterwäsche leihen. Rechnung aufheben für Erstattung seitens der Airline.

Après-Ski/Nightlife
Noch vor Liftschluss sollte man sich einen Platz auf der Terrasse des **Los Amigos** an der Vista-Bahn sichern, denn von hier kann man die Stürze der Skifahrer auf Pepi's Face in kollektiver Verzückung bejubeln. Anschließend findet man entlang der quirligen Bridge Street diverse Straßencafés und Pubs: **Pepi's Bar** spricht vor allem das in Vail verbreitete, etwas ältere Publikum an (Live-Musik, gute Stimmung), der **Tap Room** ist der Platz für Martini-Fans. Das **Red Lion** hat eine große Terrasse, Live-Musik und gute Nachos. In Lions Head steuert man **Garfinkel's** an: junges Publikum, große Sonnenterrasse mit Blick auf die Pisten und Kultfaktor – die T-Shirts mit Garf-Logo finden reißenden Absatz. Später am Abend sind **The Club** (Live-Musik *unplugged*), **8150** (Bands und DJs) und die **FuBar** (Pole-Dancing) zu empfehlen.

Restaurants
Unter den 73 Restaurants findet sich alles vom Hamburger-Brater bis zum Gourmet-Tempel. Man kann ein Vermögen für ein Abendessen ausgeben, man muss aber nicht.

 La Tour
122 E. Meadows Dr., Vail, CO
ℂ (970) 476-4403
Zeitgenössische französische Küche, eines von Vails Top-Restaurants. Dinner. $$$

 Pepi's Restaurant
Bridge St., Vail, CO
ℂ (970) 76-4671
Kastendecke, Stofftischdecken, Bedienung im Dirndl, Käsespätzle »Allgäuer Art«, Sauerbraten, Sachertorte und Gulaschsuppe – ganz wie daheim, nur etwas enger und lauter. Lunch, Dinner. $$–$$$

 Terra Bistro
352 E. Meadow Dr., Vail, CO
ℂ (970) 476-6836
Stylisches Ambiente, kreative Küche mit asiatischen, mediterranen und mexikanischen Anleihen. Dinner. $$–$$$

 Pazzo's Pizzeria
122 E. Meadow Dr., Vail, CO
ℂ (970) 476-9026
Pizza und Pasta für kleines Geld. Breakfast, Lunch und Dinner. $

Sonstige Aktivitäten
Die Adventure Ridge an der Bergstation der Gondelbahn (kostenlos für Fußgänger) ist Di–Sa 14–22 Uhr geöffnet und bietet Tubing ($ 18), einstündige Snowmobile-Touren ($ 62 für eine Person), Schneemobil-Parcours für Kinder, Schlittschuhlaufen, Schneeschuhwanderungen und abendliche Abfahrten mit Stirnlampe per Skibike. 15 km Loipen im **Vail Nordic Center** am Golden Peak.
  Im **Village** laden 136 Geschäfte und Boutiquen, sowie 24 Museen und Galerien (darunter das Colorado Ski Museum) zum Shoppen und Schauen. Unter den diversen Fitnesscentern und Spas ragt das **Vail Cascade Resort** heraus (u.a. Indoor-Laufbahn), eine Kletterwand bietet die Vail Mountain Lodge, Tennishallen der Vail Racquet Club. Außerdem: Eishalle in der Dobson Ice Arena, Kinos, Bibliothek, Pferdeschlittenfahrten, Fliegenfischen und Heißluftballonfahrten.

 Chap's Grill and Chophouse
1300 Westhaven Dr., Vail, CO
ℂ (970) 476-7014
Einer der besten Orte in Vail für ein gutes Steak (auch vom Büffel), Wild oder Meeresfrüchte. Im Vail Cascade Resort & Spa. Breakfast, Lunch und Dinner. $$–$$$

Beaver Creek, CO

**REGION 1
Colorado und
New Mexico**

Beaver Creek wurde für die High Society unter den Skifahrern konzipiert. Die Chance, einem Jimmy Connors oder Clint Eastwood zu begegnen (die hier Zweitwohnungen besitzen), hat ihren Preis. Die Unterkünfte im Beaver Creek Village, das nach europäischen Vorbildern gestaltet wurde, sind lächerlich teuer. Dafür geht es in Beaver Creek an den Liften und auf den Pisten viel ruhiger zu als in Vail.

+ Erstklassiger Service
+ Abfahrten folgen der Kontur des Geländes
+ perfekte Pistenpflege
+ weitläufiges, abwechslungsreiches Skigelände mit drei Ski Villages und Liftanschluss an den Ort Avon
+ fast ausschließlich High-Speed-Lifte, keine Wartezeiten.

- Von den 152 Abfahrtkilometern entfallen 53 auf Skiwege
- extrem hohes Preisniveau
- kaum Off-Piste-Terrain (aber der Skipass gilt auch im nahen Vail)
- Nightlife auf Sparflamme.

Ursprünglich wollte Pete Seibert, der Gründer von Vail, sein Skigebiet drei Kilometer oberhalb von Avon im Tal des Beaver Creek bauen. Doch die Nottingham-Familie, die seit 1887 hier lebte, wollte ihre Ranch nicht verkaufen. Als Colorado 1970 den Zuschlag für die Olympischen Winterspiele 1976 erhielt, versuchte es Seibert erneut und diesmal erfolgreich, denn Beaver Creek erschien ihm als idealer Austragungsort für die Skirennen. Zwar votierten die Bürger Colorados 1972 gegen die Spiele, aber die Erschließung von Beaver Creek war nicht mehr zu stoppen. Im Dezember 1980 öffnete es seine Pforten, der Grundstein war im Beisein von Ex-Präsident Gerald R. Ford gelegt worden.

Die Architekten von Beaver Creek Village waren zuvor zwecks Inspiration durch halb Europa getourt. In den spanischen Pyrenäen fanden sie sie. Den dortigen Stil garnierten sie mit einheimischen Steinen und Hölzern sowie einem extra Schuss Luxus: Rolltreppen tragen die Gäste zu den Liften, geparkt wird in Tiefgaragen und in der Fußgängerzone sorgt eine gigantische Bodenheizung dafür, dass auf den Gehwegen vor den Boutiquen, Restaurants, Galerien und den teuren Juwelierläden niemand kalte Füße bekommt. Die Eisbahn im Zentrum des Village wird abends herrlich illuminiert und das Helmut Fricker Duo unterhält die Gäste mit Alphornklängen oder Akkordeonmusik. Die Planer haben einen guten Job gemacht, der Ort hat wirklich Atmosphäre. Das Serviceniveau ist ebenfalls bemerkenswert. Wer nach einem Tag im Skigebiet in den Ort zurückkehrt, wird erst mal verwöhnt: Kostenlos gibt's heiße Schokolade und Cookies. Morgens haben die in rote Jacken gekleideten Mitarbeiter der Guest Information ein Auge für neu ankommende Gäste mit fragenden Blicken, sprechen sie an, statten sie mit Pistenplänen und Grooming Reports aus oder geben Tipps, wo man am besten frühstücken kann.

The Mountain
Die Nordhänge des massigen **Beaver Creek Mountain** bildeten die Keimzelle des Skigebiets. Später kamen die Osthänge auf der Talseite gegenüber hinzu, dann der dazwischen liegende **Grouse Mountain**. Das zunächst unabhängig operierende Skigebiet **Arrowhead**, das ebenfalls über ein Village am Fuß der Abfahrten verfügt, wurde mit der Erschließung der Bachelor Gulch in den Pistenzirkus von Beaver Creek integriert. Beaver Creek wirbt seither mit einer für Amerika einzigartigen »village to village ski experience«, 2004 wurde auch die Ortschaft **Avon** an das Skigebiet angeschlossen.

Luxus pur: in Beaver Creek gelangt man per Rolltreppe zum Lift

Facts & Figures	
Berg	3478 m
Tal	2268 m
HD	1064 m
Lifte	25
Seilbahn	0
Gondelbahn	0
Express-Sessel	10
Sesselbahnen	5
Schlepplifte	10
	36 110 Pers./Std.
Skigebiet	1810 ha
Abfahrten	146
Fläche	658 ha
beschneit	253 ha
Länge	152 km
Charakter	60/5/35
●	64,2 km
■	57,5 km
♦	17,6 km
♦♦	12,4 km

Eisbahn auf Beaver Creeks Plaza

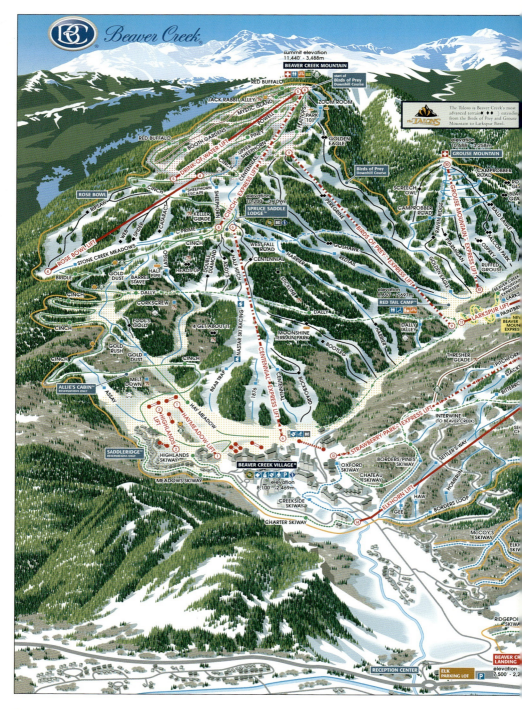

REGION 1
Colorado und New Mexico

max.	11,0 km
Fall-Linie	4,2 km
Besucher	768 000
Skitage	142
VTM/Skifahrer	6700
Skifahrer/km	36
Schneefall	831 cm

Bewertung
Preis/Leistung	4
Landschaft	3

Skigebiet
Off-Piste	2
Experten	4
Fortgeschrittene	5
Anfänger	4
Never-Ever	3
Wartezeiten	4
Bergrestaurants	4

Ort
Dining	4
Activities	3
Après-Ski/Nightlife	2

Preise
Skipass vgl. Vail Mountain.

Verleih
Ski 1 Tag	$ 22–46
Ski 6 Tage	$ 120–276
Set 1 Tag	$ 30–50
Set 6 Tage	$ 168–300

Anreise
✈ Denver (205 km), Eagle (42 km) mit Flügen u.a. von Minneapolis, Chicago, New York, Los Angeles und Denver.

🚌 Die Shuttles von Colorado Mountain Express fahren tägl. mehrmals vom **Denver International Airport** (in gut 2 ½ Std.) und vom **Eagle County Airport** (knapp 1 Std.) direkt zu Unterkünften in Avon und Beaver Creek. Kosten pro Person: $ 66 (ab Denver), $ 44 (ab Eagle), www.ridecme.com, ✆ (970) 926-9800. Kostenlose Shuttlebusse verkehren zwischen

REGION 1
Colorado und New Mexico

Avon und Beaver Creek (8–18 Uhr alle 10 Min.) sowie in Avon (bis 23 Uhr). Die Busse von ECO Transit fahren von Avon nach Vail ($ 3).

🚌 Kostenlose Busse und teure Parkplätze ($ 20/Tag) im Village sprechen gegen einen Mietwagen. Wer in Avon wohnt und Ausflüge in benachbarte Areale vorhat, sollte einen Mietwagen nehmen. Die I-70 von Denver nach Avon ist in der Regel auch im Winter gut befahrbar.

⟷ Aspen 150 km, Denver 169 km

Anreisedauer: Flug nach Denver 10 1/2 Std., Transfer 2 1/2 Std.

ℹ **Beaver Creek**
Beaver Creek,
CO 81620
✆ (970) 845-9090
Fax (970) 845-2905
www.beavercreek.com
in Deutschland:
Vail Resorts
✆ (02 21) 923 56 92
Fax (02 21) 923 56 93
info@vailresorts.de

Waldabfahrten sind charakteristisch für Beaver Creek

Für Könner
ist das Red Tail Camp das geeignete Basislager. Hier starten Lifte in drei Himmelsrichtungen zu den anspruchsvollsten Hängen in Beaver Creeks Pisteninventar: Der Birds of Prey Express erschließt die fast 1,5 Kilometer langen, doppelt schwarzen Buckelpisten von **Peregrine** und **Goshawk** sowie die WM-Herrenabfahrtsstrecke **Golden Eagle**. Buckelpartien jeder Ausprägung sowie die **Royal Elk** und **Black Bear Glades** findet man am **Grouse Mountain**. Die **Larkspur Bowl** bietet bei Neuschnee freies Gelände für weitgezogene Powder-Turns und einige kurze, aber knackige Steilhänge wie **Lupine** und **Loco**. Wundervolle *bumps* zieren **Ripsaw, Spider** und **Cataract** in der Rose Bowl und mit dem Centennial Express erreicht man ebenfalls einige bucklige Hänge wie **Buckboard** und **Bootleg** und die sehr anspruchsvollen Glades von **Heads Up** und **4 Get About It**.

Für Fortgeschrittene
Guten Skifahrern offeriert Beaver Creek beständig gut geneigte, exzellent gepflegte Hänge (320 Hektar werden jeden Tag gewalzt) ohne böse Überraschungen wie blaue Pisten, die plötzlich schwarz und eklig werden. In der Regel sind die Pisten breit und leer genug für Carving-Schwünge. Flügel ausbreiten und fliegen heißt es auf **Red Tail** und **Centennial**, beginnend am **Spruce Saddle. Assay, Fool's Gold** und **Latigo** sind eine Spur schwieriger, weil enger. Wer es endlich mal in den Buckeln packen will, sollte **Raven Ridge** am Grouse Mountain ansteuern. **Pitchfork** und **Stacker** am Strawberry Express sind ebenfalls feine Cruiser, leiden ihrer Lage wegen aber eher unter der Sonne. Besonders konsistent dahinfließende Schneeboulevards über rund 500 Höhenmeter wie **Grunder's, Golden Bear** oder **Cresta** durchziehen die Nordhänge der Bachelor Gulch und des Arrowhead Mountain, jeweils ein schneller Vierer führt hinauf.

Für Anfänger
besonders erfreulich ist, dass die leichtesten Hänge auf dem Gipfelplateau liegen. Der Drink-of-Water-Lift bedient hier oben ein halbes Dutzend sanfter Schneeteppiche. Zurück ins Tal geht's via **Cinch**, einen langen, gut beschilderten und wirklich problemlosen Skiweg. Das Erlebnis von Village zu Village zu fahren können Anfänger ebenfalls mitnehmen, denn von jeder Bergstation mit Ausnahme des Grouse Mountain führen leichte Pisten talwärts.

Für Snowboarder
präpariert Beaver Creek den **Moonshine Terrain Park** und eine Half Pipe. Beide erreicht man mit dem Centennial-Lift.

Bergrestaurants
Populärster Ort für Lunch am Berg ist das **Spruce Saddle Restaurant**, eine imposante Konstruktion aus massiven Baumstämmen und Glas. Zentral gelegen ist auch das **Red Tail Camp**, wo man ein anständiges BBQ in relaxter Atmosphäre zubereitet.

Wartezeiten
muss man nicht fürchten – es gibt keine.

REGION 1
Colorado und New Mexico

Gepflegtes Après-Ski in Beaver Creek

News
Der Larkspur-Dreiersessel wird zur Saison 2005/06 durch einen kuppelbaren Vierer ersetzt. Damit sind dann fast sämtliche Pisten durch High-Speed-Lifte erschlossen.

Kinderbetreuung
In der **Small World Playschool** im Beaver Creek Village betreut man Kinder im Alter von 2 Monaten bis zu 6 Jahren. Kosten für einen Tag inkl. Lunch: ab $ 89. Reservierung erforderlich (bcsmallworld@vailresorts.com oder ✆ 970-845-5325). Babysitting bieten Mountain Sitters (✆ 970-477-0024), Care 4 Kids (✆ 970-748-0857) und Resort Sitters (✆ 970-748-3012).

Nahe gelegene Skiorte
Vail, CO, 17 km, vgl. S. 49.
Copper Mountain, CO, 49 km, vgl. S. 65.
Breckenridge, CO, 76 km, vgl. S. 60.
Keystone, CO, 75 km, vgl. S. 69.
Steamboat, CO, 129 km, vgl. S. 78.

Tipp
Kostenloses Parken bieten die neuen Bear und Lil' Bear Lots direkt am Highway 6 von Avon in Richtung Edwards. Von hier fahren Gratis-Shuttlebusse ein kurzes Stück zum Beaver Creek Landing, einem ebenfalls neuen Einstieg ins Skigebiet mit Kasse, Toiletten und Expresslift in das Bachelor Gulch. Alternativ kann man per Shuttle bis ins Village fahren.

Après-Ski/Nightlife
Vor dem *homerun* ins Village lohnt ein Abstecher ins Red Tail Camp am Larkspur-Lift. Die Dachterrasse **The Talon's Deck** ist bei Sonnenschein brechend voll, es gibt Bier, Cocktails und sonntags Live-Musik. Nach dem Skifahren fungiert das **Coyote Cafe** als Treffpunkt der *locals*. Das Personal ist betont lässig, die Preise sind vernünftig. **McCoy's Cafe** in der Village Hall bietet Live-Entertainment, der **Dusty Boot Saloon** Mega-Margaritas und eine umfangreiche Tequila-Auswahl. Gepflegt geht's in der bis zwei Uhr geöffneten **Antler Hall** im Park Hyatt zu.

Restaurants
Den Begriff »Gourmet« verwenden die etwa 30 Restaurants von Beaver Creek zwar etwas inflationär, aber essen kann man wirklich sehr gut.

 Saddleridge
44 Meadows Lane
Beaver Creek, CO
✆ (970) 845-5456
Vollgepackt mit historischen Fotos und Wildwest-Artefakten wie dem Hut von General Custer oder dem Sattel von Buffalo Bill, Wildgerichte. Dinner. $$$

 Beano's Cabin
Beaver Creek Mountain
Beaver Creek, CO
✆ (970) 949-9090
Preisgekröntes Restaurant im Blockhüttenstil mitten in den Bergen, das nur per Schlittenfahrt erreichbar ist. Serviert wird ein fixes Fünfgangmenü. Dinner. $$$

 Blue Moose
122 Beaver Creek Plaza
Beaver Creek, CO
✆ (970) 845-8666
Pizza *New York style* und Salate für verhältnismäßig kleines Geld. Lunch, Dinner. $–$$

Sonstige Aktivitäten
Schlittschuhlaufen auf der Plaza im Village, wo außerdem mehr als 50 Shops und Gallerien auf Kundschaft warten. Kulturelle Veranstaltungen mit Weltklasse-Niveau im **Vilar Center for the Arts**, Wellness und Beauty im **Allegria Spa**. Kinder stehen eher auf das Bungee-Trampolin am Centennial-Lift oder Rutschbahn und Strömungskanal in **Avons Schwimmbad**. 32 km Loipen und Schneeschuh-Trails auf dem Hochplateau (2900–3150 m) des McCoy Park. Anbieter in der Umgebung ermöglichen Heißluftballon-, Kutsch-, Schneemobil-, Hunde- und Pferdeschlittenfahrten, Fliegenfischen, Reiten, Eisklettern, Paragliding und Wildlife Watching.

REGION 1
Colorado und New Mexico

Facts & Figures

Berg	3913 m
Tal	2938 m
HD	975 m
Lifte	25
Seilbahn	0
Gondelbahn	0
Express-Sessel	9
Sesselbahnen	7
Schlepplifte	9
	37 280 Pers./Std.
Skigebiet	1342 ha
Abfahrten	146
Fläche	894 ha
beschneit	219 ha
Länge	118 km
Charakter	89/0/11
●	27,3 km
■	49,9 km
♦	23,2 km
♦♦	22,1 km

Breckenridges Lifte führen am Peak 8 bis auf 3913 Meter

Breckenridge, CO

Breckenridge ist das populärste Skigebiet in Colorados Summit County. Die Mischung aus der uramerikanischen Wildwest-Atmosphäre eines ehemaligen Goldgräberstädtchens, lebhaftem Nightlife, einem weitläufigen Skiareal mit Pisten für jeden Geschmack, Pulverschnee der Sorte Extra-Dry und verhältnismäßig preiswerten Unterkünften direkt an den Pisten übt gerade auf Europäer großen Reiz aus.

+ Sehr abwechslungsreiches Skiterrain für alle Ansprüche
+ gemeinsamer Liftpass mit Keystone, Vail und Beaver Creek
+ für US-Verhältnisse lebhaftes Après-Ski und Nachtleben
+ kurzer Transfer vom Airport in Denver
+ altes viktorianisches Bergarbeiterstädtchen mit vielen neuen Gebäuden im Stil des 19. Jahrhunderts.

- Wenig lange Abfahrten
- extreme Höhenlage birgt beträchtliches Risiko für Höhenkrankheit
- der teils pseudo-viktorianische Stil wirkt hier und da übertrieben und themenparkmäßig
- häufiger Eis, Wind und Kälte
- stark frequentierte Hauptabfahrten
- Wartezeiten
- flache Ausläufe und viele Skiwege, die Pisten kreuzen.

Breckenridges Boom begann 1859, als eine Gruppe von 14 Bergleuten hier das erste Gold Colorados aus dem Berg kratzte. Anno 1887 wurde dann Tom's Baby, der mit fast sieben Kilo größte Goldnugget aller Zeiten, gefunden. Verwitterte Bergarbeiter-Unterkünfte zeugen noch heute vom Goldrausch, der

die Glückssuchenden vor 140 Jahren in Scharen ins Summit County lockte. An Breckenridges Main Street reihen sich renovierte Saloons aus der Gründerzeit und Häuser in allen Bonbonfarben aneinander. Mit weißen Türen, Fenstern und Veranden, mit Erkern und Türmchen wird das viktorianische Moment auf die Spitze ge-, manchmal auch übertrieben. Hier und da sind es hässliche Neubauten, die die Illusion stören, auf einer Zeitreise ins vorvergangene Jahrhundert zu sein.

Trotz schleichender Disneyfizierung (der Weihnachtsschmuck wird den ganzen Winter über nicht abgenommen) ist Breckenridge mit 170 denkmalgeschützten Gebäuden im größten National Historic District Colorados nach wie vor ein echtes Schmuckstück. Eine schöne Kulisse für einen Skiurlaub sowieso, zumal es von pulsierendem Leben erfüllt ist. Breckenridge veranstaltet populäre Events wie das **Ullr Fest**, einen Karneval zu Ehren des altnordischen Wintergotts, oder den Eisskulpturen-Wettbewerb und ist das Après-Zentrum von Summit County, wenn nicht gar von Colorado. Im Vergleich zu Vail ist die Atmosphäre relaxter, das Publikum ist jünger, auch als in Aspen. Die großen Hotel- und Apartmentkomplexe liegen direkt an den Skipisten. Breckenridge bietet mehr Unterkünfte mit *ski-in/ski-out* als jeder andere Skiort Colorados.

The Mountain

Breckenridges vier nebeneinander aufgereihte Skiberge sind einfach durchnummeriert: Peak 7, 8, 9 und 10. Nicht gerade klangvolle Namen, aber leicht zu merken. Auch der Wechsel von einem Berg zum anderen fällt nach der Ergänzung des Peak-8-Super-Connect-Vierersessels nunmehr leicht. Die Saison beginnt schon Anfang November, aber die ersten Aprilwochen sind vielleicht die beste Wahl. Weniger Leute, weniger Kältegrade, weniger Wind und meist noch mal kräftig Neuschnee. Wer nur in den Schulferien Urlaub machen kann, ist Ostern hier bestens aufgehoben.

REGION 1
Colorado und
New Mexico

Viktorianische Fassaden in Breckenridge

hike-to	6,0 km
max.	5,7 km
Fall-Linie	4,1 km
Besucher	1 425 000
Skitage	157
VTM/Skifahrer	4000
Skifahrer/km	73
Schneefall	412/716 cm

Bewertung	
Preis/Leistung	4
Landschaft	3
Skigebiet	
Off-Piste	3
Experten	4
Fortgeschrittene	4
Anfänger	4
Never-Ever	4
Wartezeiten	2
Bergrestaurants	3
Ort	
Dining	3
Activities	4
Après-Ski/Nightlife	5

Skipass	
1 Tag	$ 39–71
Kinder (5–12)	$ 29–35
Kinder (0–4)	kostenlos
6 Tage	$ 198–426
Verleih	
Ski 1 Tag	$ 13–45
Ski 6 Tage	$ 61–241
Set 1 Tag	$ 23–50
Set 6 Tage	$ 72–271

REGION 1
Colorado und New Mexico

Anreise

✈ Denver (170 km)

🚐 Die Shuttlebusse von Colorado Mountain Express (Vans für 10 Passagiere) fahren tägl. mehrmals in 1 1/2 Std. vom **Denver International Airport** direkt zu zahlreichen Unterkünften in Breckenridge (einfache Fahrt $ 56), Infos und Buchung unter www.ridecme.com, ✆ (970) 926-9800 oder 1-800-525-6363.

Innerhalb Breckenridges sowie zwischen Downtown und den Talstationen verkehren kostenlose Busse, der Town Trolley fährt 9–24 Uhr alle 20 Minuten, Informationen unter ✆ (970) 547-3140. Der Free Shuttle verkehrt 8–17 Uhr. Die ebenfalls kostenlosen Busse von Summit Stage bieten 6–23 Uhr Verbindungen nach Keystone, Copper Mountain, Silverthorne, Frisco und Dillon. Die Shuttlebusse nach Vail oder Beaver Creek kosten $ 12 retour, Reservierung unter ✆ (970) 496-8245.

🚗 Ein Mietwagen ist angesichts der optimalen und kostenlosen Bus- und Shuttleverbindungen überflüssig.

⬅ Keystone 25 km, Copper Mountain 30 km, Vail 60 km, Denver 131 km

Anreisedauer: Flug nach Denver 10 1/2 Std., Transfer 1 3/4 Std.

Für Könner

hat Breckenridge das Angebot in den letzten Jahren beständig ausgebaut. Es ist eines der wenigen Skigebiete Amerikas, dessen Lifte über die Baumgrenze hinausführen. Die **Horseshoe, Contest** oder **Cucumber Bowls** sind weite, offene Schneeschalen – ein Traum bei Neuschnee. Die steilsten Pisten liegen versteckt zwischen den Peaks 8, 9 und 10. Die Talflanken von **Sawmill** und **Lehmann Gulch** neigen sich mit 60 Prozent in die Tiefe. Zu Tausenden türmen sich Buckel auf **Inferno, Satan's** und **Devil's Crotch**. Die Lifte E und 6 bedienen die meisten schwarzen und doppelt schwarzen Pisten. Auch am Peak 10 gibt es einige anspruchsvolle Varianten, und im Gegensatz zu den beiden vorgenannten ist der Lift hier schnell.

Für Fortgeschrittene

bietet der Peak 10 die besten Cruiser: **Crystal, Centennial** und **Doublejack** – perfekt hergerichtete und gleichmäßig geneigte Autobahnen, hier laufen die Ski wie von selbst. Die Batterie blauer Pisten auf dem Peak 9 ist etwas sanfter. **Cashier, Bonanza** und **Upper Columbia** sind purer Spaß. Die Pisten im nördlichen Abschnitt sind stärker geneigt. Die schwarzen Abfahrten entlang dem Colorado Super Chair am Peak 8 sind die nächste Stufe, aber immer noch gut machbar.

Für Anfänger

bedient der Quicksilver-Lift eine Reihe breiter, flacher und langer Pisten. Leichte Abfahrten aus den oberen Regionen gibt es leider nicht, aber die acht

REGION 1
Colorado und New Mexico

Amerikas höchster erschlossener Skigipfel über den Gassen von Breckenridge: Peak 8

neuen blauen Pisten am Peak 7 sind so zahm, dass man mit ihnen als fortgeschrittener Anfänger nichts falsch machen kann.

Für Snowboarder
ist das Angebot gewaltig: vier Terrain Parks und vier Half Pipes. Der preisgekrönte **Freeway Super Park** mit 18-Fuß-Super-Pipe am Peak 8 bietet die

News
Ein **High-Speed-Quad** soll zum Winter 2005/06 auf den Peak 8 führen. Mit der Bergstation in 3913 m Meereshöhe wäre dies die höchste Sesselbahn der Welt. Sie erschließt die Imperial Bowl, die Lake Chutes und die North Bowl sowie Hänge am Peak 7, die bislang nur per Aufstieg aus eigener Kraft erreicht werden konnten.

Kinderbetreuung
Betreuung von Kindern im Alter von 2 Monaten bis zu 4 Jahren im **Peak 8 Children's Center**, ✆ (970) 453-3258, von 3- und 4-Jährigen im **Peak 9 Village Child Care Center**, ✆ (970) 496-7449. Reservierungen erforderlich. Ganzer Tag inklusive Lunch: $ 90. Infos zu Babysittern unter ✆ (970) 453-7097.

ℹ Breckenridge Ski Resort
Breckenridge, CO 80424
✆ (970) 453-5000
Fax (970) 453-7238
www.breckenridge.com
in Deutschland:
Vail Resorts
✆ (02 21) 923 56 92
Fax (02 21) 923 56 93
info@vailresorts.de

Tipp
Fast die Hälfte aller Gäste zeigen Symptome der Höhenkrankheit. Tipps zum Umgang damit im Service von A–Z.

REGION 1
Colorado und New Mexico

größten Features, ist Austragungsort zahlreicher Events, Schauplatz mehrerer Movies und Vorbild für populäre Computerspiele. Dank exzessiver Beschneiung ist er meist der erste Park, der zu Saisonbeginn in Colorado eröffnet. Ansonsten: **Gold King Terrain Park** und **Country Boy Half Pipe** am Peak 9, **Trygves Terrain Park** und Pipe nahe der Talstation am Peak 8 und der **Eldorado Park** samt Pipe für Anfänger am Peak 9.

Bergrestaurants
Die in den USA verbreiteten Kalorientankstellen, die Burger, Chili und Pizza in überfüllter Atmosphäre servieren, gibt es auch hier. Aber das **Vista Haus** auf dem Peak 8 hat einen ansprechenden Food Court und schöne Aussichten zur Continental Divide. Die erst wenige Jahre alte **Ten Mile Station** an der Bergstation des Quicksilver-Lifts ist im Stil eines Minengebäudes gestaltet. Crêpes bieten Abwechslung auf dem Speisezettel und bei Schönwetter wird auf dem Sonnendeck der Grill angeschmissen.

Wartezeiten
sind normalerweise kein Problem, außer vielleicht am President's-Day-Wochenende. Für gewöhnlich werden die extrem leistungsstarken Sechsersesselbahnen auch mit großem Andrang spielend fertig.

Bei Nacht entfaltet das viktorianische Breckenridge einen besonderen Charme

Après-Ski/Nightlife
Die lebhaftesten Après-Ski-Bars am Pistenrand sind **Tiffany's** und die **Breckenridge Brewery**. Nach dem Dinner verlagert sich das Geschehen in den Ort. **Downstairs at Eric's** ist eine trendige Disco-Bar, **Sherpa and Yeti's** ist der ideale Platz, um zu Live-Musik abzuzappeln. **Gold Pan** ist der älteste Saloon westlich des Mississippi. Cocktails nimmt man am besten bei **Cecelia's** zu sich, in der Nähe legen (zumindest am Wochenende) DJs in der **Liquid Lounge** auf. Beschließen kann man die Nacht bei **Charlie Dog's**, wo man auch zu späterer Stunde noch ein Sandwich für den zweiten Hunger bekommt.

Restaurants
Rund 100 Restaurants bietet Breckenridge, darunter zunehmend solche mit Top-Qualität.

 The Hearthstone
130 S. Ridge St.
Breckenridge, CO
✆ (970) 453-7028
Meeresfrüchte, Steaks und Wild im gemütlichen Ambiente eines 100 Jahre alten viktorianischen Hauses. Dinner. $$–$$$

Mi Casa
600 S. Park Ave.
Breckenridge, CO
✆ (970) 453-2071
Traditionelle mexikanische Küche und unvergessliche Margaritas.
Lunch und Dinner. $

Sonstige Aktivitäten
258 Geschäfte und Boutiquen laden zum Bummeln, drei Eisbahnen zum Schlittschuhlaufen, es gibt eine Tennishalle, vier Museen und Kunst-Workshops (auch für Kinder) im Art District. Minentouren, bei denen man Gold waschen kann, lassen Kinderherzen höher schlagen. Außerdem zwei Zentren für Skilanglauf und Schneeschuhwandern, das **Gold Run Nordic Center** am Golf Club (20 km Loipen) und das **Breckenridge Nordic Center** nahe der Peak-8-Talstation (30 km).

Touren per Hunde-, Pferdeschlitten oder Snowmobile, Fliegenfischen und Heißluftballonflüge sorgen tagsüber, Kino und Theater abends für Kurzweil. Das **Breckenridge Recreation Center** bietet Fitness, Basketball, Kletterwände, Sauna und Spaßbad. Designer Outlet Stores im 16 km entfernten **Dillon**.

Copper Mountain, CO

REGION 1
Colorado und New Mexico

Wenn Skigebietsplaner Gott spielen könnten, würden sie den Copper Mountain wohl genau so erschaffen, wie es Millionen Jahre Tektonik und Erosion getan haben. Seine lang gestreckte, von West nach Ost an Steilheit zunehmende und daher Skifahrer unterschiedlichen Niveaus auf natürliche Weise separierende Nordflanke kommt dem Idealbild eines Skiberges näher als jede andere Erdfalte zwischen Atlantik und Pazifik.

+ Ausschließlich lange Fall-Line Runs, sowohl für Anfänger als auch für Fortgeschrittene und Buckelpisten-Freaks
+ weitläufige Tiefschneehänge in der Copper Bowl
+ perfektes Layout des Skiberges
+ neu und ansprechend gestaltetes Village mit äußerst komfortablen Unterkünften.

- Die kahle Gipfelregion ist sehr windanfällig
- die optimale Lage direkt an der Autobahn unweit von Denver hat Wartezeiten zur Folge
- extreme Höhenlage mit Talstation und Ort auf Zugspitzniveau
- vergleichsweise geringe Schneefallmengen.

Der am Reißbrett geplante Ort wurde 1972 zwischen der I-70 und den Skipisten hochgezogen. Die lose Ansammlung massiger Hotel- und Apartmentbauten bot Bequemlichkeit, ließ aber jedwede Atmosphäre vermissen. Die kanadische Firma Intrawest übernahm Copper 1997 und machte sich daran, dem formidablen Skiberg nach 25 Jahren endlich ein adäquates Skidorf auf den Leib zu schneidern – für die stattliche Summe von 500 Millionen Dollar. Die Bauarbeiten begannen 1998 und sind inzwischen fast abgeschlossen. Der Aufwand hat sich gelohnt. Heute gruppieren sich Geschäfte, Bars und Restaurants mit Außengastronomie im Zentrum des autofreien Village at Copper um stimmungsvolle Plätze und einen zugefrorenen See. Auch das East Village entstand von Grund auf neu und der dritte Einstiegspunkt ins Skigebiet am Union Creek mauserte sich vom Parkplatz mit Daylodge zum Standort der luxuriösesten Unterkünfte.

Facts & Figures

Berg	3743 m
Tal	2960 m
HD	783 m
Lifte	21
Seilbahn	0
Gondelbahn	0
Express-Sessel	5
Sesselbahnen	10
Schlepplifte	6
	31 604 Pers./Std.
Skigebiet	1365 ha
Abfahrten	125
Fläche	985 ha
beschneit	154 ha
Länge	108 km
Charakter	90/2/7
●	36,8 km
■	32,8 km
◆	27,9 km
◆◆	10,8 km
hike-to	14,1 km
max.	7,8 km
Fall-Linie	5,0 km
Besucher	1 058 000
Skitage	164
VTM/Skifahrer	4500
Skifahrer/km	53
Schneefall	696 cm

God's Own Ski Mountain: Copper

REGION 1
Colorado und New Mexico

The Mountain
Den Pistenplan braucht man hier nur selten, das Layout des Berges ist einfach zu begreifen: Die Vorderseite bietet leichte und mittelschwere Hänge, die Ostflanke Steilpisten und die Rückseite Off-Piste-Terrain. Dank Beschneiung startet die Saison schon Anfang November, viele Nationalteams trainieren hier vor dem Auftakt der Weltcup-Saison.

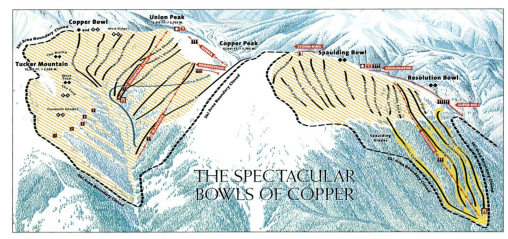

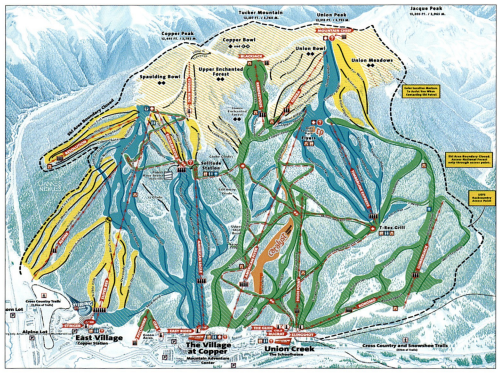

REGION 1
Colorado und New Mexico

Könnern bietet Spaulding Bowl geeignetes Gelände

Bewertung	
Preis/Leistung	4
Landschaft	3
Skigebiet	
Off-Piste	4
Experten	3
Fortgeschrittene	5
Anfänger	4
Never-Ever	3
Wartezeiten	2
Bergrestaurants	2
Ort	
Dining	3
Activities	2
Après-Ski/Nightlife	2

Skipass	
1 Tag	$ 35–67
Kinder (6–13)	$ 27.50–33
Kinder (0–5)	kostenlos
6 Tage	$ 210–402
Verleih	
Ski 1 Tag	$ 15–36
Ski 6 Tage	$ 91–216
Set 1 Tag	$ 18–40
Set 6 Tage	$ 106–240

Kinderbetreuung
Bei **Belly Button Babies** im Mountain Plaza Gebäude im Village at Copper kostet ein Tag Betreuung für Kinder im Alter von 6 Wochen bis zu 2 Jahren $ 93. Reservierungen sind empfehlenswert und sparen $ 10. Für 2–4-jährige Kinder gelten dieselben Preise, sie backen in der **Belly Button Bakery Cookies** für ihre Eltern.

Anreise
✈ Denver (164 km), Eagle (91 km) mit Flügen u.a. von Minneapolis, Chicago, New York, Los Angeles und Denver.
🚌 Die Shuttlebusse von Colorado Mountain Express (Vans für 10 Passagiere) fahren tägl. mehrmals vom **Den-**

Für Könner
lautet die Formel zur Maximierung des Genusses : »go east, go high or go behind.« *Behind* bezieht sich auf die **Copper Bowl** auf der Rückseite des Berges, wo offene Tiefschneehänge, Glades und Steilrinnen warten, für die man teils Traversen oder kurze Anstiege in Kauf nehmen muss. *High* bezeichnet die Gipfel **Copper Peak** und **Union Peak**, die Ausgangspunkt für zahlreiche schwere Partien mit jeweils rund 300 Höhenmetern hinab in die zwischen den beiden Gipfeln gelegene Wheeler Gulch ist. So um die 500 Höhenmeter warten in der **Spaulding Bowl** mit *double black diamond runs* wie **Highline** oder **Crosscut** und auf **Far East, Too Much** oder **Triple Treat**, grandiosen Buckelpisten am Alpine-Lift, der am östlichen Ende des Skiterrains liegt.

Für Fortgeschrittene
kommt »god's own ski mountain« (örtliche Bezeichnung für Copper) dem siebten Himmel in der Tat nah. High-Speed-Lifte für die Bergfahrt, mittelschwere, sorgfältigst eingeebnete Hochgeschwindigkeitsbahnen wie **Andy's Encore** oder **Collage** für den berauschenden Gleitflug ins Tal. Außer mit diesen beiden Aushängeschildern, die man mit dem Superbee-Sechser oder dem Excelerator-Express erreicht, wartet Copper noch mit einer Reihe weiterer exzellenter Cruiser auf: ein gutes halbes Dutzend am **Timberline Express**, schöne Hänge wie Bouncer und Main Vein am **American-Eagle-Lift**.

Für Anfänger
ist die **Union Creek Base** als Einstieg optimal. Hat man die mit Förderbändern ausgestatteten Übungswiesen gemeistert, geht's per Sesselbahn zu Pistenboulevards wie **West Ten Mile** oder **Roundabout**. Letzterer hat absolut anfängertaugliche 14 Prozent Neigung über vier Kilometer Länge. Scooter und Easy Feelin' am ebenfalls von Union Creek aus startenden High-Point-Lift kommen auf um die 20 Prozent. Auch der **American Flyer** bedient leichte Pisten.

Für Snowboarder
bietet der **Catalyst Terrain Park** am American Flyer Linien für Anfänger (links), Fortgeschrittene (in der Mitte) und Könner (wo wohl?). Letztere erfreuen sich an gigantischen Tabletops, hippen Features, einer 5,5 Meter hohen Quarterpipe und zahlreichen Rails. Der Park mündet in die 130 Meter lange Superpipe. Oberhalb des Flyers Restaurant liegt der **Playground Kidz**

REGION 1
Colorado und New Mexico

ver International Airport in 1 ³/₄ Std. direkt nach Copper Mountain (einfache Fahrt $ 56 pro Person, www.ridecme.com, ✆ 970-926-9800). Zwischen den verschiedenen Ortsteilen des Resorts verkehrt der kostenlose In-Village Shuttle. Die ebenfalls kostenlosen Busse von Summit Stage bieten 6–17.30 Uhr halbstündl. und 18–1.30 Uhr stündl. Verbindungen nach Keystone, Breckenridge, Silverthorne, Frisco und Dillon.

Ein Mietwagen ist angesichts der optimalen und kostenlosen Bus- und Shuttleverbindungen überflüssig, es sei denn, man plant Ausflüge nach Vail oder Steamboat.
↔ Keystone 30 km, Breckenridge 30 km, Vail 33 km, Denver 125 km

Anreisedauer: Flug nach Denver 10 ¹/₂ Std., Transfer 1 ³/₄ Std.

i Copper Mountain Resort
P.O. Box 3001
Copper Mountain, CO 80443
✆ 970-968-2882
Fax 970-968-3156
www.coppercolorado.com

Tipp
Preisreduzierte Liftticktes gibt es unter http://copper.rezrez.com/index.htm. Im März kann man unter dieser Adresse beim 6-Tages-Pass $ 144 sparen.

Terrain Park für Kinder. Der **Eagle Jib Park** an der Solitude Station ist vom ersten Saisontag an präpariert. Der neue **Night Rider Park** an der Talstation des American Eagle ist freitags und samstags 17–21 Uhr beleuchtet.

Bergrestaurants
liefern keinen Grund nach Copper zu reisen. Die **Solitude Station** an der Bergstation des American-Eagle-Lifts bietet amerikanische Durchschnittskost, im ersten Stock ein passables Restaurant mit Tischservice. Lediglich Suppen serviert **Flyers Soup Shack** an der Bergstation des American Flyer. Der **T-Rex Grill** am Timberline Express lockt bei Sonnenschein mit leckeren Burgern vom Grill.

Wartezeiten
betragen dank der kapazitätsstarken Lifte und der perfekten Organisation der Warteschlangen auch bei riesig anmutenden Menschentrauben selten länger als zehn Minuten und die sind dank Tee, Cookies und disziplinierter Leidensgenossen gut erträglich. Wer in Copper logiert, erhält an sieben Liften VIP-Zugang mit dem Copper Beeline Advantage, Tagesgäste zahlen für den entsprechenden Liftpass $ 124. Lifte ohne Wartezeiten sind Alpine und Resolution, elektronische Infotafeln sorgen für Orientierung.

Après-Ski/Nightlife
Die Zeiten, als Copper nach Liftschluss in Agonie erstarrte, sind zum Glück vorbei. Die Neugestaltung des Village belebte auch die Après- und Nightlife-Szene. Unumstrittener Favorit ist **JJ's**, neulich musste die Baroberfläche verstärkt werden, weil zu viele Gäste beim Tanzen auf der 16 Meter langen Theke ihre Skischuhe nicht auszogen. Live-Entertainment mit dem legendären Moe Dixon gibt's mittwochs bis sonntags 15.30–18.30 Uhr. **Jack's Slopeside** bietet eine schöne Sonnenterrasse und leckere Snacks nach dem Skifahren. In **Endo's Adrenaline Café** legen DJs auf, leider macht der Laden schon um Mitternacht zu.

Restaurants

✗ Salsa Mountain Cantina
760 Copper Rd., Snow Bridge Sq.
Copper Mountain, CO
✆ (970) 968-6300
Authentische mexikanische Küche mit hausgemachten Tamales und Relleños. Lunch und Dinner. $

✗ Double Diamond
Foxpine Inn
Copper Mountain, CO
✆ (970) 968-2880
Besonders freitags ein Muss, wegen des *all-you-can-eat Friday Fish Fry*.

Tägl. gibt's die besten Burger und Steaks *in town*. Lunch and Dinner. $–$$

✗ Imperial Palace
Village Square Plaza
Copper Mountain, CO
✆ (970) 968-6688
Familienbetrieb mit gutem Service und Spezialitäten aus Taiwan und Szechuan. Lunch und Dinner. $–$$

Sonstige Aktivitäten
Kinder lieben den **Tubing Hill** im East Village am Super-Bee-Lift (ab $ 10/Std.). Der **Athletic Club** bietet 25-m-Becken, Dampfbad, Sauna, Fitness und Squash (kostenlos, wenn man in Copper logiert). Romantische Pferdeschlittenfahrten reserviert man unter ✆ (970) 968-2232 ($ 20 für 30 Minuten, $ 73 mit Dinner), kostenlose zweistündige Schneeschuhwanderungen (tägl., auch die Ausrüstung gibt's gratis) unter ✆ (970) 968-2318. Snowmobil-Touren, Paragliding, Eislaufen und Fliegenfischen sind ebenfalls Alternativen zum Skifahren. Designer Outlet Stores im 20 km entfernten **Dillon**.

Keystone, CO

Wildwest-Touch sucht man hier vergebens, aber geht es ums Skifahren, führt an Keystone kein Weg vorbei. Im wahrscheinlich bestererschlossenen Skigebiet der Welt benötigt man nur vier Lifte um rund 100 Pistenkilometer zu erreichen. Traversen, Ziehwege, längere Wartezeiten? Nicht hier. Dafür geradezu manikürte Pisten und Bergrestaurants der Extraklasse.

+ Herrliche lange, geradezu manikürte Cruising Runs die der Fall-Linie folgen
+ das beste Bergrestaurant Amerikas
+ zahlreiche beleuchtete Abfahrten für einen bis zu 14-stündigen Skitag
+ effizientes Liftsystem
+ Liftpass gilt auch in Breckenridge, Vail und Beaver Creek.

- Auf den mittelschweren Hauptabfahrten kann es voll werden
- vergleichsweise wenig Off-Piste-Terrain (aber per Aufstieg oder Pistenraupe zugänglich)
- abends wird es sehr ruhig
- nicht sehr atmosphärischer Ort
- gewöhnungsbedürftige Höhenlage.

REGION 1
Colorado und New Mexico

Facts & Figures

Berg	3633 m
Tal	2829 m
HD	719 m
Lifte	18
Snowcat	1
Gondelbahn	2
Express-Sessel	6
Sesselbahnen	5
Schlepplifte	5
	35 175 Pers./Std.
Skigebiet	1312 ha
Abfahrten	116
beschneit	277 ha
Flutlicht 23 km, 719 m HD	
Länge	94 km
Charakter	86/1/13

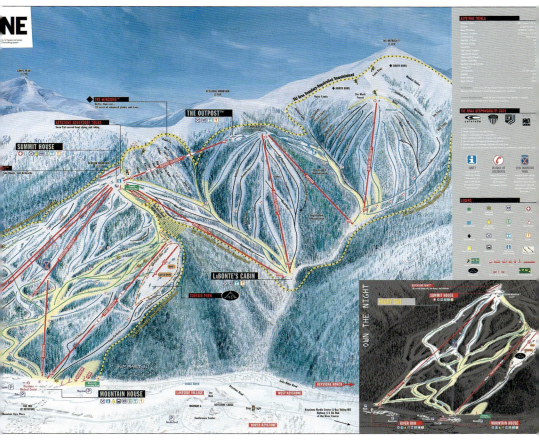

REGION 1
Colorado und New Mexico

Keystone ist der Wirklichkeit gewordene Traum von Max Dercum. In den 1940ern gab er eine Professur auf, um mit seiner Frau Edna nach Colorado zu ziehen und eine alte Postkutschenstation in ein Bed & Breakfast zu verwandeln. Während er als Skischulleiter im nahen A-Basin arbeitete, entwickelte er Pläne, die Berge vor seiner Haustür in eines der besten Skigebiete Amerikas zu verwandeln. Es gelang: Am 21. November 1970 eröffnete Keystone und seither boomt dieses Areal, nicht zuletzt wegen seiner günstigen Lage, nur etwas mehr als 100 Kilometer von Denver entfernt.

Die luxuriösen Condominiums des Keystone Resort liegen verstreut auf der locker bewaldeten Ebene zu Füßen des Berges. Einen wirklichen Mittelpunkt gibt es nicht, aber drei verdichtete Zonen, die über Shops, Restaurants und Bars verfügen (Supermärkte findet man an der Hauptstraße). Die **Mountain House Area** liegt rund um die gleichnamige Base Lodge (direkter Liftzugang), das **Lake Village** herrlich an einem See, aber abseits der Pisten und das **River Run Village** an der Talstation der Gondelbahn. Letzteres kommt einem Skidorf zwar nahe, mit viel Leben ist es aber noch nicht erfüllt.

🟢	24,9 km
🟦	43,0 km
♦	25,7 km
hike-to	13,8 km
max.	8,3 km
Fall-Linie	4,0 km
Besucher	944 000
Skitage	150
VTM/Skifahrer	7400
Skifahrer/km	59
Schneefall	584 cm

Bewertung	
Preis/Leistung	4
Landschaft	3
Skigebiet	
Off-Piste	2
Experten	3
Fortgeschrittene	5
Anfänger	3
Never-Ever	2
Wartezeiten	3
Bergrestaurants	5
Ort	
Dining	5
Activities	3
Après-Ski/Nightlife	2

Blick vom Keystones Dercum Mountain zum North Peak

The Mountain

Von Keystones drei Skibergen ist nur der **Dercum Mountain** vom Tal aus zugänglich, seine breite Westflanke ist das umfangreichste beleuchtete Skiareal der USA. Während der Dercum Mountain Abfahrten aller Schwierigkeitsgrade bietet, ziehen von den dahinter liegenden **North Peak** und **The Outback** nur mittelschwere und schwere Strecken talwärts. Die Saison startet dank Beschneiungsanlage bereits Anfang November.

Für Könner
Experten zieht es ins Outback, wo zahlreiche Abfahrten nur teilweise abgeholzt wurden. Das Quartett aus **Timberwolf, Bushwacker, Badger** und **The Grizz** ermöglicht Tree-Skiing Fans die Wahl, wie eng sie die Bäume stehen haben wollen. Per Snowcat ($ 5) oder zu Fuß ($ 0) gelangt man vom Outback bis auf 3 719 Meter zu zwei Bowls mit offenen Tiefschneehängen. Buckelpisten findet man reihenweise am **North Peak**. **The Windows** ist ein variantenreiches Tree-Skiing-Areal, das man über einen kurzen Aufstieg vom Dercum Mountain erreicht.

Für Fortgeschrittene
bietet jeder der drei Berge etwas. Manikürte Cruiser sind Keystones Markenzeichen, viele davon haben ordentlich Neigung, was den Spaß mächtig erhöht. Wie auf Schienen schießt man auf den makellosen Fall-Line Runs wie **Paymaster, Frenchman, Flying Dutchman** (Vorderseite des Dercum), **Mozart** (Rückseite), **Prospector, Last Alamo** (North Peak) oder **Elk Run** (Outback) hinab. Kein Bulldozer hat diese Pisten kreieren müssen, das Terrain ist gottgegeben großartig.

REGION 1
Colorado und New Mexico

Alpenglow Stube in Keystone: Schlemmen auf 3500 Meter

Skipass
1 Tag	$ 39–71
Kinder (5–12)	$ 29–35
Kinder (0–5)	kostenlos
6 Tage	$ 198–426

Verleih
Ski 1 Tag	$ 10–36
Ski 6 Tage	$ 48–216
Set 1 Tag	$ 12–40
Set 6 Tage	$ 58–240

Kinderbetreuung
Betreuung von Kindern im Alter von 2 Monaten bis zu 6 Jahren für $ 95 8–17 Uhr. Ab 3 Jahren auch Aktivitäten im Schnee oder ein Skikurs. Reservierungen erforderlich, ✆ 1-800-255-3715.

Anreise
✈ Denver (150 km)
🚌 Die Shuttlebusse von Colorado Mountain Express (Vans für 10 Passagiere) fahren tägl. mehrmals in rund 1 3/4 Stunden vom **Denver International Airport** direkt nach Keystone (einfache Fahrt $ 56, www.ridecme.com, ✆ 970-926-9800). Kostenloser Shuttle innerhalb Keystones, 18–24 Uhr auf Anforderung (✆ 496-EASE). Der Summit Stage verkehrt kostenlos halbstündl. zwischen Keystone und den benachbarten Orten und Skigebieten (auch A-Basin). Vail Resorts bietet Mo–Fr eine Verbindung nach Vail ($ 12 retour).
 Ein Mietwagen ist wegen der Anbindung per Shuttle an den Airport und des öffentlichen Transportsystems nicht erforderlich.

Für Anfänger
Wer über die Übungswiesen am Mountain House oder auf dem Gipfel des Dercum Mountain hinaus ist, findet auf dessen Vorderseite herrlich lange leichte Pisten. **Schoolmarm** misst 4,8 Kilometer.

Für Snowboarder
öffnete sich Keystone zwar spät (1996/97), aber dann gewaltig. Der **Area 51 Terrain Park** ist gigantisch, verfügt neben einer Super Pipe über Rails, Rails und noch mehr Rails und ist täglich elf bis 14 Stunden geöffnet.

Bergrestaurants
Die aus riesigen Baumstämmen errichtete, großzügig mit hohen Decken und riesigen Fenstern errichtete **Outpost Lodge** auf dem North Peak (Nichtskifahrer können per Gondelbahn hinauffahren) schwebt meilenweit über den Niederungen angelsächsischer Pistengastronomie. Sie beherbergt das beste Bergrestaurant Amerikas, die **Alpenglow Stube** (siehe unten), den **Timber Ridge Food Court** (SB mit Stil) und das Restaurant **Der Fondue Chessel**, wo alljährlich zwei Tonnen Emmentaler und Gruyère zu Käsefondue verarbeitet werden. Es gibt auch Schokoladenfondue und bayerische Akkordeonmusik. Das **Summit House** auf dem Dercum Mountain, die **LaBonte's Cabin** (Snacks, BBQ) am North Peak und die beiden **Sub Fusion**-Sandwichbars runden das Angebot ab.

Wartezeiten
verhindert das moderne Liftsystem fast vollständig. Nur morgens zwischen 9 und 10 Uhr kann es an den Talstationen zu Schlangen kommen.

REGION 1
Colorado und New Mexico

↔ Breckenridge 25 km, Copper Mountain 30 km, Vail 59 km, Denver 114 km
Anreisedauer: Flug nach Denver 10 1/2 Std., Transfer 1 3/4 Std.

ℹ Keystone Resort
Keystone, CO 80435
✆ (970) 496-2316
Fax (970) 453-3202
www.keystoneresort.com
in Deutschland:
Vail Resorts
✆ (02 21) 923 56 92
Fax (02 21) 923 56 93

Tipp
Wer im Keystone Resort logiert, erhält den **Adventure Passport**, den Schlüssel zu einer Reihe kostenloser Aktivitäten wie Skilanglauf, Pferdeschlittenfahrten, Schlittschuhlaufen, Zeitmessstrecke, Skischuhdiagnose, Fitnesskurse und Weinproben.

Das wahrscheinlich besterschlossene Skigebiet der Welt: Keystone

Après-Ski/Nightlife
Nicht gerade Keystones Stärke. Direkt nach dem Skifahren lohnt sich ein Besuch in der **Last Lift Bar** im Mountain House oder ein Abstecher in den **Snake River Saloon**. Günstige Après-Ski Specials serviert **Gassy Thompson's Smokehouse Grill**, Margaritas bekommt man im **Parrot Eyes** an der River Run Base (Live-Musik). Das **Greenlight** ist ein Tanzschuppen mit DJs an den Turntables. Das **Great Northern** braut sein eigenes Bier, die **Kickapoo Tavern** hat eine einladende Sonnenterrasse und die *locals* treffen sich im **The Goat**.

Restaurants
Unter den 34 Restaurants sind drei der besten Amerikas. Nicht zuletzt, weil das Colorado Mountain College Culinary Institute hier seinen Sitz hat. Keystones Gäste kommen so in den Genuss der Kreationen ambitionierter Jungköche, die drei Jahre lang in den örtlichen Restaurants hospitieren müssen.

 Ski Tip Lodge
Montezuma Rd., Keystone
✆ (970) 496-4386
In der rustikal-heimeligen Atmosphäre der ehemaligen Postkutschenstation wird ein allabendlich wechselndes, aber immer vollendetes viergängiges Menü serviert. Dinner. $$–$$$

The Keystone Ranch
Golf Course, Keystone, CO
✆ (970) 496-4386
Renoviertes Blockhaus einer Ranch aus den 1930ern, regionale Küche und Wildspezialitäten, als bestes Restaurant Colorados ausgezeichnet. Dinner. $$$

Alpenglow Stube
North Peak, Keystone, CO
✆ (970) 496-4386
Höchstes Gourmet-Restaurant Amerikas, zeitgenössische Küche mit bayerischem Akzent. Lunch, Dinner. $$$

Sonstige Aktivitäten
Tubing, Snowbiking und Airboarding (bäuchlings Rodeln mit aufblasbaren Schlitten) am Adventure Point auf

dem Gipfel (auch abends), 57 km Loipen (16 gespurt), auch für Schneeschuhwanderer, und Rodelhang beim River Course Golf-Clubhaus (Restaurant, Verleih, Unterricht, ✆ 970-496-4275). Fitnesscenter nebst Pools, Sauna und Dampfbad in der Keystone Lodge. Schlittschuhlaufen auf dem 2 ha großen See im Village (Hockey- und Eiskunstlaufkurse). Außerdem werden Pferdeschlittenfahrten, Touren per Schneemobil, Fliegenfischen, Weinproben und Yoga angeboten.

**REGION 1
Colorado und
New Mexico**

Arapahoe Basin, CO

The Legend oder A-Basin nennen die Stammgäste Arapahoe Basin, das kleinste, traditionsreichste und höchstgelegene Skigebiet in Colorados Summit County. A-Basin hat keine Hotel- und Apartmentkomplexe, es ist einfach ein hochgelegener Platz zum Skifahren, und das seit 1946. Das Terrain ist hochalpin und weitgehend baumlos. Auf den 3978 Meter hohen Gipfel des **Lenawee Mountain** führt zwar kein Lift, seine Hänge stehen aber all jenen offen, die einen kurzen Anstieg in Kauf nehmen und es wirklich mit Abgründen wie **Upper East Wall** (durchschnittlich 77 % Gefälle) aufnehmen wollen. Vorausgesetzt, die Ski Patrol öffnet das North Pole Hiking Gate an der Bergstation des Lenawee-Lifts.

Die Continental Divide, die Wasserscheide zwischen Atlantik und Pazifik, wirkt für die Schneestürme wie ein Magnet und so ist es hier oben fast immer möglich, frische Spuren in jungfräulichen Schnee zu zirkeln. Auf sanfter geneigten Hängen wie **Dercum's Gulch** und **Sundance** oder in den buckelübersähten Steilhängen von **Pallavicini**, einer der anspruchsvollsten Abfahrten Nordamerikas. Ebenso berüchtigt wie Pallavicini ist der »Beach«, die Partyzone von A-Basin, wo sich die Szene aus dem nur 109 Kilometer entfernten Denver beim Barbecue mit Live-Musik trifft. Im Mai locken jedes Wochenende Rockkonzerte. Die Saison beginnt im Oktober und dauert bis weit in den Juni, manchmal auch bis Juli.

Facts & Figures

Berg	3784 m
HD	504 m
Lifte	6
Skigebiet	186 ha
beschneit	51 ha
Länge	34,1 km
●	3,7 km
■	12,1 km
♦	9,8 km
♦♦	8,5 km
max.	3,1 km
Besucher	317 000
Schneefall	932 cm

**Arapahoe Basin
Ski Area**
Keystone, CO 80435
✆ (970) 468-0718
Fax (970) 496-4546
www.arapahoebasin.com

Loveland Ski Area, CO

Es ist unmöglich, in den Städten entlang der Colorado Front Range einen Skifahrer zu finden, der nicht wenigstens einmal in Loveland war. Nur 60 Minuten (90 km) von Denver, direkt an der Interstate 70, ist Loveland einfach zu nah, um ignoriert zu werden. Wer von Denver nach Vail, Summit County oder Aspen fährt, passiert die Hänge von Loveland direkt am Portal des Eisenhower-Tunnels. Loveland besteht aus zwei Skiarealen, die durch einen Sessellift und einen Shuttlebus verbunden sind. **Loveland Valley** eignet sich ideal für schwächere Skifahrer und ist den oft schneidenden Winden an der Continental Divide nicht so ausgesetzt wie die abwechslungsreichen Hänge in **Loveland Basin**, die von gut gepflegten Pistenboulevards bis zu grimmigen Off-Piste-Hängen unterhalb des Grats der kontinentalen Wasserscheide reichen. Auf die führt Chair 9, mit 3871 Meter der zweithöchste Sessellift der Welt, per Pedes kann man weitere rund 100 Meter aufsteigen.

Klar, dass Loveland ein Revier für Powder-Freaks ist. Die lassen sich bei jedem nennenswerten Schneefall per E-Mail informieren und werden dann ganz plötzlich krank, so jedenfalls die Version für den Arbeitgeber. Die Saison dauert von Mitte Oktober bis Mitte Mai, manchmal bis Juni. Der Anteil der Snowboarder ist mit 25 Prozent höher als in jedem anderen Skigebiet Colorados. Übrigens: Wer am Valentinstag in Loveland heiratet, kriegt das Liftticket umsonst. Wenn das kein Grund für den Bund fürs Leben ist ...

Facts & Figures

Berg	3871 m
HD	628 m
Lifte	11
Skigebiet	804 ha
Pistenfläche	556 ha
beschneit	65 ha (12 %)
Länge	42 km
●	11,0 km
■	21,2 km
♦	9,6 km
max.	3,2 km
Besucher	245 000
Schneefall	1016 cm

Loveland Ski Area
Georgetown, CO 80444
✆ (303) 571 5580
Fax (303) 571 5580
www.skiloveland.com

REGION 1
Colorado und New Mexico

Facts & Figures
Berg	3650 m
Tal	2765 m
HD	885 m
Lifte	24
Seilbahn	0
Gondelbahn	0
Express-Sessel	8
Sesselbahnen	10
Schlepplifte	6
	34 810 Pers./Std.
Skigebiet	1572 ha
Abfahrten	134
Fläche	832 ha
beschneit	119 ha
Länge	116 km
Charakter	80/3/17
●	36,1 km
■	30,6 km
♦	47,8 km
♦♦	1,3 km
hike-to	7,2
max.	7,7 km
Fall-Linie	6,8 km
Besucher	999 000
Skitage	152
VTM/Skifahrer	4000
Skifahrer/km	53
Schneefall	577/892 cm

Bewertung
Preis/Leistung	4
Landschaft	2
Skigebiet	
Off-Piste	4
Experten	4
Fortgeschrittene	4
Anfänger	4
Never-Ever	5
Wartezeiten	2
Bergrestaurants	3
Ort	
Dining	3
Activities	3
Après-Ski/Nightlife	2

Skipass
1 Tag	$ 49–69
Kinder (6–13)	$ 29–35
Kinder (0–5)	kostenlos
6 Tage	$ 270–378
Verleih	
Ski 1 Tag	$ 19–40
Ski 6 Tage	$ 114–240
Set 1 Tag	$ 22–43
Set 6 Tage	$ 132–258

Winter Park Resort, CO

Seit 65 Jahren ist Winter Park der Hausberg der Skifahrer aus Denver. Mit dem Auto brauchen sie nur 90 Minuten, am Wochenende können sie den Skizug nehmen. Allmählich entdecken auch ausländische Gäste diesen Geheimtipp, der mit hervorragenden Pisten für alle Leistungsstufen, den höchsten Schneefallmengen der großen Skiberge Colorados, einem günstigen Preisniveau und einem effizienten Liftsystem mit acht High-Speed-Liften aufwartet.

+ Der meiste Schnee aller großen Skigebiete Colorados
+ zahllose Buckelpisten
+ sehr gut beschilderte Pisten für alle Ansprüche, die meist der Fall-Linie folgen
+ Winter Park ist eine echt amerikanische Ortschaft und kein Reißbrett-Resort, das europäisch zu sein versucht
+ gutes Preis-Leistungs-Verhältnis.

- Verhältnismäßig viele Flachstücke im Bereich High Lonesome und Olympia Chair
- am Wochenende steht halb Denver an den Liften
- Timberline-Lift wegen Sturms häufiger außer Betrieb
- unfertiges Skidorf und wenig einladende Ansammlung von Parkplätzen am Fuß der Pisten.

Winter Park wurde während des Baus der Rio-Grande-Eisenbahn als Bahnarbeitersiedlung gegründet. Schon damals stiegen die Arbeiter die Hänge hinauf und sausten auf einfachen Holzski zu Tal. Der erste Lift entstand 1940. Einer der Skiberge, Mary Jane, ist benannt nach einer *lady of pleasure*, die der Legende nach das Land, auf dem das Skigebiet heute liegt, als Bezahlung für ihre Dienste erhielt. Die Eisenbahn spielt immer noch eine wichtige Rolle für Winter Park, mit einer Haltestelle direkt am Fuß der Pisten und regelmäßig verkehrenden Skizügen, die in zweistündiger, atemberaubender Fahrt durch die Rocky Mountains von Denver heraufkommen.

Rund um den Haltepunkt entstanden in den letzten Jahren unter anderem mit dem Zephyr Mountain Lodge, einem luxuriösen Apartmentkomplex mit zahlreichen Shops und Restaurants, die ersten Gebäude dessen, was einmal ein autofreies Skidorf werden soll. Bislang ist es nur eine Häuserzeile und die meisten Unterkünfte liegen nach wie vor eine Shuttlebus Fahrt entfernt oder im gut drei Kilometer entfernten Ort Winter Park. Als typisch amerikanische Kleinstadt erstreckt sich der Ort entlang dem US-Highway 40. Es gibt einige Motels, stimmungsvolle Bars und bodenständige Restaurants. Die zahlreichen, gemütlichen Ferienwohnungen verstecken sich im Wald links und rechts der Straße. Glitz und Glamour – Fehlanzeige. Dafür eine freundliche Atmosphäre in der sich besonders Familien wohl, weil direkt ein wenig zu Hause fühlen.

The Mountain
Das Skigebiet gehört der Stadt Denver, gemanagt wird die Station mittlerweile von Intrawest, dem größten Skigebietsbetreiber Amerikas. Winter Park verfügt über vier Skigipfel: **Winter Park, Mary Jane** und **Parsenn Bowl** reihen sich entlang einer Kammlinie auf, die **Vasquez Ridge** liegt dahinter.

Für Könner ist **Mary Jane** der Favorit. Der Berg ist berüchtigt für eine ganze Armada von *bump runs*, nicht umsonst haben die Buckelpistenfahrer des US-Freestyle-Teams hier ihr Trainingsdomizil. Die steilsten Chutes findet man auf der Rückseite von Mary Jane. Den Zugang gewährt ein Kontrolltor an der Derailer-Piste. **Hole in the Wall, Awe Chute, Baldys Chute** und **Jeff's Chute** sind furchteinflößend senkrechte, schmale Rinnen, flankiert von großen Felsen. Wer etwas weniger riskieren möchte, kann seine Oberschenkel auf **Derailer, Long Haul** oder **Phantom Bridge** so richtig zum Brennen bringen. Buckel bieten auch **Gambler** und **Aces and Eights** an der Vasquez Ridge sowie eine Reihe von Hängen am Winter Park. Tree-Skiing Runs erreicht man vom Timberline-Lift. Ebenso wie die Rückseite der Parsenn Bowl, den **Vasquez Cirque**. Sämtliche Hänge sind unpräpariert und teilweise extrem

REGION 1
Colorado und
New Mexico

News
Zur Saison 2005/06 geht mit dem Summit Express ein neuer Sechsersessel in Betrieb.

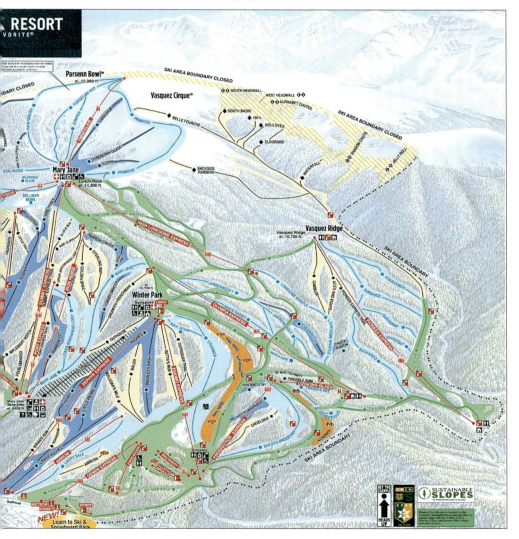

REGION 1
Colorado und New Mexico

Kinderbetreuung
In **Wee Willie's Childcare** (in der Kids Adventure Junction in der West Portal Station an der Talstation) betreut man Kinder im Alter von 2 Monaten bis 6 Jahren für einen Tag zum Preis ab $ 79 (Reservierung erforderlich, ✆ 800-729-7907). Für Kinder ab 3 Jahren kann man eine Privatstunde Skikurs für $ 35 hinzubuchen.

Anreise
✈ Denver (146 km)
🚌 Home James Transportation Services bietet Transfers vom **Denver International Airport** nach Winter Park für $ 43 (einfache Fahrt). Reservierungen unter ✆ (970) 726-5587. Der kostenlose örtliche Shuttle-Service verkehrt 7.30–22.30 Uhr alle 30 Minuten zwischen den meisten Unterkünften und den Talstationen.
🚆 Amtraks **California Zephyr** hält auf dem Weg von Chicago nach L.A. (oder umgekehrt) täglich in Winter Park. Ab Union Station in Denver Mitte Dez.–April Sa/So 7.15 Uhr, Rückfahrt 16.15 Uhr, Kostenpunkt $ 45, Reservierung unter ✆ (303) 296-4754.
🚗 Für den Transport nach und innerhalb Winter Parks nicht erforderlich, es gibt aber eine Reihe von interessanten Skigebieten in Tagesausflugsdistanz, die man nur per Mietwagen erreicht.
↔ Denver 106 km, Breckenridge 107 km, Vail 132 km, Steamboat 160 km

Am Timberline Lift vor der Colorado Front Range

76

steil. Offen und aussichtsreich im oberen Bereich, führen die Varianten später durch schütteren Wald, um schließlich auf einer Waldabfahrt zum Vasquez-Ridge-Lift zu enden.

Für Fortgeschrittene
eröffnet die **Parsenn Bowl** 80 Hektar mittelschwerer Paradehänge. Die **Vasquez Ridge** verfügt über eine gute Kollektion an Cruising Runs. Der Nachteil ist der flache Auslauf via **Big Valley**, dem man nur über die Buckaroo entgeht. Am **Sunnyside**-Lift auf der Rückseite von Mary Jane warten einige sonnige blaue Pisten. Hat man die bewältigt, kann man sich an die meist gewalzte **Sleeper** auf der Vorderseite wagen. **Cranmer** und **Hughes** sind die schönsten Cruiser am Winter Park.

Für Anfänger
ohne Vorkenntnisse gibt es den neuen, förderbandbestückten **Sorensen Learn to Ski & Snowboard Park** an der Talstation Winter Park. Nach den ersten Schwüngen geht's ein Stockwerk höher zum **Discovery Park** mit drei eigenen Liften und herrlichen Skiwiesen. Richtig lange Pisten der leichten Sorte warten auf der Rückseite von Winter Park und Mary Jane an den **High-Lonesome**- und **Olympia-Express-Liften**.

Für Snowboarder
ist Winter Park die bevorzugte Adresse. Der Eskimo Express bedient den megalangen **Rail Yard Park** mit seiner Super Pipe. Der benachbarte Prospector Express führt zum etwas kleineren **Kendrick Park**. Für Einsteiger gibt es den **Discovery Park**. Alle Parks enden im Bereich des Snoasis-Restaurants. Von hier auf gar keinen Fall via Turnpike ins Tal fahren, denn diese Piste ist flacher und länger als Kansas.

Bergrestaurants
Man täte Bahnhofshallen Unrecht, würde man den Bergrestaurants von Winter Park Bahnhofshallenatmosphäre attestieren. Billiger Teppichboden, Plastikstühle, Wegwerfgeschirr und Resopaltische kennzeichnen das **Snoasis** ebenso wie **Mary Jane Market** oder das große SB-Restaurant in der **West Portal Station** an der Talstation von Winter Park. Ausnahme: Das **Sunspot** an der Bergstation des Zephyr Express. Hier stimmt mit der eindrucksvollen Deckenkonstruktion aus riesigen Baumstämmen zumindest das Ambiente und im Sunspot Dining Room (Tischservice) gibt es mehr als die üblichen Burger, Pizzas und Chilis.

Wartezeiten
bleiben dank der Nähe zu Denver zumindest an Wochenenden nicht aus. Unter der Woche gibt es selten Probleme.

Après-Ski/Nightlife
Der *place to be* für Après-Ski ist die **Derailer Bar** in der West Portal Station an der Talstation Winter Park. **The Shed** in Downtown Winter Park bietet Happy-Hour-Deals und ist auch bei den Einheimischen beliebt. Das gilt noch stärker für **The Pub**. Wer gern Sportfernsehen sieht und unter 100 Bier- und 200 Weinsorten wählen möchte, ist bei **Deno's** gut aufgehoben. Zum Tanzen trifft man sich nach dem Dinner in **Randi's Irish Saloon**.

Restaurants
Winter Park ist nicht gerade vollgestopft mit Top-Restaurants, aber unter den rund 40 Optionen ist für jeden Geschmack etwas dabei.

✗ Ranch House Restaurant
3530 County Rd. 83, Tabernash
Winter Park
✆ (970) 726-5633
Feine Speisen mit Zutaten aus biologischer Landwirtschaft in herrlicher Ranchumgebung. Lunch (am Wochenende) und Dinner. $$–$$$

✗ Fiesta Jalisco
78336 Hwy. 40, Winter Park
✆ (970) 726-4877
Gutes und preiswertes mexikanisches Essen in ungezwungener Atmosphäre, unbedingt die Chicken Fajitas probieren. Lunch und Dinner. $

✗ Gasthaus Eichler
Hwy. 40, Downtown Winter Park
✆ (970) 726-5133
Deutsche und alpenländische Küche für Skifahrer mit Heimweh: »Rindsrolladen« (!), Kassler, Fondue und Raclette. Dinner. $$

Sonstige Aktivitäten
Im Grand County, dem Gebiet rund um Winter Park, finden Langläufer 400 Kilometer Loipen in fünf verschiedenen Langlaufzentren. Hundeloipe und Kinderbetreuung im Devil's Thumb XC-Center, Flutlichtloipe bei der Snow Mountain Ranch, kostenlose Loipen in SolVista. Geführte Schneeschuhwanderungen ($ 30 inkl. Sesselbahnfahrt, Verleih, Einweisung) und Verleih (ab $ 10) in Winter Park. Die Devil's Thumb Ranch (✆ 970-726-8231) bietet Reiten, Pferdeschlittenfahrten und Eislaufen. Hundeschlittenfahrten (✆970-726-8326), Indoor-Klettern, Snowmobiling (fast 500 km Trails) und Snow-Tubing (Fraser Valley Tubing Hill, ✆ 970-726-5954) sind ebenfalls möglich.

REGION 1
Colorado und New Mexico

Mary Jane, einer der Skigipfel von Winter Park, bietet extremes Terrain

Anreisedauer: Flug nach 10 1/2 Std., Transfer 2 Std.

Nahe gelegene Skiorte
SolVista, CO 24 km
5 Lifte, 305 m HD
www.solvista.com

 Winter Park Resort
150 Alpenglow Way
Winter Park, CO 80482
✆ (970) 726-5514
Fax (970) 726-5993
www.winterparkresort.com

Tipp
Slope Tracker heißt die Armbanduhr mit GPS-Gerät, die man sich gegen Gebühr beim Guest Services ausleihen kann. Sie zeichnet alle während des Tages gefahrenen Abfahrten auf. Nach Pistenschluss erhält man eine Karte, auf der die Strecken aufgedruckt sind – zum Beweis, dass man diese irre steile Buckelpiste wirklich gefahren ist.

Winter Parks Base Village befindet sich noch im Aufbau

REGION 1
Colorado und New Mexico

Steamboat, CO

Steamboats Beiname »Ski Town USA« kommt nicht von ungefähr. Das Städtchen hat bis heute 54 Olympioniken hervorgebracht, mehr als jedes andere in Nordamerika. Die amerikanische Skilegende Billy Kidd, 1970 Weltmeister und heute Steamboats Director of Skiing ist fast täglich auf den Pisten unterwegs.

+ Legendäres Tree-Skiing-Terrain und nicht umsonst Geburtsstätte des Begriffs Champagne Powder
+ exzellentes Gelände für Komfortskifahrer
+ gute Erreichbarkeit durch nahe gelegenen Airport
+ einige gute Unterkünfte mit direktem Pistenzugang
+ keine Tagesgäste, im Gegensatz zu den Skigebieten an der I-70.

- Entspricht in der Realität nicht dem Wildwestimage, das in den Broschüren transportiert wird
- charakterloses Skidorf abseits der alten Cowboy Town
- bisweilen grimmige Kälte und vereiste Pisten
- es gibt anspruchsvolles Terrain, aber nicht viel.

Französische Trapper waren Anfang des 19. Jahrhunderts die ersten Europäer, die in die Gegend kamen. Die schnaufenden Geräusche heißer Quellen hielten sie zunächst für ein Dampfschiff, daher der Name Steamboat Springs. James Crawford war mit seiner Familie 1875 der erste permanente Siedler. Der Norweger Carl Howelsen veranstaltete 1913 den ersten Winterkarneval und gründete 1914 das Skigebiet Howelsen Hill. Schon bald träumten die Farmer davon, auf den Brettern vom Mount Werner hinab ins Tal zu sausen. Steamboat zehrt noch heute vom Image der Pionierzeit. Das größte Spektakel der Skisaison ist das Cowboy Downhill. Dann stürzen sich furchtlose Rodeo-Profis ins Rennen – in voller Cowboy-Montur. Es gibt hier immer noch echte Cowboys, aber Steamboat Springs ist nicht in dem Maße von Wildwestatmosphäre durchdrungen, wie es die Broschüren erwarten lassen.

Die Main (und fast *only*) Street ist eine überbreite, mehrspurige Straße, ihre Dimension verdankt sie dem Umstand, dass früher Vieh durch den Ort getrieben werden musste. Entlang der Straße reihen sich Bars, Hotels und Geschäfte auf, im Lauf der letzten 120 Jahre in einer Vielzahl von Stilen erbaut, die von viktorianischen Holzgebäuden bis zu modernen Einkaufszentren reichen. Das Skidorf am Fuß des Mount Werner liegt vier Kilometer von Downtown Steamboat entfernt. Rund um die Gondelbahnstation gruppieren sich moderne, aber teils nicht mehr ganz taufrisch wirkende, mit Restaurants und Shops versehene Hotel- und Apartmentblocks. Nicht alle lie-

Facts & Figures
Berg	3207 m
Tal	2097 m
HD	1110 m
Lifte	25
Seilbahn	0
Gondelbahn	1
Express-Sessel	4
Sesselbahnen	14
Schlepplifte	6
	32 158 Pers./Std.
Skigebiet	1348 ha
Abfahrten	164
beschneit	177 ha
Flutlichtin Howelsen Hill	
Länge	108 km
Charakter	73/5/22
●	24,2 km
■	47,2 km
♦	35,5 km
♦♦	1,4 km
hike-to	4,8 km
max.	10,7 km
Fall-Linie	3,6 km
Besucher	1 002 000
Skitage	138
VTM/Skifahrer	4300
Skifahrer/km	66
Schneefall	421/861 cm

Bewertung
Preis/Leistung	3
Landschaft	2
Skigebiet	
Off-Piste	3
Experten	3
Fortgeschrittene	5
Anfänger	3
Never-Ever	2
Wartezeiten	2
Bergrestaurants	3
Ort	
Dining	4
Activities	5
Après-Ski/Nightlife	3

Main Street Steamboat Springs

gen direkt an der Piste und der Ort macht einen etwas planlosen, ausufernden Eindruck.

The Mountain
Die Silver-Bullet-Gondola zielt vom Skidorf hinauf zum **Thunderhead**, und je ein Expressvierer bedient die dahinter liegenden **Storm** und **Sunshine Peaks**. Der jüngst ergänzte Pony Express hat wenig Kapazität, ist aber schnell. Das Resultat sind Pisten, die man ganz für sich hat und sehr oft fahren kann. Den Mount Werner erreicht man über seine Rückseite mit dem Morningside-Lift.

Für Könner
Das Gelände hat Mittelgebirgscharakter, aber trotzdem seine Reize und seine rauen Ecken. Dichte Stände von Aspen Trees schmiegen sich wie ein goldener Schleier an die Bergflanken, herrlich anzusehen und verlockend zugleich, denn zwischen den Bäumen lässt sich trefflich Ski fahren. Das fantastische Tree-Skiing ist einer der Hauptgründe, nach Steamboat zu fahren. **Nelson's Run, Twister** und **Tornado** am Storm Peak sowie **B.C. Liftline** und **White Out** am Burgess Creek sind erstklassige Buckelpisten. Richtig steil wird's in den Chutes am Mount Werner.

Für Fortgeschrittene
sind die Hänge am **Sunshine-Lift** wie geschaffen. Auch **Vagabond** am Thunderhead Express ist ein herrlicher Cruiser. Schwarz, aber gut gewalzt und daher ein echter Ego-Builder ist **Valley View**. Die parallel verlaufende **Heavenly Daze** bietet ebenfalls eine schöne Aussicht, ist aber voller.

Für Anfänger
gibt es am Fuß des Thunderhead zehn Lifte vom Förderband bis zur Sesselbahn. Die Talfahrt aus höher gelegenen Gefilden ist meist nur auf Ziehwegen und das auch nicht von allen Liften möglich, allerdings sind die blauen Pisten am Sunshine-Lift durchaus anfängerkompatibel.

Für Snowboarder
Neben den Pisten, Tiefschneehängen und Tree-Skiing Runs wartet Steamboat mit der angeblich längsten Superpipe in Nordamerika auf. **Mavericks** ist 200 Meter lang, 15 Meter breit und 4,5 Meter hoch. Eingebettet ist die Pipe in den **Sobe Freestyle Terrain Park** mit weiteren Features wie eigenem Sessellift, Sound-System, Rails, Quarter-Pipe und einer Mini-Pipe mit 1,5 Meter hohen Wänden.

Bergrestaurants
In den ansprechenden Bedienrestaurants **Hazie's** und **Stoker Bar** (beide an der Bergstation der Gondelbahn) sowie **Ragnar's** kann man der Trostlosigkeit der übrigen Verpflegungsstationen gegen einen nicht unerheblichen Aufpreis entkommen. Im **Rendezvous Saddle Café** sprechen Plastikgeschirr und -stühle eine deutliche Sprache, die Terrasse ist zwar sonnig, außer dem Fixstern sieht man aber nur Bäume. Die **Four Points Hut** bietet da eine aussichtsreichere Terrasse, kulinarisch sind Chili und Hot-Dog hier zwar das höchste der Gefühle, trotzdem kommt sie von Steamboats Bergrestaurants einer gemütlichen Hütte am nächsten und statt DJ Ötzi untermalen Evanescence und Staint das Panorama.

Wartezeiten
sind außerhalb der Ferienzeiten dank der relativ großen Entfernung von Denver kein Thema. Sind die vielen Betten aber gefüllt, wie zu Weihnachten und anderen Hochsaisonterminen, kann es an der Gondelbahn schon mal voll werden. Auch am populären, aber langsamen Sunshine-Lift gibt's dann Schlangen.

REGION 1
Colorado und New Mexico

Phantastisches Tree-Skiing ist für viele der Hauptgrund, nach Steamboat zu fahren

Skipass	
1 Tag	$ 68-74
Jugend (13-18)	$ 54-64
Kinder (6-12)	$ 38-46
Kinder (0-5)	kostenlos
6 Tage	$ 354-408
Verleih	
Ski 1 Tag	$ 30-35
Ski 6 Tage	$ 180-210
Set 1 Tag	$ 33-38
Set 6 Tage	$ 198-228

Kinderbetreuung
Das **Kid's Vacation Center** (✆ 800-299-5017) betreut Kinder von 6 Monaten bis 6 Jahren. Ein ganzer Tag mit Mittagessen kostet $ 92-99. Im **Skikindergarten** sind die Kleinen ab 2 Jahren willkommen, wobei mit zunehmendem Alter mehr Zeit auf Ski verbracht wird. Abendprogramme von 18-22 Uhr gibt es für Kinder von 5-12 Jahren ($ 45).

REGION 1
Colorado und New Mexico

Anreise

✈ Denver (300 km), Yampa Valley Regional Airport in Hayden (35 km) mit Verbindungen von Denver, Salt Lake City, Minneapolis, Chicago, Cincinnati, New York (Newark), Atlanta, Dallas und Houston.

🚌 **Transfers** von und zum Airport in Yampa Valley bieten Black Diamond Express (www.blackdiamondshuttle.com) und Storm Mountain Express, ✆ (970) 879-0740. Steamboat Springs Transit bietet kostenlose Busverbindungen zwischen Steamboat Downtown, dem Skigebiet sowie den meisten Condos, Restaurants, Bars und Geschäften. Infos zum Fahrplan unter ✆ (970) 879-5585.

🚗 Ein Mietwagen ist allenfalls für Ausflüge nach Vail, Beaver Creek oder Winter Park erforderlich, in Steamboat benötigt man keinen.

↔ Vail 150 km, Winter Park 160 km, Denver 253 km, Grand Junction 320 km

Anreisedauer: Flug nach Steamboat 14 ¼ Std., Transfer 30 Min.

ℹ **Steamboat Ski & Resort Corporation**
2305 Mount Werner Circle
Steamboat, CO 80487
✆ (970) 879-6111
Fax (970) 879-7300
www.steamboat.com

Tipp
Kinder bis 12 Jahre fahren in Begleitung der Eltern kostenlos, wenn diese mindestens einen Skipass für 5 Tage kaufen. Auch der Skiverleih ist dann kostenlos.

REGION 1
Colorado und New Mexico

Tipp
Wer Lust zu einer gemeinsamen Abfahrt mit Skiweltmeister und Olympiamedaillengewinner Billy Kidd hat, trifft ihn um 13 Uhr an der Bergstation der Gondelbahn. Dort findet sich auch ein Hinweis, ob Billy am betreffenden Tag Ski fährt und die kostenlose Tour, bei der er auch Tipps zur Technik gibt, stattfindet. Nelson Carmichael, Bronzemedaillengewinner von 1992, lädt an mehreren Sonntagen zu einer kostenlosen Buckelpisten-Lektion ein. Treffpunkt ist um 13 Uhr an der Four Points Hut. Im *Grooming Report* steht, ob Nelson am Berg ist.

Markenzeichen von Steamboat: die alte Scheune vor den Hängen des Mount Werner

Après-Ski/Nightlife
Dos Amigos (bekannt für seine Margaritas) ist einer der Eckpunkte des »Bermuda-Dreiecks« von Steamboat. Die anderen beiden sind **Slopeside** und **The Tugboat Grill & Pub**. In allen spielen regelmäßig Bands. **Chaps**, eine im Wildweststil thematisierte Bar im Steamboat Grand, bietet ebenfalls Live-Entertainment. In Downtown zelebriert man Après-Ski im **Old Town Pub** und im **The Steamboat Yacht Club**. Lebhaft geht es auch im **The Tap House** und im **Steamboat Smokehouse** zu. Später am Abend ist die **Cellar Lounge** empfehlenswert.

Restaurants
Mehr als 70 Restaurants bieten eine reichhaltige Auswahl. Der *Steamboat Dining Guide* listet die Karten der meisten Restaurants auf.

Lapogée
911 Lincoln Ave., Steamboat, CO
✆ (970) 879-1919
Französische Küche der Extraklasse, mehr als 500 Weine. Dinner. $$–$$$

Gondola Pub & Grill
Gondola Sq., Steamboat, CO
✆ (970) 879-4448
Beste Adresse für ein klassisches amerikanisches Frühstück in typischem Ambiente. Breakfast, Lunch und Dinner. $–$$

Cottonwood Grill
701 Yampa Ave., Steamboat, CO
✆ (970) 879-2229
Küchenchef Michael Fragola serviert *Pacific Rim cuisine*, eine Kombination aus asiatischen und amerikanischen Aromen. Dinner. $$–$$$

Sonstige Aktivitäten
Das **Steamboat Touring Center** bietet 15 km gespurter Loipen und 8 km Schneeschuh-Trails, die **High Meadows Ranch** 20 km (www.hmranch.com). Tennis, Eisklettern, Snowmobiling, Eislaufen (Howelsen Ice Arena, ✆ 970-879-0341), Heißluftballon-, Hundeschlitten- und Pferdeschlittenfahrten, Tubing, Reiten und Fischen sind ebenfalls möglich. Ein Muss ist ein Besuch der heißen Quellen. Entweder Downtown im **Steamboat Springs Health and Recreation Center** (✆ 970-879-1828) oder wesentlich uriger, mitten in den Bergen in den **Strawberry Park Hot Springs** (✆ 970-879-0342).

Telluride, CO

Nur wenige Skiorte in Amerika können es mit der dramatischen Szenerie von Telluride aufnehmen. Das denkmalgeschützte Städtchen liegt versteckt im Tal des San Miguel River und umgeben von den majestätischen Viertausendern der San Juan Mountains. Wem Aspen zu glitzy und Breckenridge zu kitschig ist, der findet in Telluride authentisches Wildwest-Ambiente und einen Skiberg der Extraklasse.

+ Landschaftlich das spektakulärste Skigebiet Colorados
+ nach der jüngsten Erweiterung ein weitläufiges und extrem vielfältiges Areal
+ historischer Ort und modernes Mountain Village bieten für jeden Geschmack das Richtige
+ Colorados einziges Heliski-Unternehmen operiert von Telluride aus.

- Häufige Flachpassagen auf mittelschweren Pisten, schlecht für Snowboarder und den Schwungrhythmus
- in den Talstationsbereichen gelegentlich volle Pisten
- beim Kreuzen durch das Skigebiet sind Ziehwege oft unvermeidlich
- relativ abgelegene Lage im Südwesten Colorados.

Tellurides Karriere begann 1870, als Prospektoren erstmals Gold und Silber aus den Bergen kratzten. Sofort strömten die Glücksritter ins Tal, schossen Spielsalons und Bordelle aus dem Boden und 1889 raubte der legendäre Butch Cassidy hier seine erste Bank aus – darauf sind Tellurides Bürger noch heute stolz. Der Name ist angeblich eine Kurzform von »to hell you ride«, was einiges darüber aussagt, wie es hier seinerzeit zuging. Den größten Schatz ließ Cassidy indes zurück, aber wie hätte er den Ort und die umliegenden Berge der San Juans auch in seine Satteltaschen packen sollen. Noch heute sieht der Ort dank Denkmalschutz wie in einem Westernfilm aus – mal abgesehen davon, dass Pick-up-Trucks statt Pferde die Main Street bevölkern. Wenn die Sonne die roten Backsteingebäude, die schneeweißen Bergspitzen und schroffen Felsen von einem Himmel anstrahlt, der blauer ist, als alles was man je zuvor gesehen hat, dann gibt es auf der Welt wenig, was schöner ist. Tellurides letzte Mine schloss 1978, nachdem man in mehr als 100 Jahren 350 Meilen Stollen in die umliegenden Berge getrieben hatte.

Ohne den Skitourismus wäre aus Telluride ein Ghost Town geworden. Aber seit 1972 verdient man Geld mit dem weißen Gold. Zum Glück ging man beim Heben dieses Schatzes mit Weitsicht vor und ließ den historischen Ortskern mehr oder weniger unangetastet. Die für die Entwicklung von der Mining Town zum Ski-Resort notwendigen Beherbergungskapazitäten schuf man im Telluride Mountain Village. Das liegt in 2909 Meter Höhe auf einem Plateau oberhalb des San Miguel River Canyon und ist mit Telluride durch eine Gondelbahn verbunden, die bis 24 Uhr in Betrieb ist. Die modern, aber ansprechend gestalteten Gebäude des Mountain Village gruppieren sich um mehrere, für Fußgänger reservierte Plätze und eine Eislauffläche. Mit dem schicken Ambiente, den luxuriösen Hotels und Apartmenthäusern sowie zahlreichen Shops und Galerien zielt man erfolgreich auf die anspruchsvollen Gäste von der Ostküste.

The Mountain

Tellurides Reputation gründete sich zunächst auf den längsten Buckelpisten Colorados. Die stürzen über fast 1000 Höhenmeter direkt in den Ortskern. Die Buckelwände von **Plunge** und **Spiral Stairs** sind aber nur eine Seite des Skiareals. Der Löwenanteil von Tellurides Pisteninventar liegt dahinter, auf sonnigen und weitaus sanfteren Gefilden. Auf Tellurides Sonnenseite gilt: Je höher der Startpunkt, desto steiler die Abfahrt.

REGION 1
Colorado und New Mexico

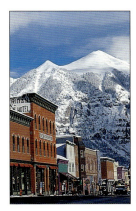

Wildwest-Städtchen vor Viertausendern: Telluride

Facts & Figures

Berg	3735 m
Tal	2661 m
HD	1074 m
Lifte	17
Seilbahn	0
Gondelbahn	3
Express-Sessel	7
Sesselbahnen	4
Schlepplifte	3
	23 186 Pers./Std.
Skigebiet	1550 ha
Abfahrten	84
Charakter	89/1/10
Fläche	688 ha
beschneit	83 ha
Länge	96 km
●	25,9 km
■	41,8 km
◆	9,8 km
◆◆	18,2 km
hike-to	2,6 km
max.	7,5 km
Fall-Linie	6,1 km
Besucher	367 000
Skitage	131
VTM/Skifahrer	7000
Skifahrer/km	29
Schneefall	433/643 cm

Bewertung

Preis/Leistung	4
Landschaft	4

REGION 1
Colorado und New Mexico

Skigebiet
Off-Piste	3
Experten	5
Fortgeschrittene	4
Anfänger	5
Never-Ever	4
Wartezeiten	4
Bergrestaurants	4

Ort
Dining	4
Activities	3
Après-Ski/Nightlife	3

Skipass
1 Tag	$ 56-74
Kinder (6-12)	$ 43
Kinder (0-5)	kostenlos
6 Tage	$ 275-444

Verleih
Ski 1 Tag	$ 26-48
Ski 6 Tage	$ 140-259
Set 1 Tag	$ 30-52
Set 6 Tage	$ 162-281

Kinderbetreuung
Die **Children's Nursery** im Activity Center, das zentral im Mountain Village angesiedelt ist, betreut Säuglinge im Alter von 2-11 Monaten mit jeweils einer Betreuerin für zwei Kinder, Kleinkinder im Alter von 12 Monaten bis 3 Jahren werden maximal in Fünfergruppen betreut. Die Glaskuppel über dem zentralen Spielraum ermöglicht es Eltern, unbemerkt einen Blick auf ihre Kleinen zu werfen. Reservierungen erforderlich, © 970-728-7531, ein Tag kostet inklusive Lunch ab $ 80.

Anreise
✈ Denver (580 km), Montrose (105 km) mit Verbindungen von Denver, Chicago, New York (Newark), Dallas, Houston, Phoenix und Los Angeles, Telluride (5 km) mit Verbindungen von Denver und Phoenix.

Für Könner

sind die Nordhänge oberhalb von Telluride eines der letzten Refugien der Rockies, wo ihnen keine Möchtegern-Cracks in die Quere kommen. Es gibt Saisonpass-Inhaber, die während des gesamten Winters nur einen Lift fahren, den mit der Nummer 9. Er ist zwar langsam und wenig komfortabel, aber er überwindet 650 mit schwarzen und doppelschwarzen Buckelpisten nur so gespickte Höhenmeter. Auch Lift 6 zieht Buckelpistenliebhaber magisch an, **Allais Alley** ist eine superschmale Angelegenheit, **Apex** und **Sully's** bieten treffliches Tree-Skiing. Die steilsten Hänge bedient Lift 14. Chutes, Bowls und Glades aus mehr als 3700 Meter Höhe – da fühlen sich die Lungen schon nach wenigen Schwüngen an, als wollten sie gleich platzen. Auch lange nach einem Schneesturm findet man auf der Rückseite des **Bald Mountain** (kurzer Aufstieg) noch erstklassiges Pulver.

Für Fortgeschrittene

sind der **Village** und der **Palmyra Express** erste Wahl. Sie bedienen ein umfangreiches Arsenal mittelschwerer Pisten, einige davon leicht verbuckelt, ideal, um sich mit den *moguls* anzufreunden. Landschaftlich am schönsten ist **See Forever**, nach rechts zweigt **Lookout** in Richtung Telluride ab, eine steile, aber perfekt gewalzte Piste für Carving-Schwünge im Großformat. Gelegentlich wird auch **Plunge** präpariert, dann ist Geschwindigkeitsrausch vorprogrammiert. Die blauen Pisten in der Prospect Bowl leiden etwas unter den eingestreuten Flachstücken.

Für Anfänger

Die **Chondola**, ein Hybrid aus Sessel- und Gondelbahn, bedient unterhalb des Mountain Village ideales Übungsgelände. Hat man die ersten Grundlagen gelegt, warten am fast drei Kilometer langen **Sunshine Express** Endlosabfahrten, auf die sich garantiert keine rücksichtslosen Raser verirren. Auch in der **Prospect Bowl** und am **Village Express** finden weniger standfeste Skifahrer geeignete Pisten. Hinunter nach Telluride fahren sie besser mit der Gondelbahn.

Für Snowboarder

Der **Air Garden Terrain Park** am Lift 4 erstreckt sich über gut 250 Höhenmeter und steckt voller Spines, Rails, Mailboxes, Quarterpipes und Tabletops. Die riesige Halfpipe liegt unweit des Gorono Ranch Restaurant. Natürliche Halfpipes bieten **East Drain** und **West Drain** am Lift 9.

Bergrestaurants

sind eine von Tellurides Stärken. Das **Gorono Ranch Restaurant** pflegt das Western Image auf äußerst gelungene Weise und bis ins Detail mit liebevoll aus naturbelassenen Ästen gestalteten Stühlen. Auf der holzbeplankten Terrasse mit prächtiger Aussicht gibt's ein schmackhaftes BBQ, drinnen an der SB-Theke eine größere Auswahl und urigen Kaminrauchduft. Das **Allred's** bietet Gourmetküche in stilvollem Ambiente mit Traumpanorama – vielleicht das beste Pistenrestaurant Amerikas. Das wohl höchstgelegene auf 3624 Metern **Giuseppe's Restaurant** beim Lift 9 (Bier, Wein, Sandwiches, Suppen, Chili und Snacks). Auf der anderen Seite der Skala ist **Big Billies** unterhalb des Mountain Village ange-

REGION 1
Colorado und New Mexico

See Forever in Telluride: Diese Piste macht ihrem Namen alle Ehre

Die Shuttlebusse von Telluride Express (© 970-728-6000) verkehren zwischen Telluride, Montrose, Durango, Cortez, Gunnison und Grand Junction. Der Transfer vom **Airport in Montrose** kostet $ 39

siedelt, eine einfache, familiengerechte Verpflegungsstation für den schnellen Hunger, dank moderater Größe aber mit angenehmer Atmosphäre.

Wartezeiten sind kein Thema.

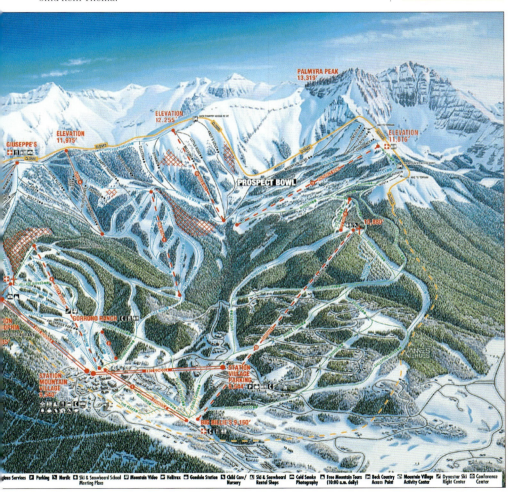

REGION 1
Colorado und New Mexico

Das Telluride Mountain Village liegt auf einem Plateau oberhalb des Tals des San Miguel River

pro Strecke, vom **Telluride Airport** $ 12. Im Ort kostenlose Buslinie. Einen Mietwagen benötigt man in kleinen Telluride nicht, zumal Parken im Ort problematisch ist. Am besten reist man über den Flughafen Montrose an. Durango 200 km, Grand Junction 203 km, Denver 540 km, Phoenix 720 km

Anreisedauer: Flug nach Montrose 16 Std., Transfer 1 1/4 Std.

Nahe gelegene Skiorte Silverton Mountain, CO 117 km, vgl. S. 87. **Durango Mountain Resort, CO** 152 km 11 Lifte, 618 m HD www.DurangoMountain Resort.com

Telluride Ski & Golf
565 Mountain Village Blvd.
Telluride, CO 81435
✆ (970) 728-6900
Fax (970) 728-6228
www.tellurideskiresort.com

Tipp
Die Telluride Ski Patrol bietet für $ 75 geführte Touren ins ungespurte und ansonsten gesperrte Gelände am **Palmyra Peak** an. Nach einer 15-minütigen Sicherheitseinweisung folgen ein 30-minütiger Aufstieg und die Abfahrt durch die Chutes in der Nordwestflanke. Lawinenausrüstung wird gestellt, Gruppengröße max. 12 Personen.

Après-Ski/Nightlife
Die Bar im **Allred's** hoch über Telluride ist der perfekte Platz, um dem vom Klavierspiel untermalten Alpenglühen auf der gegenüberliegenden Bergkette der San Juans innerlich etwas entgegenzusetzen. In **Leimgruber's Bierstube** am Lift 7 wartet deutsches Bier (auch deutsche Musi – wer's mag ...). Das **Limeleaf** ist ein Favorit der Locals, Live-Musik gibt es donnerstags bis samstags im **Fly Me to the Moon Saloon**. Der **Last Dollar Saloon** hat die größte Auswahl an importierten Bieren, Billardtische und Dartscheiben, Frauen verirren sich hier kaum hin. Ein Muss ist ein Besuch in der historischen **New Sheridan Bar**.

Restaurants
Ort und Mountain Village kommen auf 30 Restaurants, darunter viele mit erstaunlicher Klasse.

Allred's
Top of the Gondola
Telluride, CO
✆ (970) 728-7474
Fantastischer Blick auf das tief im Tal liegende Telluride, gediegene Atmosphäre, frische regionale Küche mit internationalen Einflüssen. Lunch ($$) und Dinner. $$$

Chop House
233 W. Colorado Ave.
Telluride, CO
✆ (970) 728-9100
Steak und Seafood im prächtigen Ambiente des historischen New Sheridan Hotels. Dinner. $$–$$$

Honga's Lotus Petal
133 S. Oak, Telluride, CO
✆ (970) 728-5134
Susi und Sashimi, Gäste aus LA und NYC konstatieren: besser als daheim. Dinner. $$

Brown Dog Pizza
103 W. Colorado Ave.
Telluride, CO
✆ (970) 728-8046
Quirlige Sportbar (15 Bildschirme) mit Salaten, Pizzas und Pasta für den kleinen Geldbeutel. Breakfast, Lunch und Dinner. $

Sonstige Aktivitäten
Geführte Schneeschuhwanderungen starten an der Bergstation des Lifts 10 (Reservierung unter ✆ 970-728-7517), 30 km Loipen im **Nordic Center** im Tal des San Miguel, Reiten, Fahrten mit Schneemobilen über Minenwege zu verlassenen **Ghost Towns** (Telluride Snowmobile Adventures, ✆ 970-728-4475), Schlittschuhfahren (Town Park oder kostenlos im Mountain Village), Hundeschlittentouren (auch mit Übernachtung, Winter Moon Sled Dog Adventures, ✆ 970-729-0058), Eisklettern und Heißluftballonfahrten zählen ebenfalls zum Angebot. Zum Shoppen laden 69 Geschäfte, geführte Stadtrundgänge bietet Boling's Historical Tours (✆ 970-728-6639), mit einer Broschüre kann man auf eigene Faust losgehen.

Silverton Mountain, CO

Dieser Berg ist alles andere als ein normales Skigebiet: keine präparierten Pisten, keine Condo-Komplexe, nur ein Lift, der drei sensationell steile Bergflanken erschließt. Die leichteste Abfahrt hat 35 Grad Neigung – steiler als die schwersten Hänge in ungefähr 99 Prozent aller anderen Skigebiete Amerikas.

Die Talstation dieses Mekkas der Extremskifahrer erreicht man über eine alte Minenstraße vom zehn Kilometer entfernten Silverton. Das verschlafene Nest liegt auf 2840 Meter mitten in den wildgezackten San Juan Mountains und ist nur über zwei fast 3500 Meter hohe Pässe erreichbar. Die Fassaden der Häuser entlang der Green Street wirken wie einem John-Wayne-Film entsprungen – Wildwest-Feeling pur. Es gibt eine Reihe witziger Geschäfte, Buchläden, die leckeren Kaffee servieren, Antik-Shops und Outdoor-Ausrüster, sowie Saloons und sehenswerte historische Gebäude. Zum Skigebiet Durango Mountain Resort sind es 21 Meilen. Snowcat-Skiing mit den El Diablo Alpine Guides (vgl. S. 249).

The Mountain
Ski wird am **Silverton Mountain** in Kleingruppen in Begleitung eines Bergführers gefahren, so ähnlich wie beim Heliskiing, bloß dass man per Doppelsesselbahn auf den Berg gelangt und einen Bruchteil dessen bezahlt, was ein Skitag per Heli kostet. Trotzdem muss man nicht befürchten, dass spätestens um 11 Uhr morgens sämtlicher Tiefschnee verspurt ist wie in so vielen anderen Skigebieten. Maximal 50 Gäste pro Tag verlieren sich in einem Areal von der Fläche Squaw Valleys. Die meisten Gruppen schaffen vier bis fünf Abfahrten pro Tag. Die fächern sich von der Bergstation in drei Richtungen auf. Offene Hänge auf der Ostflanke, enge Couloirs und Tree-Skiing in nördlicher Richtung und unterhalb des Lifts. Nach Süden hin steigt der Grat bis zum 4111 Meter hohen **Storm Peak** an. Nach 45 Minuten Aufstieg erreicht man dort das **Boo-Yah Basin** mit Steilrinnen bis zu 55 Grad Gefälle. Gründer Aaron Brill möchte in dem lawinengefährdeten Gelände zukünftig auch ungeführtes Skifahren auf eigene Verantwortung ermöglichen, wartet aber noch auf die entsprechenden Genehmigungen. Infos zum aktuellen Stand gibt es auf seiner Webseite.

REGION 1
Colorado und New Mexico

Facts & Figures

Berg	3749 m
Tal	3170 m
HD	579 m
Lifte	1
	800 Pers./Std.
Skigebiet	908 ha
Abfahrten	648 ha
Pistenlänge	19 km
◆◆	19,0 km
hike-to	ca. 38 km
max.	4,5 km
Fall-Linie	1,6 km
Besucher	3600
Schneefall	1016 cm

Skipass
1 Tag $ 99–119

Anreise
✈ Denver (613 km), Durango (104 km), Montrose (95 km)
🚗 Ein Mietwagen ist die einzige Möglichkeit, im Winter nach Silverton zu gelangen.
↔ Telluride 117 km

ℹ **Silverton Mountain**
Silverton, CO 81433
✆ (970) 387-5706
www.silvertonmountain.com

Mekka für Liebhaber des Extremen: Silverton Mountain

REGION 1
Colorado und New Mexico

Taos, NM

Taos ist der ungewöhnlichste Skiort Amerikas. Tief im Südwesten im Bundesstaat New Mexico, dem »Land of Enchantment« gelegen, vereinbart der Ort scheinbar unvereinbare Gegensätze: tausendjährige indianische Kultur, Wüstenklima und Pulverschnee.

Ockergelb, braunrot und beige leuchten die Lehmhäuser in Taos, gerahmt von Bäumen im gesamten Spektrum der Grüntöne, im Kontrast zum Himmelsblau und umgeben von einer sich schier endlos dehnenden, von duftenden Sagebrush-Büschen bewachsenen Hochebene: Taos – der magische Ort, häufig gemalt, fotografiert und poetisch verklärt von D.H. Lawrence, der hier lebte.

Schon um die vorletzte Jahrhundertwende machte das gut 2100 Meter hoch gelegene Taos von sich reden als eine Art Davos und Zauberberg für gesundheitlich Angeschlagene, der trockenen Luft wegen. Später dann, in den 1920er und 1930er Jahren, schuf der Ort sich einen Namen durch die Besuche zahlreicher Künstler, denen es die Zeitlosigkeit der Hochebene und die Anziehungskraft der Sangre-de-Cristo-Berge angetan hatte.

Taos ist heute eine Künstlerkolonie mit 80 Galerien, Westernstädtchen mit rund 5000 Einwohnern und Ausgangspunkt zu vier alpinen Skigebieten in den **Sangre de Cristo Mountains**. Außer dem legendären **Taos Ski Valley** (31 km) sind das **Angel Fire** (41 km, vgl. S. 93), **Red River** (58 km, vgl. S. 93) und **Sipapu** (37 km, 4 Lifte, Skipass $ 34, www.sipapunm.com).

Anreise

✈ Denver (480 km), Albuquerque (217 km) mit Verbindungen u.a. von Denver, Minneapolis, Chicago und Dallas, Taos (35 km bis zum Ski Valley) mit drei täglichen Verbindungen von Albuquerque.

🚌 Faust's Transportation, ✆ (505) 758-3410, und Twin Hearts Express, ✆ (505) 751-1201, bieten mehrmals täglich Shuttlebus-Verbindungen vom **Flughafen Albuquerque** nach Taos und Taos Ski Valley. Fahrtzeit etwa 3 Std. Ein kostenloser Shuttlebus fährt von Airport in Taos ins Ski Valley.

🚗 Man sollte in Albuquerque oder Denver einen Mietwagen nehmen. Die Umgebung bietet viel Sehenswertes – man wird dankbar für die Flexibilität sein.

↔ Santa Fe 116 km, Durango 335 km, Colorado Springs 370 km

Anreisedauer: Flug nach Albuquerque 14 Std., Transfer 3 Std.

ℹ Taos Visitor Center
1139 Paseo del Pueblo Sur
Taos, NM 87571
✆ (505) 758-3873
Fax (505) 758-3872
www.taoschamber.com

 Michael's Kitchen
304 Paseo del Pueblo Norte
Taos, NM
✆ (505) 758-4178
Rustikales und soziales Zentrum, ideal zum kräftigen Frühstück oder Lunch. Auch Dinner (Südwest-Gerichte). $

 Thai Phoon
135 Paseo del Pueblo Sur
Taos, NM
✆ (505) 751-4500, Mo–Sa, 11–20 Uhr
Der Laden ist ein schäbiges Drecksloch, aber das thailändische Essen (auch zum Mitnehmen) ist schlicht fantastisch. $

 Trading Post Café
4179 Hwy. 68 (4 Meilen südl. der Plaza), Taos, NM
✆ (505) 758-5089

Eines der besten Restaurants weit und breit, Gerichte mit italienischem Touch, Räume ansprechend dekoriert, Cocktail Lounge. Lunch und Dinner. $-$$

Après-Ski/Nightlife
Nicht gerade wild, aber lebhafter als im Ski Valley. Live-Musik und Tanzen in der **Alley Cantina**, People-Watching in der **Adobe Bar** des Taos Inn, wo sich Skifahrer und örtliche Künstler mischen. In **Eske's Brew Pub** führt kein Weg am selbst gebrauten Green-Chili-Bier vorbei.

Sonstige Aktivitäten
Höhepunkt jedes Taos-Besuchs ist der **Taos Pueblo** (✆ (505) 758-1028, 3 km nördl. der Plaza, Eintritt $ 10, da im Winter manchmal geschlossen, vorher anrufen). Die fünfstöckige Anlage entstand etwa zwischen 1000 und 1450. Das durch den Besuch im Pueblo in die Urlaubskasse gerissene Loch kann man mit etwas Glück im benachbarten **Taos Mountain Casino** wieder auffüllen. Für Kunstliebhaber lohnt ein Besuch im **Millicent Rogers Museum** (Hwy. 522, 6 km nördl. von Taos, ✆ 505-758-2462, www.millicentrogers.com).

Zählt zu den ältesten Siedlungen der USA: Taos Pueblo

Taos Ski Valley, NM ▲♦♦ ♦ ⦗■

Es ist eigentlich ein unmöglicher Platz für ein Skigebiet: Die Zufahrtsstraße lawinengefährdet, das Tal zu eng für einen Urlaubsort, die Berge zu steil für Skipisten. Trotzdem ließ sich Gründer Ernie Blake nicht davon abhalten, 1955 oberhalb des indianisch geprägten Taos, in einem entlegenen Talschluss unterhalb des höchsten Berges New Mexicos den Grundstein für einen Skiort nach dem Vorbild seiner Schweizer Heimat zu setzen.

+ Einige der anspruchsvollsten Hänge westlich des Atlantiks
+ überraschend gutes Angebot an leichten und mittelschweren Pisten
+ kleines, gemütliches Skidorf
+ positiv für manche Skifahrer: Taos ist snowboardfreie Zone
+ reizvoller Kontrast zwischen Alpencharme und Indianerkultur

- Einige der besten Hänge erfordern lange Aufstiege
- keine Express-Lifte
- überschaubares Pistenangebot
- wenig Unterkünfte im Ski Valley selbst (aber behutsamer Ausbau im Gang)
- relativ große Distanz zwischen Taos und dem Ski Valley (31 km)

Die Fahrt von Taos hinauf ins rund 2900 Meter hoch gelegene Ski Valley gleicht einer Reise zwischen zwei Galaxien, die unterschiedlicher kaum sein könnten. Hier die indianischen Pueblos in der Weite der Sagebrush-Steppe, die, wenn die Wolken tief hängen und die **Sangre de Cristo Mountains** verhüllen, nichts weniger erwarten lässt als ein Skigebiet, und dort die Lodges im Schweizer Chaletstil mit Namen wie St. Bernard, Edelweiss und Kandahar, umgeben von mächtigen Fichten, die unter der Last einer meterdicken Schneedecke ächzen. Zentrum des Ortes ist das Resort Center, das im Schatten seines Uhrenturms die unabdingbaren Einrichtungen wie Skiverleih, Kassen, Geschäfte und Klinik beherbergt. Die kann über mangelnde Kundschaft nicht klagen, denn Taos gilt nicht umsonst als heißes Pflaster.

Über den Dächern steilt die Abfahrt himmelwärts, die Taos' Ruf als eines der anspruchsvollsten Skigebiete der Staaten begründete: **Al's Run**. Gerne erzählte der 1989 verstorbene Blake von den texanischen Skifans, die die lange Anfahrt auf sich genommen hatten und denen das Blut beim Anblick von Al's Run dermaßen gefror, dass sie nur eine Schleife über den Parkplatz zogen, um mit unverminderter Geschwindigkeit gleich wieder talwärts zu brausen. Das legendäre Schild »DON'T PANIC, you're seeing only 1/30 of the mountain. We have plenty of beginner runs too.« stellte Blake aus reinem Selbsterhaltungstrieb auf.

The Mountain

Taos Ski Valley liegt so versteckt, dass man seine Pisten erst in dem Moment sieht, in dem man auf den Parkplatz einbiegt. Umgekehrt ist selbst von den Bergstationen der Lifte keine Spur der Hochebene zu erspähen. Rundherum nichts als steile Bergflanken und gleißende Gipfel, darunter der 4011 Meter hohe **Wheeler Peak**. Eine in sich abgeschlossene Welt, in der man von Ende November bis Anfang April Ski fahren kann. Das Skiareal gliedert sich in drei Zonen: die steile **Frontseite**, das **West Basin** und das **Kachina Basin** auf der Rückseite des Berges.

Für Könner

Al's Run ist ein Muss. Die rund 900 Meter lange Buckelpiste wird nach unten hin immer steiler und ist nur bei sehr guter Schneelage ganz befahrbar. Das beste Gelände erreicht man durch einen anstrengenden Aufstieg (die Luft ist dünn, jenseits der 3600 Meter) auf die Highline oder West Basin Ridge.

**REGION 1
Colorado und
New Mexico**

Taos Ski Valley mit dem legendären Al's Run

Facts & Figures

Berg	3597 m
Tal	2859 m
HD	738
Lifte	12
Seilbahn	0
Gondelbahn	0
Express-Sessel	0
Sesselbahnen	10
Schlepplifte	2
	15 077 Pers./Std.
Skigebiet	455 ha
Abfahrten	110
beschneit	55 %
Länge	44 km
Charakter	83/3/15
●	14,5 km
■	10,8 km
♦	12,8 km
♦♦	5,9 km
hike-to	5,3 km
max.	5,0 km
Fall-Linie	2,5 km
Besucher	350 000
Skitage	130
VTM/Skifahrer	6600
Skifahrer/km	57
Schneefall	676 cm

REGION 1
Colorado und New Mexico

Kirchturm von Taos Ski Valley

Bewertung	
Preis/Leistung	4
Landschaft	3
Skigebiet	
Off-Piste	4
Experten	5
Fortgeschrittene	4
Anfänger	2
Never-Ever	2
Wartezeiten	3
Bergrestaurants	3
Ort	
Dining	4
Activities	3
Après-Ski/Nightlife	2

Skipass	
1 Tag	$ 20-55
Jugend (13-17)	$ 16-43
Kinder (7-12)	$ 12-33
Kinder (0-6)	kostenlos
6 Tage	$ 120-312
Verleih	
Ski 1 Tag	$ 11-34
Ski 6 Tage	$ 66-186
Set 1 Tag	$ 11-34
Set 6 Tage	$ 66-186

Extrem steile (45 Grad) und schmale Rinnen zwischen Bäumen und Felsen kippen von den Graten in die Tiefe. Leider allesamt recht kurz. Die längeren Strecken vom 3804 Meter hohen Kachina Peak erfordern bereits einen 75-minütigen Aufstieg. Wem das zu anstrengend ist, den bringen die Lifte 2 und 6 bequem zu den »best double black diamond tree runs in the world«: Über die High Traverse erreicht man **West Blitz Trees** oder **Spitfire**. Die **Lorelei Trees** warten rechts von **Bambi**, ebenso **Pierre's**, **Werner Chute** und **Longhorn**.

Für Fortgeschrittene
gibt es zwar immer Alternativen zu den Steilhängen, aber ihre Zahl ist begrenzt. Die schönsten Cruiser, **Lower Stauffenberg** und **Firlefanz**, bedient der West-Basin-Lift. Auch Maxi's-Lift und der Kachina-Lift auf der anderen Seite des Berges erschließen mittelschwere Pisten. Für die Talfahrt ins Dorf gibt es aber nur die Wahl zwischen schwarz oder Ziehweg.

Für Anfänger
Taos' Skischule gilt als eine der besten Amerikas. Das Übungsgelände mit zwei Sesselbahnen und zwei Förderbändern liegt zwischen dem Kinderkäfig Center und dem Resort Center. Von jedem Lift führt mindestens eine leichte Abfahrt zur Talstation. Die längste via **Honeysuckle, Winkelried** und **Rübezahl**. Alle Abfahrten enden letztlich vor dem Kirchturm des Skidorfs – Verirren ausgeschlossen.

Für Snowboarder
Snowboarding ist in Taos nicht erlaubt. Den diesbezüglichen Protesten der Boarder begegnet Taos mit dem simplen Ratschlag: »Hört auf zu jammern und nehmt euch ein Paar Ski.«

Bergrestaurants
Den Glauben daran, sich in New Mexico zu befinden, verliert man vollends bei einem Besuch im **The Bavarian**. Es ist nicht auf dem Pistenplan verzeichnet und liegt unterhalb des zwar mit einer schönen Sonnenterrasse ausgestatteten, günstigen, aber nicht gerade gemütlichen **Phoenix Grills**. Bavarian-Eigentümer Thomas Schulze aus München hat jedes Detail seines Gasthauses aus Bayern hergeschafft, vom Kachelofen bis zu den Dirndln und Lederhosen fürs Personal. Zu trinken gibt's Spaten Bier und Franziskaner Hefeweizen, zu essen Käsespätzle, Kalbsbratwurst und Apfelstrudel. Taos' übrige Verpflegungsstationen am Berg sind eher zum

Abgewöhnen. Pappschachteln und Plastikgeschirr erfreuen sowohl im **Whistlestop Café** am Winston-Lift als auch im **Tenderfoot Katie's** an der Talstation. Dort eignet sich zum Lunchen eher die Terrasse des **St. Bernard**.

Wartezeiten
sind selten, denn Auflagen des Forest Service begrenzen die Zahl der Skifahrer am Berg auf 4800. Nur an den Liften Al's Run und High Five bilden sich morgens, wenn die Skischulen bergwärts streben, manchmal Schlangen.

REGION 1
Colorado und New Mexico

REGION 1
Colorado und New Mexico

Kinderbetreuung
Ein Tag kostet für Kinder im Alter von 6 Wochen bis zu 3 Jahren einschließlich Lunch $ 67. Jeweils eine Betreuerin kümmert sich um zwei Kinder. Reservierungen erforderlich, ✆ (505) 776-2291.

Anreise
Vgl. Taos.
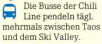 Die Busse der Chili Line pendeln tägl. mehrmals zwischen Taos und dem Ski Valley.

i Taos Ski Valley
Taos Ski Valley, NM 87525
✆ (505) 776-2291
Fax (505) 776-8596
www.skitaos.org

Après-Ski/Nightlife
Die Sonnenterrasse des **St. Bernard**, die einen vortrefflichen Blick auf die Geschehnisse auf Al's Run bietet, ist den ganzen Tag gut gefüllt. Die **Martini Tree Bar** im Resort Center ist ebenfalls ein beliebter Treffpunkt. Das **Inn at Snakedance** bietet allabendlich Entertainment. Insgesamt wird es nach Liftschluss aber sehr ruhig. Wer intensiv feiern will, fährt besser woanders hin.

Restaurants
Dd die meisten Gäste Ski-Wochen mit Halbpension buchen, ist die Auswahl an Restaurants begrenzt.

 **Hondo Restaurant**
Inn at Snakedance
Taos Ski Valley, NM
✆ (505) 776-2277
Preisgekröntes Restaurant mit großer Weinliste. Breakfast, Lunch und Dinner. $$–$$$

Tim's Stray Dog Cantina
Resort Center
Taos Ski Valley, NM
✆ (505) 776-2894
Burger und mexikanische Spezialitäten. Breakfast, Lunch und Dinner. $–$$

Sonstige Aktivitäten
Will man das im Ski Valley dominierende Schema Skifahren-Essen-Schlafen aufbrechen, muss man sich ins Auto setzen. Außer einem Besuch in den Galerien, Shops, Museen und

Hänge wie diesen erreicht man in Taos durch einen kurzen Aufstieg

Sehenswürdigkeiten von Taos (vgl. S. 88) bestehen dann Möglichkeiten zu Snowmobile- und Pferdeschlittenfahrten (Adventure Tours, ✆ 505-758-1167) oder zum Schlittschuhlaufen (Taos Ice Arena, ✆ 505-758-8234). Langläufer finden 26 km Loipen im **Enchanted Forest**, ✆ (505) 754-2374.

REGION 1
Colorado und New Mexico

Red River, NM

Das 59 Kilometer von Taos entfernte Red River (Fahrtzeit eine Stunde) war einst ein heruntergekommenes, dreckiges Goldminenstädtchen. Saloons und Bordelle säumten die Straßen. Heute ist es eines der hübschesten Skiorte der Staaten und einer der bequemsten dazu. Zwei Lifte starten direkt aus der Ortsmitte zum Gipfel **Ski Tip**. Sie sind von jedem Hotel aus zu Fuß zu erreichen, wer nicht in Skistiefeln gehen mag, kann das Bähnchen nehmen, das alle 15 Minuten seine Runde durch den Ort dreht. Auch ohne High-Speed-Lifte macht das Skifahren hier eine Menge Spaß. **Anfänger** erreichen vom Gipfel aus ein Areal mit einem Dutzend leichter Pisten auf der Rückseite des Berges. Ein leichter Skiweg bringt sie zurück in den Ort, wo der Blue und der Gold Chair weitere Übungswiesen bedienen.

Fortgeschrittene genießen die formidablen Cruiser, die auf direktem Wege talwärts führen. Schwarze Pisten und Routen durch die Wälder sind überall eingestreut. Die längste schwarze Abfahrt führt rechts des Red Chair über 1,3 Kilometer talwärts. Vom Nachtleben in Red River könnte sich Taos eine Scheibe abschneiden, schon deswegen lohnt der Ausflug. Viele College-Studenten zählen zu den Gästen, und die mögen es etwas ausgelassener. Zahlreiche Saloons und Bars bieten Live-Musik. In den Restaurants dominiert Bodenständiges und Tex-Mex die Menüs und die Portionen sind genau das Richtige für ausgehungerte Skisportler.

Facts & Figures
Berg	3135 m
HD	503 m
Lifte	7
Skigebiet	150 ha
Pistenfläche	118 ha
beschneit	103 ha (87 %)
Länge	25 km
●	8,4 km
■	9,2 km
♦	7,4 km
max.	3,8 km
Schneefall	554 cm

ℹ Red River Ski Area
Red River, NM 87558
✆ (505) 754-2223
Fax (505) 754-6184
www.redriverskiarea.com

Angel Fire, NM

Die moderne Retortenstation liegt 35 Kilometer östlich von Taos. Sie wurde für Familien konzipiert, besteht aus zahlreichen, an den Pisten angesiedelten Unterkünften und der Charakter des Terrains bildet einen Komplementärkontrast zu Taos: Herausforderungen sind nur in Ansätzen erkennbar. Solange sie die Pisten nicht verlassen, geraten auch weniger versierte Skifahrer nirgends in Schwierigkeiten. Die meisten anspruchsvolleren Hänge sind so gut versteckt, dass sich niemand zufällig dorthin verirrt (es ist ein kurzer Aufstieg erforderlich). Die Vorderseite des Berges erschließt ein mehr als drei Kilometer langer Express-Vierer. Es gibt zwar eine Reihe feiner, mittelschwerer Abfahrten, aber sie enden alle in einem mehr oder weniger langen Zieher zur Talstation.

Das spricht dafür, der Rückseite des Berges mehr Aufmerksamkeit zu widmen. Auch hier geht's mit High-Speed bergwärts, dafür ohne Flachstücke bergab. Da Taos für Snowboarder nach wie vor tabu ist, ergriff Angel Fire die Gelegenheit, sich als **Top-Snowboard-Destination** in New Mexico zu positionieren. Also beschallt in der Szene angesagte Musik die Hänge unterhalb der Lifte. Terrain-Parks sowie New Mexicos einzige Half-Pipe fehlen ebenfalls nicht. Nichtskifahrer finden am Gipfel einen der wohl höchstgelegenen **Tubingparks** Amerikas. Außerdem starten hier oben 19 Kilometer Loipen, die wundervolle Blicke auf den höchsten Gipfel New Mexicos, den 4011 Meter hohen **Wheeler Peak**, ermöglichen.

Facts & Figures
Berg	3246 m
HD	631 m
Lifte	6
Skigebiet	444 ha
Pistenfläche	181 ha
beschneit	94 ha (52 %)
Länge	43 km
●	13,5 km
■	23,1 km
♦	6,0 km
max.	5,2 km
Besucher	182.000
Schneefall	356/533 cm

ℹ Angel Fire Resort
Angel Fire, NM 87710
✆ (505) 377-4207
Fax (505) 377-4200
www.angelfireresort.com

REGION 1
Colorado und New Mexico

Apache Bowl vor dem Sierra Blanca Peak

Facts & Figures	
Berg	3496 m
Tal	2929 m
HD	567 m
Lifte	11
	16 501 Pers./Std.
Skigebiet	290 ha
beschneit	33 %
Länge	35 km
●	8,9 km
■	13,6 km
♦	12,5 km
max.	4,4 km
Besucher	200 000
Schneefall	470 cm

Skipass	
1 Tag	$ 49–52
6 Tage	$ 276–312

Anreise
✈ El Paso (209 km), Albuquerque (280 km)
🚌 Shuttle zwischen Ruidoso und Ski Apache, ✆ (877) 903-7483
🚗 Alles andere als ein Mietwagen macht die Dinge nur unnötig kompliziert.
↔ Dallas 965 km, Oklahoma City 933 km

i Ski Apache
Mescalero
NM 88355
✆ (505) 336-4356
Fax (505) 336-8327
www.skiapache.com

Ski Apache, NM

Die Apachen, das Volk von Cochise und Geronimo, waren einst die gefürchtetsten Krieger des Westens. Heute sind sie Eigentümer und Betreiber von Ski Apache, einem der südlichsten Skigebiete Amerikas. Der Stamm der Mescalero Apachen kaufte das Areal 1963, viele Gäste und Angestellte sind Mescalero.

Ski Apache hat neben viel Sonne, indianischem Ambiente und einem reichhaltigen Pisteninventar auch Geschichte zu bieten. **Ruidoso**, 20 Kilometer entfernt, ist ein Bilderbuch-Westernstädtchen. Die Scharen Gore-Tex-umhüllter texanischer Skifreaks wirken in dieser Kulisse so deplaziert, als habe sie ein Tornado aus der Zukunft hierher gewirbelt. Der Winter ist Nebensaison, das sorgt für günstige Preise in den Hotels und Motels.

Am Berg gibt es keine Unterkünfte, aber die Mescalero betreiben innerhalb des Reservats das **Inn of the Mountain Gods**, wo man ebenso wie im benachbarten **Billy the Kid Casino** nach dem Skifahren versuchen kann, die Urlaubskasse beim Black Jack, Roulette oder an der Slot-Machine aufzubessern.

The Mountain
Die weiße Fiale des **Sierra Blanca Peak**, ein den Mescalero heiliger Gipfel, überragt Ski Apaches Schneegefilde. Von der Bergstation der nicht mehr ganz taufrischen Gondelbahn sieht man tief unten in der Wüste die weißen **Dünen von White Sands** leuchten. Das Terrain ist kompakt, aber vielseitig. Anfänger gelangen vom Gipfel auf der kinderleichten **Sierra Blanca** in zahlreichen Kehren talwärts. Rund um die Talstation bedienen kurze Sesselbahnen weitere Übungshänge. Fortgeschrittene wählen **Game Trail** oder **Upper Deep Freeze**. Experten stürzen sich in die steilen, schattigen Buckelfelder von **Screaming Eagle** oder **Caliente** auf der Nordflanke des Berges. In Ski Apache dominieren Waldabfahrten, nur die offene **Apache Bowl** ermöglicht auch Tiefschneeabfahrten. Die Saison dauert von Ende November bis Anfang April.

Off the Mountain
Reizvoll ist die für einen Skiurlaub nicht so typische Umgebung, in der man verschiedenste Orte besichtigen kann, an denen Billy the Kid sein Unwesen trieb. **Ruidoso** bietet mit dem **Spencer Theater for the Performing Arts** und dem **Hubbard Museum of the American West** kulturelle Alternativen zum Skisport.

Utah
Skigebiete von Alta bis Sundance

REGION 2
Utah

Utah rühmt sich des »Greatest Snow on Earth«. So steht es sogar auf den Autokennzeichen des Mormonenstaates. Hier fällt mehr als doppelt so viel Schnee wie in einigen der bekannten Orte Colorados. Auch wenn der Schnee dort noch etwas trockener sein mag: Im Vergleich mit den Alpen ist auch die Ware in Utah großartiger Stoff. *Steep and deep* – wer sein skifahrerisches Credo so definiert, kommt an der Pilgerfahrt nach Utah nicht vorbei.

Ein weiteres großes Plus der Skigebiete Utahs ist ihre hervorragende Erreichbarkeit. Neun große Skigebiete sind weniger als eine Stunde vom Salt Lake City International Airport entfernt. Trotz der räumlichen Nähe haben all diese Skiorte einen ganz eigenen Charakter: **Park City** ist ein altes Westernstädtchen, an **Snowbird** hätte Le Corbusier seine Freude gehabt, **Sundance** ist eine ökologisch orientierte Wohlfühloase, die das indianische Erbe wirkungsvoll in Szene setzt, **Alta** kann seinen Gästen Lodges mit Etagenbädern zumuten, weil der grandiose Schnee alle, wirklich all ihre Bedürfnisse befriedigt, **Solitude** hat eines dieser fußgängerfreundlichen Skidörfer im »europäischen« Stil, **Deer Valley** ist eine Ansammlung millionenteurer Luxusvillen und **The Canyons** ist ein nicht unbedingt atmosphärisches, aber sehr praktisches Reißbrett-Resort von der Stange.

Trocken ist in Utah übrigens nur der Schnee, das Après-Ski keineswegs. Die Zeiten, in denen man keinen Alkohol bekam, aber dafür mehrere Frauen heiraten durfte, sind vorbei: *Polygamy* kommt nur noch als Biersorte vor – bewusste Provokation der abstinenten und erzkonservativen Mormonen. Genau wie das vollbusige Cover-Girl der Biersorte »Provo Girl« – Provo ist die Hochburg der Mor-

i Utah Travel Council
Council Hall/Capitol Hill
Salt Lake City, UT 84114-1396, USA
✆ (801) 538-1030 und
1-800-200-1160
Fax (801) 538-1399
www.utah.com

i Ski Utah
150 W. 500 S. Street
Salt Lake City UT, 84101, USA
✆ (801) 534-1779
www.skiutah.com

i Ski Utah Interconnect
Reservierungen unter
✆ (801) 534-1907. Montags, mittwochs, freitags und sonntags ab Park City, dienstags, donnerstags und samstags ab Snowbird.

Ski Utah Passport*
6 Tage $ 345–360

* Gültig in Deer Valley, Park City Mountain Resort und The Canyons, Alta, Snowbird, Brighton und Solitude. Je ein Coupon für eine Tageskarte, zwischen Weihnachten und Neujahr Aufpreise für Tickets in Deer Valley und Park City, Alta/Snowbird Kombiticket $ 10 Aufpreis (im Skigebiet zu zahlen). Weitere Informationen und Bestellung bei Ski Utah.

So sieht der »Greatest Snow on Earth« in Brighton aus

REGION 2
Utah

Gad Valley oberhalb von Snowbird

Bald Mountain im Skigebiet Deer Valley

monen. Alkoholausschank ist zwar nur in privaten Clubs erlaubt, das hat aber lediglich eine kleine Formalität beim Betreten einer Bar zur Folge. Man wird kurzerhand Mitglied und zahlt dafür ein paar Dollar. Als Mitglied kann man Freunde als »Gäste« mit in den Club nehmen – es zahlt also immer nur einer. Restaurants dürfen ohne Formalitäten an der Bar Alkohol ausschenken, allerdings darf man nicht mehr als ein Glas alkoholischen Inhalts gleichzeitig vor sich stehen haben.

Berge und Klima

Die Landschaft des Bundesstaates am östlichen Rand des Great Basin ist extrem vielfältig und reicht von den ausgedörrten Ebenen der Großen Salzwüste bis zu den gewaltigen Gletschern der abgelegenen, über 4000 Meter hohen **Uinta Mountains**. Bekannt ist Utah für die Nationalparks im Süden: Bryce Canyon, Zion Canyon, Capitol Reef, Arches und Canyonlands. Sie liegen am Saum eines Gebirgszugs, der sich in nord-südlicher Richtung durch ganz Utah zieht. In Höhe der Hauptstadt Salt Lake City heißt die Bergkette **Wasatch Mountains**.

Dem Great Salt Lake ist zu verdanken, dass dort so viel Schnee fällt. Wegen seines hohen Salzgehalts friert er selbst in extrem kalten Wintern nicht zu. So gibt das Wasser beständig Feuchtigkeit an die von Westen heranrauschenden, über den See streichenden Luftmassen ab. Direkt hinter dem See prallt die feuchtigkeitsbeladene Luft auf die über 3000 Meter hohen Wasatch Mountains. Sie steigt auf, kühlt ab und kann die Feuchtigkeit nicht mehr halten. Resultat: Schneefall – bis zu 15 Metern pro Winter. Zwischen den Schneestürmen erfreuen sich die Skiberge Utahs eines milderen Klimas als die Resorts in Colorado, nicht zuletzt wegen der nicht ganz so extremen Höhenlage. Die Saison dauert bis Anfang oder Mitte April, in Snowbird bis Ende Mai (2005 sogar bis zum 4. Juli).

Skigebiete

Die ersten Skifahrer in Utah waren um 1870 die Goldsucher in den Canyons der Wasatch-Berge. Schon bald wurde aus dem Fortbewegungsmittel in der schneereichen Winterzeit ein Quell der Abwechslung. Skirennen, auf die man die Goldausbeute der letzten Woche wettete, durchbrachen die Monotonie des Bergarbeiterdaseins. Auf ihren Schussfahrten erreichten sie bis zu 130 Stundenkilometer. Manchmal galt es nur zu überleben, um ein Rennen zu gewinnen. Der Wasatch Mountain Club formierte sich 1912 und öffnete 1936 in Brighton mit einem Schleppseil das erste Skigebiet. 30 Jahre später bewarb sich Utah erstmals um die Olympischen Winterspiele, aber erst im fünften Anlauf klappte es und die ersten Winterspiele des neuen Jahrtausends gingen 2002 über die Hänge der Wasatch Mountains. Dort liegen die Skigebiete so dicht beisammen, dass man gleich sechs im Rahmen einer eintägigen Skitour abfahren kann.

Die Ski Utah Interconnect Adventure Tour ist eine Mischung aus Lift- und Pistenfahren im erschlossenen Skiraum, kleinen Aufstiegen und Tiefschneeabfahrten durch das ungespurte Backcountry. Liftmäßig sind alle sechs Skigebiete mit immerhin einem ihrer Nachbarn verbunden: **Deer Valley** mit **Park City** (leider

kein gemeinsamer Skipass), **Alta** mit **Snowbird** und **Solitude** mit **Brighton**. Insgesamt notiert Utah in rund einem Dutzend Skigebieten rund 3,9 Millionen Besuchertage pro Winter. Die folgenden Seiten stellen neun Skigebiete vor. Weitere interessante Skiziele sind Brian Head (www.brianhead.com) und Powder Mountain (www.powdermountain.com).

Gateways

Der **Salt Lake City International Airport** liegt zwar in unmittelbarer Nähe der Skigebiete, es gibt aber leider keine Nonstop-Flüge von Deutschland. Vom Airport erreicht man alle Skigebiete der Wasatch Mountains bequem und schnell per Mietwagen, Shuttle oder Linienbus. Während die Straßen in die Little und Big Cottonwood Canyons schon mal geschlossen sein können, ist Park City mit seinen Skigebieten über die Interstate 80 meist problemlos erreichbar. Infos zu den Straßenverhältnissen in Utah unter www.sr.ex.state.ut.us.

REGION 2
Utah

Skigebiete in Utah
Snowbird, S. 99
Alta, S. 103
Solitude, S. 107
Brighton, S. 108
Snowbasin, S. 109
Park City, S. 110
Park City Mountain Resort, S. 112
Deer Valley, S. 116
The Canyons, S. 120
Sundance, S. 123

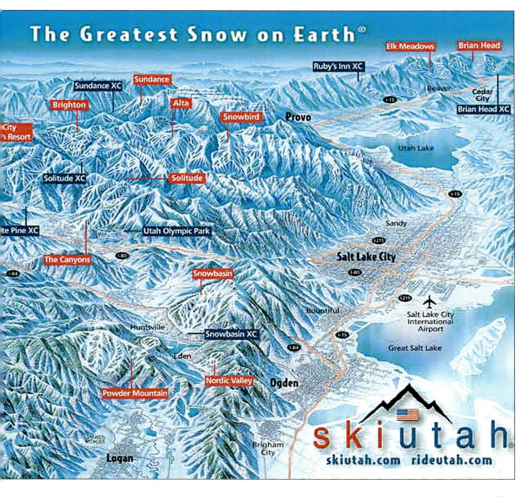

REGION 2
Utah

Salt Lake Convention & Visitors Bureau
Salt Palace Convention Center
90 S. West Temple
Salt Lake City, UT 84101
© (801) 534-4919
Fax (801) 534-4927
www.visitsaltlake.com

Tipp
Vergünstigte Lifttickets für Alta, Brighton, The Canyons ($ 50 statt $ 66), Deer Valley, Park City ($ 55 statt $ 71), Snowbasin, Solitude und Snowbird erhält man bei Ski'n See in Salt Lake City (Adressen vgl. www.skinsee.com).

Salt Lake City

Die Großstädte Amerikas ermöglichen Millionen verschiedener Lebensstile, aber nur eine den des urban Skibum: Salt Lake City. Jene Menschen, die nur arbeiten um sich das nächste Liftticket leisten zu können, findet man sonst nur in Ski-Resorts. Aber Salt Lakes Skibums erreichen die Pisten schneller als Bewohner anderer Städte einen Squashcourt. Ganze 35 Minuten trennen die Stadt vom »Greatest Snow on Earth«.

Diese Zeitangabe gilt aber nur, wenn es nicht schneit, ansonsten kann sich die Fahrt zu den sieben umliegenden Skigebieten Alta und Snowbird im Little, Solitude und Brighton im Big Cottonwood Canyon und The Canyons, Park City und Deer Valley zu einem langwierigen Abenteuer entwickeln. Wer sich keinen Mietwagen mit Allradantrieb geleistet hat, steigt an solchen Tagen besser in die Skibusse von UTA, die die Stadt für sagenhaft günstige Tarife mit allen sieben Skigebieten verbindet.

Die Hotels in Salt Lake City bieten Packages inklusive Übernachtung, Bustransfer vom Flughafen und zu den Skigebieten sowie Liftpass an (Infos zum Ski Utah Passport vgl. S. 95). Oder man gönnt seinen Oberschenkeln einen Tag Verschnaufpause und erkundet die Hauptstadt des Mormonenstaates. Ein Besuch des Temple District, des religiösen Zentrums der Mormonen, gehört dabei zum Pflichtprogramm. Aber Achtung: Die dort ubiquitär auftretenden attraktiven jungen Mormoninnen geben sich mit dem Missionieren große Mühe.

Après-Ski/Nightlife
In Salt Lake City muss man dem Zufall nachhelfen, will man zwischen all dem Beton Stätten feuchtfröhlicher sozialer Interaktion finden. Das **Rio Grande Café** im ehemaligen Bahnhof serviert mexikanische Küche und mixt erstklassige Margaritas. Im **Port o' Call** (400 S. West Temple) kann man auf drei Stockwerken Bier trinken, tanzen oder Live-Musik hören. Salt Lakes Bürgermeister »Rocky« Anderson zählt zu den Stammgästen. Verschiedene selbst gebraute Biersorten serviert **Squatters Pub Brewery** (147 W. Broadway), der **Club Splash** mit einer Dusche auf der Tanzfläche und die eher gehobene Diskothek **Naked** liegen gleich um die Ecke.

Sonstige Aktivitäten
Sportfans können sich NBA-Basketballspiele der Utah Jazz im Delta Center ansehen, kulturbeflissene Zeitgenossen werden einen Besuch in der Oper, beim Utah Symphony Orchester oder im Repertory Dance Theater vorziehen. Die Stadt bietet ganzjährig bespielbare Golfplätze, mehr als 300 Restaurants und hervorragende Shoppingmöglichkeiten, zum Beispiel in der ansprechend gestalteten Crossroads Plaza Mall unweit des Temple District.

Hauptstadt von Utah: Salt Lake City

Snowbird ▲◆◆◆⊂▮▮

**REGION 2
Utah**

Snowbird ist eines der anspruchsvollsten Skigebiete der Welt, nur ein Bruchteil der Abfahrten, auf die allwinterlich fast 13 Meter feinster Pulverschnee fallen, wird präpariert. Der ganze Berg mit seinen Felsenkesseln, Mulden, Couloirs, Buckelwänden und lichten Wäldern ist zum Skifahren freigegeben. Nicht umsonst deklinieren Snowbirds Kenner: »Steep, steeper, Snowbird – deep, deeper, Snowbird.«

+ Schneemenge und -qualität werden nur vom benachbarten Alta übertroffen und rechtfertigen Utahs legendären Ruf
+ uneingeschränktes Off-Piste-Skiing in verschiedenen Schwierigkeitsgraden
+ luxuriöse Unterkünfte mit direktem Pistenzugang
+ großes Skigebiet dank Verbindung und gemeinsamem Liftpass mit Alta
+ zahlreiche weitere Skigebiete in der Nähe, Heliskiing direkt von Snowbird aus (vgl. S. 261).

- Wenig gewalztes Terrain
- Wartezeiten, vor allem an der Seilbahn
- lawinengefährdete Zufahrtsstraße
- wenig Nachtleben
- der Skiort beschränkt sich auf wenige, klaustrophobisch wirkende und architektonisch umstrittene Gebäude
- Ziehwege queren einige der Hauptabfahrten.

Snowbird ist die Erfindung von Ted Johnson. Mitte der 1960er Jahre erkannte der Mann aus dem benachbarten Alta das Potential des Gad Valley und der Peruvian Gulch für den Bau eines Ski-Resorts und kaufte die scheinbar wertlos gewordenen, verlassenen Claims auf. Für den Bau von Liften und Hotels reichte sein Geld nicht. Im Oktober 1969 traf er in Vail den texanischen Ölmillionär Dick Bass und lud ihn für die folgende Woche zur einer Skitour in den Wasatch Mountains ein. Bass kam, sah und schlug ein.

Im folgenden Winter reisten die beiden durch europäische Skistationen, um Ideen zu sammeln, wie man das weiße Gold im Little Cottonwood Canyon am besten heben könnte. Sie müssen dabei durch Frankreich gekommen sein, denn das im Dezember 1971 eröffnete Snowbird besteht aus einer Hand voll vielgeschossiger Häuserblocks aus Beton und Glas im Stil französischer Retortenstationen. Blickfang ist der luxuriöse 532-Zimmer-Kasten der Cliff Lodge, wo im 11. Stockwerk zum Sonnenuntergangs-Panorama japanische Küche serviert wird. Alternativ genießt man den Sonnenuntergang vom Pool auf dem Dach. Die kühle Architektur ist nicht besonders schön, aber funktionell und irgendwie passt sie schon zwischen die nackten Granitfelsen des Little Cottonwood Canyon. Angesichts der Enge des Canyon gab es zum Hochbau ohnehin keine Alternative.

Das benachbarte Snowbird Center beherbergt neben Restaurants und Shops in einer überdachten Passage auch eine einladende Sonnenterrasse mit Blick auf die Abfahrten und die Talstation der Seilbahn auf den Hidden Peak. Ansonsten breiten sich rund um die Lodges vor allem riesige Parkplätze für die Tagesbesucher aus Salt Lake City aus, was nicht gerade zu romantischen Winterspaziergängen einlädt. Von denen muss manchmal

Die Seilbahn führt auf den 3350 Meter hohen Hidden Peak

Facts & Figures

Berg	3350 m
Tal	2365 m
HD	985 m
Lifte	13
Seilbahn	1
Gondelbahn	0
Express-Sessel	3
Sesselbahnen	7
Schlepplifte	2
	16 800 Pers./Std.
Skigebiet	792 ha
Abfahrten	89
beschneit	15 %
Flutlicht	43 m HD, 1 Lift
Länge	83 km
Charakter	87/0/13
●	13,5 km
■	29,5 km
◆	24,5 km
◆◆	15,4 km
hike-to	1,7 km
max.	7,5 km
Fall-Linie	3,9 km
Besucher	427 000
Skitage	180
VTM/Skifahrer	5300
Skifahrer/km	29
Schneefall	1270 cm

Bewertung

Preis/Leistung	3
Landschaft	3

REGION 2
Utah

Skigebiet
Off-Piste	5
Experten	5
Fortgeschrittene	3
Anfänger	2
Never-Ever	2
Wartezeiten	3
Bergrestaurants	2

Ort
Dining	3
Activities	2
Après-Ski/Nightlife	2

Skipass
1 Tag	$ 59
Kinder bis 12 kostenlos*	
6 Tage	$ 276

Verleih
Set 1 Tag	$ 20 – 40

* An allen Sesselbahnen für bis zu 2 Kinder pro Erwachsenen. Kinder-Tageskarte für die Seilbahn: $ 15 (kostenlos bei Unterkunft in Snowbird).

Kinderbetreuung
Camp Snowbird im C Level der Cliff Lodge bietet Betreuung für Kinder im Alter von 6 Wochen bis zu 12 Jahren. Das Ver-

auch aus einem anderen Grund abgeraten werden: Lawinen. Nach starken Schneefällen heißt es hin und wieder: »Please stay inside – for your own safety.«

The Mountain

Nach der atemberaubenden, sechsminütigen Fahrt mit der 125-Personen-Seilbahn auf den **Hidden Peak** liegt den Passagieren Snowbirds Schneeareal zu Füßen. Fast sämtliche Abfahrten durch das **Gad Valley** (von unten betrachtet rechts) und die **Peruvian Gulch** (links des Kamms des Hidden Peak) auf der Frontseite des Berges sind von hier aus erreichbar. Auch in das auf der Rückseite gelegene **Mineral Basin**, das in den letzten Jahren mit zwei schnellen Vierern erschlossen wurde und die Verbindung ins benachbarte Skigebiet Alta darstellt, gelangt man vom Hidden Peak. Die Saison dauert von Mitte November bis Mitte Mai, manchmal bis in den Juni oder Juli.

Für Könner

Unterhalb des Gipfels wartet der Felsenkessel des **Cirque**, den man bereits bei der Bergfahrt mit der Aerial Tram in Augenschein nehmen kann. Wie steil es hier wirklich ist, merkt man aber erst, wenn man am oberen Rand von Aufzugschächten wie **Great Scott** oder **Silver Fox** steht. Benannt nach einem Freund von Snowbird-Gründer Ted Johnson kippt Great Scott zwischen zwei Felsnasen mit 44 Grad in die Tiefe und wird von sechs Meter hohen Felswänden eingerahmt. Wer hier hineinfährt, verdient Respekt – und verbraucht die Extra-Leben, mit denen er gesegnet sein muss. Wer von dieser Mutprobe absieht, gelangt über die lediglich einfach schwarze **Primrose Path** auf den Boden des Cirque. Dem Run auf diese Hänge entgeht man durch einen Aufstieg zum **Mount Baldy**, auf dessen Rückseite mindestens ebenso anspruchsvolle Hänge ins Mineral Basin hinabstürzen. Die doppelschwarzen Hänge auf der anderen Seite des Hidden Peak – **Gad Chutes, Barry Barry Steeps** oder **Dalton's Draw** – erreicht man über die Cirque Traverse. Schöne Buckelpisten bedient der Peruvian-Lift, Tree-Skiing am Gad-2-Lift.

Für Fortgeschrittene

heißt die Devise: Qualität statt Quantität. Der **Chip's Run** auf der Ostseite der Cirque Ridge ist die einzige bequeme Route vom Gipfel. Er startet als kur-

venreicher Zieher, weitet sich aber bald zu einem breiten Schneeboulevard. Starten sollte man die Erkundung von Snowbird an den Gad-Liften. Sie alle bedienen diverse blau markierte Pisten: der Mid-Gad-Lift **Bassackwards**, der Gad-2-Lift **Election** und **Bananas** und der Gadzoom Express den Lunch Run zum Mid Gad Restaurant. Die Hänge am Little-Cloud-Lift sind bereits recht anspruchsvoll, vor allem nach Neuschnee.

Für Anfänger
eignet sich Snowbird besser, als man erwarten würde. Für den Start gibt es den **Chikadee-Lift** direkt bei der Cliff Lodge. Ein kleines Netz anfängerkompatibler Pisten findet man außerdem im unteren Bereich des **Gad Valley, Big Emma** ist eine herrlich weite Übungswiese.

Für Snowboarder
Terrain-Parks findet man am **Baby-Thunder-Lift** und auf **Big Emma**, dort ist auch die neue Superpipe angesiedelt (105 m lang). Man erreicht sie mit dem Mid-Gad-Lift (an der Mittelstation aussteigen).

Bergrestaurants
gibt es nur eins: die **Mid Gad Lodge** an der Bergstation des gleichnamigen Lifts – ein Boxenstopp, mehr nicht. Für Atmosphäre und/oder gutes Essen muss man vom Berg herunter. Empfehlenswert sind das **Atrium Restaurant** in der Cliff Lodge und das etwas besser erreichbare **The Forklift** im Snowbird Center.

Wartezeiten
In Snowbird möchte fast jeder die Seilbahn nehmen. Die Folge sind fast während der gesamten Saison Wartezeiten von bis zu 45 Minuten. Wer auf die Aerial Tram verzichtet, gelangt trotzdem zu allen Pisten (auf den Hidden Peak via Gadzoom Express und den ebenfalls etwas wartezeitenanfälligen Little-Cloud-Lift), spart Wartezeit und sogar Geld! Das Liftticket nur für die Sesselbahnen ist zehn Dollar billiger.

hältnis zwischen Betreuerinnen und Kindern beträgt bei Säuglingen im Alter bis zu 12 Monaten maximal 1 : 3, bei Kleinkindern bis zu 3 Jahren maximal 1 : 5. Für einen Tag Childcare zahlen Eltern $ 84–90 inkl. Verpflegung. Reservierungen erforderlich, ✆ (801) 933-2256. Babysitter kosten $ 15 pro Stunde.

Anreise
Salt Lake City (47 km)
Für Transfers vom Airport kann man zwischen diversen Anbietern wählen: Canyon Transportation (✆ 801-255-1841), Lewis Brothers Stages (✆ 800 826-5844) oder Super Express Airport Shuttle (✆ 800-321-5554). Die Kosten für Hin- und Rückfahrt betragen maximal $ 56. Mit den Skibussen von UTA gelangt man ebenfalls nach Snowbird, Fahrplan unter ✆ (801) 743-3882 und

REGION 2
Utah

www.rideuta.com. Zwischen den Lodges verkehrt ein Shuttle.

🚗 Die optimale Anbindung mit öffentlichen Verkehrsmitteln und die Fußläufigkeit aller Einrichtungen in Snowbird machen einen Mietwagen prinzipiell überflüssig. Für Ausflüge oder abendliche Trips nach SLC ist er aber sehr zu empfehlen.

⇄ Salt Lake City 40 km, Park City 65 km

Anreisedauer: Flug nach Salt Lake City 14 1/2 Std., Transfer 45 Min.

Nahe gelegene Skiorte
Solitude, UT, 38 km
Vgl. S. 107.
Brighton, UT, 40 km
Vgl. S. 108.
The Canyons, UT, 60 km
Vgl. S. 120.
Park City, UT, 65 km
Vgl. S. 110.
Deer Valley, UT, 67 km
Vgl. S. 116.

ℹ **Snowbird Ski & Summer Resort**
Snowbird, UT 84092
✆ (801) 947-8220
Fax (801) 947-8227
www.snowbird.com

Tipp
Mit dem Kauf des Alta-Snowbird-Passes erschließt man sich eines der größten Skigebiete Amerikas: 25 Lifte, mehr als 200 Abfahrten, 150 Pistenkilometer. Die Tageskarte kostet $ 66, der 6-Tages-Pass $ 324. Snowboarder aufgepasst: In Alta sind keine Boards erlaubt!

Mineral Basin auf der Rückseite des Hidden Peak

Après-Ski/Nightlife
Es geht ruhig zu hier oben, vor allem unter der Woche. Für den ersten Drink nach dem Skifahren ist der Pool auf dem Dach der **Cliff Lodge** keine schlechte Wahl, zumal hier all diejenigen anzutreffen sind, die Wert darauf legen, gesehen zu werden. Lebhafter geht es im **Tram Club** im Keller des Snowbird Center zu, der einen Blick auf die Mechanik der Seilbahn gewährt und der beste Platz zum Tanzen ist.

Wer allerdings ernsthaft feiern will, lässt sich besser nach Salt Lake City chauffieren.

🍴 **Aerie, Cliff Lodge**
Level 10, Snowbird, UT
✆ (801) 933-2160
Eines der besten Restaurants in Utah, elegantes Ambiente, spektakuläres Panorama und die japanisch beeinflusste Küche ist genauso exzellent wie der Pianospieler. Breakfast und Dinner. $$-$$$

🍴 **The Wildflower**
Iron Blossom Lodge, Level 3
Snowbird, UT
✆ (801) 933-2230
Kreative mediterrane Küche und Gourmet-Pizzas. Dinner. $ (Pizza) bis $$

🍴 **The Keyhole**
Cliff Lodge, Level A
Snowbird, UT
✆ (801) 933-2145
Preiswerte mexikanische Küche vor offenem Kamin. Lunch, Dinner. $

🍴 **The Steak Pit**
Snowbird Center, Level 1
Snowbird, UT
✆ (801) 933-2260
Steaks und Meeresfrüchte in großen Portionen und ungezwungener Atmosphäre. Dinner. $$-$$$

Sonstige Aktivitäten
Schlittschuhlaufen kann man bis 21 Uhr kostenlos bei der Cliff Lodge (Verleih $ 5 für 2 Std.). Ebenfalls bis in den Abend beleuchtet wird der Tubing-Hügel östlich der Cliff Lodge (Tageskarte $ 5). Aussichtsreiche Touren per Snowmobile starten am Hidden Peak, zwei Stunden kosten als Fahrer $ 94, als Passagier $ 25. Geführte Schneeschuhtouren beginnen tägl. 13 Uhr ($ 30, nur Verleih $ 15). Wellness im **Cliff Spa**, Action beim Zipriding (stellt man sich am besten als überdimensionierte Spielplatzseilbahn vor) am Chikadee-Lift, Kinoabende, Tennis und das **Murder Mystery Dinner Theater** zählen ebenfalls zum Angebot.

Alta

REGION 2
Utah

Alta ist der schneereichste Skiort Amerikas und gilt vielen Skifahrern als die letzte Zuflucht vor der Neuzeit mit ihren Corporate Resorts, Reklametafeln und Condos, die wie Krebsgeschwüre über die Hänge wuchern. All das und sogar Snowboarder gibt es in Alta nicht. Man logiert in kleinen Inns, teilt sich den Tisch beim Dinner mit anderen Gästen und fühlt sich vereint in der Leidenschaft für die schönste Sache der Welt, die man angezogen tun kann: Skifahren! Alles andere gilt in Alta nichts.

+ Massenhaft trockener Pulverschnee in schöner Regelmäßigkeit, *der* Top-Ort für Tiefschneeliebhaber
+ uneingeschränktes Off-Piste-Skiing in verschiedenen Schwierigkeitsgraden
+ großes Skigebiet dank Verbindung und gemeinsamem Liftpass mit Snowbird
+ hervorragend erreichbar.

- Außer Skifahren, Essen und Schlafen gibt es hier nichts zu tun
- Wartezeiten
- viel Schnee heißt viele Wolken, wer Pech hat, fährt eine Woche im *Whiteout* (aber irgendwann muss der Stoff ja schließlich fallen ...).

Alta entstand in einem kurzen, aber heftigen Silberboom. Soldaten aus Fort Douglas entdeckten hier 1864 Silber. Bis 1872 schwoll die Einwohnerzahl auf 8 000 Menschen an und Alta erstreckte sich über zehn Blocks in Ost-West-Richtung und elf in Nord-Süd-Richtung. Die Luft war bleihaltig. Angeblich verloren 150 Glücksritter ihr Leben in Altas 26 Saloons. Doch 1873 wurde Silber abgewertet und damit Altas Abstieg eingeleitet. Schließlich hauchte der Ort sein Leben in Feuern und Lawinen aus. Nur noch wenige Menschen bewohnten den Flecken in den 1920er Jahren, unter ihnen George Watson. Er wählte sich kurzerhand zum Bürgermeister, übertrug dem Forest Service 300 Hektar Land, um darauf ein Skigebiet zu errichten, und prophezeite »Alta wird auf Ski wiedergeboren werden«. Der Mann sollte Recht behalten: Am 15. Januar 1939 ging der Collins-Chairlift in Betrieb.

Heute genießt Alta trotz der relativ bescheidenen Maße des Skigebiets absoluten Kultstatus. Nicht zuletzt, weil Alta beharrlich allen Modeerscheinungen des Ski-Business trotzt. Der Ort bietet ein authentisches Berg- und Ski-Erlebnis – ohne Shoppingmeilen und Discorummel und ohne Snowboarder! Die Devise in Alta lautet »Skifahren, bis die Beine nach Gnade schreien, und dann früh zu Bett gehen«. Hauptgrund für Altas Kultstatus ist und bleibt aber dieser sagenhaft trockene, flaumleichte Pulverschnee. Altas Fans sind sich einig: »The best powder on the planet.« Bis März baut sich eine Schneedecke von mehr als drei Metern auf, mit schöner Regelmäßigkeit gibt es Nachschub und über den ganzen Winter fallen im Ort 13 Meter der weißen Pracht. In der Saison 2004/05 waren es sogar 18 Meter.

The Mountain
Zwei Einstiege liegen entlang der Straße durch den Canyon. An der Wildcat Base startet der neue Collins High-Speed-Quad ins **Wildcat Basin** und einen Kilometer talaufwärts an der Albion Base zielen zwei Lifte ins **Albion Basin**. Im Anschluss erschließen Lifte den **Point Supreme** und den **Sugarloaf Mountain**, von wo aus man sowohl in das zu Snowbird gehörende Mineral Basin, als auch in das Wildcat Basin gelangt.

Für Könner
Pulver ist der Grund, nach Alta zu kommen. Alta bekommt eine Menge

Facts & Figures
Berg	3212 m
Tal	2603 m
HD	609 m
Lifte	12
Seilbahn	0
Gondelbahn	0
Express-Sessel	3
Sesselbahnen	5
Schlepplifte	4
	13 950 Pers./Std.
Skigebiet	573 ha
Abfahrten	115
beschneit	20 ha
Länge	60 km
Charakter	94/0/6
●	9,2
■	20,4
♦ ♦♦	30,7
max.	5,2 km
Fall-Linie	4,4 km
Besucher	369 000
Skitage	151
VTM/Skifahrer	4600
Skifahrer/km	32
Schneefall	1298/1422 cm

Bewertung
Preis/Leistung	4
Landschaft	3
Skigebiet	
Off-Piste	5
Experten	5
Fortgeschrittene	3
Anfänger	3
Never-Ever	2
Wartezeiten	2
Bergrestaurants	2
Ort	
Dining	2
Activities	1
Après-Ski/Nightlife	1

Skipass
1 Tag	$ 47
Kinder (0-12)	$ 20
Schlepplifte	kostenlos
6 Tage	$ 252
Verleih	
Ski 1 Tag	$ 12-45
Ski 6 Tage	$ 60-160
Set 1 Tag	$ 18-75
Set 6 Tage	$ 90-225

REGION 2
Utah

davon. Dank der Bäume und der Topografie mit vielen geschützten Rinnen und schattigen Flanken bleibt er lange so, wie man ihn sich wünscht. Die nahe liegenden Tiefschneehänge sind nach einem Sturm zwar rasch verspurt, aber wer sucht, findet auch nach Tagen noch unberührten Schnee. Schließlich gibt es innerhalb von Altas sechs Quadratkilometern keine Grenzen außer den eigenen Fertigkeiten. Die Devise lautet also: Augen auf und die individuelle Linie jenseits der auf dem Pistenplan markierten Routen suchen. Das ist der Geist von Alta.

Für Fortgeschrittene
erschließen vor allem die schnellen Collins- und Sugarloaf-Vierersessel geeignetes Terrain. **Mambo** und **Main Street** im Wildcat Basin sind herrliche Cruiser. Der schwarz ausgewiesene Schuss **Gully** wird regelmäßig gewalzt. Vom Sugarloaf führen verschiedene mittelschwere Pisten hinunter zu Alf's

Restaurant an der Talstation. An der gegenüberliegenden Point Supreme sind **Rock'n'Roll** und **Sleepy Hollow** zu empfehlen, **Challenger** bereitet ebenfalls viel Spaß.

Für Anfänger
eignen sich die kostenlosen Schlepplifte zwischen der **Wildcat** und der **Albion Base**. Sanft und immer perfekt präparierte Pisten bedienen auch die Albion-, Sunnyside- und Cecret-Lifte, für die es für 25 Dollar ein spezielles Beginner-Ticket gibt. Die mittelschweren, aber gewalzten Hänge am Sugarloaf Express wie **Devil's Elbow** und **Roller Coaster** sind auch mit Grundschwung durchaus beherrschbar.

Für Snowboarder
ist Alta tabu – Snowboarder werden an den Liften nicht befördert. Allerdings

REGION 2
Utah

Kinderbetreuung
Im **Alta Children's Center** werden Kinder im Alter von 2 Monaten bis zu 12 Jahren tägl. 8.30–17 Uhr betreut. Für Kleinkinder zahlt man $ 80, ab 3 Jahren $ 60 einschließlich Lunch. Reservierungen erforderlich, ✆ (801) 742-3042.

Anreise
✈ Salt Lake City (53 km)
🚌 Alta Shuttle fährt 4.45–24 Uhr alle 30 Minuten für $ 27 nach Alta (www.altashuttle.com), Alternativen sind Canyon Hop (✆ 801-860-7544) oder Super Express Airport Shuttle (✆ 800-321-5554). Die Skibusse von UTA fahren ebenfalls nach Alta, Fahrplan und Preise unter ✆ (801) 743-3882 und www.rideuta.com (von Downtown SLC ca. $ 5). Der kostenlose Alta Bypass Shuttle verbindet die Lodges untereinander. Ein kostenloser Shuttle verkehrt auch zwischen Alta und Snowbird.
🚗 Die perfekte Anbindung mit öffentlichen Verkehrsmitteln machen einen Mietwagen überflüssig. Praktisch ist er für Ausflüge in die vielen Skiorte ringsum oder für abendliche Trips nach SLC. Winterreifen oder Schneeketten sind im Canyon allerdings Pflicht, Infos zum Straßenzustand auf der Frequenz AM 530.
↔ Salt Lake City 45 km, Park City 70 km

Anreisedauer: Flug nach Salt Lake City 14 1/2., Transfer 50 Min.

REGION 2
Utah

Alta
Alta, UT 84092
℅ (801) 359-1078
Fax (801) 799-2340
www.alta.com

Tipp
Das ganze Potential des Skigebiets und vor allem die verborgenen Tiefschneevarianten erschließen sich am besten in Begleitung eines Skilehrers. Man muss dazu nicht unbedingt einen sündhaft teuren Privatlehrer ($ 450 pro Tag) buchen. Die 2 1/2-stündigen Workshops für $ 54 tun es auch. Beim Diamond Challenge Workshop geht es nicht um Technik-Perfektionierung, sondern nur um den ultimativen Kick im Powder abseits der markierten Pisten.

Steep and deep: Alta!

beim Snowcat-Skiing in der Grizzly Gulch können Boarder in den Genuss von Altas legendärem Powder kommen.

Bergrestaurants
gibt es in beiden Sektoren des Skigebiets: Das **Watson Shelter** auf der Wildcat-Seite bietet Fast Food im Erdgeschoss und am Tisch servierte französische Küche im darüber gelegenen **Collins Grill**. **Alf's Restaurant** auf der Albion Seite ist dekoriert mit alten Ski, Leihgaben des Alf Engen Ski Museum, sowie historischen Fotografien und verfügt über eine aussichtsreiche Sonnenterrasse. Man bekommt Burger, Gegrilltes und Mexikanisches.

Wartezeiten
sind in Alta keine Unbekannte, schließlich sind die Schneebedingungen und das großartige Terrain für die vielen Skifahrer in Salt Lake City kein Geheimnis. Ein Ticketlimit verhindert das Schlimmste. Die Besucherzahlen sind außerdem in den letzten Wintern zurückgegangen.

Après-Ski/Nightlife
Lokalen Überlieferungen zu Folge wurde das Bücherregal in der Alta Peruvian Lodge zur besten Nightlife-Location in Alta gewählt. Après in Alta verlangt Eigeninitiative. Mehr als eine gemütliche Runde vor dem Kaminfeuer, zum Beispiel in der **Peruvian Lodge** oder der **Sitzmark** Bar, entwickelt sich in der Regel nicht. Nachtschwärmer logieren besser in Salt Lake und fahren per Skibus nach Alta.

Restaurants
Zum Essen auszugehen ist die Ausnahme in Alta, meist isst man in seiner Lodge zu Abend, da diese fast ausschließlich Halbpension anbieten. Grundsätzlich servieren die Lodges auch auswärtigen Gästen Dinner. Alternativ kann man nach Snowbird oder Salt Lake City fahren.

The Shallow Shaft
Main Rd., Alta, UT
℅ (801) 742-2177

Mit zahlreichen Auszeichnungen dekoriert, auf den Tisch kommen Wild, Meeresfrüchte, Pasta und Steaks mit südwestlichem Touch. Dinner. $$-$$$

Alta Lodge
10230 E. State Hwy. 210
℅ (801) 742-3500
Küchenchef Paul Raddon kocht schon seit mehr als 30 Jahren internationale Küche von außergewöhnlicher Qualität – ein Muss! Breakfast, Lunch und Dinner. $$-$$$

Sonstige Aktivitäten
Das **Alta Nordic Center** verfügt über 5 km Loipen, Verleih und Shop (Trail Pass $ 9). Schneeschuhe kann man für $ 12 ausleihen. Für Aktivitäten ohne Ski muss man nach Snowbird (vgl. S. 99 ff., kostenloser Shuttle) oder Salt Lake City fahren. Mit Ski bieten sich Heliskiing (vgl. S. 252 ff.), Snowcat-Skiing (vgl. S. 248 ff.) oder naturkundliche Skitouren mit einem Ranger als Alternativen an.

REGION 2
Utah

Nordflanke der Eagle Ridge

Facts & Figures
Berg	3050 m
Tal	2438 m
HD	612 m
Lifte	8
	12 550 Pers./Std.
Skigebiet	507 ha
beschneit	49 ha
Flutlicht	-
Länge	45 km
●	4,7 km
■	26,3 km
♦	10,5 km
♦♦	3,5 km
max.	4,2 km
Besucher	187.000
Schneefall	1006/1143 cm

Skipass
1 Tag	$ 47
6 Tage	$ 270

Anreise
✈ Salt Lake City (53 km)
↔ Salt Lake City 37 km, Provo 87 km, Ogden 105 km

ℹ Solitude Ski Resort
12000 Big Cottonwood Canyon
Solitude, UT 84121
✆ (801) 534-1400
Fax (435) 649-5276
www.skisolitude.com

Solitude ▲♦■(⌂)

Das Ski-Resort im Big Cottonwood Canyon, der parallel zu seinem weitaus berühmteren kleinen Bruder verläuft, hat sich in den vergangenen Jahren vom Tagesausflugsziel zu einem kompletten Urlaubsort mit einem hübschen Village im europäischen Stil gemausert. Durch die Verbindung mit dem benachbarten Brighton umfasst das Pisteninventar stattliche 90 Abfahrtskilometer.

Dem kleinen, gemütlichen Dorf an der Talstation merkt man an, dass die Entwicklung hier im Gegensatz zum ausufernden Park City mit Augenmaß betrieben wird. Maximal 560 Zimmer und Wohnungen soll es einmal umfassen. Der Versuch, Schweizer Alpenromantik in den amerikanischen Westen zu transplantieren und damit dem Fernweh skifahrender US-Bürger zu begegnen, ist recht gut gelungen. Vor allem beim schnuckeligen Inn at Solitude. Eine überschaubare, aber ausreichende Auswahl an Läden und Restaurants komplettiert das Angebot. Tagesbesuchern bietet Solitude Bequemlichkeit: kein Parkplatz ist mehr als 30 Meter von der Skipiste entfernt!

The Mountain
Klein, aber fein ist das Skigelände von Solitude. Der Eagle Express bedient etwa ein Dutzend Cruiser auf der bewaldeten Nordflanke der **Eagle Ridge**. Solitudes Manko ist das Fehlen weiterer High-Speed-Lifte. Vom Village zielt der Powder Horn Double bergwärts und erschließt die oberen, baumfreien Hänge der Eagle Ridge, bei Pulver – und den gibt es hier verdammt oft – ein Traum. Hinter der Eagle Ridge liegt der **Honeycomb Canyon**, dessen Flanken unzählige schwere und sehr schwere Off-Piste-Varianten durchziehen, in denen man noch lange nach dem letzten Schneefall Pulver findet. Den besten Zugang zum Canyon mit einer mittelschweren Piste auf dem Grund, bietet der Summit-Lift. Seit 2002 führt ein Lift aus dem Canyon zurück auf die Eagle Ridge und erspart den ewig langen Zieher zurück zum Eagle Express.

Off the Mountain
Das **Solitude Nordic Center** bietet 20 Kilometer herrlich gelegene Loipen. In der angeschlossenen Silver Lake Day Lodge kann man auch Schneeschuhe leihen. In den Lodges und Hotels warten nach dem Skifahren Whirlpools und Sauna. Après-Ski-Treffpunkt ist das **Thirsty Squirrel**, Dinner mit deutschen und Schweizer Spezialitäten im nicht ganz billigen **St. Bernard's**.

Bringt einen Hauch Schweizer Alpen nach Utah: Solitude Village

REGION 2
Utah

Brighton ▲♦■●◖⌂

Der Kombination aus großartigem Schnee, guter Erreichbarkeit, abwechslungsreichem Terrain und günstigen Preisen verdankt Brighton seine loyale Gästeschar. Hier lernen die Einwohner von Salt Lake City Ski fahren, und das schon seit 1936. Die höchste Talstationshöhe in den Wasatch Mountains sorgt für beständig gute Bedingungen.

Facts & Figures
Berg	3200 m
Tal	2667 m
HD	533 m
Lifte	7
	10 950 Pers./Std.
Skigebiet	365 ha
beschneit	83 ha
Flutlicht	368 m HD, 22 Runs
Länge	45 km
●	10,4 km
■	21,1 km
♦	13,4 km
♦♦	0,0 km
max.	3,5 km
Besucher	356.000
Schneefall	970/1270 cm

Skipass
1 Tag $ 41

Anreise
✈ Salt Lake City (56 km)
⬌ Salt Lake City 40 km, Provo 90 km, Ogden 108 km

ⓘ Brighton Resort
12601 E. Big Cottonwood Canyon
Brighton, UT 84121
✆ (801) 532-4731
Fax (435) 649-1787
www.skibrighton.com

Im Gegensatz zu Solitude verfügt Brighton weder über ein schickes *pedestrian village* noch über irgendwelche Pläne, so etwas jemals ans Ende des Big Cottonwood Canyon zu setzen. Zwar hat man einige der in die Jahre gekommenen Gebäude renoviert und das Brighton Center errichtet, das Kassen, Verleih, Sportgeschäft, Toiletten und Schließfächer beherbergt, aber auch das bleibt Brightons ganz auf Nützlichkeit ausgerichtetem Stil treu: einer Mischung aus Blockhüttenambiente und Militärbarackencharme. Schnickschnack sucht man hier vergebens. Stattdessen kann man sich in einfachen Cabins, dem Alpen Haus Bed & Breakfast oder in der kleinen, gemütlichen Brighton Lodge einmieten.

The Mountain
Zwei Bergflanken erschließen Brightons Lifte. Die **Majestic Side** und die **Millicent Side**. Auf letzterer tummeln sich weniger Anfänger, es dominieren anspruchsvolle Pisten. Dennoch lohnt die Majestic Side auch für Könner. Die Hänge sind länger, das Gelände ausgedehnter und mit Pisten wie **Hard-Coin**, einer auf dem Pistenplan markierten Route, auf der die Bäume so eng stehen, dass man kaum weiß, wie man hindurchkommen soll, warten echte Herausforderungen. Die meisten schwarzen Pisten bedient der Great-Western-Expresslift, von dessen Bergstation man schöne Ausblicke zum Großen Salzsee und zum majestätischen Mount Timpanogos hat. Buckel findet man auf **Rockin'R**.

Fortgeschrittene Skifahrer finden an jedem Lift geeignetes Terrain. Etwas versteckt, aber äußerst reizvoll ist **Evergreen**, von wo aus auch der Wechsel nach Solitude möglich ist. **Sunshine** und **Deer Park** sind zwei wunderbar lange, leichte Abfahrten von der Bergstation des Snake Creek Express ins Tal. Übungswiesen bedient der Explorer Chair an der Talstation.

Off the Mountain
Nach Brighton kommt man zum Skifahren oder Snowboarden. Für Zerstreuung muss man nach Salt Lake City fahren.

Unberührter Tiefschnee: in Brighton stehen die Chancen darauf gut

REGION 2
Utah

Tram zum Start der Herrenabfahrt bei den Olympischen Winterspielen 2002

Facts & Figures
Berg	2853 m
Tal	1954 m
HD	899 m
Lifte	11
	14 650 Pers./Std.
Skigebiet	848 ha
beschneit	235 ha
Länge	63,3 km
●	6,5 km
■	35,1 km
♦	17,5 km
♦♦	4,2 km
max.	5,0 km
Besucher	155.000
Schneefall	820/1015 cm

Skipass (2005/06)
1 Tag	$ 58
6 Tage	$ 296

Anreise
✈ Salt Lake City (84 km)
↔ Salt Lake City 73 km, Provo 143 km

i Snowbasin
3925 E. Snowbasin Rd.
Huntsville, UT 84317
✆ (801) 620-1000
Fax (801) 620-1314
www.snowbasin.com

Im Skigebiet von Snowbasin

Snowbasin

Das erste Skirennen ging 1939 über die Hänge von Snowbasin, 2002 war der von Bernard Russi gestaltete Grizzly Downhill Run Austragungsort der prestigeträchtigen Super-G und Abfahrtsrennen der Olympischen Winterspiele von Salt Lake City. Die Spiele verwandelten den Rohdiamanten oberhalb von Ogden durch eine Reihe neuer Lifte und Pisten in einen erstklassigen Skiberg.

Bislang gibt es in dem Areal elf Kilometer oberhalb der Stadt Ogden noch keine Condos oder Hotels, aber für Tagesbesucher fehlt es an nichts. Die Base Lodge und die beiden Bergrestaurants sind überaus luxuriös: handbearbeitete Holzbalken, Gewölbedecken, Marmor, riesige Kamine und individuell zubereitete Menüs. Genau wie in Sun Valley, dem anderen Skigebiet von Snowbasins Eigentümer Earl Holding. Der versteht eine Menge vom Hotelgeschäft und wird es sich nicht nehmen lassen, ein Village an den Fuß der Skipisten zu stellen. Das Land dafür hat er schon. Bis es soweit ist, logiert man in Ogden. Das kann bei der Auswahl an Bars und Restaurants zwar nicht mit Salt Lake City mithalten, aber es reicht, um satt zu werden und seinen Durst zu löschen.

The Mountain
Snowbasin ist das Alta der nördlichen **Wasatch Mountains**. Steiles, offenes Gelände unterhalb scharf geschnittener Grate und Felswände, schütter bewaldete Flanken, eine unglaubliche Vielfalt und von Bulldozern verschonte Wildheit kennzeichnen das Terrain, das von einer der modernsten Liftflotten Utahs erschlossen wird. Zwei Gondelbahnen, ein Express-Vierer und die Tram zum Startpunkt der Herrenabfahrt zählen dazu. Das Angebot an leichten Pisten ist beschränkt. Dafür gibt es herrliche Cruiser wie die **Wildcat Bowl**. Die fast drei Kilometer lange **Strawberry Express Gondola** bedient ein halbes Dutzend mittelschwerer Pisten, die sich dank perfekter Pflege ebenfalls als ideale Ego-Booster entpuppen. Die extrem steilen Hänge des **Middle Bowl Cirque** erreicht man nach einem kurzen Aufstieg. Zu den olympischen Strecken und doppelt-schwarzem Tree-Skiing-Gelände unterhalb des **Allen's Peak** führt der John Paul Express.

Off the Mountain
Snowbasin spurt 15 Kilometer kostenlose Loipen. Zahlreiche Museen (u.a. zur Eisenbahngeschichte – hier wurde 1869 die erste transkontinentale Eisenbahn fertig gestellt), Indoor-Climbing, Eishalle und Ballonfahrten in Ogden.

REGION 2
Utah

Bewertung
Dining	4
Activities	4
Après-Ski/Nightlife	4

Silver Passport*
5 Tage	$ 320
5 Tage Kinder	$ 155

* Gültig in Deer Valley, Park City Mountain Resort und The Canyons, jeweils nur in einem Gebiet pro Tag, nur erhältlich bei Buchung von mindestens 3 Übernachtungen und nicht zwischen Weihnachten und Neujahr. Snowboarder aufgepasst: Die Lifte in Deer Valley befördern nur Skifahrer.

Kinderbetreuung
Kinder im Alter von 6 Monaten bis zu 2 Jahren werden zwischen 8 und 22 Uhr **im Clubhouse at Silver Mountain Sports** betreut, ✆ (435) 940-1607. Babysitter bei Guardian Angel Babysitting Service, ✆ (435) 783-2662, www.guardianangelbaby.com.

Anreise
✈ Salt Lake City (63 km) mit tägl. 800 Flügen, u.a. Verbindungen von New York, Boston, Chicago, Minneapolis, San Francisco und L.A.

🚌 Shuttlebusse fahren in kurzen Abständen vom Airport nach Park City, zu Preisen von $ 35–50 für Hin- und Rückfahrt. Zu den Anbietern zählen Lewis Brothers Stages, ✆ (435) 649-2256; Park City Trans-

Winterstimmung in Park City

Park City

Park City, wie Aspen Ende des 19. Jahrhunderts ein boomendes Silberminenstädtchen, hat sich in den vergangenen Jahrzehnten zu einem der führenden Ski-Resorts der Staaten entwickelt. Die meisten Events der Olympischen Winterspiele 2002 gingen über die Hänge von Park Citys drei Skigebieten. Kein anderer amerikanischer Wintersportort dieses Kalibers ist überdies so leicht erreichbar. Nur 45 Minuten sind es via Interstate zum Großflughafen von Salt Lake City.

Anno 1872 entdeckte man in der Gegend von Park City eine reiche Silberader. Urplötzlich wuchs das verschlafene Nest zum größten Silberminenstädtchen der USA. An der Maine Street reihten sich 30 Saloons, ein florierender Rotlichtbezirk, Chinatown, Theater, Kirchen, Geschäfte und zwei Bahnhöfe aneinander. An die umliegenden Berghänge klammerten sich unzählige kleine Hütten – die Unterkünfte der Minenarbeiter. Mit dem Ende des Silberstandards begann auch in Park City der Niedergang. Von den 1930er bis gegen Ende der 1950er Jahre machte der Ort harte Zeiten durch. Einige Karten verzeichneten Park City Ende der 1950er Jahre bereits als Ghost Town. Ohne die Eröffnung des damals Treasure Mountain genannten Skigebiets wäre Park City wohl nicht nur von der Landkarte verschwunden.

Ende 1963 funktionierte man eine alte Grubenbahn zur Beförderung der Skifahrer um. Das Geld dafür kam von der Regierung. Die Bahn führte durch einen Minenschacht über fünf unterirdische Kilometer bergauf. Am Ende wartete ein Skilift für den letzten Abschnitt zum Gipfel. Noch heute säumen zahlreiche, teils halb verfallene Gebäude aus der Zeit des Silberbooms die Abfahrten des Skigebiets. Eine der Minen könnte innerhalb von zwei Wochen den Betrieb wieder aufnehmen – sollten die Silberpreise steigen.

Heute steht der gesamte Straßenzug der Main Street unter Denkmalschutz. Die über ein Jahrhundert alten Gebäude wurden mit viel Liebe restauriert und beherbergen nun Sportläden, Restaurants und Pensionen. Park Citys Nightlife lässt kaum Wünsche offen und wird noch ergänzt durch das im nahe gelegenen Salt Lake City.

Park City ist die perfekte Basis für Skifahrer, die einerseits möglichst viele Skigebiete in kurzer Zeit kennen lernen, andererseits aber nicht, wie im ebenfalls gut gelegenen Salt Lake City, auf Winter-Atmosphäre verzichten wollen. Außer dem eigenen Skiberg, den man mit einem Sessellift direkt vom historischen Ortskern aus erschweben kann, liegen noch zwei weitere Skigebiete direkt vor der Haustür: **Deer Valley** und **The Canyons**. Nach Alta und Snowbird fährt man etwa eine Stunde. Dank Shuttlebussen geht das auch ohne Mietwagen.

Park City und seine Skiberge, links Deer Valley

REGION 2
Utah

Après-Ski/Nightlife

Beim Nachtleben rangiert Park City trotz der speziellen Alkoholgesetze Utahs unter den Top Ten Amerikas. Direkt nach Pistenschluss steuert man das **Legends** in der Legacy Lodge an der Talstation des Hausbergs von Park City an. An der Main Street lohnt ein Besuch im **No Name Saloon**, wo man zum Whiskey Shuffleboard spielen kann. Das Publikum ist jung und laut, die Musik kommt aus der Jukebox. Live-Musik (Jazz) gibt's dienstags, donnerstags und freitags im **Mother Urbans's**, benannt nach einer berühmten Puffmutter, außerdem 100 Biersorten (von wegen Prohibition!).

Dem Bier beim Werden zusehen kann man im **Wasatch Brew Pub**, ebenfalls an der Main Street. Genau wie **O'Shucks** und **Harry Os**, letzteres laut der *locals der* Spot für den Samstagabend, aber das Publikum ist so jung, dass es fast ausnahmslos die Ausweise vorzeigen muss. Gesetzteres Publikum findet sich bei **Adolph's** (Pianomusik) oder im eleganten **Renee's Bar and Cafe** ein.

Sonstige Aktivitäten

Der **Utah Olympic Park** (✆ 435-658-4200) ist eine der wenigen Orte der Welt, wo man sich als Laie beim Skispringen oder Bobfahren (entweder im Taxibob wobei Fahrer und Bremser gestellt werden, oder in der weniger ruppigen *ice rocket*) versuchen kann. Das White-Pine-Touring-Langlaufareal (✆ 435-615-5858) verfügt über 20 Kilometer gespurter Loipen. Auf 26 Kilometern olympischer Spuren gleitet man in Soldier Hollow (✆ 435-654-2002). Dort gibt es auch einen Tubing Park. Der Gorgoza Park (✆ 435-658-2648) an der I-80 bietet Tubing unter Flutlicht. Diverse Anbieter gibt es für Pferdeschlittenfahrten oder Snowmobile-Touren, leihen kann man Maschinen bei Daytrips Outfitters (✆ 435-654-8294). Reiten, Fliegenfischen, Heißluftballonfahrten und Schneeschuhwanderungen sind ebenfalls möglich. Shopping entlang der Main Street oder im Factory Outlet an der Autobahn (kostenloser Shuttle).

portation, ✆ (435) 649-85 67, und All Resort Express, ✆ (435) 649-39 99. Hat man keine Reservierung, einfach zum Schalter am Airport gehen.

Vor Ort bietet Park City Transit kostenlose Busverbindungen zu den drei Skigebieten der Stadt (Fahrpläne unter ✆ 435-615-5350). Der kostenlose Main Street Trolley verkehrt 10–22 Uhr im historischen Ortskern. Mit den Skibussen von UTA gelangt man in die Skigebiete auf der Vorderseite der Wasatch-Berge, Fahrplan und Preise unter ✆ (801) 743-3882 und www.rideuta.com.

🚗 Die perfekten Nahverkehrssysteme machen einen Mietwagen zwar eigentlich überflüssig, aber man ist einfach verdammt oft unterwegs, auch weil viele Unterkünfte etwas außerhalb liegen. Bequemer ist ein Mietwagen also schon.

↔ Salt Lake Downtown 50 km, Sundance 54 km, Snowbird 65 km

Anreisedauer: Flug nach Salt Lake City 14 1/2 Std., Transfer 45 Min.

i Park City Chamber of Commerce Convention & Visitors Bureau
Park City, UT 84060
✆ (435) 649-6100
Fax (435) 649-4132
www.parkcityinfo.com

Wildwest-Atmosphäre auf Park Citys Main Street

REGION 2
Utah

Flutlicht auf der Payday-Piste

Facts & Figures	
Berg	3039 m
Tal	2103 m
HD	854 m
Lifte	15
Seilbahn	0
Gondelbahn	0
Express-Sessel	6
Sesselbahnen	8
Schlepplifte	1
	28 400 Pers./Std.
Skigebiet	1209 ha
Abfahrten	100
beschneit	192 ha
Flutlicht 388 m HD, 1,9 km	
Länge	92 km
Charakter	82/1/17
●	20,8 km
■	39,9 km
◆	21,7 km
◆◆	9,2 km
hike-to	13,3 km
max.	6,3 km
Fall-Linie	4,7 km
Besucher	750 000
Skitage	149
VTM/Skifahrer	5300
Skifahrer/km	48
Schneefall	351/902 cm

Bewertung	
Preis/Leistung	4
Landschaft	2
Skigebiet	
Off-Piste	4
Experten	4
Fortgeschrittene	4
Anfänger	3
Never-Ever	3
Wartezeiten	3
Bergrestaurants	2

Skipass	
1 Tag	$ 71
Kinder (7–12)	$ 42
Kinder (0–6)	kostenlos
6 Tage	$ 210–360

Park City Mountain Resort, UT

Der Hausberg von Park City taucht in den Ranglisten des *Ski Magazine* kontinuierlich unter den amerikanischen Top-Ten auf, ist die Heimat des US-Skiteams und alljährlich im November Austragungsort der ersten Weltcuprennen in Nordamerika. Auch der U.S. Snowboard Grand Prix gastiert jeden Winter in Park City, das während der Olympischen Winterspiele 2002 die Slalom- und Riesenslalomrennen sowie alle Snowboard-Wettbewerbe austrug.

+ Direkte Anbindung an Park Citys Main Street, Resort Center mit Unterkünften an der Piste
+ gut gepflegte und dank Beschneiung bereits zu Saisonbeginn schneesichere Pisten
+ Parks und Pipe rangieren unter den besten Amerikas
+ effizientes Liftsystem mit vier Sechser-Sesselbahnen.

- Überfüllte mittelschwere Pisten an betriebsamen Tagen
- Kreuzungen und zusammenfließende Pisten erfordern viel Aufmerksamkeit
- Abfahrten bieten selten mehr als 400 Höhenmeter *fall-line skiing*, lange Flachstücke
- wenig abwechslungsreiches Terrain mit Mittelgebirgscharakter
- in Park City nur 25 Prozent von Altas Schneefallmenge.

Der Town-Lift führt zwar direkt von der Main Street im historischen Ortszentrum auf den Berg, Haupteinstiegspunkt ins Skigebiet ist jedoch das etwa eine Meile nördlich gelegene Areal mit dem Namen **Resort Center**. Hier gab es den Raum, den man für Parkplätze und große Hotel- und Apartmentkomplexe benötigte. Offensichtlich hielt man den Versuch, bei der Gestaltung dieser Retortenstation mit dem Charme von Park City mithalten zu wollen, aber von vornherein für aussichtslos, auch wenn das 2000 neu eröffnete Marriott ganz gelungen aussieht. Verdammt bequem ist es allemal, auf einer kurzen Strecke zwischen Parkplatz und Lift alles vorzufinden, was man am Beginn, während oder am Ende eines Skitages benötigen könnte. Wer hier logiert hat überdies den Vorteil, morgens direkt vor der Haustür in die Bindungen springen zu können.

The Mountain

Das Skiareal von Park City erstreckt sich zu beiden Seiten eines sechs Kilometer langen, reich gegliederten Bergrückens. Fast jeder Lift bedient eine andere Geländekammer, was wegen ständig wechselnder An- und Aussichten durchaus seinen Reiz hat. Der Wehrmutstropfen der gestaffelten Topografie: Es gibt keine durchgehende Abfahrt vom mehr als 3000 Meter hohen **Jupiter Peak** ins Tal. Selbst die Abfahrt vom **Pioneer Chair** (2853 m) nervt mit ständigen Flachpassagen und Skiwegen. Auch der Wechsel von einer Zone in die andere, zum Beispiel die Rückkehr aus der Jupiter Bowl, erfordern schon mal längeres Laufen lassen der Ski. Die beste Strategie für Park City ist daher, das Pisténinventar eines Bereichs erst ganz auszuschöpfen, bevor man in die nächste Zone überwechselt.

Für Könner

Der Jupiter-Lift und der McConkey's Six Pack erklimmen den Grat des **Jupiter Peak**, an dem sich auf gut 3,5 Kilometer pulverfüllte Kare (Puma Bowl), steile Tiefschneeflanken (West Face), enge Schneisen (Portuguese Gap) und schütter bewaldete Hänge (Black Forrest) aufreihen. Das Terrain in der **Puma Bowl**, am **West Face** und in der **Scott's Bowl** erreicht man jeweils nach einem kurzen Aufstieg. Kurz sind leider auch die hier gebotenen Adrenalinstöße: nach 200 bis 300 Höhenmetern verflacht das Gelände schon wieder. Die besten Buckelpisten verlaufen unterhalb des Thaynes-Lifts, des Ski-Team-Lifts und des Payday Six Packs. **Widowmaker** und **Nail Driver** sind nicht gerade lang, aber verdammt knackig.

Für Fortgeschrittene
hält Park City ganze Batterien breiter, gut geneigter und bestens gepflegter mittelschwerer Pisten bereit. Allein ein ganzes (sich allerdings ähnelndes) Dutzend davon am **King Con Six Pack**, der für angemessen schnellen Bergtransport sorgt. Wer gerne länger Pause macht, wird das Areal am langsameren Motherlode-Lift schätzen. Dort kann man sich von **Sunnyside** über **Glory Hole** bis **Fool's Gold** langsam vom Cruiser zum Buckelpistenfahrer aufschwingen. Die benachbarten **Silverlode-** und **Thaynes-Lifte** erschließen ebenfalls einige schöne, blau markierte Pisten wie **Keystone** und **Powder Keg**. Diese vier Lifte an der Nordflanke des Berges sind gut miteinander verzahnt und daher beliebig kombinierbar.

Für Anfänger
sind die sanften Hänge am Resort Center prädestiniert, erschlossen durch Zauberteppiche, den Three-Kings-Lift und seit der Saison 2004/05 auch durch einen High-Speed-Quad. Vom Summit House führt der leichte, teils auf der mäßig geneigten Bergschulter, teils als mäandrierender Skiweg durch die Flanke des Treasure Hill verlaufende Homerun zurück ins Tal. Ansonsten gibt es mit **Claim Jumper** nur am Silverlode-Lift eine leichte Piste.

Für Snowboarder
Das Transworld Snowboarding-Magazin kürte Park Citys Terrain-Parks zu den besten der USA. Im Angebot sind vier Parks mit 50 Rails, Jumps und Funboxes in jedem Schwierigkeitsgrad. Der größte und mit einem veritablen Soundsystem ausgestattete Park ist der **Pick'n Shovel Park**, Anfänger versuchen sich in **Jonesy's Park**, abends beleuchtet ist der **Payday Park**, komplettiert wird die Riege durch den **King's Crown Superpark**. Die 122 Meter lange **Eagle Superpipe** war Austragungsort der Halfpipe-Wettbewerbe während der Olympischen Winterspiele 2002 und regelmäßig finden hier die World Superpipe Championships statt.

Bergrestaurants
Es gibt drei Bergrestaurants, alle bieten vernünftige Qualität. Die **Mid Mountain Lodge** mit ihrem schönen Außendeck ist ein Minengebäude aus dem 19. Jahrhundert, das vom Tal an den jetzigen Standort nahe der Talstation des Pioneer-Lifts versetzt wurde. Zu essen gibt's den üblichen Mix aus Pizza, Chili und Pasta in Selbstbedienung. Noch etwas einfacher geht's in der **Snow Hut** nahe dem Silverlode-Lift zu. Die Hütte ist klein, die Sonnenterrasse schön groß, bei gutem Wetter BBQ. Wenig Atmosphäre, aber eine aussichtsreiche Terrasse und individuell zubereitete Salate bietet das **Summit House** an der Bergstation des Bonanza-Lifts. Etwas unterhalb am Home Run beherbergt eine Yurte das **Café Amante**. Außer Kaffee »euro-

REGION 2
Utah

Verleih
Ski 1 Tag	$ 11–40
Ski 6 Tage	$ 60–240
Set 1 Tag	$ 18–50
Set 6 Tage	$ 91–300

News
Neues Restaurant mit Après-Ski-Bar im Mountain Resort.

Kinderbetreuung
Das Skigebiet bietet keine Kinderbetreuung an (siehe Park City). Skiunterricht für Kinder ab 3 Jahren.

Anreise
Vgl. Park City.

ℹ **Park City Mountain Resort**
Park City, UT 84060
✆ (435) 649-8111
Fax (435) 647-5374
www.parkcitymountain.com

Tipp
Tägl. ab 25. Dez. 16–19.30 Uhr Flutlichtskifahren auf der Payday-Piste.

Am über 3000 Meter hohen Jupiter Peak von Park City

REGION 2
Utah

pean style« gibt's Panini, Sandwiches, Salate und Suppen. Frühstück servieren The **Legacy Lodge** und **Kristi's Coffee Cafe** im Resort Center an der Talstation des Pay-Day-Lifts.

Wartezeiten
sind dank der zahlreichen Sechser-Sessel in der Regel kein Problem, aber an schönen Wochenenden kann es sowohl an den Liften als auch auf manchen

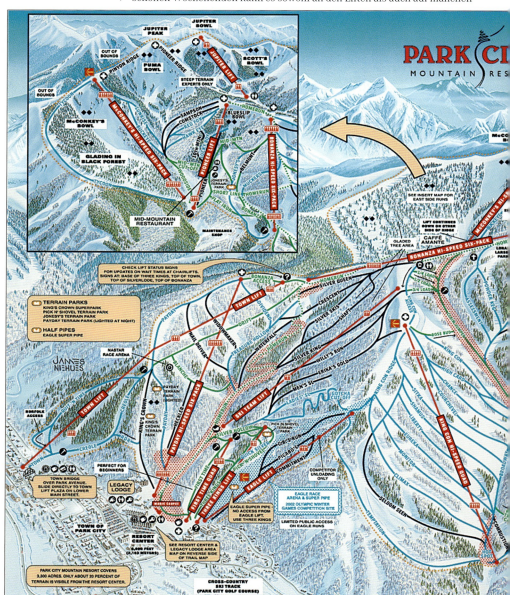

Pisten richtig voll werden. Auch an solchen Tagen ist der Town-Lift meist leer und bietet eine gute Alternative zur Bergfahrt vom Mountain Resort. Warten Schlangen am anschließenden Bonanza-Lift, fährt man ein Stückchen auf Sidewinder zum Crescent-Lift ab und von dessen Bergstation zum Silverlode-Lift, der ebenfalls zum Gipfel führt. Bei langen Wartezeiten am Payday-Lift gelangt man via Eagle-Chair- und King-Con-Lift schneller gipfelwärts.

REGION 2
Utah

REGION 2
Utah

Deer Valleys Berggastronomie ist genauso herausragend wie seine Chalets (rechte Seite) exklusiv sind

Deer Valley

Deer Valley positioniert sich als einer der exklusivsten Skiorte der Welt und da geht es um Klasse und den perfekten Skitag, nicht um Masse. Die Zahl der verkauften Tickets ist limitiert, an Snowboarder werden gar keine verkauft. Aber Deer Valley bietet mehr als nur Exklusivität: prächtiges Terrain für alle Ansprüche.

+ Der beste Service weltweit
+ hervorragendes Essen in den Bergrestaurants
+ bis zur Perfektion gepflegte Pisten, die der Fall-Linie folgen
+ leere *bump runs*, deren Buckel nicht durch Snowboards ruiniert sind
+ modernes, effizientes Liftsystem
+ *ski-in/ski-out* im Silver Lake Village.

- Extrem teuer
- weniger Schnee und öfter Eis als im Little und Big Cottonwood Canyon
- kein lebhaftes Zentrum
- so manche Abfahrt endet in einem flachen Auslauf
- nach Liftschluss wird es sehr ruhig, aber Park City liegt gleich um die Ecke.

Bei den Bemühungen, die Gäste zu verwöhnen, wird an nichts gespart: auf drei Skifahrer kommt ein Mitarbeiter. Die stehen bereit, um Ski vom Autodach zu hieven oder vor dem Bergrestaurant zu bewachen, die Liftsessel bei Schneefall trocken zu bürsten oder mehrmals täglich kostenlose Führungen durch das Skigebiet zu geben. Köche mit weißen Handschuhen bereiten in der Empire Canyon Lodge die Gerichte vor den Augen der Gäste frisch zu. Für das abendliche Seafood-Büfett in der Snowpark Lodge werden Austern, Hummer und Riesengarnelen täglich aus San Diego eingeflogen.

Der *Grooming Report* ist in Deer Valley keine schwer verständliche Liste sondern ein farbiger Pistenplan. In der Jordanelle Express Gondola schwebt man auf Ledersitzen bergwärts und die Pistenteppiche sind so perfekt eingeebnet, dass man subjektiv um Klassen besser fährt als gewöhnlich.

Deer Valley besteht aus dem um den großen Parkplatz an der Talstation gruppierten **Snow Park Village** und dem aussichtsreichen **Silver Lake Vil-**

Facts & Figures

Berg	2918 m
Tal	2003 m
HD	585 m
Lifte	21
Seilbahn	0
Gondelbahn	1
Express-Sessel	9
Sesselbahnen	11
Schlepplifte	0
	44 800 Pers./Std.
Skigebiet	879 ha
Abfahrten	88
beschneit	202 ha
Länge	85 km
Charakter	87/9/5
🟢	20,0 km
🟦	39,6 km
♦	19,1 km
♦♦	6,7 km
max.	2,8 km
Fall-Linie	2,2 km
Besucher	480 000
Skitage	125
VTM/Skifahrer	13.000
Skifahrer/km	45
Schneefall	831 cm

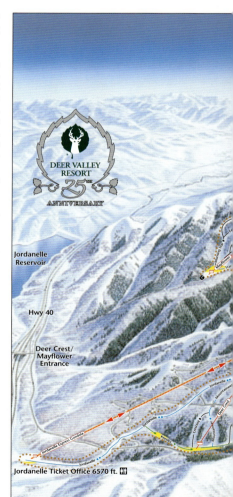

lage in 2500 Meter Höhe am Fuß des **Bald Mountain**. Zwischen die Condominium-Komplexe und Hotels für die Laufkundschaft schmiegen sich die prächtigen Multi-Millionen-Dollar-Chalets der Reichen und Schönen, die Deer Valley ihre zweite Heimat nennen. Hotelzimmer gibt es in der Hochsaison im Silver Lake Village schon ab 490 Dollar – pro Nacht versteht sich.

Das Deer Crest Village oberhalb des Highway 40 besteht ausschließlich aus privaten Ferienvillen, die über private Skipisten angesteuert werden. Der Eigentümer der Corona-Brauerei hat die Angewohnheit, bis in die Garage seines Neun-Millionen-Dollar-Chalets zu schwingen. Das Tor öffnet er rechtzeitig per Fernbedienung.

The Mountain
Sieben Kilometer und 915 Höhenmeter liegen zwischen der Talstation der Jordanelle-Express-Gondelbahn am Highway 40 im bereits recht trockenen Heber Valley und dem Gipfel des **Empire Canyon** am Kamm der Wasatch-Berge. Dazwischen erschließt eines der leistungsstärksten Liftsysteme Amerikas fünf verschiedene Skiberge. Diese Dimensionen täuschen darüber hinweg, dass Deer Valleys Abfahrten selten mehr als 400 Höhenmeter bringen. Ihr perfektes Profil und viel Platz machen dieses scheinbare Manko aber wett.

REGION 2
Utah

REGION 2
Utah

Bewertung
Preis/Leistung	3
Landschaft	2

Skigebiet
Off-Piste	3
Experten	4
Fortgeschrittene	4
Anfänger	2
Never-Ever	2
Wartezeiten	4
Bergrestaurants	5

Ort
Dining	5
Activities	2
Après-Ski/Nightlife	2

Skipass
1 Tag	$ 71–73
Kinder (4–12)	$ 39–41
Kinder (0–3)	kostenlos
6 Tage	$ 372–438

Verleih
Ski 1 Tag*	$ 35–45
Set 1 Tag	$ 42–52

* Günstiger mietet man in Park City, vgl. S. 113, auch Preise für Mehrtagesmiete.

Die Buckelpiste Rattler am Bald Mountain von Deer Valley

Für Könner
verlegt Deer Valley eine spezielle *Experts Only Trailmap*. Deer Valley hat keine Reputation für anspruchsvolles Terrain, der Löwenanteil der Gäste konzentriert sich auf den mittelschweren Pisten. Resultat: Das Expert-Terrain hat man oft fast für sich allein. Dazu zählen Buckelpisten wie aus dem siebten Skifahrerhimmel (danke Rattler für diese großartigen Glücksgefühle), einsames Tree-Skiing in der **Ontario Bowl** oder die haarsträubenden Felsrinnen der **Daly Chutes**.

Für Fortgeschrittene
kommt Deer Valley dem Nirwana ziemlich nah. Hier kann man es auf perfekt gewalzten, geradezu manikürten, der natürlichen Fall-Linie dieser fürs Cruising wie geschaffenen Skiberge laufen und laufen und laufen lassen. Gerade einige der schwarzen Abfahrten verwandeln die Pistenraupen in High-Speed-Autobahnen: **Stein's Way** zum Beispiel. Die besten Cruiser starten am Bald Mountain: **Perseverance, Keno, Legal Tender** oder **Wizard** können süchtig machen, weil sie den Glauben daran schenken, in neue Dimensionen skifahrerischer Eleganz vorzustoßen. Sehr konsistentes, mittelschweres Parkett fließt auch längs des **Northside Express** talwärts. Kaum beachtet wird die treffliche **Jordanelle** an der Gondelbahn.

Für Anfänger
Viel grün markiertes Gelände gibt es nicht, aber die gute Pistenpflege macht auch viele blaue Pisten zu einer leicht lösbaren Aufgabe (darunter **Sunset** am Bald Mountain). Von allen Skibergen außer dem Empire Canyon führt zumindest eine leichte Variante talwärts.

Für Snowboarder
ist Deer Valley gesperrt.

Bergrestaurants
Das neueste und schönste Bergrestaurant ist der **Empire Canyon Grill**. Auch in der **Snow Park** und der **Silver Lake Lodge** bekommt man hervorragendes Essen in einem einladenden Ambiente mit viel Holz und Glas. Allerdings passt das Speisen mit Selbstbedienung nicht so ganz zur Philo-

REGION 2
Utah

So leer sind Deer Valleys Pisten häufig

News
Zum Winter 2005/06 wird der Sultan Chair durch einen kuppelbaren Vierer ersetzt. Der Lift wird dabei auch verlängert, wodurch rund 50 ha zusätzliches Skiterrain erschlossen werden, das zum Teil beschneit wird. Vier neue Pistenraupen und 10 weitere Schneekanonen stehen ebenfalls auf der Liste der Verbesserungen.

Kinderbetreuung
Für Kinder im Alter von 2 Monaten bis zu 12 Jahren tägl. 8.30–16.30 Uhr inklusive Lunch für $ 88, Gruppengröße: maximal 4 (bis 2 Jahre), beziehungsweise 7 (ab 3 Jahren). Reservierungen unter ℭ (435) 645-6648.

Anreise
Vgl. Park City.

Deer Valley
P.O. Box 1525
Park City, UT 84060
ℭ (435) 649-1000
Fax (435) 645-6939
www.deervalley.com

Tipp
Demo-Ski von Rossignol kann man kostenlos an der Empire Canyon Lodge testen.

Ferienhäuschen à la Deer Valley

sophie von Deer Valley. Tischservice bieten Restaurants im Silver Lake Village, in der **Stein Erikson Lodge** oder im **Goldenen Hirsch** (siehe unten). Snacks wie das legendäre Turkey Chili bekommt man bei **Snowshoe Tommy's** am Gipfel des Bald Mountain oder in der **Cushing's Cabin** auf dem Flagstaff Mountain.

Wartezeiten
sind in Deer Valley die absolute Ausnahme, dafür sorgt das Ticket-Limit.

Après-Ski/Nightlife
Après-Ski am Pistenrand bietet **The Lounge**, vor allem die große Sonnenterrasse ist im Frühjahr bei Live-Musik ein beliebter Treffpunkt. Es gibt Bars in den Hotels aber für richtige Party-Animals bleibt keine andere Wahl, als nach Park City zu fahren (vgl. S. 111).

Restaurants
Deer Valleys Restaurants spiegeln die hohe Qualität (und die hohen Preise) des Ortes wider und werden mit Auszeichnungen überhäuft.

Mariposa
Silver Lake Lodge, 7600 Royal St., Deer Valley, UT
ℭ (435) 645-6715
Erste Adresse für Gourmets. Dinner. $$$

Seafood Buffet
Snow Park Lodge, 2250 Deer Valley Drive S., Deer Valley, UT
ℭ (435) 645-6632
Alles, was man an Meeresfrüchten kennt, findet man hier im Überfluss.

Die Präsentation ist eine Augenweide und das All-you-can-eat relativiert den Preis. Platz für die Desserts lassen! Dinner. $$$

Glitretind
7700 Stein Way, Deer Valley, UT
ℭ (435) 645-6455
Exquisites Lunch-Büfett, jeden So Utahs bester Brunch und abends kreative amerikanische Küche. Breakfast, Lunch, Dinner. $$–$$$

Goldener Hirsch
7570 Royal St. E.
Deer Valley, UT
ℭ (435) 649-7770
Ganz und gar Österreich, vom Ambiente her, bei dem wirklich jedes Detail stimmt, und kulinarisch (auch wenn es nicht wirklich »Weinerschnitzel« heißt). Breakfast, Lunch, Dinner. $$$

Sonstige Aktivitäten
Hier verlässt sich Deer Valley ganz auf die zahlreichen Angebote in Park City (vgl. S. 110), die von Bobfahren bis zu Snowmobile-Touren reichen!

REGION 2
Utah

The Canyons

The Canyons wuchs in den letzten Jahren zum größten Skigebiet Utahs heran. Die American Skiing Company, eine der großen Skigebiets-Holdings in Amerika, pumpte seit der Übernahme 1997 hunderte Millionen Dollar in neue Lifte, Pisten und das Base Village mit diversen Hotels, Shops und Restaurants.

+ Weitläufiges Skigebiet mit schier endlosen Optionen für gute Skifahrer
+ nur 45 Kilometer von Downtown Salt Lake und nur fünf Kilometer von der Interstate
+ moderne Liftflotte.

- Überzogenes Preisniveau
- viele Ziehwege und flache, volle Schlusspassagen, die den Verkehr zahlreicher Pisten einsammeln
- Mangel an langen Abfahrten
- etwas seelenlose *corporate ski area*.

Bislang besteht das Base Village aus dem Westgate Hotel, dem Apartmentgebäude der Sundial Lodge und dem 360-Zimmer-Kasten des Grand Summit

Facts & Figures	
Berg	2061 m
Tal	3038 m
HD	831 m
Lifte	16
Seilbahn	0
Gondelbahn	2
Express-Sessel	5
Sesselbahnen	7
Schlepplifte	2
	32 700 Pers./Std.
Skigebiet	1254 ha
Abfahrten	146
beschneit	65 ha
Länge	104 km
Charakter	91/6/2
●	5,8 km
■	60,5 km
◆	25,7 km
◆◆	11,6 km
hike-to	2,6 km
max.	4,8 km
Fall-Linie	3,8 km
Besucher	303 000
Skitage	150
VTM/Skifahrer	9700
Skifahrer/km	19
Schneefall	351/729 cm

Bewertung	
Preis/Leistung	2
Landschaft	2
Skigebiet	
Off-Piste	3
Experten	4
Fortgeschrittene	4
Anfänger	2
Never-Ever	2
Wartezeiten	4
Bergrestaurants	2
Ort	
Dining	3
Activities	4
Après-Ski/Nightlife	3

Skipass	
1 Tag	$ 63–73
Kinder (7–12)	$ 37–42
Kinder (0–6)	kostenlos
6 Tage	$ 342–414
Verleih	
Ski 1 Tag*	$ 29–40
Set 1 Tag	$ 34–54

* Günstiger mietet man in Park City, siehe S. 113 auch Preise für Mehrtagesmiete.

Reservations 1-888-CANYONS   General Information 1-435-649-5400

Hotel. So eins stellt die American Skiing Company in jedes ihrer derzeit noch sieben Skigebiete, aber hier verdient es die Bezeichnung Grand tatsächlich – nicht nur wegen der herrlichen Badelandschaft unter freiem Himmel. Die drei Gebäude umschließen einen zentralen Platz mit Bühne, der durchaus eine gemütliche Atmosphäre verströmt.

Die Bergstation des Cabriolet, einer modernen Version des Korblifts, liegt mitten auf dem Platz. Die kostenlose Bahn bringt Tagesausflügler von den Parkplätzen unterhalb des Village herauf. Hier finden sie alles, was man außer Liften und Pisten für einen Skitag braucht, und das in einer Entfernung von nur wenigen Schritten über die immer schneefreie, weil beheizte Plaza: Liftkasse, Skischule, Verleih, Kinderbetreuung und *food kiosks* für den kleinen Hunger. Sehr bequem, sehr praktisch.

The Mountain
Auf den Berg geht's von der Plaza mit der Flight-of-the-Canyons-Gondelbahn. Sie überwindet den tiefen Canyon zwischen dem alten Skigebiet Park West (so hieß es bis zum Engagement der ASC) und dem neu erschlossenen Terrain. Das Gelände ist reich in Grate und Täler gegliedert. Fast jeder Lift erschließt eine andere Bergflanke. Das sorgt für Abwechslung, aber viele Hänge münden in einem flachen Auslauf durch eines der Täler. Da The Canyons weder den Thrill von Snowbird, noch den Pulver von Alta, den Charme von Park City oder den Luxus von Deer Valley bietet, lassen viele

REGION 2
Utah

Anreise
Vgl. Park City.

The Canyons Resort
4000 The Canyons Resort Dr.
Park City, UT 84098
℘ (435) 649-5400
Fax (435) 649-7374
www.thecanyons.com

REGION 2
Utah

Einheimische es auf der Fahrt in die anderen Stationen links liegen. Positive Folge: Auch am Wochenende kaum Wartezeiten.

Für Könner
heißt es »what you can see, you can ski«. Das ist auf 12,5 Quadratkilometern eine ganze Menge. Das Skigebiet ist das anspruchsvollste der Areale rund um Park City. Besonders die Steilhangfluchten am **Ninety Nine 90** haben es in sich und vom **Murdock Peak** kippen serienweise Buckelwände in die Tiefe.

Für Fortgeschrittene
Bis auf den Ninety Nine Express bedient jeder Lift auch mittelschwere Pisten. Leichte Cruiser steuert man mit dem Saddleback Express an. Die größte Konzentration blauer Pisten bietet das **Dreamscape Areal**. **Daydream** oder **Panorama** sind schnell, breit und mit Bauminseln durchsetzt. Der Wehrmutstropfen ist der lange, unvermeidliche Auslauf via Harmony zurück zum Tombstone Express, der steile, aber gewalzte Pisten wie **Tranquility** und **Cloud 9** bedient.

Für Anfänger
gibt es an der Gondelbahnbergstation Übungswiesen und leichte Pisten am High-Meadow-Lift.

Für Snowboarder
Park West war das erste der Skigebiete rund um Park City, das Snowboarden zuließ. Das honorieren die Boarder mit Treue und The Canyons dankt es ihnen mit einem der besten Terrain-Park in Utah (inklusive Sound System) und einer Superpipe am Sun Peak Express. Der Berg gibt noch sechs natürliche Halfpipes dazu.

Bergrestaurants
Die **Lookout Cabin** hat das schönste Panorama, die **Sun Lodge** überzogene Preise, aber weniger Schlangen als die populäre **Red Pine Lodge** an der Bergstation der Gondelbahn.

Zubringer ins neu erschlossene Skiterrain von The Canyons: die Flight of the Canyons Gondola

Off the Mountain
Bei Alternativen zum Skifahren verlässt sich The Canyons ganz auf das Angebot von Park City, nur Schneeschuhwanderungen bietet man selbst an. Für Après-Ski bietet das Village nur eine Hand voll Möglichkeiten, darunter **Doc's** und **Smokie's Smokehouse**. Ein Besuch im Health Club (Sauna, Dampfbad) oder in den Pools und Hot Tubs des Grand Summit ist nach einem Tag auf den anspruchsvollen Hängen von The Canyons ebenfalls eine gute Idee. Zum Shoppen, Dinner und für spätabendliche Feierunternehmungen sollte man nach Park City fahren. Zu den Designer-Outlets an der Kilby Road ist es von The Canyons nur ein Katzensprung.

Sundance, UT △♦■(⌂

Sundance ist die Wirklichkeit gewordene Traum von Robert Redford. Er kaufte Sundance 1969 und entwickelte es zu einem Platz, an dem jedes Detail den Respekt vor der Schönheit der Bergkulisse des Mount Timpanogos und der Kultur der hier einst heimischen Ute-Indianer atmet.

Sundance ist eine Oase der Ruhe. Abends hört man nur den Gebirgsbach, der zwischen den verstreut liegenden Cottages dahinplätschert. Außer in der Owl Bar, in die Robert Redford die über 100 Jahre alte und mit Einschusslöchern übersäte Theke aus der Stammkneipe von Butch Cassidy verfrachten ließ. Dort gibt's jeden Abend bis Mitternacht Live-Musik – aber garantiert keine Feuergefechte mehr. Gegessen wird im **Tree Room Restaurant**, in dessen Mitte ein mächtiger alter Baum steht. Die in der Sundance Deli angebotenen Leckereien kommen aus eigenem ökologischen Landbau. Rustikale, behagliche Ferienhäuser liegen verstreut zwischen den Kiefern und Espen. Das Interieur prägen warme Erdtöne sowie reichlich indianisches Kunsthandwerk, Teppiche und Wandbehänge.

The Mountain
Klein, aber fein ist das Alpinterrain. Fein sind auch die Ausblicke auf die Felskatarakte des **Timpanogos** und die Tiefblicke in Utahs steilste präparierte Skipiste: **Bishop's Bowl**. Die startet am Gipfelrestaurant Bearclaw's Cabin. Leichte bis mittelschwere Genussabfahrten bietet die untere Hälfte des Skiterrains, erschlossen durch einen schnellen Vierer. Der anschließende Arrowhead-Lift führt zum höchsten Punkt, wo sich die Auswahl für weniger gute Skifahrer auf **Bearclaw** und **Wildflower** beschränkt. Buckelliebhaber steuern den **Flathead-Lift** an, der sieben schwarze Pisten bedient, eine steiler als die andere. Die Saison dauert wegen der für Utah relativ geringen Höhenlage nur bis Ende März.

Off the Mountain
Neben sportlichen Aktivitäten wie Skilanglauf (24 km Loipen) oder Schneeschuhwandern bietet Sundance viele Möglichkeiten sich künstlerisch zu betätigen, bei Workshops zu Fotografie oder Schmuckdesign, bei Töpfer- und Glasblase-Kursen. Das Spa verwöhnt mit indianischen Heilmethoden und im Screening Room werden am Wochenende Filme gezeigt, auch im Rahmen des berühmten, von Robert Redford ins Leben gerufenen Sundance-Filmfestival. ☼

REGION 2
Utah

Sundance: der Arrowhead-Lift bedient in zahlreiche Buckelpisten

Facts & Figures

Berg	2515 m
Tal	1859 m
HD	656 m
Lifte	4
	5800 Pers./Std.
Skigebiet	209 ha
Abfahrten	41
beschneit	20 %
Flutlicht	
Länge	25 km
●	2,6 km
■	11,7 km
♦	9,4 km
♦♦	1,1 km
max.	4,3 km
Besucher	77 000
Schneefall	813 cm

Skipass
1 Tag	$ 30–40
6 Tage	$ 180–240

Anreise
✈ Salt Lake City (93 km)
↔ Provo 28 km, Salt Lake City 84 km, Ogden 144 km

ℹ **Sundance**
Sundance, UT 84604
✆ (801) 225-4107
Fax (801) 226-1937
www.sundanceresort.com

Bishop's Bowl

REGION 3
Nördliche Rocky Mountains

Nördliche Rocky Mountains

Skigebiete von Big Sky bis Sun Valley

Der nördliche Teil des Felsengebirges macht seinem Namen alle Ehre. Wild aufgezackte Gipfel bilden den landschaftlichen Rahmen und der trockenste Schnee Amerikas die Unterlage für die Skierlebnisse in den einsamen Weiten zwischen den Nationalparks von Grand Teton und Yellowstone in Wyoming bis Jasper in Alberta.

Jackson Hole

Die Skiberge der nördlichen Rockies und die Ortschaften in deren Schatten bieten einen Querschnitt durch fast alle unterschiedlichen Facetten des Skifahrens in Amerika: Wildwestambiente in **Jackson**, **Ketchum** oder **Fernie**, den Charme der alten Welt in **Sun Valley** oder den Schlosshotels von **Banff** und **Lake Louise**, komfortable, aber nicht gerade architekturpreisverdächtige Retortenstationen aus den 1970er Jahren (wie in Big Sky und Panorama) und die ganz auf Alpenatmosphäre getrimmten Reißbrett-Skidörfer der jüngsten Generation, für die Sun Peaks das beste Beispiel ist. Auch vom Terrain her lässt sich die Region nicht allein in ein Schema pressen. Bergen, die fast ausschließlich Gelände für sehr gute Skifahrer bieten, wie **Castle** oder **Rendezvous Mountain**, stehen sanfte Megamaulwurfshügel wie in **Big White** gegenüber, baumfreie Areale in hochalpiner Lage wie Sunshine oder Lake Louise wechseln mit dicht bewaldeten Mittelgebirgsgipfeln.

Eines haben die Ziele jedoch gemein. Das Preisniveau ist spürbar niedriger als in Colorado oder in Kalifornien, selbst im noblen **Sun Valley**, dessen Pistengastronomie Maßstäbe setzt und damit für die nördlichen Rockies leider eine Ausnahme ist.

---

3 Nördliche Rockies

British Columbia
Big White, S. 147
Silver Star Mountain, S. 151
Sun Peaks, S.155
Red Resort, S. 158
Whitewater, S. 159
Kimberley, S. 160
Fernie Alpine Resort, S. 161
Panorama, S. 164
Kicking Horse, S. 167

Alberta
Banff, S. 168
Ski Banff@Norquay, S. 169
Lake Louise, S. 174
Nakiska, S. 178
Castle Mountain, S. 178
Marmot Basin, S. 179

Sun Valley, ID, S. 127
Silver Mountain, ID, S. 131
Schweitzer Mountain, ID, S. 131
Bogus Basin, ID, S. 131
Jackson, WY, S. 132
Jackson Hole, WY, S. 133
Snow King, WY, S. 138
Grand Targhee, WY, S. 139
Big Sky, MT, S. 140
Moonlight Basin, MT, S. 144
Big Mountain, MT, S. 146
Bridger Bowl, MT, S. 146

Die gezackten Gipfel der Tetons in Wyoming

REGION 3
Nördliche Rocky Mountains

i **Wyoming Travel & Tourism**
I-25 at College Dr.
Cheyenne, WY 82002, USA
✆ (307) 777-7777 und
1-800-225-5996
Fax (307) 777-2877
www.wyomingtourism.org

i **Travel Montana**
301 South Park
Helena, MT 59620-0133, USA
✆ (406) 841-2870 und
1-800-VISITMT
Fax (406) 841-2702
www.visitmt.com

Ein unglaublicher Skiberg: Lone Mountain

Berge und Klima

Besonders spektakulär ist die Szenerie am Beginn und am Ende der rund 1500 Kilometer, die sich das Felsengebirge durch die Staaten Wyoming, Montana und die kanadischen Provinzen Alberta und British Columbia zieht. Im Süden faszinieren die Felspfeiler der fast 4200 Meter hohen Tetons, im Norden sorgen Berge wie Kathedralen und gewaltige Gletscher für atemberaubende Ansichten, allen voran der Mount Assiniboine, das kanadische Matterhorn, und der **Viktoria**-Gletscher am Lake Louise. Weniger hochalpin ist dagegen der Charakter der **Bitterroot Range** in Idaho und lediglich Mittelgebirgsformen haben die **Monashee-Berge** im Inneren von British Columbia.

So vielgestaltig wie die Gebirge ist auch das Klima der Region. Während im südlichen Idaho noch der milde und sonnige Atem der Wüste zu spüren ist, sind die Gebirgstäler der Rockies für ihre teils extreme Kälte (minus 30 Grad sind keine Seltenheit) und jene in British Columbia für ihren zähen Nebel bekannt. In Alberta kann diese Kälte von einem Tag auf den anderen frühlingshaften Temperaturen weichen, wenn der dem Föhn ähnliche *Chinook* von Westen über die Berggipfel weht.

Der extrem leichte Schnee (halb so leicht wie in Utah!) ist für diesen Wind ein gefundenes Fressen. Das relativiert die teils üppig anmutenden Schneefallmengen, die östlich der kontinentalen Wasserscheide sofort deutlich nachlassen. Beschneiungsanlagen sind für die dort angesiedelten Skigebiete ein Muss.

REGION 3
Nördliche Rocky Mountains

Idaho Division of Tourism Development
700 W. State St.
Boise, ID 83720-0093, USA
✆ (208) 334-2470 und
1-800-VISITID
Fax (208) 334-2631
www.visitid.org

Rocky Mountain International (Idaho, Montana, Wyoming)
Scheidswaldstr. 73
D-60385 Frankfurt/M.
✆ (069) 255 38-230
Fax (069) 255 38-100

Travel Alberta
Edmonton, AB T5J 2Z4, Canada
✆ (780) 427-4321
Fax (780) 427-0867
www.travelalberta.com
in Deutschland:
Lange Touristik Dienst
Postfach 20024
D-63469 Maintal
✆ (018 05) 52 62 32
Fax (061 81) 49 75 58

Tourism British Columbia
12th Floor, 510 Burrard St.
Vancouver, BC V6C 3A8, Canada
✆ (604) 660-3757
www.hellobc.com

Canada West Ski Areas Association
102 - 810 Waddington Dr.
Vernon, BC V1T 8T3, Canada
✆ (250) 542-9020
Fax (250) 542-5070
www.cwsaa.org

Skigebiete

Nicht in Colorado sondern in Idaho entstand 1936 das erste Ski-Resort Amerikas: **Sun Valley**. Es sollte dazu dienen, die Eisenbahnlinie der Union Pacific Railroad besser auszulasten. Auch in den kanadischen Rockies sorgte die Eisenbahn für die ersten touristischen Impulse, viel früher zwar, aber zunächst nur im Sommer. Davon profitieren Skifahrer noch heute, denn die Winter ist in den Nationalparkorten wie Banff und Jasper preisgünstige Nebensaison. Auch rund um den Yellowstone-Nationalpark entstanden Skigebiete, die wohl kaum jemand in die einsame Gegend gesetzt hätte, wenn die Hotels für die Sommergäste nicht schon da gewesen wären.

Der im Überfluss vorhandene Platz in der extrem dünn besiedelten Region ist mitverantwortlich für den jüngsten Boom der Skigebiete, die rund acht Millionen Besuche pro Jahr zählen: Hier werden noch Genehmigungen für neue, lukrative Immobilien an den Skipisten erteilt, nirgendwo sonst gibt es so viele weitere, ambitionierte Projekte und die Region beheimatet sämtliche Skigebiete, die in diesem Jahrtausend in Amerika neu entstanden. Das jüngste heißt **Tamarack Resort**, eröffnete im Winter 2004/05 und liegt in Idaho – genau wie Sun Valley.

Die folgenden Seiten beschreiben **26 Skigebiete** der Region. Die interessantesten der verbleibenden 65 Ziele sind:
Brundage Mountain, ID (www.brundage.com)
Tamarack Resort, ID (www.tamarackidaho.com)
Maverick Mountain, MT (www.skimaverick.com)
Montana Snowbowl, MT (www.montanasnowbowl.com)
Red Lodge Mountain, MT (www.redlodgemountain.com)
Snowy Range, WY (www.snowyrange.com)
Apex Mountain Resort, BC (apexresort.com)
Powder King, BC (www.powderking.com)
Ski Smithers, BC (www.skismithers.com)

Gateways

Nur ein Flughafen der riesigen Region ist von Deutschland aus nonstop zu erreichen: **Calgary**. Von dort bestehen gute Flugverbindungen ins Innere British Columbias, die Ski-Resorts der kanadischen Rockies erreicht man schnell per Shuttle oder Mietwagen. Komplizierter gestaltet sich die Anreise in die US-Skigebiete der Region. Ein- oder zweimal Umsteigen lässt sich kaum vermeiden, dafür ist es von den Regionalflughäfen dann oft nur noch ein Katzensprung bis an die Pisten.

Sun Valley, ID ▲◆■◖

Das erste Ski-Resort Amerikas, gegründet 1936 von Averell Harriman, dem Präsidenten der Union Pacific Railroad, war von Beginn an Treffpunkt der Reichen und Schönen. Hemingway, Clark Gable und Judy Garland zählten zu den ersten Gästen. Heute kreuzen Clint Eastwood und Arnold Schwarzenegger über die Pisten des Bald Mountain, der mit Millionen von Dollar in eines der modernsten Skigebiete der USA verwandelt wurde.

+ Fabelhafte Restaurants am Berg und im Ort
+ unproblematische Höhenlage von 1800 m
+ effizientes Liftsystem ermöglicht massenweise Höhenmeter
+ Abfahrten folgen der Fall-Linie
+ steile, aber gewalzte Cruiser – ideal fürs Ego
+ europäisches Flair und Wildwest-Ambiente Tür an Tür
+ Heliskiing direkt von Ketchum aus möglich (vgl. S. 252 ff.).

- Keine wirklich anspruchsvollen Pisten
- Bustransfer vom Sun Valley Resort zum Bald Mountain erforderlich
- Dollar Mountain und Bald Mountain sind nicht miteinander verbunden
- Eis auf den Pisten ist keine Seltenheit

REGION 3
Nördliche Rocky Mountains

Facts & Figures

Berg	2789 m
Tal	1753 m
HD	1036 m
Lifte	14
Seilbahn	0
Gondelbahn	0
Express-Sessel	7
Sesselbahnen	6
Schlepplifte	1
	23 380 Pers./Std.
Skigebiet	737 ha
Abfahrten	65
Fläche	299 ha
beschneit	261 ha
Länge	62 km
Charakter	76/0/24
●	30,4 km
■	19,7 km
◆	12,0 km
◆◆	0,0 km
max.	6,6 km
Fall-Linie	5,1 km
Besucher	385 000
Skitage	148
VTM/Skifahrer	9700
Skifahrer/km	42
Schneefall	307/465 cm

Bewertung
Preis/Leistung	4
Landschaft	3
Skigebiet	
Off-Piste	3
Experten	4
Fortgeschrittene	5
Anfänger	3
Never-Ever	2
Wartezeiten	4
Bergrestaurants	5
Ort	
Dining	5
Activities	4
Après-Ski/Nightlife	4

News
Zum Winter 2005/06 wird der komplette Dollar Mountain mit einer neuen, leistungsstarken Beschneiungsanlage ausgestattet.

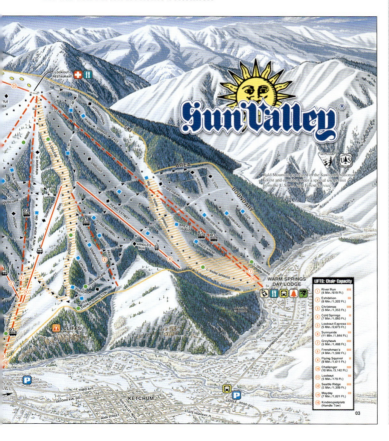

REGION 3
Nördliche Rocky Mountains

Skipass Baldy
1 Tag	$ 48–67
Kinder (0–12)	$ 27–38
6 Tage	$ 235–378

Verleih
Ski 1 Tag	$ 24–45
Ski 6 Tage	$ 115–216
Set 1 Tag	$ 30–50
Set 6 Tage	$ 144–240

Skipass Dollar
1 Tag	$ 23–28
Kinder (0–12)	$ 18–22
6 Tage	$ 132–160

Kinderbetreuung
Die **Sun Valley Playschool**, ✆ (208) 622-2288 (Reservierungen erforderlich, Gäste des Sun Valley Resorts haben Priorität), betreut Kinder im Alter von 6 Monaten bis 6 Jahren, ein ganzer Tag kostet $ 65–100. Alternative: Supper Sitters, ✆ (208) 788-5080. Die Skischule bietet Kurse für Kinder ab 4 Jahren an, ein Tag einschließlich Lunch kostet $ 95. Snowboardkurse ab 6 Jahren.

Ideales Terrain für Fall-Line-Skiing: Bald Mountain

- fast die Hälfte aller Pisten mündet in den überfüllten River Run
- am Dollar Mountain ausschließlich Sesselbahnen ohne Sicherheitsbügel.

Die Geburtsstunde von Sun Valley schlug 1935. Harriman suchte nach einem Weg, mehr Fahrgäste in seine Züge gen Westen zu locken. Er beauftragte seinen österreichischen Freund Felix Schaffgotsch, für ihn den perfekten Platz zum Bau einer Skistation zu finden. Schaffgotschs Odyssee führte kreuz und quer durch die Rockies, durch den Yosemite Park, zum Lake Tahoe und zum Mount Hood, aber alle Standorte wurden verworfen: zu hoch, zu windig, zu nahe an einer Stadt, zu weit von der Eisenbahnstrecke entfernt. Kurz bevor er an die Ostküste zurückkehren musste, ohne das Skifahrer-Mekka gefunden zu haben, verschlug es ihn nach Ketchum in Idaho: Die Hänge versanken unter meterhohem Pulverschnee, die Tage waren sonnig und windstill und die Szenerie war einmalig. Er hatte genug gesehen und telegraphierte an Harriman: »Platz gefunden. Besser als alles, was ich je in Amerika, der Schweiz oder in Österreich gesehen habe.«

Wenige Tage später hatte Harriman 1750 Hektar Land gekauft. Dann karrte er die besten Architekten ins abgeschiedene Idaho und ließ sie binnen sechs Monaten ein Skidorf wie aus dem Tiroler Bilderbuch hochziehen, aber mit allem Luxus der neuen Welt, vom Opernhaus bis zum verglasten Swimmingpool.

Noch heute verströmt Sun Valley die zurückhaltende Eleganz vergangener Tage, aber gepaart mit allen neuzeitlichen Annehmlichkeiten. Der historische Bezug liegt in den Details: uniformierte Pagen, üppig gepolsterte Sofas und Sessel vor den Kaminen in der Lobby und die Schwarzweißfotos der vielen Hollywoodstars, die Sun Valley besuchten, an den Wänden der Flure. Das alles hat seinen Preis, entsprechend wohlhabend ist Sun Valleys Klientel.

Ketchum, ID

Das Städtchen Ketchum liegt zwischen dem Sun Valley Resort und dem **Bald Mountain**, den man von einigen der Unterkünfte im Ort sogar zu Fuß erreichen kann. Ketchum hat sich sein Wildwest-Ambiente teilweise bewahren können und für europäische Gäste mag das reizvoller sein als der bemüht »europäische« Stil von Sun Valley. Die Atmosphäre ist überdies ungezwungener und deutlich lebhafter. Ketchum bietet eine reiche Auswahl an Shops, nicht weniger als 22 Galerien sowie Unterkünfte in jeder Preisklasse.

The Mountain

Das Skiareal gliedert sich in die sechs Zonen **River Run, Warm Springs, Frenchman's, Christmas** und **Mayday Bowl** sowie die **Seattle Ridge**. Bis auf die Mayday Bowl werden alle durch schnelle Vierer erschlossen. Für die fast 1000 Höhenmeter von Warm Springs auf den Bald Mountain braucht man gerade mal zehn Minuten.

Für Könner
Die Farbe der Pistenmarkierung sorgt am **Baldy** nicht für eindeutige Orientierung. So werden die unteren Abschnitte der blau ausgewiesenen Hänge in der **Frenchman's Bowl** nicht gewalzt und entwickeln gewaltige Buckel. Selbst die **Liftline** an der Seattle Ridge mit ihren ausschließlich grünen Pisten ist trefflich verbuckelt. Die schwarze **Limelight** hingegen entpuppt sich dank bester Präparierung als High-Speed-Cruiser. Die anspruchsvollsten Buckelpisten findet man im Bereich **River Run: Exhibition, Olympic und Holiday**. Off-Piste-Feeling vermitteln die **Mayday** und die **Christmas Bowl**.

Für Fortgeschrittene
Der Begriff Fall-Line-Skiing könnte am Baldy erfunden worden sein. Serienweise fallen ideal und vor allem gleichmäßig geneigte Pistenteppiche von den Schultern dieses Berges talwärts. Fortgeschrittene, die schnell und vor allem viel fahren möchten, finden perfektes Terrain im Bereich **Warm Springs** und an der **Seattle Ridge**.

Für Anfänger
Selbst die grün markierten Pisten am Baldy sind nicht voll anfängerkompatibel. Zwar geht es an der Seattle Ridge gemütlicher zu, aber der Weg dorthin ist für Anfänger etwas zu beschwerlich. Am **Dollar Mountain** sind Neulinge besser aufgehoben.

Für Snowboarder
Am Bald Mountain finden Snowboarder auf der **Lower-Warm-Springs-Piste** eine 120 Meter lange Half Pipe, einen Terrain-Park sucht man vergebens. Dafür eignen sich die breiten Pisten mit ihrem konstanten Gefälle hervorragend für lang gezogene Schwünge.

Bergrestaurants
Bei der Gastronomie am Berg setzt Sun Valley zumindest in Nordamerika Maßstäbe. Die **River Run Lodge**, die **Warm Springs Lodge** und das Restaurant **Seattle Ridge** tragen architektonisch dieselbe Handschrift, sind aus großen Flusssteinen und hellen Baumstämmen erbaut und üppig mit Perserteppichen, Lederfauteuils, großen Kristalllüstern, Messingbeschlägen und viel Marmor ausgestattet. In der Lobby der River Run Lodge steht ein Flügel. Gediegen geht es auch beim Essenangebot zu. Der älteste Speisetempel am Berg ist das elegante **Roundhouse Restaurant** (Tischservice), dessen Terrasse herrliche Fernblicke und dessen Karte österreichische Spezialitäten von Linzer Torte bis Wiener Schnitzel bietet. Trotz glorreicher Vergangenheit und luxuriösem Interieur sind die Preise reell.

Wartezeiten
Anfällig für Wartezeiten ist der Challenger Quad, ansonsten sind Schlangen kein Thema.

REGION 3
Nördliche Rocky Mountains

Gediegene Atmosphäre in der River Run Lodge in Ketchum

Nahe gelegene Skiorte
Rotarun, ID, 16 km
2 Lifte
✆ (208) 788-2117
Soldier Mountain, ID, 104 km
3 Lifte, 427 m HD
www.soldiermountain.com

Anreise
✈ Salt Lake City (480 km), **Hailey** (20 km) mit Verbindungen von Salt Lake City (8 x tägl. via Skywest), Seattle, Los Angeles und Oakland. Gute Verbindungen bietet der **Airport in Boise** (246 km).
🚌 Gäste, die im Sun Valley Resort logieren, werden kostenlos vom Airport in Hailey abgeholt, auch andere Hotels bieten kostenlose Airport-Transfers. Einmal vor Ort, ist ein Auto überflüssig. Die Busse von Ketchum Area Rapid Transit (www.KART-sun Valley.com) verkehren kostenlos im gesamten Wood River Valley, zusätzlich bietet Sun Valley eigene Shuttlebusse vom Village zu den Skigebieten am Dollar und am Bald Mountain.
🚗 Von Boise nimmt man zur Weiterreise nach Sun Valley am besten einen Mietwagen.

REGION 3
Nördliche Rocky Mountains

⟷ Idaho Falls 258 km, Boise 250 km, Portland 936 km

Anreisedauer: Flug nach Hailey 15 Std., Transfer 15 Minuten.

i Sun Valley Resort
Sun Valley, ID 83353
✆ (208) 622-2250
Fax (208) 622-2100
www.sunvalley.com

Tipp
Das **Sun Valley Multiple-Day Lift Exchange Program** ermöglicht es Inhabern eines Mehrtages-Skipasses, beliebig viele Skitage gegen andere Aktivitäten einzutauschen. Zur Wahl stehen z.B. Massagen, Schneeschuhverleih und Lunch, Eislaufen mit Mittagessen u.v.m.

Facts & Figures
Berg	2012 m
HD	1817 m
Lifte	5
Skigebiet	36 ha
Pistenfläche	29 ha
beschneit	ja
Länge	6,0 km
●	4,0 km
■	2,0 km
max.	1,2 km
Besucher	30 000

Seattle Ridge am Bald Mountain

Dollar Mountain, ID

Der Ort wo alles begann: Am Dollar Mountain errichteten die Konstrukteure der Union Pacific Railroad 1936 den ersten Sessellift der Welt. Ein gleiches Exemplar, das ein Jahr später am Ruud Mountain errichtet wurde, steht unter Denkmalschutz, ist aber nicht mehr in Betrieb. Heute dient der baumlose Dollar Mountain als große Übungswiese für die Skischüler. Für zehn Millionen Dollar spendierte Sun Valley dem Dollar Mountain 2004 eine neue Base Lodge, die genauso luxuriös ist wie die Exemplare am Bald Mountain.

Après-Ski/Nightlife
Après-Ski beginnt in den **Warm Springs** und **River Run Day Lodges** (in letzterer täglich gepflegte Live-Musik, donnerstags Jazz).

Vorstellungen im **Opera House**, Sun Valleys Kino, beginnen täglich um fünf Uhr, »Sun Valley Serenade« kann man dort oder auf dem Zimmer sehen.

Die Comedy-Show von **Mike Murphy** im Boiler Room lohnt sich für Besucher mit guten Englischkenntnissen. Ketchum bietet einige atmosphärische Bars, wie den **Sawtooth Club**, **Whiskey Jaques** (Live-Musik und Tanz) und **The Pioneer Saloon** (Clint Eastwood schaut hier ab und an vorbei).

Restaurants
Sun Valley bietet 13, Ketchum weitere rund 50 Restaurants, die Bandbreite reicht vom Fast Food bis zur Spitzengastronomie.

The Lodge Dining Room
Sun Valley Resort
Sun Valley, ID
✆ (208) 622-2150
Vornehmes Ambiente mit üppigen Kronleuchtern, Gourmet-Küche und Live-Musikuntermalung. Dinner (So Brunch). $$$

Bald Mountain Pizza
Sun Valley Resort
Sun Valley, ID
✆ (208) 622-2143
Familienfreundliches italienisches Restaurant im Walking Village, aufmerksamer Service, ausgezeichnete Pasta. Dinner. $

The Pioneer Saloon
308 Main St. N.
Sun Valley, ID
✆ (208) 726-3139
Ein absolutes Muss: Großartige Steaks und Seafood in authentischer Saloon-Atmosphäre mit viel Holz, Waffen und Elchköpfen an den Wänden, unbedingt reservieren. Dinner. $$

Sonstige Aktivitäten
Ein Besuch in Sun Valley wäre unvollständig ohne ein paar Kurven auf dem **Eislaufplatz** vor der Lodge, auf dem schon viele berühmte Eiskunstläufer (u.a. Kati Witt) ihre Pirouetten gedreht haben.

Eine Eislaufhalle, Gruppenkurse, Privatstunden und Hockeyprogramme runden das Eisangebot ab. Pferdeschlittenfahrten führen zum Dinner in der historischen Trail Creek Cabin.

Das **Nordic and Snowshoe Center** (gegenüber dem Inn, Tageskarte $ 13) spurt 40 km Loipen (Verleih und Unterricht), kostenlos sind die 32 km Loipen im **Wood River Valley**. Die **Bowling Alley** im Keller der Lodge bietet sechs Bowlingbahnen. **Tubing Hill** am Dollar Mountain (Kinder: $ 10 für 2 Std.).

Silver Mountain, ID △♦■⊂⌂

Das Skigebiet oberhalb von Kellogg im nördlichen Idaho (50 km von Coeur d'Alene) wurde bis in die 1980er Jahre als Freizeitareal für die Arbeiter der Bunker Hill Mine betrieben. Dann gingen die Silberpreise in den Keller und die Mine schloss. Die Stadt übernahm das Ruder und installierte 1990 eine rund fünf Kilometer lange Gondelbahn (die angeblich längste der Welt), die vom Ort zum »Mountain Haus« auf 1725 Meter führt. Von hier erschließen sich 67 Runs am **Kellogg** und **Wardner Peak**. Viele davon bleiben guten Skifahrern vorbehalten, die abseits der Pisten ideales Glade-Skiing-Terrain finden. Besonders anspruchsvoll sind die **North Face Glades** am Kellog Peak. Einen herrlichen Aussichtspunkt über das Silver Valley und tiefschwarze Hänge bietet der Wardner Peak. Schöne Cruising Runs findet man am Chair 2, Anfänger tummeln sich an den Liften rund um das »Mountain Haus«.

ⓘ www.silvermt.com
✆ (208) 783-1111

REGION 3
Nördliche Rocky Mountains

Facts & Figures
Berg	1902 m
Tal	1256 m
HD	646 m
Lifte	7
Skigebiet	312 ha
beschneit	15 %
Länge	32 km
■	5,0 km
■	16,1 km
♦	11,1 km
max.	4,0 km
Besucher	100 000
Schneefall	635 cm

Schweitzer Mountain, ID ▲♦■⊂∏

Die Bewohner von Sandpoint (18 km entfernt und ebenso wie Kellogg per Zug zu erreichen) benannten den Berg nach einem Einsiedler Schweizer Herkunft, der einst auf dem Berg hauste. Das war lange bevor 1963 der erste Skilift in Betrieb ging. Seit 1998 ist das Areal (80 km von Coeur d'Alene) im Besitz von Harbor Resorts und wird seitdem kontinuierlich modernisiert. So verfügt Schweitzer heute über den einzigen Express-Sechsersessel in Idaho, zeitgemäße Unterkünfte direkt an den Pisten, ein Activity Center für Kinder und einen beleuchteten Terrain-Park. Das Gelände gliedert sich in zwei große Bowls, die im oberen Bereich jeweils recht steil sind (besonders die Chutes in der North Bowl) und nach unten hin flacher auslaufen. Das Northwest Territory bietet schöne Cruiser mit gleichmäßigem Profil.

ⓘ www.schweitzer.com
✆ (208) 263-9555

Facts & Figures
Berg	1948 m
Tal	1213 m
HD	735 m
Lifte	8
Skigebiet	771 ha
beschneit	19 ha
Länge	65 km
■	2,2 km
■	34,6 km
♦ ♦♦	28,2 km
max.	4,9 km
Besucher	211 000
Schneefall	762 cm

Bogus Basin, ID ▲♦■⚐

Schon 1942 ging in Bogus Basin, nur 26 Kilometer oberhalb von Boise, der erste Skilift in Betrieb – ein 150 Meter langes Schleppseil. Inzwischen gelangt man im High-Speed-Chair auf den Gipfel der **Shafer Butte**. Von dort ziehen 61 Abfahrten in alle Himmelsrichtungen talwärts. Viele davon sind *double black diamond runs*. Leichtes und mittelschweres Terrain bieten die Hänge rund um die beiden Lodges. Zwischen **Deer Point** und **Pioneer Lodge** werden elf Kilometer Pisten beleuchtet. Das schätzen die Wintersportler aus der Hauptstadt Idahos ebenso wie die sehr günstigen Saisonpässe ($ 49 für Kinder). Das im Besitz der Stadt befindliche Skigebiet wird nicht kommerziell betrieben, alle Überschüsse werden am Berg eingesetzt. In den kommenden Jahren soll vor allem in Beschneiung und weitere Expresslifte investiert werden.

ⓘ www.bogusbasin.com
✆ (208) 332-5100

Facts & Figures
Berg	2311 m
Tal	1762 m
HD	549 m
Lifte	10
Skigebiet	651 ha
beschneit	7 ha
Länge	50 km
■	5,5 km
■	26,6 km
♦ ♦♦	18,2 km
max.	5,2 km
Besucher	400 000
Schneefall	635 cm

REGION 3
Nördliche Rocky Mountains

Jackson, WY

Fast jeder kennt die **Tetons**, denn dieser imposante Gebirgszug, der sich ohne Vorwarnung 2500 Meter über die vom Snake River durchflossenen Talauen rund um Jackson erhebt, bot die Kulisse für unzählige Westernfilme. Es war im Jackson Hole (Hole bedeutet Bergtal), als John Wayne 1932 erstmals ein Pferd bestieg. Benannt wurde diese Gegend nach einem Trapper namens Davey Jackson, der das Tal Ende des vorigen Jahrhunderts durchstreifte und den Schwarzfuß-Indianern ihre Jagdgründe streitig machte.

Das 6000-Seelen-Städtchen Jackson, dessen Bewohner und Besucher sorgsam das Wildwest-Image pflegen und mit Stiefeln, Wildlederjacken und Cowboy-Hut ausstaffiert über die hölzernen Bürgersteige flanieren, ist der letzte Vorposten der Zivilisation vor der Wildnis in den Grand Teton und Yellowstone National Parks. Die sind im Winter nur eingeschränkt zugänglich. Die Folge: Der Winter ist in Jackson Nebensaison, die Preise für Hotels niedriger als im Sommer.

Mit dem **Snow King Mountain** hat Jackson ein eigenes Skigebiet direkt vor der Haustür (vgl. S. 138).

Jackson pflegt sein Wildwest-Image

Anreise

✈ Jackson Hole (13 km), weitere Informationen vgl. Jackson Hole.

🚌 Die Busse von START verkehren regelmäßig auf verschiedenen Routen in Jackson und zum Teton Village. Fahrten in Jackson sind kostenlos, die Strecke zum Teton Village kostet $ 3.

Letzter Posten der Zivilisation: Jackson

Après-Ski/Nightlife

Absolutes Muss ist ein Besuch in der **Million Dollar Cowboy Bar** am Town Square. An den langen Bars, in die hunderte Silberdollars eingelassen sind, sitzt man auf Pferdesätteln, es gibt Live-Entertainment und donnerstags kostenlose Tanzstunden. Die **Silver Dollar Bar**, direkt um die Ecke am Broadway ist der stimmungsreichste Platz, um ein Football-Game zu schauen. Ebenfalls am Town Square liegt **Rancher Spirits & Billiards** – der Name ist Programm.

✕ **Snake River Brewery & Restaurant**
265 S. Millward St., Jackson, WY
✆ (307) 739-2337
Originelle Brauhausatmosphäre auf zwei Ebenen, sechs eigene Biersorten, Pizza, Pasta, Salate und Panini. Lunch und Dinner. $

✕ **Rendezvous Bistro**
380 S. Broadway, Jackson, WY
✆ (307) 739-1100
Gute, internationale Küche in ungezwungenem Ambiente, umfangreiche Weinkarte. Dinner. $$

✕ **Snake River Grill**
Town Sq., Jackson, WY
✆ (307) 733-0557
Preisgekröntes Restaurant im Herzen von Jackson, einfache, kreative Küche, Pizza aus dem Holzofen. Dinner. $$$

Sonstige Aktivitäten

Ein Bummel durch die Gift Shops ist eine amüsante Angelegenheit, es sei denn, man hat Probleme mit toten Tieren, die es hier in allen Sorten und Größen zu kaufen gibt – vom einzelnen Knochen über das Büffelsteak bis zum kompletten, ausgestopften Bär für 22 000 Dollar. Tierfreundfreundlicher ist das **National Museum of Wildlife Art** (4 km nördl. des Town Sq., www.wildlifeart.org), gegenüber dem **Elk Refuge**, wo Tausende Wapitis überwintern (Pferdeschlittentouren durch das Areal). Eishalle im **Snow King Center**.

Jackson Hole, WY
▲▲ ◆◆ ◆ (**l**

Für die Skifreaks jenseits des großen Teichs ist Jackson Hole »the most challenging mountain on the continent« – der herausforderndste Skiberg Amerikas. Dieses Image ist genauso kleidsam wie irreführend. Neben dem berüchtigten Rendezvous Mountain bietet Jackson Hole am Apres Vous Mountain und in der Casper Bowl nämlich reichlich Terrain, das auch ohne schwarzen Gurt zu bezwingen ist.

+ Einer der größten Höhenunterschiede in Nordamerika mit langen, konsistenten Abfahrten in der Fall-Linie
+ Wildwest-Flair und zahlreiche Geschäfte in Jackson
+ abgeschiedene Lage (keine Tagesausflügler!) in großartiger Landschaft
+ Flughafen mit guten Verbindungen in unmittelbarer Nähe
+ Off-Piste-Terrain.

- Weniger standfesten Skifahrern bleibt nur der Apres Vous Mountain
- indiskutable Bergrestaurants
- längere Wartezeiten an der Seilbahn
- gelegentlich Schneemangel im unteren Bereich
- Kälte und Wind
- das Teton Village am Fuß der Pisten ist eher verschlafen, das lebhaftere Jackson 15 Minuten entfernt.

Jackson Hole ist der Name des riesigen, topfebenen Hochtals zu Füßen des **Rendezvous Mountain**. Dort wo die Landschaft abrupt von der Horizontalen in die Vertikale übergeht, begann Paul McCollister, der Gründer der Jackson Hole Ski Corporation, 1964 mit dem Bau des Skidorfs Teton Village. Während man die Bauten im Village in den ersten Jahren noch nach alpinen Vorbildern gestaltete, setzt sich mittlerweile ein eher lokaler Baustil durch. Die neueste, sehr gelungene Ergänzung ist das Four Seasons Resort Hotel, direkt an der Talstation der Bridger Gondola. Es gibt einige Shops und Restaurants, aber gemütliche Dorfatmosphäre will trotz der Kirchturmreplik nicht so recht aufkommen, denn die Gebäude ziehen sich nur in einer Reihe am Saum der Pisten entlang und liegen zum Teil etwas verstreut zwischen den Bäumen, was durchaus einen eigenen Reiz hat.

Das Netzwerk der Waldschneisen, in anderen Wedelrevieren des Landes schon von weitem sichtbar, sucht man bei der Anfahrt auf Jackson Hole zwischen all den Felstürmen, steinernen Zinnen, Lawinenrinnen und Steilhangfluchten vergebens. Die Hänge sind bewaldet, mal dichter, mal lichter – unmöglich zu sagen, ob und wo die Kettensäge angesetzt wurde. Aber McCollister fand Routen zwischen all den Felsen – Mulden, Couloirs und offenen Flanken – stellte drei Lifte auf und verließ sich ansonsten auf das, was die Natur zu bieten hatte. Genau das macht den Reiz des Rendezvous Mountain aus und sorgt dafür, dass eine Menge Skibums in Jackson Hole ihr Quartier aufgeschlagen haben. Ihre Leidenschaft fürs Skifahren wirkt auch auf vorübergehende Besucher dieses großartigen Skibergs ansteckend.

REGION 3
Nördliche Rocky Mountains

Kirchturmreplik im Skidorf Teton Village

Facts & Figures
Berg	3185 m
Tal	1924 m
HD	1261 m
Lifte	12
Seilbahn	1
Gondelbahn	1
Express-Sessel	2
Sesselbahnen	7
Schlepplifte	1
	13 996 Pers./Std.
Skigebiet	784 ha
Abfahrten	100
beschneit	65 ha
Länge	80 km
Charakter	80/0/20
●	6,4
■	40,2 km
◆	30,0 km
◆◆	3,4 km
hike-to	2,9
max.	8,4 km
Fall-Linie	3,9 km
Besucher	395 000
Skitage	120
VTM/Skifahrer	5 300
Skifahrer/km	40
Schneefall	190/1166 cm

Bewertung
Preis/Leistung	4
Landschaft	3
Skigebiet	
Off-Piste	5
Experten	5
Fortgeschrittene	4
Anfänger	2
Never-Ever	4
Wartezeiten	2
Bergrestaurants	2
Ort	
Dining	3
Activities	5
Après-Ski/Nightlife	3

Skipass
1 Tag	$ 67–69
Jugend (15–21)	$ 54–56
Kinder (0–14)	$ 34–36
6 Tage	$ 372–384
Verleih	
Ski 1 Tag	$ 21.50–29.50
Ski 6 Tage	$ 105–153
Set 1 Tag	$ 26.50–39.50
Set 6 Tage	$ 135–213

**REGION 3
Nördliche Rocky
Mountains**

The Mountain

Jackson Holes Skiareal gliedert sich in vier Zonen. Nummer eins ist der **Rendezvous Mountain**. Mit der 63-Personen-Seilbahn erreicht man den Gipfel in zehn Minuten. Aber Achtung: Es gibt keine bequeme Alternative ins Tal. Die Bridger Gondola zielt vom Teton Village bis auf 2772 Meter unterhalb des Bergkamms der **Headwall**. Den 2585 Meter hohen **Apres Vous Mountain** erschließen zwei Express-Vierer. Zwischen Apres Vous und Headwall

liegt die **Casper Bowl**, bedient durch einen eigenen Dreiersessel. Die Saison dauert nur von Anfang Dezember bis Anfang April, nicht etwa, weil der Schnee nicht länger reicht, sondern weil der Forest Service, Eigentümer des Skigeländes, nicht mehr Skitage genehmigt. Jacksons grimmige Klimawerte wirken zwar etwas abschreckend, aber bei Inversionswetterlagen herrschen am Berg angenehme Temperaturen, während es nur im Tal bitterkalt ist.

REGION 3
Nördliche Rocky Mountains

News
Zur Saison 2005/06 errichtet Jackson Hole den **Sweetwater-Lift**. Die Dreiersesselbahn mit 320 Höhenmetern verbindet die leichten Abfahrten an den Teewinot- und Eagle's-Rest-Liften mit den mittelschweren Hängen der Casper Bowl. Eine traurige Nachricht gibt es auch: Die Saison 2005/06 wird die letzte der legendären Aerial Tram sein. Ob, wie und wann die Seilbahn ersetzt wird, stand bei Redaktionsschluss noch nicht fest.

Kinderbetreuung
Die **Kid's Ranch** im Cody House bietet altersspezifische Programme für Kinder und Jugendliche im Alter von 6 Monaten bis zu 17 Jahren. Die ganztägige Betreuung für die bis zu 2-Jährigen kostet $ 100, für 3–6-Jährige $ 110 einschließlich Liftpass, Skiunterricht, Leihmaterial und Mittagessen. Snowboardunterricht ab 5 Jahren in Kleingruppen ($ 185/Tag).

REGION 3
Nördliche Rocky Mountains

Anreise

✈ Jackson (19 km), mit Flügen von vier Airlines aus sieben amerikanischen Städten, u.a. Chicago, Denver und Salt Lake City.

🚌 Einige Hotels bieten kostenlosen Transfer vom Flughafen **Jackson** an. Andernfalls gelangt man per Taxi (einfache Fahrt $ 20 nach Jackson, $ 30 nach Teton Village) oder per Shuttle (Alltrans, ✆ 307-733-1719) für $ 25 bzw. $ 37 (Hin- und Rückfahrt) nach Teton Village.

🚗 Einen Mietwagen benötigt man nicht, denn Flughafen, das Städtchen Jackson und das Teton Village sind durch Buslinien gut miteinander verbunden. Ausflüge in die Umgebung werden einschließlich Transfer angeboten.

⟷ Idaho Falls 145 km, Salt Lake City 494 km, Denver 842 km

Anreisedauer: Flug nach Jackson 14 Std., Transfer 30 Min.

ℹ **Jackson Hole Chamber of Commerce**
Jackson, WY 83001
✆ (307) 733-3316
Fax (307) 733-5585
www.jacksonholechamber.com

Für Könner

Corbett's Couloir heißt Jacksons berüchtigte Abschussrampe in die ewigen Skifahrerjagdgründe. Man stelle sich eine überhängende Felswand vor, in die die Natur eine zwei Meter breite Bresche geschlagen hat, durch die man mit einem Sprung von lediglich 20 Meter Tiefe einen Touchdown auf der unter der Wand liegenden 35 Grad steilen Flanke landen kann. Das braucht Mut. Der Couloir rangiert am extremen Ende eines immensen Spektrums an schweren und sehr schweren Varianten, die man in den meisten anderen Skigebieten der Welt wohl nur mit Guide ansteuern könnte. Den Löwenanteil des schweren Terrains erreicht man von der Bergstation der Seilbahn. Alternativ bedienen der Sublette Quad und der Thunder Quad die Steilhänge in der **Cheyenne Bowl** und der **Laramie Bowl** sowie die mit zwei schwarzen Diamanten gekennzeichneten **Alta Chutes** und **Expert Chutes**.

An Tagen mit Neuschnee sollte man sich auf keinen Fall die unteren Hänge des Rendezvous Mountain zwischen **North Colter Ridge** und **South Hoback** entgehen lassen, auch wenn die Abfahrt dann an der Schlange der Seilbahn endet. Alternativ gelangt man mit der Gondelbahn und den beiden Sesselbahnen wieder fast bis auf den Gipfel. Lohnend ist auch der Aufstieg von der Gondelbahnbergstation zur Headwall, von wo aus reizvolle Varianten in die **Casper Bowl** kippen. Tourengeher können durch mehrere Gates ins Backcountry aufbrechen. Viele tun es, was für noch weniger Betrieb auf den Hängen im Skigebiet gesorgt hat.

Für Fortgeschrittene

Man muss kein absoluter Experte sein, um heil vom Rendezvous Mountain ins Tal zu gelangen. Die **Rendezvous Bowl** am Gipfel ist nicht wirklich furchterregend und mündet in die mittelschwere **Rendezvous Trail**, die am Grund der **Cheyenne Bowl** in einen Skiweg übergeht, der vorbei am Casper Bowl Triple, der zahlreiche blaue Pisten bedient, bis zu den Übungswiesen am Fuß des Apres Vous Mountain führt. Die blau ausgewiesenen Hänge entlang der Bridger Bowl Gondola sind manchem fortgeschrittenen Fahrer vielleicht etwas zu sehr geneigt. Ideales Gelände finden solche Fahrer am Apres Vous Mountain, auf Pisten wie **Werner** oder **Moran**.

Für Anfänger

Der **Eagle's-Rest-Doppelsessel** und der **Teewinot Quad** erschließen sanfte Übungswiesen im Talbereich. Für sie gibt es ein preiswertes Beginner-Lift-Ticket. Ansonsten beschränken sich geringe Neigungswinkel auf Skiwege, die für Anfänger wegen mangelnder Ausweichfläche auch nicht ideal sind.

Jacksons gefährliche Abschussrampe: Corbett's Couloir

Am Rendezvous Peak in Jackson Hole

i Jackson Hole Mountain Resort
Teton Village, WY 83025
✆ (307) 733-2292
Fax (307) 733-2660
www.jacksonhole.com

Tipps
– Beim Team Extreme lernen Teens ab 12 Jahren, wie man von Felsen springt und Buckelpisten fährt.
– Trotz des großartigen Terrains sollten Urlauber den ein oder anderen Skitag frei nehmen. Absolutes Muss ist eine Fahrt mit dem Snowmobile in den nahe gelegenen **Yellowstone-Nationalpark**, dessen vulkanische Quellen und rund 250 Geysire im Winter ebenso beeindruckend sind wie im Sommer.

REGION 3
Nördliche Rocky Mountains

Für Snowboarder
Freerider kommen auf diesem Berg voll und ganz auf ihre Kosten – aber nur, wenn sie ihr Handwerk verstehen. Wer das nicht tut, begibt sich hier wirklich in Gefahr. Wer es hingegen ohne Angstzustände vom Rendezvous Mountain bis ins Tal schafft, wird vermutlich niemals mehr woanders freeriden wollen. Natürlich verfügt Jackson Hole auch über eine **Halfpipe** und einen **Terrain-Park** (am Apres Vous Mountain), aber ganz ehrlich: An einem solchen Berg ist das vergeudete Zeit.

Bergrestaurants
Definitiv keine Stärke. Wem mittags nach mehr als einem Boxenstopp mit Pizza, Burger oder Tex-Mex ist, muss ins Tal abfahren. Das **Casper** SB-Restaurant an der Talstation des gleichnamigen Sessellifts bietet aber immerhin eine Terrasse mit schöner Aussicht. **Headwall Pizza** residiert in der Garage der Gondelbahnbergstation – wer's mag. Rund um die Talstationen herrscht größere Auswahl, vom **Village Café** (gute Pizza, Treffpunkt der Skibums) bis zum edlen **Westbank Grill** im Four Seasons Resort.

Wartezeiten
gibt es an der Seilbahn, die nur gut 300 Personen pro Stunde befördern kann, und während der Ferienzeit auch mal am Thunder Quad. Die Wochenenden verlaufen ruhig, da keine größeren Städte in Reichweite liegen.

Après-Ski/Nightlife
Partystimmung kommt bei Live-Musik im stets prall gefülltem **Mangy Moose** auf, in dem sich die Jugend und die Junggebliebenen versammeln. In der Regel ist hier mehr los als in den Bars in Jackson. Gepflegter geht es an der **Peak Bar** im Four Seasons und in der **Cacade Bar** in der

Tiefschneeträume über dem Tal von Jackson Hole

REGION 3
Nördliche Rocky Mountains

Silver Dollar Bar in Jackson

Teton Mountain Lodge zu: kuschelige Sofas und Sessel, Kamin und gedämpfte Lautstärke.

The Vertical
Cody Dr. (im Best Western)
Jackson Hole, WY
✆ (307) 734-8192
Im modernem Ambiente wird internationale Küche serviert. Nur Dinner. $$–$$$

Westbank Grill
7680 Granite Loop Rd. (im Four Seasons Resort)
Jackson Hole, WY
✆ (307) 732-5000
Gediegene Atmosphäre mit großem Kamin, übersichtliche, aber feine Karte. Breakfast ($), Lunch ($$) und Dinner ($$–$$$).

Mangy Moose Restaurant
Village Dr., Jackson Hole, WY
✆ (307) 733-4913
Steaks und Seafood, große Salatbar. Lunch und Dinner. $–$$

Sonstige Aktivitäten
Das **Saddlehorn Activity Center**, ✆ (307) 739-2629, bietet 20 km Loipen, Schneeschuh-Trails, Verleih und Unterricht, außerdem Hundeschlittenfahrten und Touren ins Backcountry mit Übernachtung in einer Jurte. Spannend ist auch ein Tandem-Paragliding-Flug vom Rendezvous Mountain, ✆ (307) 690-8726. Touren mit dem Snowmobile bei **Llama Louie's**, ✆ (307) 733-1617, das Büro von **High Mountain Heliskiing** liegt direkt neben der Seilbahn. Eislaufen auf dem **Crystal Springs Pond**.

Snow King, WY △ ♦

Facts & Figures	
Berg	2380 m
HD	475 m
Lifte	4
Skigebiet	80 ha
Pistenfläche	50 ha
beschneit	19 ha
Flutlicht	2 Lifte, 45 ha
Länge	12 km
●	4,4 km
■	3,3 km
♦	4,3 km
max.	3,3 km
Schneefall	381 cm

Nur sechs Blocks vom Town Square entfernt dominiert **Snow King Mountain** die Skyline von Jackson. Seit 1939 fährt man auf seiner Nordflanke Ski. Weil die so steil und schattig und der Schnee daher oft vereist ist, beschreiben die Einheimischen den Charakter des Areals lapidar mit »Eastern skiing out West«. Nicht gerade ein Gütesiegel. Fakt ist: Anfänger sind hier nicht gut aufgehoben. Ihnen bleibt zur Talfahrt vom Gipfel nur ein kehrenreicher Zieher. Frequentiert wird der Berg dafür von Rennteams, die das anspruchsvolle Gelände und die günstigen Liftpreise (etwa die Hälfte von Jackson Hole) schätzen. Ein Abstecher von Jackson Hole zum King Mountain lohnt sich durchaus. Hier kann man dank Flutlicht ein paar extra Höhenmeter sammeln, wenn in Jackson Hole schon die Lifte stehen. Kinder toben sich im Tubing-Park aus.

ⓘ Jackson, WY 83001
✆ (307) 733-5200, www.snowking.com

Grand Targhee, WY ▲♦■⊂🞄

Auf der Wetterseite der Teton-Berge, im äußersten Westen von Wyoming, fallen jeden Winter rund 13 Meter Schnee und Grand Targhees Pistenraupenfahrer hassen Überstunden. Ergo gibt es kaum einen besseren Platz auf Erden um das Schwingen durch den weißen Stoff zu erlernen, denn die *groomer* lassen auch flache Hänge als *powder areas* unberührt.

Der kleine Skiort im Wildweststil ist eine gute Stunde Fahrt von Jackson Hole entfernt. Er gleicht einem Kreuzfahrtschiff in einem weißen Meer aus Pulverschnee. Gerade mal 432 Gäste finden in den rustikalen Lodges Platz. Tagesgäste verirren sich kaum in die entlegene Gegend. So lernt man einander schnell kennen, trifft sich abends im großen Freiluftpool des Dreamchaser Spa, vor dem knisternden Feuer in der Base-Lodge oder im »The Trap«, der einzigen richtigen Bar am Platze.

The Mountain
Der Dreamcatcher High-Speed-Quad führt vom Village auf den **Fred's Mountain**. Dessen rund 2,5 Kilometer weite und dank eines lange zurückliegenden Waldbrandes offene Westflanke ist in zahlreiche Falten gelegt, die für eine natürliche Gliederung des Terrains sorgen. Besonders steil sind die Varianten in nördlicher Richtung hinunter zum Blackfoot-Lift, einem antiken Doppelsessel ohne Bügel und Fußstützen. Ein Skiweg führt in großem Bogen südseitig talwärts (und bietet eine fantastische Aussicht auf die Felsdome der Tetons). Er sammelt auch die Skifahrer ein, die auf den zahlreichen Hängen an der Südflanke des Berges talwärts schwingen, die im Verhältnis zum anschließenden Skiweg zum Lift recht kurz sind. Der benachbarte **Peaked Mountain** war bislang ausschließlich Snowcat-Skiing-Gelände (vgl. S. 250). Jetzt erschließt der Sacajawea-Vierer sieben neue Pisten mit rund 400 Höhenmetern. Übrigens: Selbst wenn es drüben in Jackson wochenlang nicht geschneit hat, bietet Targhee häufig besten Pulver.

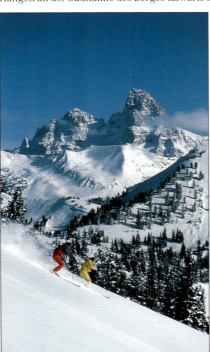

Off the Mountain
Außer dem Spa bietet Targhee Tubing ($ 8 pro Stunde), Eislaufen (Schlittschuhverleih $ 5), Pferde- und Hundeschlittenfahrten, Snowmobiling, 15 Kilometer Langlaufloipen und Schneeschuhwanderungen mit Tierbeobachtung. Die Shoppingmöglichkeiten beschränken sich auf Boutique, Gift Shop, General Store und Sportgeschäft.

REGION 3
Nördliche Rocky Mountains

Facts & Figures
Berg	3048 m
Tal	2310 m
HD	738 m
Lifte	5
	7 200 Pers./Std.
Skigebiet	425 ha
beschneit	5 %
Länge	35 km
●	8,0 km
■	20,8 km
♦	6,3 km
♦♦	0,0 km
max.	4,6 km
Besucher	120 000
Schneefall	1186/1280 cm

Skipass
1 Tag	$ 53
Kinder (6–14)	$ 33
Kinder (bis 5)	kostenlos
6 Tage	$ 300

Anreise
✈ Salt Lake City (478 km), Jackson (68 km)
🚌 Shuttle von Jackson Hole (Alltrans, ✆ 800-443-6133 oder (307) 733-3135)
↔ Idaho Falls 140 km, Boise 575 km

ℹ **Grand Targhee**
Alta, WY 83422
✆ (307) 353-2300
Fax (307) 353-8148
www.grandtarghee.com

Die Tetons überragen die Skihänge von Grand Targhee

REGION 3
Nördliche Rocky Mountains

Vielleicht die sensationellste Seilbahn Amerikas: Lone Peak Tram

Big Sky, MT

Der erste Anblick des Lone Mountain ist immer atemberaubend. Ein ebenmäßiger Wächter, der wie eine Pfeilspitze in den Himmel sticht, sich erhebt über gigantische Mulden, gefüllt mit herrlichem Pulverschnee. Der Gipfel erscheint unfahrbar, aber es gibt sie, die unglaublichen Linien durch seine Felswände. Genau wie Cruiser, Buckelhänge und Übungswiesen. Ein perfekter Mix, der Big Sky zum vielleicht vielfältigsten Skiberg Amerikas macht. Das Beste daran: Es hat fast noch niemand bemerkt!

+ Extrem vielfältiges Gelände
+ der leichteste Schnee Amerikas
+ exzellentes Off-Piste-Terrain
+ lange, konsistente Cruising Runs
+ ideale Buckelpisten für Einsteiger
+ keine Wartezeiten.

- Einige alte Lifte ohne Sicherheitsbügel
- Kälte und Wind
- mit der Schneequantität hapert es manchmal, der ultraleichte Pulver taut, sackt und sublimiert schnell
- charakterloses Skidorf.

Chet Huntley, seinerzeit NBC-Anchorman, träumte bereits in den 1960er Jahren davon, in seinem Heimatstaat Montana ein großes Ski-Resort zu schaffen. Auf der Standortsuche wurde er nordwestlich des Yellowstone National Park im Tal des Gallatin River fündig. Er scharte finanzstarke Investoren um sich und erwarb fast 4500 Hektar Land rund um den **Lone Peak**. Am 15. Dezember 1973 ging Big Sky in Betrieb. Nur vier Monate später starb Huntley und seine Partner verkauften Big Sky an Boyne USA, ein kleines, familiengeführtes Unternehmen aus Michigan.

Der Ort, dessen Architektur leider etwas an französische Skistationen erinnert, wuchs über die Jahre daher zwar kontinuierlich, aber langsam, entwickelte sich jüngst jedoch zum größten und nobelsten Skiareal der nördlichen Rockies. Einer der Gründe ist die 1996 gebaute, wohl sensationellste Seilbahn Amerikas: die **Lone Peak Tram**. Ein anderer ist die Lage: Eine perfekte Balance zwischen leichter Erreichbarkeit und inselgleicher Abge-

Facts & Figures	
Berg	3399 m
Tal	2072 m
HD	1327 m
Lifte	18
Seilbahn	0
Gondelbahn	1
Express-Sessel	4
Sesselbahnen	9
Schlepplifte	3
	23 000 Pers./Std.
Skigebiet	1463 ha
Abfahrten	150
beschneit	91 ha
Länge	112 km
Charakter	79/7/15
●	29,9 km
■	38,7 km
♦	34,3 km
♦♦	8,8 km
max.	6,5 km
Fall-Linie	4,6 km
Besucher	300 000
Skitage	136
VTM/Skifahrer	13 500
Skifahrer/km	20
Schneefall	353/1015 cm

Big Sky Mountain Village vor der Kulisse des Lone Mountain

REGION 3
Nördliche Rocky Mountains

Big Sky bietet Pisten unter- und oberhalb der Baumgrenze

schiedenheit. Es ist, als wenn die Kälte, die Ruhe und der Himmelsbogen in Big Sky in der Tat größer wären als anderswo.

The Mountain
In puncto Pistenlänge rangiert Big Sky durch die Verbindung mit dem benachbarten Moonlight Basin unter den Top 3 Nordamerikas.

Für Könner
Mit einer immensen Auswahl an anspruchsvollsten Abfahrtsvarianten durch gegen senkrecht strebende Schründe, Flanken und Rinnen lässt der Lone Mountain selbst die berüchtigsten alpinen Skiberge hinter sich. Der Königsweg für den Sturzflug von der Spitze des erloschenen Vulkans heißt **Big Couloir**. Will man dieses Kanonenrohr in Angriff nehmen, braucht man Partner, Piepser, eine Schaufel und muss sich bei der Ski Patrol an der Bergstation für den Take-Off anmelden. Alle 15 Minuten lässt sie zwei entsprechend ausgestattete Aspiranten in den Couloir. Könner bleiben hier oben schon deshalb unter sich, weil die Gondel alle fünf Minuten nur 15 Passagiere nach oben befördert. Die haben die Wahl zwischen 27 im Pistenplan ausgewiesenen *double black diamond runs*, neben dem Couloir auf dem weiten **South Face** und im megasteilen **East Face**. Auch der **Challenger Quad** erschließt extremes Gelände – und eine Reihe von Buckelpisten. Besonders schöne Buckel bieten **Mad Wolf** unter dem Thunderwolf-Express-Vierer sowie die Hänge am **Lone Moose Triple**.

Für Fortgeschrittene
Big Skys Skiareal ist ein Paradies für Genuss-Skifahrer. Unter der Gondelbahn ermöglichen serienweise perfekt gepflegte Schneeteppiche ununterbrochenes Wedeln über zwei, drei Kilometer. Der gegenüberliegende **Andesite Mountain** bietet ebenfalls Batterien herrlicher *blue square runs*.

Für Anfänger
prädestiniert sind die Übungswiesen direkt am Mountain Village, bedient durch Förderbänder und den 1100 Meter langen Explorer-Doppelsessel. Auf der Rückseite des Andesite Mountain warten megabreite, fast zwei Kilometer lange leichte Abfahrten samt High-Speed-Lift, **Pacifier** heißt der leichte Weg vom Andesite zurück ins Dorf. Auch einige der blauen Pisten an der Gondelbahn sind schneepflugkompatibel.

Für Snowboarder
gibt es Halfpipe und Terrain-Park auf dem Andesite Mountain, bei den **Ambush Glades**. Natürliche Halfpipes auf **Lower Morningstar** und Lower Buffalo Jump am Lone Peak. Freerider finden ihr Nirwana am **South Face** und **Carver** im unteren Bereich der Frontseite des Lone Peak sowie am Andesite Mountain.

Bewertung
Preis/Leistung	4
Landschaft	4
Skigebiet	
Off-Piste	5
Experten	5
Fortgeschrittene	4
Anfänger	2
Never-Ever	2
Wartezeiten	5
Bergrestaurants	2
Ort	
Dining	3
Activities	2
Après-Ski/Nightlife	2

Skipass
1 Tag	$ 43–61
Jugend (14–21)	$ 42
Kinder (11–13)	$ 25
Kinder (0–10)	kostenlos
6 Tage	$ 258–336
Verleih	
Set 1 Tag	$ 25–42
Set 6 Tage	$ 120–202

News
Ab der Saison 2005/06 gibt es einen gemeinsamen Skipass für Big Sky und Moonlight Basin. Dadurch wachsen die beiden physisch schon länger verbundenen Areale zum drittgrößten Skigebiet Amerikas zusammen. Der Skipass kostet für einen Tag $ 78.

REGION 3
Nördliche Rocky Mountains

Bergrestaurants
gibt es nur eines, das gemütliche **The Dug Out** auf dem Andesite, wo man Bratwurst, Burger und Bier bekommt.

Off the Mountain
Zur Happy Hour lohnt sich ein Besuch in **Chet's Bar** mit seiner Crazy Austrian Show (ein Muss). Man kann auch Poker spielen (in Montana legal). Favorit der Locals ist **The Corral**, für dessen Wildwest-Touch muss man

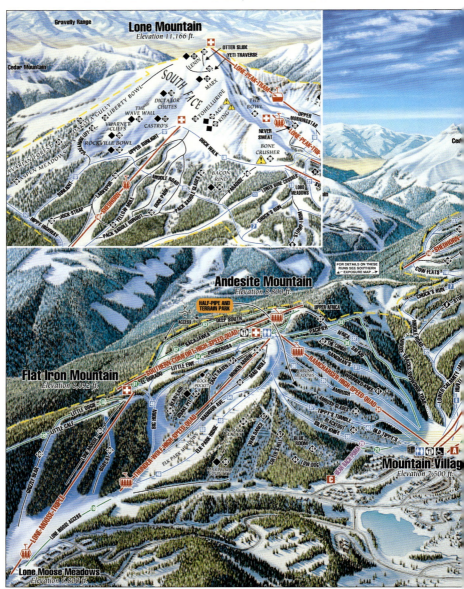

allerdings einige Meilen Richtung Yellowstone fahren. Das beste Abendessen serviert das lässig-elegante **Peaks** im Summit Hotel. Tagsüber locken Snowmobile-Touren (auch im Yellowstone), Hunde- oder Pferdeschlittenfahrten, Schneeschuhwanderungen, Wildbeobachtungen (Elche, Adler, Schneeziegen), 87 Kilometer Loipen an der Lone Mountain Ranch, Reiten und Fischen im dafür legendären Gallatin River.

Von den Shopping-Optionen im Mountain Village sollte man nicht zu viel erwarten.

REGION 3
Nördliche Rocky Mountains

Anreise

✈ Salt Lake City (599 km), Bozeman (72 km) mit Verbindungen von Minneapolis, Detroit, Salt Lake City, Denver, Seattle und Los Angeles.

🚌 Vom **Airport in Bozeman** gelangt man mit den Shuttlebussen von Karst Stage, ✆ (406) 388-2293 oder 800-287-4759, nach Big Sky. Die einfache Fahrt kostet $ 30, Hin- und Rückfahrt $ 50. Die fünf Linien des kostenlosen Snow Express Shuttle verbinden von 8–22 Uhr die verschiedenen Anlagen im Mountain Village sowie entlang der Zufahrtsstraße und am Hwy. 191 miteinander.

🚗 Auf einen Mietwagen kann man verzichten, auch Ausflüge zum Yellowstone-Nationalpark sind ohne eigenen Wagen möglich.

↔ West Yellowstone 80 km, Idaho Falls 262 km, Jackson 363 km

Anreisedauer: Flug nach Bozeman 15 $^{1}/_{2}$ Std., Transfer 1 Std.

ℹ **Big Sky Resort**
Big Sky, MT 59716
✆ (406) 995-5000
Fax (406) 995-5001
www.bigskyresort.com

REGION 3
Nördliche Rocky Mountains

Moonlight Basin, MT

Das Skigebiet an der Nordflanke des Lone Peak eröffnete im Dezember 2003. Damit war Moonlight das erste neue Skigebiet der USA seit mehr als 20 Jahren. Trotz umfangreicher Immobilienentwicklung und dem Bau von 76 Skipisten gewann Moonlight bereits verschiedene Umweltpreise. Mit Big Sky bildet es das drittgrößte Skigebiet Nordamerikas.

+ Keine Wartezeiten und Pisten, die man oft ganz für sich hat
+ hochalpines Off-Piste-Terrain
+ komfortable, ideal für Familien oder Kleingruppen geeignete Unterkünfte mit direktem Pistenzugang
+ lange Abfahrten, die den natürlichen Geländeformen folgen.

- Abends wenig mehr zu tun, als DVDs zu schauen oder im Whirlpool zu liegen
- kein wirkliches Zentrum, selbst kleinste Erledigungen sind kaum zu Fuß zu schaffen
- Skischule und Skiverleih nur in Big Sky.

Zwischen Umweltschutz und der Skigebietserschließung besteht nur scheinbar ein Widerspruch, denn von den 39 Quadratmeilen ehemals intensiv forstwirtschaftlich genutzter Fläche, die Joe Vujovich, Lee Poole und Keith Brown 1992 aus den Händen der Burlington-Northern-Eisenbahngesellschaft erwarben, wird nur ein Bruchteil für das Ski-Resort beansprucht. Der riesige Rest wird nach und nach in seinen ursprünglichen Zustand zurückversetzt. Bereits jetzt haben die Wildtierpopulationen kräftig zugenommen: Elche, Wapitis, Bergziegen und Bären bevölkern das Areal und manchmal sieht man sie sogar von den Pisten aus. Im Sommer äsen die Wapitis direkt auf den Pisten – die wurden nämlich mit Gräsern bepflanzt, die auf dem Speiseplan der Tiere ganz oben stehen. Die ersten Condominiums und Ferienhäuser entstanden Mitte der 1990er Jahre, zwei Lifte sorgten für den Zugang zu den Pisten von Big Sky. Dann beschlossen die Eigentümer von Moonlight, nicht mehr nur im Immobiliengeschäft aktiv zu sein sondern auf ihrem Land ein eigenes Skigebiet zu errichten.

Facts & Figures
Berg	2987 m
Tal	2182 m
HD	805
Lifte	6
Trams	0
Gondelbahnen	0
Express-Sessel	1
Sesselbahnen	5
Schlepplifte	0
	9085 Pers./Std.
Skigebiet	393 ha
Abfahrten	76
beschneit	5 %
Länge	49 km
Charakter	68/18/14
●	13,4 km
■	19,1 km
♦	15,7 km
♦♦	1,3 km
hike-to	7,0 km
max.	4,6 km
Fall-Linie	4,1 km
Besucher	ca. 45 000
Skitage	136
VTM/Skifahrer	21 400
Skifahrer/km	6
Schneefall	353/1015 cm

Bewertung
Preis/Leistung	4
Landschaft	3
Skigebiet	3
Off-Piste	4
Experten	4
Fortgeschrittene	3
Anfänger	2
Never-Ever	2
Wartezeiten	5
Bergrestaurants	2
Ort	
Dining	3
Activities	3
Après-Ski/Nightlife	1

Skipass
1 Tag	$ 40
Jugend (11–17)	$ 30
Kinder (0–10)	kostenlos
6 Tage	$ 215
Verleih	
Set 1 Tag	$ 25–50

Moonlight Basins Pisten erstrecken sich an der Ostflanke des Lone Mountain

The Mountain
Das Skigebiet soll im Endausbau zwölf Lifte bis auf den Gipfel des Lone Peak umfassen. Die Saison dauert von Thanksgiving bis Anfang April.

Für Könner
Headwaters heißt Moonlights am besten zugängliche Extreme-Skiing Zone. Fast 20 Couloirs kippen vom messerscharfen Grat zwischen der Bergstation des neuen Sessellifts auf 2987 Meter und dem 3124 Meter hohen **Castle Rock** in die **Stillwater Bowl**. Extrem steiles Gelände, in das man sich nur als sehr guter Skifahrer wagen sollte. Exkursionen in die **Deepwater Wild Area** (bis 3307 m) sollte man nur mit Guide unternehmen, denn das Terrain ist wirklich wild! Der Lone-Tree-Lift erschließt vergleichsweise zahme, aber immer noch sehr anspruchsvolle Hänge, **Obsidian** bietet einen Vorgeschmack auf die Headwaters. Die Lookout Ridge bietet Zugang zu zahlreichen Glades. Buckelfans werden am **Iron-Horse-Lift** fündig.

Für Fortgeschrittene
Die größtenteils präparierten schwarzen Pisten am Six-Shooter-Lift sind eher genuss- als anspruchsvoll. Komfort-Skifahrer werden die langen Cruising Runs wie **Elkhorn, Merwether** oder **Lookout Ridge** lieben. Auf dem sehr aussichtsreichen **Horseshoe Run** (auch ein Blick zurück lohnt) ist man in der Regel über gut 3,5 Kilometern ganz für sich.

Für Anfänger
Der **Derringer-Lift** mit seinen ideal für Anfänger geeigneten Pisten liegt etwas abseits, ist aber sowohl vom Iron Horse als auch vom Pony-Express-Lift über leichte Abfahrten erreichbar. Zurück zur Lodge und den Unterkünften gelangt man mit dem Six Shooter und via **Lazy Jack**.

Für Snowboarder
Bislang hält Moonlight keine speziellen Angebote für Snowboarder vor.

Bergrestaurants
Ein Bergrestaurant im eigentlichen Sinn gibt es nicht, denn die drei Lodges stehen am Fuß der Pisten. Einfache Verpflegung in einem temporären Gebäude bietet die **Madison Lodge**, Top-Ambiente die **Moonlight Lodge**.

Off the Mountain
Das Zentrum der sozialen Aktivitäten ist die **Moonlight Lodge**. Die Lobby beeindruckt mit ihren wie aus dem Fels gehauenen Kaminen, auf denen ausgestopfte Bergziegen drapiert sind. Ansonsten bietet die Lodge das preisgekrönte Timbers Restaurant (130 Weine auf der Karte), einen Spa, die Willow Boutique, einen Indoor- und Outdoor-Pool, ein Fitnesscenter sowie eine kleine Eislauffläche. Auch Hundeschlittenfahrten, Schneeschuhwanderungen durch die Wildnis und Mondscheindinner in einer Yurte auf dem Berg sorgen für Abwechslung. Mittwochs bis samstags bietet der **Jackass Creek Saloon** Dinner (Montana Barbecue) mit Entertainment (von Comedy bis Live-Musik), zur selben Zeit läuft in der **Pony Express Lodge** ein Programm für Kinder im Alter von fünf bis zwölf Jahren. Tagsüber werden Kinder ab einem Alter von sechs Monaten betreut.

REGION 3
Nördliche Rocky Mountains

Mehr Tiefschnee pro Skifahrer: Moonlight Basin

News
Neue Sesselbahn zu den Headwaters. Die Deepwater Wild Area kann man dank des neuen gemeinsamen Lifttickets mit Big Sky nun auch vom Lone Peak aus ansteuern (das erspart den Aufstieg). Neue mittelschwere Pisten an der Sixshooter Sesselbahn.

Anreise
✈ Vgl. Big Sky.

🚌 Gäste können bei Bedarf einen kostenlosen Shuttlebus anfordern, um von den Ferienhäusern zur Lodge zu gelangen. Die Linie 3 des kostenlosen Snow Express verbindet die Moonlight Lodge 8–22 Uhr mit dem Big Sky Mountain Village. Von dort besteht Anschluss an weitere Linien zu Hotels und Restaurants in der Region.

🚗 Vgl. Big Sky.

↔ Vgl. Big Sky.

ℹ **Moonlight Basin**
Big Sky, MT 59716
☏ (406) 993-6000
Fax (406) 993-6606
www.moonlightbasin.com

Tipp
Bei Buchung einer Unterkunft in Moonlight Basin erhält man zu bestimmten Terminen gegen einen einmaligen Aufpreis von $ 25 einen gemeinsamen **Liftpass für Moonlight und Big Sky** für die gesamte Dauer des Aufenthalts.

REGION 3
Nördliche Rocky Mountains

Facts & Figures	
Berg	2067 m
HD	715 m
Lifte	11
Skigebiet	856 ha
beschneit	22 ha
Flutlicht	Ja
Länge	66 km
●	13,6 km
■	35,2 km
♦	16,9 km
max.	5,3 km
Besucher	250 000
Schneefall	762 cm

i Big Mountain
P.O. Box 1400
Whitefish, MT 59937
✆ (406) 862-1900
Fax (406) 862-1912
www.bigMountaincom

Big Mountain, MT ▲♦■◖

Der Name ist Programm: Big Mountain rangiert flächenmäßig unter den Top 20 der amerikanischen Skiberge. Trotzdem hat das Areal in der nordwestlichen Ecke Montanas noch weitgehend den Status eines Geheimtipps, zumindest unter Skifahrern, die nicht aus Seattle, Calgary oder den nördlichen Staaten des Mittleren Westens kommen. Von dort fährt Amtraks Empire Builder auf seinem Weg von Chicago nach Seattle durch den kleinen Ort **Whitefish**, der 13 Kilometer unterhalb der Pisten von Big Mountain liegt. Zwar gibt es auch direkt im Skigebiet Hotels, Apartments und ein paar Restaurants, mehr Hotels, bessere Lokale, Geschäfte und das abwechslungsreichere Nightlife bietet indes Whitefish.

Das Wetter unterliegt am Big Mountain sowohl feucht-maritimen als auch trocken-kontinentalen Einflüssen. Resultat sind die Schneegeister, in Reif und Schnee verpackte Bäume am Gipfel des Berges. Außerdem gibt es reichlich leichten Pulverschnee. Sonne leider weniger. Scheint sie, reihen sich am Horizont die Berge des **Glacier National Park** auf und der Blick schweift über das **Flathead Valley** und den riesigen See im Talgrund.

Talwärts geht's auf gut präparierten, mittelschweren Schneebahnen oder durch die Wälder, wobei man sich aussuchen kann, wie eng die Bäume stehen sollen. Das weitläufige Gelände bietet unterschiedlichste Möglichkeiten und stets besteht die Chance, zurück auf eine Piste zu queren. Snowboarder lieben solches Terrain, entsprechend populär ist Big Mountain bei ihnen.

Facts & Figures	
Berg	2463 m
HD	601 m
Lifte	7
Skigebiet	499 ha
Pistenfläche	300 ha
beschneit	12 ha
Länge	41 km
●	15,8 km
■	16,1 km
♦	8,7 km
♦♦	0,2 km
max.	4,8 km
Schneefall	889 cm

i Bridger Bowl Ski Area
15795 Bridger Canyon Rd.
Bozeman, MT 59715
✆ (406) 587-2111
Fax (406)587-1069
www.bridgerbowl.com

Bridger Bowl, MT

Bridger Bowl liegt im südwestlichen Montana, 26 Kilometer nordöstlich von Bozeman, von wo aus täglich Shuttlebusse ins Skigebiet verkehren. Dessen Terrain bietet einige der steilsten, engsten und radikalsten Couloirs in Montana. Von der Jim Bridger Lodge an der Talstation fächert sich das Terrain in zwei große Geländekammern im Norden und Süden auf.

Ski wird größtenteils im offenen Gelände gefahren, zwischen Bäumen und auf großzügigen Pistenboulevards. Die größten Herausforderungen warten an der berüchtigten Ridge. Dazu muss man zunächst gut 120 Höhenmeter vom Bridger-Lift aufsteigen, am besten nicht ohne Partner, Piepser, Schaufel und eine gute Portion Fahrkönnen. Durchschnittsskifahrer fühlen sich in der mittleren Etage am **Pierre's-Knob-Lift** oder am Alpine-Lift wohl. Die untere Etage dominieren sanfte, manchmal etwas sehr flache Hänge für Anfänger.

Bridger Bowl operiert auf nicht kommerzieller Basis, sämtliche Gewinne werden in den Betrieb gesteckt. Das garantiert moderate Preise. Dafür muss man teilweise langsame Lifte in Kauf nehmen. Sie passen aber irgendwie ganz gut zur relaxten, familiären Atmosphäre und werden mit dem Gästeandrang spielend fertig. Die Besucher kommen überwiegend aus der Uni-Stadt Bozeman, das (nicht zuletzt dank der Studenten) über eine Reihe guter Bars, Restaurants, Geschäfte, Galerien und Microbreweries verfügt und sich als Basis für Bridger Bowl anbietet, das selbst über keine Unterkünfte verfügt.

Big White, BC ▲♦■◖⌂

Als einziger Gipfel weit und breit reckt der massige Berg sein weißes Haupt über die Baumgrenze. Das versinkt regelmäßig unter meterhohem Schnee, der die Bäume in geheimnisvoll anmutende *Snowghosts* verwandelt. Außer *Powderhounds* tummeln sich auf den sanften Hängen vor allem Familien. Denen ist das Angebot in Big Whites Skidorf auf den Leib geschneidert.

+ Gute Erreichbarkeit durch den nur 60 Kilometer entfernten Flughafen Kelowna
+ sehr preiswerte und trotzdem komplett ausgestattete Ferienwohnungen
+ Skifahren ab und bis zur Haustür
+ hervorragendes Tree-Skiing-Gelände.

- In den Schulferien recht lange Wartezeiten
- Mangel an steilerem Terrain über längere Strecken
- Gipfelbereich sehr windanfällig
- eines der landschaftlich unspektakulärsten Skigebiete Amerikas.

Vier Geschäftsleute aus Kelowna eröffneten 1963 den ersten Skilift am Big White Mountain, gut 20 Jahre später übernahm die australische Schumann-Familie das Areal und baute das Big White Mountain Village zum größten *Ski-in/ski-out*-Resort im Westen Kanadas aus. Autos verschwinden ab der Ankunft in den beheizten Tiefgaragen, die Main Street ist eine Skipiste, entlang derer sich Shops, Restaurants, Skiverleih und Kid's Center reihen. Das mögen vor allem Familien, die den Löwenanteil der Gäste von Big White stellen. Folgerichtig gibt es nur wenige Hotels, dafür umso mehr Ferienwohnungen in verschiedensten Lodges, von denen zwar nur die wenigsten einen

REGION 3
Nördliche Rocky Mountains

Main Street von Big White Mountain Village

Facts & Figures

Berg	2285 m
Tal	1508 m
HD	777 m
Lifte	13
Seilbahn	0
Gondelbahn	1
Express-Sessel	4
Sesselbahnen	5
Schlepplifte	3
	23 955 Pers./Std.
Skigebiet	1022 ha
Abfahrten	145
beschneit	Halfpipe
Flutlicht	4 km, 3 Lifte, 502 m HD
Länge	101 km
Charakter	83/10/7
●	29,8 km
■	44,4 km
♦	25,1 km
♦♦	2,1 km
max.	6,1 km
Fall-Linie	3,1 km
Besucher	550 000
Skitage	140
VTM/Skifahrer	3.500
Skifahrer/km	38
Schneefall	701/762 cm

Bewertung

Preis/Leistung	5
Landschaft	1
Skigebiet	
Off-Piste	3
Experten	3
Fortgeschrittene	4
Anfänger	3

Das Mountain Village von Big White liegt direkt auf den Skihängen

REGION 3
Nördliche Rocky Mountains

Never-Ever	3
Wartezeiten	2
Bergrestaurants	1
Ort	
Dining	3
Activities	3
Après-Ski/Nightlife	3

Architekturpreis verdient hätten und die insgesamt einen wirren Stilmix abgeben. Aber sie erfüllen ihren Zweck: Sie sind erschwinglich und bieten Bequemlichkeit in jeder Hinsicht.

Das Village liegt zwischen 1650 und 1800 Meter Höhe am Südhang des Big White Mountain, der Blick schweift von hier über ein Hochplateau mit zahlreichen Rodungsinseln zu den südlichen Ausläufern der Monashee Mountains. Wegen der abgeschiedenen Lage – die nächste Ortschaft ist mehr als 50 Kilometer entfernt – geht man bei der Versorgung mittlerweile neue Wege: Einige der Lodges werden geothermisch beheizt.

The Mountain

Zwölf der 13 Lifte verteilen sich auf der gut zwei Kilometer weiten Südflanke des Big White Mountain, den Gipfel erschließt wegen der häufig starken Winde nach wie vor ein langer Ankerlift. Die Abfahrten auf der rund drei Kilometer weiten Westflanke bedient der Gem Lake Express.

Für Könner
Der neue Cliff Chair, der drei kurze *double black diamond runs* bedient, hat

das Skigebiet für Liebhaber steiler Hänge aufgewertet. Es mangelt aber an längeren Varianten dieser Sorte oder nennenswerten Buckelpisten. Letztere findet man vereinzelt in der westlichen Hälfte des Skiareals, am **Powder Chair**, am **Falcon Chair** und am **Gem Lake Express**. Den Mangel an Neigung machen die fantastischen Tree-Skiing-Möglichkeiten wett, die es in jeder Ausprägung gibt: kleine bis große Abstände zwischen den Bäumen, flache bis steile Hänge. So kann man sich an diese in Europa kaum praktizierte Form des Skifahrens gut herantasten.

Für Fortgeschrittene
Das effiziente Liftsystem und die für Carving-Schwünge idealen Hänge machen Big White zu einem perfekten Ziel für sportliche Skifahrer. Alle vier Expresslifte bedienen zahlreiche mittelschwere Hänge. Besonders schön sind **Paradise** am Ridge Rocket Express und die Ende 2004 eröffneten sechs neuen Hänge hinunter zum Gem Lake Express.

Für Anfänger
Mit Ausnahme des Cliff Chair führen leichte Abfahrten von allen Bergstationen und zu allen Talstationen. Wer der Übungswiese an der **Happy Valley Daylodge** (erreichbar mit der Gondelbahn) entwachsen ist, kann sich also recht frei im Skigebiet bewegen. Die Auswahl an sanften Varianten ist an den höher hinauf führenden Liften jedoch begrenzt.

Für Snowboarder
Der zur Saison 2005 eröffnete **Telus Park** ist einer der besten Terrain-Parks Kanadas. Er verfügt über zwei Halfpipes, Boardercross, unzählige Jumps und Rails, Flutlicht, Race-Course, eigenen Sessellift sowie Soundanlage und ist direkt am Rand des Village ideal platziert. Freerider schätzen die schier endlosen Varianten in den lichten Wäldern Big Whites.

Bergrestaurants
Big White verfügt weder über Hütten noch Restaurants oberhalb des Village, aber über Day Lodges an den Talstationen des Gem Lake Express (**Westridge Warming Hut**), des Ridge Rocket Express (**Ridge Daylodge**, Fast Food, einfache Ausstattung) sowie der Happy Valley Gondola. Die gleichnamige Lodge ist neben dem **Village Center** der empfehlenswerteste Anlaufpunkt zur Lunchtime.

Wartezeiten
Während der Schulferien, wenn Big Whites 15 000 Betten belegt sind, wird es richtig voll. Dann steht man zehn bis 15 Minuten an, am längsten am Ridge Rocket Express. Normale Wochenenden sind hingegen erträglich, da aus dem dünn besiedelten Umfeld (Kelowna hat nur rund 30 000 Einwohner) kaum Tagesgäste kommen.

Enlarged to show detail

REGION 3
Nördliche Rocky Mountains

Skipass
1 Tag	$ 68
Jugend (13–18)	$ 59
Kinder (6–12)	$ 34
Kinder (0–5)	kostenlos
6 Tage	$ 373

Verleih
Ski 1 Tag	$ 29–37
Ski 6 Tage	$ 139–181
Set 1 Tag	$ 36–46
Set 6 Tage	$ 171–221

Kinderbetreuung
Das **Kids-Center**, ✆ (250) 765-3101, bietet ganztägige Betreuung für Kinder ab 18 Monaten bis 6 Jahren für $ 60 inkl. Lunch, 5 Tage kosten $ 239. Für Kinder ab 3-4 Jahren kann ein zweistündiger Skikurs für $ 39 dazugebucht werden. Babysitter vermittelt das Front Desk.

Anreise
✈ Vancouver (456 km), Kelowna (60 km) mit Verbindungen von Toronto, Vancouver, Calgary, Edmonton und Seattle.
🚌 Shuttlebusse fahren vom **Airport Kelowna** 12-mal tägl. nach Big White, Hin- und Rückfahrt kosten $ 65, Reservierung erforderlich, ✆ (250) 765-8888. In Big White verkehrt der On-Mountain Shuttle bis 23.30 Uhr zwischen den verschiedenen Unterkünften.
🚗 Einen Mietwagen benötigt man nicht, Ausflüge nach Kelowna sind per Bus möglich.
↔ Kelowna 56 km, Spokane 453 km, Seattle 553 km.

Anreisedauer: Flug nach Kelowna 13 Std., Transfer 1 Std.

REGION 3
Nördliche Rocky Mountains

Die Main Street von Big White dient auch als Skipiste

Après-Ski/Nightlife
Fast das komplette Personal von Big White wohnt am Berg, die meisten haben ihren freien Tag unter der Woche. Das sorgt dafür, dass die Bars nicht nur am Wochenende gut gefüllt sind. Unumstrittener Hotspot ist **Snowshoe Sam's**, die Zeitschrift Ski Canada kürte den Pub zur besten Ski-Bar in Kanada. Legendär ist der *Gunbarrel coffee*, der in der **Corkscrew Lounge** im ersten Stock serviert wird: Mit einem Gewehr wird dem Kaffee brennendes Hochprozentiges zugeführt. Auch **Raakel's on the Ridge** und die **Snow Ghost Lounge** im White Crystal Inn lohnen einen Besuch.

✗ Swiss Bear Restaurant
5335 Big White Rd., Big White
✆ (250) 491-7750
Zwei Brüder aus der Schweiz bringen Fondues sowie französische und deutsche Spezialitäten auf den Tisch. Breakfast, Lunch und Dinner. $$–$$$

✗ Kettle Valley Steakhouse
Happy Valley Rd., Big White
✆ (250) 491-0130
Chefin Antje aus Deutschland serviert Steaks und Weine von über einem Dutzend Winzern aus der Region Okanagan. Dinner. $$–$$$

✗ Copper Kettle Grille
5275 Big White Rd., Big White
✆ (250) 491-8122
Kanadische und internationale Küche mit Steaks, Lachs und Seafood in angenehmer Atmosphäre, üppige Burger und Sandwiches in der Lounge. Breakfast, Lunch und Dinner. $$$ (Lounge $)

Sonstige Aktivitäten
Kinder schwören auf den **Mega Snow Coaster Tubing Park** ($ 13 für zwei Stunden) an der Talstation der Happy Valley Gondola und erst recht auf die ebenfalls dort angesiedelten Mini-Snowmobiles (30 Minuten $ 15).

Großer Eislaufplatz ($ 3.50), 26 Kilometer Langlaufloipen, geführte Schneeschuhwanderungen, Pferdeschlittenfahrten, Snowmobile-Touren und Ausflüge zu den Weingütern der Region Okanagan einschließlich Verkostung sind ebenfalls möglich.

ℹ Big White Ski Resort
Kelowna, BC V1X 4K5
✆ (250) 765-8888
Fax (250) 765-1822
www.bigwhite.com

Tipp
Der Skipass von Big White gilt auch im 130 km entfernten **Silver Star**. Donnerstags wird für $ 35 (Hin- und Rückfahrt) ein Shuttle-Transfer angeboten. Familien mit bis zu 4 Personen zahlen $ 99. Die Fahrt dauert 2 1/2 Std.

Silver Star Mountain Resort, BC

Das viertgrößte Skigebiet British Columbias wartet mit famosen Cruising Runs, Batterien von extrem steilen Waldabfahrten und einem Skidorf im viktorianischen Stil einer alten Mining Town auf. Die meisten Besucher verlieben sich auf den ersten Blick in die kunterbunten Holzhäuser entlang der Main Street, die einem Disney-Comic entsprungen sein könnten.

+ Hübsch gestaltetes, autofreies Skidorf, in dem sämtliche Unterkünfte direkten Pistenzugang haben
+ Schneesicherheit
+ besonders im Bereich Putnam Creek leere Abfahrten
+ Familienangebote.

- Viele Pisten erfordern zahlreiche Stockschübe um zu ihnen zu gelangen
- die Hauptlifte schließen schon um 15 Uhr
- das Terrain hat trotz vieler Steilhänge Mittelgebirgscharakter.

Bereits in den 1940er Jahren erklommen die ersten Skifahrer den Silver Star Mountain, der erste Pomalift ging 1958 in Betrieb. Trotz stetem Ausbau hatten die Skifahrer aus dem nahe gelegenen Vernon das Areal bis 1981 praktisch für sich. Dann wurde das Mountain Village gebaut, das gestalterisch von Beginn an als Reminiszenz an die Mining Towns konzipiert wurde, denen die Gegend ihren Wohlstand verdankte. Die Planung aus einem Guss macht sich bezahlt, die Inszenierung ist nahezu perfekt und allemal authentischer als das Tiroler Thema, an dem sich so manche andere amerikanische Skistation versucht. Die Main Street, an der sämtliche Restaurants, Bars, Shops und Serviceeinrichtungen angesiedelt sind, ist autofrei. Zur Rush Hour kreuzen hier nur Skifahrer und Snowboarder die Wege der Fußgänger.

REGION 3
Nördliche Rocky Mountains

Bunte Holzhäuser im Stil einer Mining Town säumen die Main Street des Silver Star Mountain Resort

Facts & Figures
Berg	1890 m
Tal	1130 m
HD	760 m
Lifte	9
Seilbahn	0
Gondelbahn	0
Express-Sessel	3
Sesselbahnen	2
Schlepplifte	4
	14 840 Pers./Std.
Skigebiet	1300 ha
Abfahrten	120
Flutlicht	5,5 km, 310 m HD
Länge	91 km
Charakter	73/5/22
●	24,1 km
■	32,7 km
♦	26,7 km
♦♦	7,6 km
hike-to	8,9 km
max.	6,5 km
Fall-Linie	4,0 km
Besucher	342 000
Skitage	140
VTM/Skifahrer	5.500
Skifahrer/km	24
Schneefall	561/700 cm

Bewertung
Preis/Leistung	4
Landschaft	2
Skigebiet	
Off-Piste	2
Experten	4
Fortgeschrittene	4
Anfänger	3
Never-Ever	3

Das Putnam-Creek-Areal im Skigebiet Silver Star

REGION 3
Nördliche Rocky Mountains

Wartezeiten	3
Bergrestaurants	2
Ort	
Dining	3
Activities	3
Après-Ski/Nightlife	2

The Mountain

Das Rückgrat des Liftsystems bilden der Comet Express, der die Hänge auf der Vorderseite des Berges bedient, und der Powder Gulch Express im Talschluss des rückseitigen **Putnam Creek**.

Für Könner

lautet die Devise: Keine Zeit verschwenden und direkt den **Powder Gulch Express** ansteuern. Dieser Lift allein bedient 50 Abfahrten, davon 25 einfach und 15 doppelt schwarz. **Gowabunga** startet harmlos, kippt aber schließlich mit 45 Grad Gefälle ins Tal des Putnam Creek. Auch **Three Wise Men**, **Head Wall** und **Chute 5** haben es in sich. Vor dem Vergnügen steht leider oft die Arbeit: Um die Abfahrten zu erreichen, bedarf es zahlreicher Stockschübe auf den flachen Passagen entlang der Kammlinie. Dasselbe Spiel wiederholt sich am Ende. Wenn es zu nerven beginnt, sollte man einfach mal eine Abfahrt über die rasante **Calliper Ridge** unterhalb des Lifts einschieben. Der **Silver Woods Express** erschließt einige reizvolle Tree-Skiing Runs.

Für Fortgeschrittene
Wer die famosen Cruiser wie **Whiskey Jack** oder **Little Dipper** am Comet-Sechsersessel im Griff hat, kann sich an die blauen Runs zum **Putnam Creek** wagen: **Sunny Ridge** und **Gypsy Queen** bieten Fahrspaß pur. Viele schwarze Pisten wie **Bon Diablo** oder **Minerva** werden gewalzt und erweisen sich als veritable Ego-Booster.

Für Anfänger
hat Silver Star mit dem **Silver Queen Chair** einen eigenen Lift abseits des übrigen Pistengeschehens installiert. Von dort führt der Aberdeen Skiway zum Comet Express, der mit **Sundance**, **Over the Hill** und **Far Out** drei leichte, jeweils rund drei Kilometer lange Schneeautobahnen bedient. Die einzige leichte Abfahrt zum Putnam Creek heißt **Aunt Gladys** und trainiert vor allem die Schultermuskulatur.

Für Snowboarder
sind die vielen Ziehwege ein Alptraum, auch wenn die Chutes zum Putnam

REGION 3
Nördliche Rocky Mountains

Skipass
1 Tag	$ 68
Jugend (13–18)	$ 59
Kinder (6–12)	$ 34
Kinder (0–5)	kostenlos
6 Tage	$ 373

Verleih
Ski 1 Tag	$ 29–37
Ski 6 Tage	$ 139–181
Set 1 Tag	$ 36–46
Set 6 Tage	$ 171–221

News
Zur Saison 2005/06 wächst das ohnehin schon umfangreiche Pistenangebot Silver Stars nochmal: Der neue **Silver Woods Express** bedient sieben neue Pisten sowie Gelände zum Tree-Skiing.

Anreise
✈ Vancouver (476 km), Kelowna (58 km) mit Verbindungen von Toronto, Vancouver, Calgary, Edmonton und Seattle.
🚌 10-mal tägl. Shuttlebusse vom **Airport Kelowna**, Hin- und Rückfahrt $ 65, Reservierung erforderlich, ✆ (250) 765-8888.
🚗 Einen Mietwagen benötigt man nicht, Ausflüge zu Eishockeyspielen in Vernon sind samstags per Bus möglich.
↔ Kelowna 62 km, Vancouver 461 km, Spokane 474 km, Seattle 570 km

Anreisedauer: Flug nach Kelowna 13 Std., Transfer 1 Std.

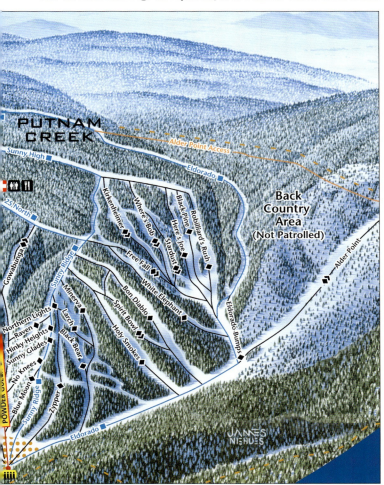

REGION 3
Nördliche Rocky Mountains

Silver Star Mountain Resort
Silver Star Mountain,
BC V1B 3M1
✆ (250) 542-0224
Fax (250) 542-1236
www.skisilverstar.com

Sun Peaks hat drei Skiberge aufzuweisen

Creek für Freerider verlockend sind. Terrain-Park und Halfpipe sind sinnigerweise am flachstückfreien Comet Express angesiedelt.

Bergrestaurants
gibt es nur eins: Das auf Bergarbeiterhütte getrimmte **Paradise Camp** nahe der Bergstation des Powder Gulch Express. Die Auswahl ist beschränkt, aber an schönen Tag ist das Barbecue auf der großen Sonnenterrasse kaum zu überbieten.

Off the Mountain
Die kanadische Nationalmannschaft trainiert regelmäßig auf den ausgezeichneten 63 Kilometer Loipen (vier davon beleuchtet), die sich durch die Wälder rund um Silver Star ziehen (Trail-Pass $ 16). Man kann die Gegend auch mit dem Schneemobil (ab $ 79, auch Fahrzeuge für Kinder, ✆ 250-558-5575), mit Schneeschuhen oder im Pferdeschlitten (ab $ 6, ✆ 250-558-6039) erkunden. Abends versprechen das **Tube-Town** mit zwei Tubingliften, Eislaufen auf einem romantisch gelegenen See sowie Kino oder Theater im **Auditorium** Abwechslung. Die Auswahl an Bars und Restaurants ist beschränkt, aber die Qualität stimmt und man erspart sich die Suche nach den gerade angesagtesten Plätzen. Wenn im **Vance Creek Saloon** nichts los ist, kann man getrost nach Hause gehen.

Sun Peaks, BC

In Sun Peaks kommen auf einen Lift ein gutes Dutzend Abfahrten. Das bedeutet Platz ohne Ende. Nancy Greene, anno 1968 Abfahrtsolympiasiegerin, zog 1995 noch aus einem anderen Grund hierher: Wegen des Schnees. Der ist knochentrocken, weil es die Feuchtigkeit vom Pazifik nicht bis ins Innere British Columbias schafft. Das macht Sun Peaks zur perfekten Ersatzdroge fürs Heliskiing.

+ Herrlich lange, manikürte Cruiser in allen denkbaren Neigungswinkeln
+ vom Dorf sind alle Pisten mit ein oder zwei Liftfahrten erreichbar
+ sympathisches Village mit kurzen Wegen
+ zahlreiche Tree-Skiing Runs in allen Kategorien
+ hervorragende Schneequalität und viel Sonne.

- Es kann bitterkalt werden
- der Burfield Quad ist mit 22 Minuten Fahrzeit eine Zumutung
- landschaftlich kein Vergleich zu Skigebieten in den östlichen Rockies.

Der Geschäftsmann Harry Burfield trommelte 1961 in Kamloops eine Gruppe örtlicher Investoren zusammen und installierte einen Lift auf den Mount Tod. Obwohl die direkt benachbarten Berge sanfte Hänge boten, platzierten sie den Lift in steilstem Gelände. Wer die unpräparierten Abgründe mit Namen wie Freddy's Nightmare und Challenger nicht bewältigen konnte, hatte ein Problem. Es gab keinen leichten Ausweg. Burfield und seine Kumpels konnten bereits Ski fahren. Sie wollten einen Platz, wo sie aus den Kindern aus Kamloops Rennfahrer machen konnten. Niemand dachte daran, Touristen zu bedienen.

Heute würde Burfield, der 1971 bei einem Flugzeugabsturz ums Leben kam, sein Skigebiet nicht wiedererkennen. Seit 1992 gehört es Nippon Cable, einem japanischen Lifthersteller. Die neuen Eigentümer installierten Lifte auf die Gipfel ringsum, ergänzten meilenweise fabelhaft konsistente Cruising Runs und errichteten Mitte der 1990er ein Skidorf im Tal zwischen **Sundance Ridge** und dem jüngst ebenfalls erschlossenen **Mount Morrisey**. Entstanden ist eine gelungene Symbiose zwischen der komfortablen Funktionalität eines am Reißbrett geplanten Ferienortes und der gewachsenen Atmosphäre eines traditionellen Bergdorfes. Die Architektur der 26 Hotels und Lodges steckt voller Reminiszenzen an alpenländische Baustile, im Restaurant »Val Senales« bekommt man auch nach europäischen Maßstäben hervorragendes Essen und in der Bar der Sun Peaks Lodge darf sogar geraucht werden – schließlich will man europäische Skitouristen anlocken. Nachdem der deutsche Reiseveranstalter Peter Stumböck Nippon Cable darauf hinwies, was Tod in Deutsch bedeutet, änderten sie den Namen der Station in Sun Peaks.

The Mountain

Die Berge von Sun Peaks sind landschaftlich nicht gerade spektakulär, zum Skifahren aber wie geschaffen. Vom Village zielen Express-Lifte zum **Sundance**, von dem leichte bis mittelschwere Schneehighways talwärts führen, und Richtung **Mount Tod**. Der wird ebenfalls vom Burfield Quad erschlossen und bietet das umfang- und abwechslungsreichste Pisteninventar der drei Skiberge. Dritter, kleinster und jüngster im Bunde ist der **Mount Morrisey**, ein Cruising-Berg par excellence.

Für Könner
bietet Sun Peaks eine ganze Batterie grimmiger Buckelpisten wie **Sting** oder **Intimidator** rechts des Sunburst-Lifts. Noch größer sind die Buckel von **Challenger** und **Expo** am Burfield Quad, der fast ausschließlich anspruchs-

---

REGION 3
Nördliche Rocky Mountains

Erinnert an ein alpenländisches Skidorf: Sun Peaks

Facts & Figures

Berg	2080 m
Tal	1210 m
HD	870 m
Lifte	9
Seilbahn	0
Gondelbahn	0
Express-Sessel	3
Sesselbahnen	2
Schlepplifte	4
	11 120 Pers./Std.
Skigebiet	1278 ha
Abfahrten	117
beschneit	40 ha
Länge	116 km
Charakter	81/8/11
●	25,8 km
■	56,3 km
♦	28,6 km
♦♦	4,8 km
max.	6,9 km
Fall-Linie	4,0 km
Besucher	285 000
Skitage	143
VTM/Skifahrer	5.900
Skifahrer/km	17
Schneefall	559 cm

Bewertung

Preisniveau	4
Landschaft	2
Skigebiet	
Off-Piste	3
Experten	3
Fortgeschrittene	5
Anfänger	3
Never-Ever	3
Wartezeiten	4
Bergrestaurants	2
Ort	
Dining	3
Activities	3
Après-Ski/Nightlife	2

REGION 3
Nördliche Rocky Mountains

Skipass
1 Tag	$ 50
Jugend (13–18)	$ 52
Kinder (6–12)	$ 32
Kinder (0–5)	kostenlos
6 Tage	$ 340

Verleih*
Ski 1 Tag	$ 27–40
Ski 6 Tage	$ 140–203
Set 1 Tag	$ 34–48
Set 6 Tage	$ 174–244

* Inklusive Steuer

News
Für den Winter 2005/06 wird die Beschneiungsanlage ausgebaut.

Kinderbetreuung
Die **Sundance Playschool** betreut Kinder im Alter von 18 Monaten bis 5 Jahren. Ein Tag kostet $ 55 inklusive Lunch, Reservierungen werden empfohlen, ✆ (250) 578-5433. Für 3–5-Jährige

Sun Peaks und der Mount Tod

volles Terrain bedient. Steile Pulverhänge erreicht man mit dem **Crystal Chair** und der oberen Sektion des **Burfield Chair**. Tree-Skiing gibt es am **Mount Tod** in Hülle und Fülle. Drei doppelschwarze Pisten führen vom Mount Morrisey zurück ins Dorf.

Für Fortgeschrittene
bedeutet Sun Peaks die fortwährende Ausschüttung von Glückshormonen. Überdosen drohen auf makellosen Startbahnen in den Carving-Himmel wie **Cruiser, Blazer** oder **Sun Downer**. Hier fällt man als Spielball der Gravitation den Berg hinunter, immer eine Hand auf dem Schnee und den Körper nahe der Waagerechten. Die steilsten Cruiser liegen links des **Sunburst Express**. Wer es einmal mit dem Tree-Skiing probieren will, findet moderates Terrain in den **Three Bears, Greene's** und **Lonesome Fir's Glades** am Sundance-Lift.

Für Anfänger
ist erfreulich, dass von jedem Lift leichte Varianten zu Tal führen. Besonders schön, wenn auch nur 5,5 Kilometer lang ist der **Five-Mile-Run** von der Bergstation des Burfield Quad hinunter ins Dorf. Auf sieben Kilometer kommt die Variante via **Burfield Outrun** zurück zur Talstation des Burfield Quad. Das Übungsgelände liegt direkt am Dorfrand, aber dennoch sauber getrennt vom übrigen Pistengeschehen.

Für Snowboarder
lautet die gute Nachricht, dass es keine Ziehwege gibt, die sich nicht umgehen ließen. Freerider haben die Wahl zwischen langen Cruisers und erstaunlich vielen Glades. Als regelmäßiger Austragungsort des FIS Snowboard Worldcup verfügt Sun Peaks auch über anständige Parks (davon einer für Einsteiger) und eine 100 Meter lange Halfpipe. Man findet sie, ebenso wie den Boardercross, links vom Sundance Express.

Bergrestaurants
gibt es lediglich eines, die **Sunburst Lodge** an der Bergstation des gleichna-

REGION 3
Nördliche Rocky Mountains

Sun Peaks Village

kostet das Ganztagsprogramm einschließlich Skiunterricht, Lunch, Liftticket u.a. $ 85, Ausrüstung kostet $ 8 extra.

Anreise

✈ Vancouver (427 km), Kamloops (63 km)

🚌 6-mal tägl. Shuttlebusse vom **Airport in Kamloops** ($ 60 Hin- und Rückfahrt), 3-mal wöchentlich Shuttle nach Whistler ($ 109 einfache Fahrt), Buchung unter ✆ 1-800-807-3257.

🚗 Da es in der Umgebung im Winter nicht viel zu sehen und auch keine anderen Skigebiete gibt, erübrigt sich ein Mietwagen.

↔ Revelstoke 200 km, Kelowna 269 km, Whistler 363 km, Banff 485 km

Anreisedauer: Flug nach Kamloops 14 Std., Transfer 1 Std.

ℹ **Sun Peaks Resort**
1280 Alpine Rd.
Sun Peaks, BC V0E 1Z1
✆ (250) 578-7222
Fax (250) 578-7223
www.sunpeaksresort.com

Tipp

– Mit der **Snow Cat** kann man die weitläufigen Tiefschneehänge hinter dem Tod Mountain erobern. Ein Tag einschließlich Shuttle, Liftfahrt und Lunch kostet $ 210.
– **Nancy Greene** zeigt zweimal täglich kostenlos die schönsten Abfahrten des Skigebietes – und gibt dabei mächtig Gas.

Leichte bis mittelschwere Abfahrten hält der Sundance bereit

---

migen Lifts. Da das Village jedoch mitten im Skigebiet liegt, macht es keine Umstände, mittags in den dortigen Restaurants einzukehren. Die **Village Daylodge**, die **Sundance Lodge** und die **Hearthstone Lodge** bieten jeweils mehrere Restaurants und Cafés.

Wartezeiten
sind in Sun Peaks kein Thema.

Après-Ski/Nightlife

Am Ende des Tages wird es verdammt ruhig und diese Ruhe genießt man am besten in der **Stube** der Sun Peaks Lodge. Etwas lebhafter geht es in **Bottom's Bar & Grill** oder in **Masa's Bar & Grill** in der Village Daylodge zu. **Club Mac Daddies**, ein neu eröffneter Nachtclub, ist ebenfalls einen Besuch wert.

Restaurants

Knapp 20 Restaurants bedeuten eine anständige Auswahl, die meisten liegen in fußläufiger Entfernung zueinander. Für Weinliebhaber empfiehlt sich ein Besuch Ende Januar zum Eiswein-Festival.

✗ **The Val Senales**
3180 Creekside Way
Sun Peaks, BC
✆ (250) 578-8111
Abenteuerlustige Esser kommen dank ausgefallener Kreationen auf ihre Kosten, gute Desserts. Dinner. $$$

✗ **Servus on Creekside**
3170 Creekside Way
Sun Peak, BC
✆ (250) 578-7383
Frische saisonale österreichische und kanadische Küche in gemütlicher Atmosphäre, aber für Familien nicht geeignet. Lunch, Dinner. $$

Sonstige Aktivitäten

Sun Peaks bietet 40 km Loipen (28 km gespurt, Tageskarte $ 8). Weitere 45 km Loipen spurt der Kamloops Overlander Ski Club am 25 Minuten entfernten Stake Lake. Geführte Schneeschuhtouren mit Tierbeobachtung kosten $ 30 (Verleih $ 18, Fr abends Fonduetouren). Pferdeschlittenfahrten (ab $ 20), Hundeschlitten- (ab $ 77.50) und Schneemobiltouren ($ 135 für zwei Stunden), Tubing, Eislaufen sowie Schwimmen im **Sports Centre** bieten ebenfalls Alternativen zum Skifahren.

REGION 3
Nördliche Rocky Mountains

Facts & Figures

Berg	2000 m
Tal	1158 m
HD	842 m
Lifte	6
	7 500 Pers./Std.
Skigebiet	622 ha
Abfahrten	83
Länge	55 km
●	24,3 km
■	10,2 km
♦	12,0 km
♦♦	8,9 km
max.	7,0 km
Fall-Linie	3,0 km
Besucher	110 000
Skitage	120
Schneefall	663/724 cm

Skipass*

1 Tag	$ 56
6 Tage	$ 308

*2005/06

Anreise

✈ Calgary (668 km), Vancouver (625 km), Spokane (211 km), Castlegar (54 km) mit täglichen Flügen von Calgary und Vancouver.

🚌 Tägl. Transfers vom **Airport in Spokane** (Fahrtdauer 2 ³/₄ Std., $ 90 für eine Strecke), Reservierung erforderlich unter reservations@redresort.com.

↔ Kelowna 302 km, Kimberley 273 km, Nelson 95 km

ℹ **Red Mountain Resorts**
4300 Red Mountain Rd.
Rossland, BC V0G 1Y0
✆ (250) 362-7384
Fax (250) 362-5833
www.redresort.com

»Double black diamond«-Terrain am Red Mountain

Red Resort, BC

Red Mountain oberhalb des alten Goldgräberstädtchens Rossland gilt als einer der letzten unentdeckten Skiberge Amerikas. Sein legendäres Tree-Skiing und der liebenswerte Retro-Appeal machen ihn zu einem echten Juwel für Skifahrer, die das Abenteuer und immer die schwierigste, die unmöglich erscheinende Linie durch dichtgedrängte Bäume oder ein Skierlebnis wie in der guten alten Zeit suchen.

Der Goldrausch begann 1890 und nur wenige Jahre später war Rossland (1023 m) die größte Stadt in British Columbia. Kaum zu glauben, denn heute hat der 3500-Seelen-Ort nicht mal eine Ampel. Dafür stehen noch viele historische Gebäude und bei einem Bummel über die Columbia Avenue entpuppt sich der Ort mit seinen witzigen Läden und gemütlichen Cafés als überraschend charmant. Das Fachmagazin *Ski Canada* kürte Rossland zur besten Skitown des Landes. Den Skisport brachten skandinavische Minenarbeiter mit, sie veranstalteten 1896 das erste Abfahrtsrennen in Kanada. Der erste Sessellift ging 1947 in Betrieb, ein Eigenbau einheimischer Wintersport-Enthusiasten, 1968 folgte das erste Weltcuprennen Kanadas, Siegerin war Lokalmatadorin Nancy Greene.

The Mountain

Die beiden Skiberge **Red** (das Original, ein erloschener Vulkan) und **Granite** (1965 erschlossen), fünf Minuten oberhalb von Rossland gelegen, bieten ein abwechslungsreiches Pisteninventar, glücklich werden hier aber nur gute Skifahrer. Granite weist gut 800 Höhenmeter auf seiner Vorder- und 415 auf der vom Paradise Chair bedienten Rückseite auf. Oben fächern sich die Abfahrten in alle Richtungen auf. Am Granite Peak sind viele davon weder markiert noch präpariert, sondern führen einfach irgendwo durch die Tannenwälder, aber sie enden alle an zwei leichten Skiwegen, die den Hals des Berges wie eine Schlinge umziehen. Durch den schier unendlichen Variantenreichtum des Tree-Skiings fühlt sich Red weit größer an, als er eigentlich ist. Das liegt vielleicht auch am Breitwandpanorama der Monashee-Berge.

Off the Mountain

Rund 30 Kilometer gespurte Loipen am Red Mountain, die Centennial-Loipe verbindet das Skigebiet mit Rossland. Dort kann man Schlittschuh laufen, Curling spielen oder Eishockeyspiele anschauen. High Mountain Adventures, ✆ (250) 362-5342, veranstaltet Touren mit dem Snowmobile.

REGION 3
Nördliche Rocky Mountains

Das Skiterrain von Ymir Peak gehört zu Whitewater

Whitewater, BC

Die bescheidenen Maße dieses Berges, der mit 400 Höhenmetern und zwei Sesselbahnen eigentlich ein Zwerg ist, verschleiern die wahre Größe dieser Perle von einem Skigebiet. Großartiges Terrain, massenhaft Pulverschnee, eine freundliche, authentische Atmosphäre, günstige Preise und gutes Essen gleichen den Mangel an Quadratmeilen aus.

Whitewater liegt oberhalb von **Nelson**, einer Ortschaft, die Ende des 19. Jahrhunderts als Mining Town zwischen den Ufern des Kootenay Lake und den zerklüfteten **Selkirk Mountains** entstand. Heute hat Nelson rund 10 000 Einwohner und im historischen Ortskern mit mehr als 350 Gebäuden aus der viktorianischen Zeit gibt es zahlreiche hippe Boutiquen, Galerien und Cafés. Vor allem entlang der Baker Street, mit deren kosmopolitischer Atmosphäre nur wenige kanadische Städte konkurrieren können. Die meisten Restaurants verkaufen außer Essen auch Kunst, verwenden Bioprodukte und bestechen durch originelle Kreationen. Gemütliche Bed & Breakfasts und historische Hotels begeistern nicht nur Nostalgiker.

The Mountain

Zum Skigebiet, das nicht über Unterkünfte verfügt, sind es von Nelson rund 18 Kilometer. Vom Parkplatz im Talschluss unterhalb des **Ymir Peak** zielen Lifte zu zwei gegenüberliegenden Bergflanken, der **Silver King Side** und der **Summit Side**. Von beiden Bergstationen erschließen lange Traversen die volle Breite der Flanken mit ihren überwiegend mittelschweren und schweren Abfahrten, Buckelpisten, Glades und Tiefschneehängen. So kommt trotz der Mini-Liftflotte eine gute Portion Skiterrain zusammen. Könner steigen Richtung Ymir Peak auf, um den Powder in der **Prospector Bowl** oder die sagenhaft steilen **Cougar Claw** und **Hummingbird Chutes** zu erreichen. Obwohl Whitewater mit seiner bescheidenen Größe kokettiert, hat man doch erkannt, dass ein – wenn auch moderater – Ausbau des Skigebiets notwendig ist. Geplant sind vier weitere Lifte bis auf 2150 Meter.

Off the Mountain

Whitewater bietet elf Loipen zwischen der **Daylodge** und dem **Hummingbird Pass** (Tageskarte $ 15). Nelson ist ein hervorragender Ausgangspunkt für Snowcat-Skiing und Heliskiing, sieben Unternehmen sind in der Region aktiv (siehe entsprechende Kapitel). Der Ort selbst bietet Indoor-Klettern, Eislaufen, Curling, Schwimmbad, heiße Quellen, Schneemobil-Trails und Fischen im Kootenay Lake.

Facts & Figures

Berg	2000 m
Tal	1617 m
HD	383 m
Lifte	3
	3000 Pers./Std.
Skigebiet	205 ha
Länge	24 km
●	3,9 km
■	10,2 km
◆	9,8 km
◆◆	0,0 km
max.	2,0 km
Schneefall	1001/1200 cm

Skipass*

1 Tag	$ 44
6 Tage	$ 232

* 2005/06

Anreise

✈ Vancouver (657 km), Calgary (624 km), Castlegar (41 km, Verbindungen von Vancouver und Calgary).

🚌 First Chair Ski Shuttle Service fährt von verschiedenen Hotels in Nelson ins Skigebiet, Reservierungen unter © (250) 354-9603.

🚗 Per Mietwagen fährt man von Nelson rund 12 km auf dem Highway 6 nach Süden, biegt dann links ab und erreicht das Skigebiet nach weiteren 6 km.

ℹ **Whitewater Ski and Winter Resort**
Nelson, BC V1L 5P7
© (250) 354-4944
Fax (250) 354-4988
www.skiwhitewater.com

REGION 3
Nördliche Rocky Mountains

Kimberleys Marriott am Pistenrand

Facts & Figures	
Berg	1902 m
Tal	1237 m
HD	665 m
Lifte	8
	8914 Pers./Std.
Skigebiet	489 ha
Abfahrten	74
beschneit	4,9 km
Flutlicht	3,5 km, 558 m HD
Länge	62 km
●	15,5 km
■	23,2 km
◆	22,6 km
◆◆	0,8 km
max.	5,3 km
Besucher	130 000
Schneefall	450 cm

Skipass
1 Tag	$ 52
6 Tage	$ 302

Anreise
✈ Calgary (407 km), Cranbrook (25 km) mit mehreren täglichen Flügen von Calgary und Vancouver.

🚌 Transfer von **Cranbrook** mit L&K Taxi, ✆ (250) 427-4442, $ 30.

🚗 Da Kimberley für einen längeren Aufenthalt zu wenig bietet, wird man es eher auf einer Tour durch verschiedene Areale mitnehmen. Das geht am besten per Mietwagen. Nach Fernie gelangt man allerdings auch per Shuttle.

↔ Fernie 117 km, Rossland 271 km

ℹ **Kimberley Alpine Resort**
301 Northstar Blvd.
Kimberley, BC V1A 2Y5
✆ (250) 427-4165
Fax (250) 427-3927
www.skikimberley.com

Kimberley, BC ▲♦■《∎📂

Seit die Minen, die Kimberleys Existenz begründeten, nichts mehr hergeben, setzt man auf Tourismus, im Winter auf Skifahrer. Leider fällt das weiße Gold hier nicht gerade reichlich vom Himmel und diesen zu berühren ist für die lediglich hügeligen Berge außer Reichweite. Daher wird Kimberley wohl das kleine, aber liebenswerte Skigebiet bleiben, das es derzeit ist.

Kimberley ist das »Bavarian Village of the Rockies«. Rund um das »Platzl« im Ortszentrum buhlen »Schnitzelhäuser« und Andenkenläden um Touristendollars. Anscheinend mit abnehmendem Erfolg, denn so manches Geschäft in den nicht wirklich gelungen auf Bayern getrimmten Häusern steht leer. Das Gegenteil von Niedergang spielt sich im drei Kilometer oberhalb und direkt an den Pisten gelegenen **Kimberley Alpine Resort** ab. Hier entstanden hübsch anzuschauende Lodges und Condos im Stil alter Mining Towns und 1999 sogar ein Marriott. Eins hat Kimberley dem Resort aber voraus: Man weiß, wo das Zentrum ist. Das Resort wirkt zusammenhanglos und unfertig. Die rege Bautätigkeit macht Hoffnung, dass sich das bald ändert.

The Mountain
Ein schneller Vierer bedient das 555 Höhemeter messende Front Face des **Northstar Mountain**. Bergab geht es auf den makellos präparierten und nicht allzu steilen Schneebahnen ebenfalls mit High Speed. Auf der Rückseite gelangt man in die **Easter Bowl** mit einem Dreiersessel mehr als 30 überwiegend schwere Abfahrten und zahllose Varianten zwischen den Bäumen bedient. Ein solch gutes Verhältnis von Liftkapazität und Skigelände bietet wohl kein zweiter Lift in Nordamerika. Erkauft wird dies durch mehr oder weniger lange Traversen am Start und/oder Ende der Runs. Viele Abfahrten in der Easter Bowl enden am Tamarack Chair, der die Verbindung zum **Front Face** herstellt und weitere schwarze Abfahrten erschließt. Saison ist von Mitte Dezember bis Anfang April.

Off the Mountain
Das **Nordic Center** bietet 33 Kilometer Loipen (3,5 davon beleuchtet), man kann Touren mit Snowmobile oder Schneeschuhen machen, Eislaufen oder im Casino of the Rockies (20 Minuten per Shuttle) seine Urlaubskasse riskieren. Zum Dinner sollte man unbedingt mal das »Old Bauernhaus« ansteuern. Bevor es 1989 an die Auffahrt zum Alpine Resort transloziert wurde, stand es 350 Jahre lang in Bayern.

Fernie Alpine Resort, BC

Nur wenige Skigebiete in Nordamerika bieten derart steiles und scheinbar unbegrenztes Terrain in Kombination mit verlässlichen Mengen geradezu magischen Schnees. Dem Ruf dieses Berges folgen Skibums aus aller Welt und Fernie wird in einem Atemzug mit den Wallfahrtsorten der Tiefschneejünger wie Alta oder Snowbird genannt.

+ Ideales Klima: nicht so kalt wie Lake Louise, nicht so warm wie Whistler und reichlich Schnee
+ weitläufiges, abwechslungsreiches Terrain insbesondere für Könner
+ Snowcat-Skiing bei der nahe gelegenen Island Lake Lodge.

- Meist Bus- oder Autofahrt zum Lift nötig
- an Wochenenden sorgen Skifahrer aus Calgary für Wartezeiten
- talwärts münden viele Pisten ineinander
- nicht viel los abseits der Pisten, auch nicht in Fernie.

Fernie verdankt seine Existenz der Kohle, die am nahe gelegenen Crowsnest Pass ab 1898 abgebaut wurde. Der Ort brannte mehrmals nieder, zuletzt 1908, danach verwendete man beim Wiederaufbau Ziegelsteine statt Holz. In den alten Häusern im edwardianischen Stil, die sich entlang der parallel zur Eisenbahnlinie verlaufenden Main Street aufreihen, haben sich zwar einige Restaurants und Gift Shops etabliert, daneben gibt es aber nach wie vor ganz normale Geschäfte wie Sears, Fields und Co. So muss Aspen ungefähr anno 1958 ausgesehen haben. Auch hier fällt der Blick von Downtown auf die Skihänge und die umliegenden Berge, deren Wälder dem Hunger der Holzindustrie zum Glück noch entgangen sind. Die Kohle brachte Wohlstand und die Minenarbeiter konnten es sich leisten, Ski zu fahren.

Der örtliche Skiclub installierte 1961 den ersten Skilift, zwei Jahre später folgte eine Sesselbahn. Skischulleiter Heiko Socher wurde zum Manager des Skigebietes, übernahm es schließlich und rodete in den folgenden Jahrzehnten die meisten neuen Pisten mit eigenen Händen, bevor er Fernie 1998

REGION 3
Nördliche Rocky Mountains

Facts & Figures

Berg	1925 m
Tal	1068 m
HD	857 m
Lifte	10
Seilbahn	0
Gondelbahn	0
Express-Sessel	2
Sesselbahnen	4
Schlepplifte	4
	13 716 Pers./Std.
Skigebiet	912 ha
Abfahrten	107
beschneit	5 %
Länge	88 km
Charakter	72/4/24
●	23,1 km
■	37,9 km
◆	22,6 km
◆◆	4,6 km
max.	5,1 km
Fall-Linie	3,3 km
Besucher	300 000
Skitage	140
VTM/Skifahrer	5.900
Skifahrer/km	24
Schneefall	357/850 cm

Fernie Alpine Village am Fuß der Pisten der Lizard Range

REGION 3
Nördliche Rocky Mountains

Lizard Bowl in Fernie

an Charly Lockes Resorts of the Canadian Rockies verkaufte. Locke spendierte dem Berg ein Skidorf am Fuß der Pisten und zwei neue Sesselbahnen, die das Pistenangebot auf einen Schlag verdoppelten.

The Mountain
Fernies Terrain besteht aus fünf riesigen Bowls unterhalb eines scharf gezackten Kamms der **Lizard Range**. Zwar bieten alle Bowls auch einige gewalzte Pisten, der Löwenanteil des Geländes bleibt jedoch unberührt. Aber Vorsicht: Lawinen sind eine allgegenwärtige Gefahr, daher unbedingt Sperrungen und Warnschilder beachten.

Für Könner
kann es kaum besser kommen. Natürlich findet man die allerbesten Hänge nicht auf dem Pistenplan, aber die Locals geben ihre Geheimtipps gerne weiter. Auf eigene Faust sind die versteckten Varianten durch die Bäume, zum Beispiel ausgehend von **Diamond Back** am White Pass Quad, kaum zu finden. Unter den offiziellen Abfahrten ragen die **Bootleg Glades** heraus, der Einstieg treibt Angstschweiß auf die Stirn. Auch im Angesicht der Abgründe von **Corner Pocket, High Saddle** oder **Lone Fir** hinunter in die **Lizard Bowl** (durch die Currie Bowl traversieren) verengt man vorsichtshalber den Schließmuskel.

Für Fortgeschrittene,
die lange Cruiser suchen, wird Fernie schnell langweilig, auch wenn es einige perfekt gewalzte Steilhänge gibt, zum Beispiel **North Ridge**, auf denen man sein Ego aufbauen kann. Man sollte die Bereitschaft mitbringen, etwas Neues auszuprobieren: moderate Buckel, Tree-Skiing (**Timber Bowl** und **Currie Bowl**) und natürlich Tiefschnee. **Dancer, Cascade** und **Bow** in der Lizard Bowl sind ideal für Pulvernovizen.

Für Anfänger
gibt es direkt beim Village geeignete Hänge, die der **Deer Chair** und ein

Bewertung	
Preis/Leistung	4
Landschaft	3
Skigebiet	
Off-Piste	4
Experten	5
Fortgeschrittene	3
Anfänger	2
Never-Ever	1
Wartezeiten	4
Bergrestaurants	1
Ort	
Dining	3
Activities	2
Après-Ski/Nightlife	3

Skipass	
1 Tag	$ 64
Jugend (13–17)	$ 445
Kinder (6–12)	$ 21.50
Kinder (0–5)	kostenlos
6 Tage	$ 302
Verleih	
Ski 1 Tag	$ 20–33
Ski 6 Tage	$ 120–174
Set 1 Tag	$ 24–45
Set 6 Tage	$ 150–234

Schlepplift bedienen. Auch vom **Elk Quad** führt eine Reihe leichter Pisten talwärts. Für den ersten Versuch, die weiter oben gelegenen Hänge zu erkunden, eignet sich **Falling Star**.

Für Snowboarder
bietet Fernie einen riesigen Terrain-Park in der **Siberia Bowl**, der aber einen Haken hat: Zurück zum Lift gelangt man nur über Falling Star, einen endlos langen, viel zu flachen Zieher. Interessanter sind ohnehin die Freeriding-Möglichkeiten, obwohl auch hier viele Hänge erst nach langen Traversen erreichbar sind oder solche am Ende erfordern, so der Weg vom Haul Back T-bar zurück zum Village. Das einhellige Urteil lautet jedoch: das großartige Gelände ist die Mühen wert.

Bergrestaurants
Welche Bergrestaurants? Die einzige Verpflegungsstation am Berg ist die **Bear's Den** an der Bergstation des Elk Chair, aber dort gibt es nur einige Snacks. Bleiben die Restaurants im Alpine Resort, **Kelsey's** liegt direkt an der Piste, ist gemütlich und bietet gutes Essen.

Off the Mountain
Après-Ski startet in der Grizzly Bar (Live-Musik) oder bei **Kelsey's** im Alpine Resort, später am Abend verlagert sich die Szene nach Fernie, wegen des Überschusses an ungebundenen jungen Männern (Skibums) gesellen sich an Wochenenden Damen um die 40 aus Calgary dazu. Top Spots sind das **Corner Pocket** im Grand Central Hotel und **The Pub Bar & Grill**. Unter den rund 40 Restaurants gilt das **Currie Bowl** als Geheimtipp.

Tagsüber bieten Touren mit dem Schneemobil (halber Tag $ 225), mit Schneeschuhen, dem Helikopter, Hunde- oder Pferdeschlitten Alternativen zum Skifahren (buchbar beim Guest Services im Tamarack Gebäude). Eislaufen kann man in der **Fernie Memorial Arena** (© 250-423-4153), schwimmen im **Aquatic Center**, oder im Spaßbad des **Riverside Mountain Village**. Einen **Indoor Skate Park** gibt es ebenfalls (© 250-423-9292).

REGION 3
Nördliche Rocky Mountains

Anreise
✈ Calgary (295 km), Cranbrook (116 km) mit mehreren täglichen Verbindungen von Calgary und Vancouver.

🚌 Mountain Perks, © (250) 423-4023, bietet Fr–So 17 Uhr Transfers vom **Calgary Airport** nach Fernie, Rückfahrt ab Fernie Fr–So 7.30 Uhr, Hin- und Rückfahrt kosten $ 119, die Fahrtzeit beträgt 4 1/2 Std. Transfer von **Cranbrook** mit Rocky Mountain Sky Shuttle, © (888) 762-8754, $ 50 für die einfache Fahrt. Ein Shuttle-Service verbindet für $ 3 pro Fahrt zahlreiche Punkte in Fernie mit dem Skigebiet.

🚗 Ein Mietwagen ist nicht zwingend, Ausflugsziele in der unmittelbaren Umgebung sind rar, er kann aber außer für Alleinreisende die preiswertere Alternative sein.

↔ Kimberley 117 km, Panorama 225 km, Banff 352 km, Golden 320 km, Spokane 395 km

ℹ Fernie Alpine Resort
5339 Ski Hill Rd.
Fernie, BC V0B 1M6
© (250) 423-4655
Fax (250) 423-6644
www.skifernie.com

163

REGION 3
Nördliche Rocky Mountains

Panorama Village am Fuß der Pisten

Facts & Figures

Berg	2377 m
Tal	1162 m
HD	1215 m
Lifte	9
Seilbahn	0
Gondelbahn	1
Express-Sessel	2
Sesselbahnen	3
Schlepplifte	3
	10 000 Pers./Std.
Skigebiet	1152 ha
Abfahrten	120
beschneit	40 %
Flutlicht	4 Pisten, 1 Lift
Länge	85 km
Charakter	69/8/23
●	10,3 km
■	31,0 km
◆	27,4 km
◆◆	16,3 km
max.	6,3 km
Fall-Linie	4,2 km
Besucher	212 000
Skitage	160
VTM/Skifahrer	9.500
Skifahrer/km	16
Kapazität/km	118
Schneefall	475 cm

Bewertung

Preis/Leistung	4
Landschaft	4
Skigebiet	
Off-Piste	4
Experten	3
Fortgeschrittene	4
Anfänger	3
Never-Ever	3
Wartezeiten	4
Bergrestaurants	2
Ort	
Dining	2
Activities	4
Après-Ski/Nightlife	3

Skipass

1 Tag	$ 63
Kinder (7–12)	$ 29
Kinder (0–6)	$ 13
6 Tage	$ 320
Verleih	
Ski 1 Tag	$ 26–36
Ski 6 Tage	$ 126–186
Set 1 Tag	$ 36–46
Set 6 Tage	$ 171–241

Panorama, BC

Seit Intrawest 1993 das Kommando in Panorama übernommen hat, entwickelt sich das Resort zu einem der Top-Ziele in den kanadischen Rockies. Die neuen Eigentümer spendierten effiziente Lifte, mehr Ski-Terrain, riesige beheizte Pools am Fuß der Pisten, weitere Restaurants sowie einen Korblift, durch den praktisch alle Unterkünfte direkten Liftanschluss haben.

+ Lange Fall-Line Runs über einen der größten Höhenunterschiede Nordamerikas
+ auch am Wochenende keine Wartezeiten
+ Heliskiing direkt vom Ortsrand aus.

- Langer Transfer vom nächstgelegenen Airport
- mäßige Schneefallmengen
- keine Bergrestaurants
- dem Ort fehlt es an Charme und bisweilen an Leben.

Panorama Village ist eine kleine Skistation aus der Retorte, die zwar alle notwendigen Einrichtungen bietet, aber noch nicht die kritische Größe erreicht hat, ab der sie so etwas wie einen fühlbaren Herzschlag entwickeln könnte. Die nächste Ortschaft ist das 18 Kilometer entfernte und auch nicht gerade pulsierende **Invermere**. Wer nach einem anstrengenden Tag in der frischen Luft nicht mehr als ein Bett zum Schlafen braucht, den wird das aber nicht kümmern. Die insgesamt 1500 Hotelzimmer und Apartments werden zentral verwaltet und sind in vier Kategorien von Bronze bis Platinum eingeteilt, finden sich aber in verschiedensten Gebäuden. Die preiswerteren Unterkünfte liegen etwas unterhalb der Skipisten. Mit einem Korblift, etwas vollmundig als Gondola bezeichnet, gelangt man bequem zum Start der Skilifte.

The Mountain

Mit drei aufeinander folgenden Vierersesseln, darunter zwei von der schnellen Sorte, überwindet man die gut 1200 Höhenmeter bis zum »View of 1000 Peaks« am höchsten Punkt des Skigebiets. Von hier erreicht man sämtliche Abfahrten. Trotz der übersichtlichen Liftflotte ist Anstehen in Panorama kein Thema. Es gibt keine größere Stadt in der Nähe und die Liftkapazität ist im Verhältnis zur Zahl der Gästebetten großzügig bemessen.

Für Könner
hält Panorama die meisten Wahlmöglichkeiten bereit. Allein die jüngst eröffnete **Taynton Bowl**, die zuvor reines Heliskiing-Areal war, bietet 400 Hektar spärlich bewaldeter Steilhänge über gut 500 Höhenmeter in der *Double black diamond*-Kategorie. Ebenfalls vom Summit Quad erreicht man die **Extreme Dream Zone**. Die Hänge sind hier zwar kürzer, münden dafür aber nicht in den sehr langen Ziehweg aus der Taynton Bowl. In der **Sun Bowl** warten sowohl offene Tiefschneehänge als auch *gladed runs* zwischen den Bäumen. Buckelpisten findet man mit Ausnahme des Mile 1 Quad an jedem der Hauptlifte.

Für Fortgeschrittene
Wer sich schon etwas mehr zutraut, findet in Panorama exzellentes Gelände, wer sich gerade erst in diese Kategorie aufgeschwungen hat, wird einige der blauen Pisten nicht so richtig bequem finden. Die **View of the 1000 Peaks** und **Schober's Dream** zählen zu den längsten mittelschweren Pisten Amerikas, haben aber knifflige Stellen. Schöne Cruiser folgen dem **Champagne Express** und dem **Sunbird Triple**.

REGION 3
Nördliche Rocky Mountains

Anreise
Calgary (292 km)/ Cranbrook (148 km)
Shuttlebus vom **Airport in Calgary**
So–Do 16.30, Fr/Sa 13 und 16.30 Uhr jeweils von der Ankunftsebene; von **Panorama** tägl. 6.45 Uhr zum Airport, Fahrzeit 3 ½ Std., Kosten: $ 125 pro Person. Reservierung unter

REGION 3
Nördliche Rocky Mountains

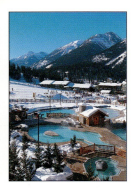

In Panorama geht's vom Schnee direkt in den Pool

☏ 1-800-663-2929 oder (250) 342-6941. Shuttlebus von Banff für $ 69 inklusive Hin- und Rückfahrt sowie Tagesskipass für Panorama, Buchung ☏ (403) 762-5900. Reist man mit mehreren Personen, ist der Mietwagen schnell günstiger, aber nach dem langen Flug sind mehr als drei Stunden Autofahren nicht jedermanns Sache.
↔ Invermere 18 km, Radium Hot Springs 32 km, Golden 127 km

ℹ **Panorama Mountain Resort**
Panorama Mountain Village, Bag 7000
Panorama, BC V0A 1T0
☏ (250) 342-6941
Fax (250) 342-3395
www.panoramaresort.com

Purcell Mountains bei Panorama

Für Anfänger
bedienen rund um das Village einige Schlepplifte und Förderbänder sanfte Übungswiesen. Der **Mile 1 Express** erschließt einige längere, breite Abfahrten mit geringem Gefälle. Damit hat es sich dann, die höher gelegenen Regionen erfordern mehr als den Pflugbogen.

Für Snowboarder
Der **Showzone Terrain Park** hat eine Halfpipe nach FIS-Standard und wird abends beleuchtet und mit Musik beschallt. Der Park ist durchaus gelungen, die meisten Rider kommen aber nicht wegen der handgemachten Attraktionen sondern zum Freeriden.

Bergrestaurants
Panorama bietet nichts, was diesen Namen wirklich verdient. Das **Summit Hut Café** bietet eine schöne Aussicht und die Möglichkeit sich aufzuwärmen, das kulinarische Angebot ist beschränkt. Das gilt auch für die **Cappuccino Hut** am Horizon Chair. Für eine vernünftige Speiseauswahl muss man die Restaurants im Village bzw. in der **Ski Tip Day Lodge** ansteuern.

Off the Mountain
Statt an die Theke strömen viele Gäste nach Liftschluss erst mal in den großen, dampfenden **Freiluft-Pool** direkt am Pistenrand. Wer nur seine Kehle befeuchten will, landet fast zwangsläufig im **Jackpine Pub** oder in der lebhaften **Kicking Horse Bar**. Später am Abend trifft man sich im **Glacier Nite Club**. Panorama verfügt über acht Restaurants, mehr Auswahl bietet Invermere. Der »Night on the Town Dinner«-Bus eröffnet an sechs Abenden pro Woche die Möglichkeit, zum Dinner nach Invermere zu fahren.

Nach Panorama kommen fast ausschließlich Feriengäste, darunter viele Familien. Entsprechend vielfältig ist das Angebot an Aktivitäten abseits der Pisten: Snowmobiling, Planwagenfahrten, Eisfischen, Schneeschuhwanderungen, Barbecue am Berg mit Fackelabfahrt, Kino oder Animation bei Game Show Nights, Talent Shows und Pool Bingo. Im Programm sind auch Fahrten zu den Thermen in **Radium Hot Springs**. Das **Beckie Scott Nordic Centre** bietet 30 Kilometer Loipen.

REGION 3
Nördliche Rocky Mountains

Der 2347 Meter hohe Eagle's Eye mit Kanadas höchstgelegenem Bergrestaurant

Kicking Horse, BC ▲◆◆◆(⌂⌂

Vermutlich wird dieses im Jahr 2000 massiv erweiterte Skigebiet schnell einen Platz in der Eliteliga der Skiberge erobern: Zum einen ist es das Terrain, das von hochalpinen Karen über weichgemuldete Schneeschalen bis zu waldgesäumten Genussabfahrten reicht, vor allem aber ist es der Schnee.

Knapp sieben Meter fallen allwinterlich auf den Bergflanken der **Purcells**. Weil das Terrain lange den Kunden von Purcell Heliskiing vorbehalten war, lautet der Claim von Kicking Horse: Heliskifahren zum Preis einer Liftkarte. Die Väter von Kicking Horse sind davon überzeugt, dass dieses Argument genügend Skifans in das entlegene Resort 14 Kilometer oberhalb des Ortes **Golden** locken wird. Bis vor wenigen Jahren wurde Goldens Schicksal fast ausschließlich von einer Sperrholzmühle und einem Rangierbahnhof bestimmt. Für das Gesicht des 4000-Seelen-Städtchens gilt das immer noch. Behaglicher soll einmal das Skidorf an der Talstation der Gondelbahn aussehen. Die ersten drei Lodges eröffneten zum Winter 2004/05.

The Mountain
Die untere Hälfte des Berges ist eine 1,5 Kilometer breite, dicht bewaldete Bergflanke mit einem guten Dutzend Pistenschneisen, die nach oben hin immer steiler werden. Die obere, nur schütter bewaldete Hälfte gliedern drei wie mit dem Lineal gezogene Bergkämme, an deren Flanken teils haarsträubende Steilhänge locken. Die **Terminator Ridge** erreicht man nach einem kleinen Anstieg, auf die Spitze der **CPR Ridge** gelangt man in nur zwölf Minuten per Gondelbahn. Auf dem 2347 Meter hohen **Eagle's Eye** thront das höchstgelegene Bergrestaurant Kanadas. Die Aussicht umfasst scheinbar die gesamte Kette der Rockies, gekrönt vom **Mount Assiniboine**, dem kanadischen Matterhorn. Wer sich nach einem guten Essen zu schwer für eine der zahllosen schwarzen Abfahrten fühlt, die auf direktem Wege talwärts führen, kann auf **It's a ten** ausweichen, eine mehr als neun Kilometer lange Gleitpartie, die alle Steilstücke in weiten Kehren umschifft.

Off the Mountain
Bei den **Golden Guides**, ✆ (866) 754-5425, kann man Aktivitäten wie Snowmobiling, Hunde- und Pferdeschlittenfahrten buchen. **Golden** bietet lärmende Bars (The Lodge), Pubs (Mad Trapper) und Tanzschuppen (Packers).

Facts & Figures
Berg	2421 m
Tal	1275 m
HD	1146 m
Lifte	5
	5700 Pers./Std.
Skigebiet	486 ha
Länge	52 km
●	17,3 km
■	15,0 km
◆	16,6 km
◆◆	2,6 km
max.	9,2 km
Schneefall	254/699 cm

Skipass
1 Tag	$ 65
6 Tage	$ 354

Anreise
✈ Calgary (277 km)
🚌 Shuttle von Golden $ 6 für Hin- und Rückfahrt. Powder Express bietet für $ 82 pro Person Fahrten von Hotels in Banff und Lake Louise nach Kicking Horse (inkl. Skipass), Info ✆ 1-800-644-8888. Der Rocky Mountain Sky Shuttle fährt zweimal tägl. vom **Calgary International Airport** nach Golden (Hin- und Rückfahrt: $ 120).
↔ Lake Louise 90 km, Banff 144 km, Revelstoke 154 km

 Kicking Horse Mountain Resort
Golden, BC V0A 1H0
✆ (250) 439-5424
Fax (250) 439-5401
www.kickinghorseresort.com

REGION 3
Nördliche Rocky Mountains

Banff
Dining	4
Activities	5
Après-Ski/Nightlife	4

Preise Tri Area Skipass
3 Tage $ 162–212
Jugend (13–17) $ 142–190
Kinder (6–12) $ 84–87
6 Tage $ 324–424
Jugend (13–17) $ 283–379
Kinder (6–12) $ 169–173

Anreise
✈ Calgary (137 km)
🚌 Rocky Mountain Sky Shuttle (© 888-944-8144) fährt vom Airport in **Calgary** zu den Hotels in Banff. Hin- und Rückfahrt kosten $ 86. In Banff verkehren die Busse von Banff Transit ($ 2 pro Fahrt). Von verschiedenen Hotels in Banff fahren (für Tri-Area-Skipassinhaber kostenlose) Busse zu den Skigebieten **Norquay** (15–50 Min., $ 10 für Hin- und Rückfahrt), **Sunshine** (25–50 Min., $ 12) und **Lake Louise** (60–90 Min., $ 20). Auch Ausflüge nach **Panorama** und **Kicking Horse** ($ 82 inkl. Skipass) sind per Bus als Tagestour möglich. Innerhalb Banffs verkehren 7–24 Uhr die Busse von Banff Transit ($ 2 pro Fahrt), viele Hotels bieten kostenlose Shuttle nach Downtown.

Banff, AB

Während der im gleichnamigen Nationalpark gelegene Ort im Sommer von Touristen überschwemmt wird, ist der Winter Nebensaison. Das sorgt für äußerst günstige Hotelzimmer und dafür, dass sich das Gefühl, eine Landschaft vor der Ankunft des Menschen auf diesem Planeten zu erblicken, besonders schnell einstellt – die großartige Wildnis der kanadischen Rockies wirkt im Winter einfach urzeitlicher als bei lauen 25 Grad im Schatten.

Noch im Jahr der Vollendung der Canadian Pacific Railway, der Banff seine Existenz verdankt, wurde die umliegende Landschaft 1885 zum ersten Nationalpark Kanadas erklärt. Zwar bildet diese Wildnis mit ihren dicht bewaldeten Tälern, die von felsig-bizarren Gipfeln eingerahmt werden, das Ende jeder Blickachse Banffs. Für die dazu passenden Geräusche muss man Downtown Banff allerdings verlassen, denn dort dominiert auch im Winter die übliche Mischung aus den Stimmen bummelnder Besucher, dahinrollender Fahrzeuge und der Musik, die aus Geschäften und Cafés nach außen dringt. Aber schon am Ortsrand ist eine Begegnung mit einer Herde Wapitis nicht ungewöhnlich. Die Vielzahl der Geschäfte erstaunt, wenn man nicht bedenkt, was hier im Sommer los ist. Allein die Cascade Plaza Mall bietet mehr als 50 Shops. Die meisten Besucher kommen jedoch nicht zum Shoppen, sondern zum Skifahren nach Banff, denn es ist die perfekte Ausgangsbasis für Trips in die drei umliegenden Skigebiete **Norquay**, **Sunshine** und **Lake Louise**, für die es den Tri-Area-Skipass gibt, der auch kostenloses Busfahren zu den Skigebieten beinhaltet.

Après-Ski/Nightlife
Die umliegenden Skigebiete klappen nach Liftschluss schnell die Bürgersteige hoch, also versammelt sich das feierfreudige Jungvolk in Banff. Die angesagtesten Spots sind das **Wild Bill's** mit großer Tanzfläche und Country & Western-Musik, **Tommy's Neighbourhood Pub** und das **Barbary Coast**, das für die beste Live-Musik gepriesen wird. Wenn alle anderen Läden schon zu haben, steuert man das **Aurora** im Keller der Clocktower Mall an (DJs und Live-Bands, Tanzfläche). Ältere Semester zieht es zum Après eher in die Bars und Lounges des schlossähnlichen **Banff Springs Hotel**.

Restaurants
Rund 30 Restaurants stehen in Banff zur Wahl, im Banff Springs kommen nochmals elf hinzu. Fast Food gibt's in der Cascade Plaza.

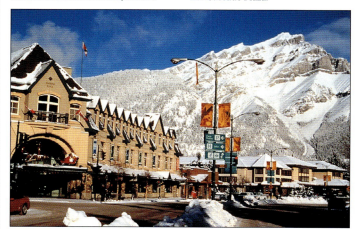

Der Winter ist in Banff Nebensaison

Primrose
425 Mountain Ave., Banff, AB
℡ (403) 762-3356
Elegantes Restaurant mit internationaler Küche im Rimrock Resort. Breakfast und Dinner. $$–$$$

Barbary Coast
119 Banff Ave., Banff, AB
℡ (403) 762-4616
Steak, Burger, Pasta, Pizza und Salate in entspannter Atmosphäre. Lunch und Dinner. $–$$

Melissa's
218 Lynx St., Banff, AB
℡ (403) 762-5511
Steaks, Steaks und Steaks in einer Blockhütte aus dem Jahr 1928. Breakfast, Lunch und Dinner. $–$$

Sonstige Aktivitäten
Hier nur ein Ausschnitt der fast unbegrenzten Möglichkeiten, abseits der Skipisten die großartige Natur rund um Banff zu erleben: Schneeschuhwanderungen und Langlaufen (Infos zum Streckennetz bei **Parks Canada**, 224 Banff Ave., geführte Touren mit **White Mountain Adventures**, ℡ 403-678-4099), Hunde- (Howling

Shopping in Banff

Dog Tours, ℡ 403-678-9588) oder Pferdeschlittenfahrten ($ 22, ℡ 403-762-4551) oder eine Tour per Helikopter (Alpine Helicopters, ℡ 403-678-4802). Herrliche Ausblicke eröffnet eine Fahrt mit der **Sulphur Mountain Gondola**. Spektakulär ist der **Ice Walk** durch den **Johnston Canyon** (Discover Banff Tours, ℡ 403-760-5007), diverse Anbieter gibt es auch für Touren zur Wildtierbeobachtung, Banff Fishing Unlimited bietet **Eisfischen** (℡ 403-762-4936).

Zu den weiteren Sportmöglichkeiten zählen Curling, Hockey, Schlittschuhlaufen, Eisklettern, Tennis und Squash. Das Douglas Fir Resort verfügt über Spaßbad mit zwei Riesenrutschen, gemütlicher geht es im Thermalwasser der **Banff Upper Hot Springs** zu (℡ 403-762-1515).

REGION 3
Nördliche Rocky Mountains

Shopping in Banff

Einen Mietwagen benötigt man nicht. Ab März, wenn die Tage länger und die Straßen besser werden, ist es reizvoll, nach dem Skifahren noch die Nationalparks zu durchkreuzen, da gibt der Mietwagen mehr Flexibilität.

↔ Calgary 130 km, Edmonton 424 km, Golden 135 km, Jasper 288 km, Vancouver 952 km

Anreisedauer: Flug 10 Std., Transfer 1 ½ Std.

Banff-Lake Louise Tourism
Banff, AB T1L 1B3
℡ (403) 762-0270
Fax (403) 762-8545
www.BanffLakeLouise.com

Ski Banff@Norquay, AB

Dieses kleine und traditionsreiche Skigebiet (seit 1928 fährt man hier Ski) liegt nur 10 Autominuten oberhalb von Banff (Busshuttle von den Hotels, Abfahrt bis ins Tal möglich) und bietet einige der am besten präparierten Abfahrten im Westen Kanadas. Bekannt ist das Gebiet aber eher für seine grimmigen, langen Buckelpisten. Es gibt fast keine Wartezeiten, daher lassen sich hier vortrefflich Höhenmeter sammeln. Wer es schafft, an einem Tag 26-mal mit dem **North American** Sessellift rauf- und die gleichnamige Piste oder eines der benachbarten Buckelbänder wie Lone Pine runterzufahren, wird Mitglied im Club 35 000 (bezogen auf *feet*, Fuß, das sind 10 668 Höhenmeter). Viele haben es schon geschafft, was einiges über die Fitness des Publikums von Norquay aussagt. Für den Sieg beim täglichen Wettbewerb um die ausdauerndsten Oberschenkel muss man meist noch ein paar Runs draufgeben. Zeit für den herrlichen Ausblick über Banff und das Bow Valley hat man ja bei der Bergfahrt.

Mittelschweres Terrain erschließt der **Pathfinder-Express-Lift**. Zwar sind die Pisten auch hier recht steil, aber die perfekte Pflege macht sie zu einem wahren Genuss. Dennoch sind sie anspruchsvoller als blau ausgewiesene Strecken in den meisten anderen Skigebieten. Für Anfänger gibt es zwar ein kleines Areal am Fuß des Berges, aber der Schritt vom Übungshügel zur nächsten Kategorie ist verdammt groß. Weniger standfeste Skifahrer sind daher definitiv besser in Sunshine, dem anderen Hausskigebiet von Banff, aufgehoben.

Facts & Figures

Berg	2134 m
HD	396 m
Lifte	5
Skigebiet	143 ha
Pistenfläche beschneit	77 ha 69 ha (90 %)
Flutlicht HD	1,2 km, 109 m
Länge	22 km
●	8,1 km
■	6,4 km
♦ ♦♦	7,9 km
max.	2,1 km
Schneefall	300 cm

Ski Banff @ Norquay
Banff, AB T1L 1B4
℡ (403) 762-4421
Fax (403) 762-8133
www.banffnorquay.com

REGION 3
Nördliche Rocky Mountains

Sunshine Village: Ski-in/ski-out direkt vom Sunshine Inn

Sunshine Village, AB ▲ ♦♦ ♦ ■ ☾ ⌂

Das höchstgelegene Skigebiet Kanadas bringt den Mythos des Skifahrens in den Rocky Mountains auf den Punkt: Variantenreiches Terrain inmitten endloser Weiten unberührter Wildnis, großartiger Schnee und eine freundliche, entspannte Atmosphäre. Kein Wunder, dass Sunshine bei Europäern eines der populärsten amerikanischen Skiziele ist.

+ Hochalpine Szenerie inmitten des Banff-Nationalparks
+ fabelhaftes Terrain für absolute Könner
+ die mit Abstand besten Schneebedingungen in Alberta
+ *ski-in/ski-out* vom Sunshine Inn.

- Ziehwege, Querfahrten und kurze Hänge, böse Zungen bezeichnen Sunshine (unfairerweise) als »Kanadas extremstes Skilanglaufgebiet«
- an Wochenenden Wartezeiten durch Tagesgäste aus Calgary
- häufiger extrem kalt und stürmisch
- nur 600 der über 1000 Höhenmeter sind skisportlich interessant.

Sunshine Village ist eine Insel im Himmel. Ein paar Gebäude, hingewürfelt in eine schneereiche Mulde hart an der Waldgrenze und mitten in der Einsamkeit der Rocky Mountains, umgeben von den großartigsten Bergspitzen des Banff-Nationalparks. Die ersten Skiurlauber waren zehn Gäste aus Vancouver, die im Februar 1934 die umliegenden Schneefelder erkundeten. Unterkunft bot ihnen eine Holzhütte aus den Zeiten des Eisenbahnbaus. Heute besteht Sunshine aus der neuen Daylodge und der alten Sunshine Lodge für die Tagesgäste, die aus Banff heraufströmen, und einem rustikalen Berghotel im Alpenstil, dem Sunshine Inn, das jüngst aufwendig renoviert wurde und nun sehr schöne Zimmer bietet.

Das Village erreicht man vom Parkplatz in 13 Minuten mit einer 4,3 Kilometer langen Achtergondelbahn oder per Raupenfahrzeug. Auf 2160 Meter Höhe ist es der höchste Skiort Kanadas. Das Inn ist das einzige Berghotel mit direktem Pistenzugang in einem kanadischen Nationalpark.

The Mountain

Während sich die meisten Skigebiete Nordamerikas über eine Bergflanke erstrecken und es vielleicht noch Lifte auf der Rückseite gibt, breitet sich das Terrain von Sunshine kreisförmig um das Village aus: Im Westen die Hänge am **Wawa Chair**, im Süden der **Mount Standish**, im Osten der **Lookout Mountain** und im Norden der **Goat's Eye Mountain**. Die Saison dauert hier

Facts & Figures	
Berg	2690 m
Tal	1660 m
HD	1030 m
Lifte	13
Seilbahn	0
Gondelbahn	2
Express-Sessel	5
Sesselbahnen	4
Schlepplifte	2
	25 400 Pers./Std.
Skigebiet	796 ha
Abfahrten	107
beschneit	Halfpipe
Länge	78,9 km
Charakter	74/7/19
●	22,9 km
■	23,2 km
♦	28,1 km
♦♦	4,7 km
hike-to	9,3 km
max.	6,6 km
Fall-Linie	2,4 km
Besucher	450 000
Skitage	190
VTM/Skifahrer	7800
Skifahrer/km	27
Schneefall	592/1006 cm

Bewertung	
Preis/Leistung	4
Landschaft	5
Skigebiet	
Off-Piste	5
Experten	5
Fortgeschrittene	4
Anfänger	4
Never-Ever	4
Wartezeiten	4
Bergrestaurants	3

oben von Mitte November bis Ende Mai. Die Talabfahrt ist ab der Mittelstation der Gondelbahn ein uninteressanter Ziehweg, so dass von den 1030 Höhenmetern Sunshines nur rund 600 wirklich relevant sind.

REGION 3
Nördliche Rocky Mountains

Für Könner
ist Sunshine durch die Öffnung der Extremski-Zonen **Delirium Dive** und **Wild West** fast unbemerkt zu einem der Top-Ziele in den Rockies avanciert. Man sollte seiner Sache hier sehr sicher sein, denn ein Fehler kann in einem Abflug über sehr, sehr hohe Felskanten enden. Wem der Einstieg am Gipfel des Lookout Mountain zu haarig ist, steigt über eine Leiter zum dahinter liegenden Sattel ab, von dem aus der erste Schwung etwas weniger Mut fordert. Die besten Buckelpisten warten unter dem **Tee-Pee-Town**-Lift und am **Goat's Eye Mountain**, dessen Südflanke ein ganzes Arsenal gut geneigter Chutes, Bowls und weiter Tiefschneehänge in der schwarzen und doppelschwarzen Kategorie bietet.

Am Mount Assiniboine

Für Fortgeschrittene
gibt es am **Continental Divide Express** und am **Goat's Eye** ideales Terrain. Gerade am Goat's Eye kann man die Herausforderungen, auf die man sich einlassen möchte, beliebig variieren. **Sunshine Coast** ist eine Genussabfahrt, die im weiten Bogen talwärts führt, zieht man den Bogen enger, wird es peu à peu steiler. Bei Schlechtwetter steuert man am besten die geschützten Hänge am **Wolverine Chair** an.

Lookout Mountain mit dem extremen Terrain des Delirium Dive

REGION 3
Nördliche Rocky Mountains

Skipass
1 Tag	$ 67
Jugend (13–17)	$ 48
Kinder (6–12)	$ 24
Kinder (0–5)	kostenlos
5 Tage	$ 300
Verleih	
Set 1 Tag	$ 30
Ski 1 Tag	$ 22

Für Anfänger

Der **Strawberry Triple** und der **Wolverine Express** bedienen Pisten für diejenigen, die ihre Technik noch perfektionieren müssen. Förderbänder bringen zu Übungswiesen im Village.

Für Snowboarder

sind die vielen Flachstücke ein Albtraum. Trotzdem ist der Berg für Freerider ein absolutes Muss, denn das reich gegliederte Gelände mit natürlichen Halfpipes, Hits, Lips und Drops bietet jede Menge Fun. Die Halfpipe am **Strawberry Chair** und der **Terrain-Park** am Lookout Mountain werden präpariert, sobald genügend Naturschnee gefallen ist.

Bergrestaurants

konzentrieren sich im Village, wo man von der einfachen Sandwichstation

(**The Deli** in der Main Daylodge) bis zur eleganten Atmosphäre der **Chimney Corner Lounge** im Sunshine Inn aus einer breiten Palette von einem halben Dutzend Verpflegungsstationen wählen kann.

Es existieren bereits Pläne, das etwas provisorische **Goat's Eye Gardens** an der Mittelstation der Gondelbahn durch ein neues Restaurant zu ersetzen.

Off the Mountain

Wenn die letzten Tagesbesucher das Skigebiet verlassen haben, wird es sehr ruhig. Für die Gäste des **Sunshine Inn** veranstaltet man Après-Ski-Partys, Casino- und Karaoke-Nächte und Mondschein-Schneeschuhwanderungen, für die Kleinen Kino- und Rodelabende. Ansonsten locken der große **Outdoor-Pool**, Sauna und Jacuzzi sowie die gute Küche des **Eagle's Nest Restaurant**.

REGION 3
Nördliche Rocky Mountains

Anreise

✈ Calgary (155 km)

🚌 Rocky Mountain Sky Shuttle (✆ 888-944-8144) fährt vom **Airport in Calgary** zur Talstation. Hin- und Rückfahrt kosten $ 86. Bei Unterkunft im Sunshine Inn kostenloser Transfer von der Talstation der Gondelbahn zum Inn mit Raupenfahrzeug.

↔ Banff 18 km, Calgary 148 km

Anreisedauer: Flug 10 Std., Transfer 2 Std.

ℹ **Sunshine Village**
Banff, AB T1L 1J5
✆ (403) 762-6500
Fax (403) 705-4015
www.skibanff.com

**REGION 3
Nördliche Rocky Mountains**

Die neue Gondelbahn in Lake Louise führt von der Base Lodge Richtung Eagle Ridge

Facts & Figures	
Berg	2637 m
Tal	1646 m
HD	991
Lifte	10
Seilbahn	0
Gondelbahn	1
Express-Sessel	3
Sesselbahnen	3
Schlepplifte	3
	16 040 Pers./Std.
Skigebiet	957 ha
Abfahrten	113
beschneit	352 ha
Länge	77 km
Charakter	85/0/15
●	25,5 km
■	16,2 km
♦	23,0 km
♦♦	12,4 km
hike-to	2,9 km
max.	5,5 km
Fall-Linie	4,7 km
Besucher	500 000
Skitage	172
VTM/Skifahrer	6300
Skifahrer/km	33
Schneefall	304/417 cm

Atemberaubende Landschaftskulisse im Banff National Park

174

Lake Louise, AB

Schwer zu sagen, was mehr beeindruckt: die Ausdehnung des Skigebiets, die sagenhafte Vielfalt des Geländes oder die wirklich atemberaubende Landschaftskulisse der Seen, Gletscher und Felsgipfel. Schon nach wenigen Abfahrten zählt fast jeder Besucher Lake Louise zu seinen persönlichen Top Ten. Die Leser verschiedener Skimagazine kürten es zum landschaftlich schönsten Skigebiet Amerikas.

+ Spektakuläre, hochalpine Szenerie
+ exzellentes Off-Piste-Gelände für Könner
+ gutes Preis-Leistungs-Verhältnis
+ absolut schneesicher dank Beschneiung
+ die neue, Wetterschutz bietende Gondelbahn erschließt einen Großteil der Pisten.

- Bisweilen extreme Kälte
- geringe Schneefallmengen
- Banff ist relativ weit entfernt und Lake Louise selbst sehr verschlafen
- das Skigebiet ist bei weitem nicht so groß, wie es zu sein vorgibt.

Als Tom Watson, ein Landvermesser der Canadian Pacific Railway, 1882 als erster Weißer den Lake Louise und die umgebenden Berge erblickte, rief er

REGION 3
Nördliche Rocky Mountains

Gigantisches Blockhaus: Lodge of the Ten Peaks in Lake Louise

Bewertung	
Preis/Leistung	4
Landschaft	5
Skigebiet	
Off-Piste	5
Experten	4
Fortgeschrittene	4
Anfänger	4
Never-Ever	4
Wartezeiten	4
Bergrestaurants	2
Ort	
Dining	3
Activities	5
Après-Ski/Nightlife	2

Skipass	
1 Tag	$ 64
Jugend (13–17)	$ 45
Kinder (6–12)	$ 21
Kinder (0–5)	kostenlos
6 Tage	$ 323–407
Verleih	
Set 1 Tag	$ 29–45
Ski 1 Tag	$ 21–33

News
Die neue, fast drei Kilometer lange **Gondelbahn** von der Base Lodge Richtung Eagle Ridge ist an kalten Tagen ein echter Segen.

Anreise
Calgary (201 km)
Rocky Mountain Sky Shuttle fährt vom **Airport in Calgary** nach Lake Louise. Hin- und Rückfahrt kosten $ 99, Reservierungen unter © (888) 944-8144. Der Tri-Area-Skipass ermöglicht kostenloses Busfahren zwischen den Skiarealen rund um Banff.
Einen Mietwagen benötigt man nicht. Ab März, wenn die Tage länger und die Straßen besser werden, ist es reizvoll, nach dem Skifahren noch die Nationalparks

---

aus: »Gott ist mein Zeuge, bei all meinen Erkundungen habe ich niemals zuvor eine derart unvergleichliche Szenerie gesehen.« Kurz darauf errichtete die Eisenbahngesellschaft eines ihrer legendären Schlosshotels, das **Chateau Lake Louise**.

Die ersten Skifahrer fanden sich Ende des 19. Jahrhunderts ein. Die Schweizer Bergführer um Rudolf Aemmer begleiteten sie bei ihren Skiausflügen auf den Victoria-Gletscher. Das Chateau Lake Louise bot luxuriöse Unterkunft direkt am Seeufer mit Blick auf den nahe gelegenen Gletscher. Auch wer sich nicht leisten kann hier zu logieren, sollte dem Hotel einen Besuch abstatten. Das Lake Louise Village, zwischen See und Skigebiet gelegen, bietet preiswertere Unterkünfte, ist aber eine konturlose Ansammlung von Hotels, Ferienhäusern, Tankstelle, Supermarkt und einigen Geschäften.

The Mountain
Die 113 Abfahrten verteilen sich auf drei Bergflanken. Die überwiegend bewaldete Vorder- bzw. Südflanke des **Mount Whitehorn** kommt auf fast 1000 Höhenmeter. Die Rückseite mit ihren offenen Tiefschneehängen bedienen der Paradise und der Ptarmigan Chair, der an der Temple Lodge startet, die bereits Ende der 1930er Jahre Skifahrer beherbergte und wo 1954 mit einem Tellerlift die technische Erschließung des Geländes begann. Der Larch Express führt von hier auf den gegenüberliegenden **Lipalian Mountain**.

Für Könner
bieten alle drei Bergflanken reichlich Betätigungsfelder, die größten Herausforderungen warten indes auf der Rückseite: die legendären **ER 7 Gullies** am Paradise Chair und die sensationell steilen **Whitehorn 2 Gullies** vom Gipfel. Helm tragen ist hier schon fast lebenswichtig. Lange Buckelpisten und Tree-Skiing findet man unter dem **Ptarmigan Chair**.

Für Fortgeschrittene
ist die **Front Side** erste Wahl. **Meadowlark** und **Wapta** sind schnelle Cruiser, die man mit der neuen Gondelbahn erreicht. Der Top of the World Express bedient **Homerun** und **Gully**. Boomerang ist ein schier endloser Cruiser auf der Rückseite, der jedoch in ein ziemlich langes Flachstück mündet. Der **Larch Chair** erschließt überwiegend mittelschwere, wenn auch nicht ganz so lange Pisten.

Für Anfänger
ist es erfreulich, dass von jedem Lift (Ausnahme: Summit Platter) auch leichte Abfahrten talwärts führen. Sonnige Übungswiesen liegen direkt vor der Base Lodge.

REGION 3
Nördliche Rocky Mountains

zu durchkreuzen, da gibt der Mietwagen mehr Flexibilität.
⟵⟶ Banff 64 km, Calgary 194 km, Kicking Horse 90 km
Anreisedauer: Flug 10 Std., Transfer 2 1/2 Std.

Für Snowboarder
errichtet Lake Louise den nach eigenen Angaben größten Terrain-Park Nordamerikas inklusive Superpipe, der vom **Olympic Chair** über gut 600 Höhenmeter talwärts zieht. Für Freerider sind die Back Bowls ein echtes Nirwana, in das man aber nur mit dem Summit Platter gelangt, der für Boarder eine echte Herausforderung ist.

Bergrestaurants
Die historische, urig gestaltete **Temple Lodge** hat eine schöne Terrasse. Wenn es hier oder in der Cafeteria zu voll wird, kann man in das ruhigere **Sawyer's Nook Restaurant** ausweichen (Tischservice). Vom Balkon der **Whitehorn Lodge** hat man die schönsten Ausblicke. Imposant ist die als gigantisches Blockhaus konzipierte **Lodge of the Ten Peaks**, die, ebenso wie

die benachbarte **Whiskyjack Lodge**, verschiedene Optionen zum Lunchen bietet, vom trostlosen Self-Service bis zur gemütlichen Powderkeg Lounge.

Off the Mountain

Die **Sitzmark Lounge** in der Whiskyjack Lodge ist der Après-Ski-Spot auf dem Berg und bietet an Wochenenden Live-Entertainment. Später am Abend lohnt es sich, den **Glacier Saloon** im Chateau Lake Louise anzusteuern, hier kann man auch tanzen. Besonders beliebt sind das Dinner in der **Whitehorn Lodge** mit anschließender Fackelabfahrt und die abendlichen Pferdeschlittenfahrten zur **Brewster Cowboy's Barbecue & Dance Barn**, wo es herzhaftes Essen und Unterhaltung nach Wildwestart gibt. Tagsüber kann man auf dem See Eislaufen oder Eisfischen. Auch Eisklettern, Langlaufen auf 150 Kilometer Loipen und Schneeschuhwandern sind möglich.

REGION 3
Nördliche Rocky Mountains

i Lake Louise Ski Resort
Lake Louise, AB T0L 1E0
✆ (403) 522-3555
Fax (403) 522-2095
www.skilouise.com

REGION 3
Nördliche Rocky Mountains

Facts & Figures

Berg	2260 m
HD	735 m
Lifte	6
Skigebiet	260 ha
beschneit	85 %
Länge	31 km
●	3,8 km
■	16,3 km
◆	11,0 km
max.	3,3 km
Besucher	115 000
Schneefall	250 cm

ℹ **Nakiska Resort Ltd.**
Kananaskis, AB T0L 2H0
✆ (403) 591-7777
Fax (403) 591-7780
www.skinakiska.com

Am Computer entworfen: Nakiskas Pistendesign

Nakiska, AB △ ◆ ■ ⛷

Die Olympischen Spiele von Calgary gingen 1988 als erste im Sommer ausgetragene Winterspiele in die Geschichte ein. Der Chinook-Wind blies von den Rocky Mountains her T-Shirt-Wetter in die kanadische Olympiastadt. Doch die Planer des 99 Kilometer entfernten olympischen Skiberges hatten mit einer computergesteuerten Schneeanlage vorgesorgt. Ihnen war nicht entgangen, dass die Cree-Indianer diese Region seit Urzeiten als Winterquartier aufsuchten. Dank der Technik konnten die Wettbewerbe problemlos über die Bühne gehen und sich die Jugend der Welt am Mount Allen treffen – *Nakiska* ist das Cree-Wort für »Sich-treffen«.

Seither ist nicht mehr viel investiert worden. Es mangelt an Zuspruch, die Skifans aus Calgary fahren lieber nach Lake Louise, das ist zwar weiter, hat aber anspruchsvollere Hänge und den besseren Schnee. Vor allem mehr Schnee – in Nakiska fährt man oft ausschließlich auf technischen Schnee. Das ist nicht gerade das, was Skifahrer aus Europa in den Rockies suchen, aber zum Warmfahren unter Jetlag-Einfluss sind die perfekt hergerichteten Schneebahnen ideal. Die Abfahrten vom **Silver** und **Olympic Chair** sind für störungsfreies Schwingen perfekt geeignet. Am **Gold Chair** warten einige Spielplätze für Steilhangfreaks: **Little Hunter** (70 % Gefälle) und **Eagle Trail** (Teil der Herrenabfahrt, 50 %) verdienen Respekt. Der mangelnde Andrang an den Liften hat ebenfalls etwas für sich.

Facts & Figures

Berg	2273 m
HD	863 m
Lifte	5
	5 700 Pers./Std.
Skigebiet	370 ha
Länge	42 km
●	3,5 km
■	16,4 km
◆	18,4 km
◆◆	3,7 km
max.	4,2 km
Besucher	60 000
Schneefall	416/909 cm

ℹ **Castle Mountain Resort**
Pincher Creek, AB T0K 1W0
✆ (403) 627-5101
Fax (403) 627-3515
www.castlemountain resort.com

Castle Mountain, AB ▲ ◆◆ ◆ ⛺

Der Skiberg knapp 250 Kilometer südlich von Calgary hat die gleiche Höhenlage wie Nakiska, aber dank der Nähe zur *continental divide*, der Wasserscheide zwischen Atlantik und Pazifik, fällt hier fast viermal so viel Schnee. Castle ist ein Berg für Puristen. Statt sanften Pistenautobahnen durch den Wald wie in Nakiska dominieren am **Castle Mountain** offene Flanken mit bis zu 45 Grad Neigung. Rund zwei Drittel des Terrains liegen oberhalb der Waldgrenze, führen allenfalls durch schütteren Baumwuchs. Von der **Day Lodge** aus überwinden ein Ankerlift und ein Dreiersessel die ersten rund 500 Höhenmeter. Zum Gipfel führt der **Tamarack Chair**. Von dort erreicht man über Traversen entlang dem Kamm der **Gravenstafel Ridge** mehr als 30 markierte Abfahrten und zahllose Varianten in der West- und Südwestflanke. Nur ein Lift für 30 Abfahrten! Das bedeutet massig Raum und verheißt angesichts der üppigen Schneefallmengen gute Chancen auf *fresh tracks*. Castle ist allerdings ein trauriges Beispiel für die Tücke von Durchschnittswerten. Einen Winter begräbt der Schnee den Berg förmlich, im nächsten regnet es oder es gibt gar keinen Niederschlag – auch nicht aus Schneekanonen, die hat man hier nicht. Mit etwas Wetterglück aber bietet Castle Skierlebnisse wie sonst nur beim Heliskiing – für 48 Dollar am Tag. Wer von Calgary Richtung Fernie fährt, sollte hier bei guter Schneelage unbedingt einen Zwischenstopp einlegen.

Marmot Basin, AB ▲♦■⊄⁄⌂

Jaspers Hausberg ist kein Skigebietsgigant und der Weg dorthin weit. Aber genau der ist das Ziel. Die Fahrt von Banff über den Icefields Parkway nach Norden zählt zu den landschaftlich spektakulärsten drei Autostunden Amerikas. Die im Sommer überfüllte Strecke macht im Winter die Einsamkeit der Wildnis erfahrbar. So wie die stets leeren Pisten im »Murmeltierkessel«.

+ Ausgewogenes, vielseitiges Skiterrain mit alpinem Charakter
+ sehr gute Schneequalität
+ viel Platz auf den Pisten
+ großartige Landschaft und Tierwelt im Nationalpark.

- Nur ein High-Speed-Lift
- es kann verdammt kalt werden
- hüfttiefen Pulver darf man angesichts der geringen Schneefallmengen nicht erwarten
- keine Unterkünfte am Berg.

Der kleine Ort Jasper (1062 m) liegt im Herzen des gleichnamigen und mit 10 878 Quadratkilometern größten Nationalparks der kanadischen Rockies. Seine Existenz verdankt er dem Bau der Grand Trunk Pacific Railroad, die 1911 den Schienenweg durch das Tal des Athabasca-Flusses in Richtung Yellowhead Pass trieb. Was als Zeltstadt für die Bahnarbeiter begann, präsentiert sich heute als einfacher, unscheinbarer aber freundlicher, gelassen und heimelig wirkender Ort mit schindelgedeckten Holzhäusern, Kirchturm, Backsteingebäuden sowie Hotels und Lodges in buntem Stilmix. Shopping-Malls wie im etwas geschniegelteren Banff sucht man vergebens. Dafür kann es passieren, dass der morgendliche Blick aus dem Hotelzimmer auf eine Herde Wapitis fällt. Jaspers Hauptsaison ist der Sommer, ein Bett kostet im Winter nur Bruchteile der Hochsaisonpreise. Zum Skigebiet **Marmot Basin**, wo es keine Unterkünfte gibt, fährt man 19 Kilometer.

The Mountain
Das Gelände an der Ostflanke des **Marmot Peak** erstreckt sich jeweils etwa zur Hälfte ober- und unterhalb der Waldgrenze. Die meisten Lifte erschließen Hänge aller Schwierigkeitsgrade. Die Saison dauert von Anfang Dezember bis zum 1. Mai.

REGION 3
Nördliche Rocky Mountains

Facts & Figures
Berg	2417 m
Tal	1686 m
HD	731 m
Lifte	9
Seilbahn	0
Gondelbahn	0
Express-Sessel	1
Sesselbahnen	5
Schlepplifte	3
	11 931 Pers./Std.
Skigebiet	414 ha
Abfahrten	86
beschneit	1 %
Länge	48 km
Charakter	86/4/10
●	10,7 km
■	9,4 km
♦	21,0 km
♦♦	7,2 km
max.	5,1 km
Fall-Linie	3,6 km
Besucher	220 000
Skitage	150
VTM/Skifahrer	6400
Skifahrer/km	27
Schneefall	400 cm

Bewertung
Preis/Leistung	4
Landschaft	4
Skigebiet	
Off-Piste	4
Experten	4
Fortgeschrittene	3
Anfänger	3
Never-Ever	3
Wartezeiten	4
Bergrestaurants	2
Ort	
Dining	3
Activities	4
Après-Ski/Nightlife	3

Skipass
1 Tag	$ 42–59
Jugend (13–17)	$ 42–47
Kinder (6–12)	$ 20
Kinder (0–5)	kostenlos
5 Tage	$ 210–287
Verleih*	
Set 1 Tag	$ 31–42
Set 6 Tage	$ 166–227
* Inklusive Steuer	

Marmot Basin erreicht man über den traumhaften Icefields Parkway

179

REGION 3
Nördliche Rocky Mountains

Den höchsten Punkt von Marmot Basin erklimmt der Knob Chair

Anreise

✈ Calgary (412 km), Edmonton (362 km)

🚆 Der Canadian bedient dreimal wöchentlich die Strecke zwischen Vancouver und Edmonton und hält dabei in Jasper. Die Fahrt von Edmonton dauert gut 5 Stunden.

🚌 Shuttle-Service von den Airports bietet SunDog Tour Co. an (www.sundogtours.com). Hin- und Rückfahrt von **Calgary** kosten $ 189, Fahrtdauer (via Banff) rund 5 $^1/_2$ Stunden. Dreimal täglich fahren Shuttles von den Hotels in Jasper ins Skigebiet.

🚗 Angesichts der Shuttle-Preise ist ein Mietwagen die bessere Alternative.

↔ Banff 284 km, Edmonton 362 km, Calgary 412 km, Kamloops 440 km

Abwechslungsreiches Skiterrain im Jasper National Park

Für Könner

bietet Marmot Basin die größte Auswahl. Vereinfacht gesagt wird das Gelände nach oben hin immer steiler, aber auch offener. Den höchsten Punkt erklimmt der **Knob Chair**. Viele steigen von hier noch in gut 30 Minuten bis auf den 2 601 Meter hohen Gipfel. Auch ohne Aufstieg erreicht man **Charlie's Bowl** mit einem Einstieg jenseits der 50 Grad. Weniger extrem, aber immer noch sehr ernst zu nehmen sind die **Dupres Bowl** und die **Dupres Chutes**. Der Eagle Ridge Quad erschließt herrliche Glades auf der **Chalet Slope** (hier hält sich Pulver besonders lang) und ein unpräpariertes, wildes Areal mit dem Namen **Eagle East** mit einem Dutzend benannter *double black diamond runs* sowie Hunderten unbenannten Varianten. Buckelpisten findet man an der **Caribou Ridge** und im oberen Bereich des **Eagle Chair**.

Für Fortgeschrittene

sind die Optionen nicht ganz so umfangreich, aber selbst am Knob Chair gibt es mittelschwere Varianten. Besonders schöne Wedelbahnen bedienen der **Paradise Chair** und der **Eagle Ridge Quad**.

Für Anfänger

geeignetes Gelände bedienen der **School House Poma** und ein Zauberband am **Caribou Chalet**. Leichte Abfahrten führen von allen Liften mit Ausnahme des Knob Chair talwärts.

Für Snowboarder

gibt es zwar einen Park mit Table Tops, Rails $^1/_4$-Pipe und Rollers, lohnend ist ein Trip nach Marmot aber nur für Freerider, denen es mehr offenes Gelände bietet als viele wesentlich größere Skigebiete.

Bergrestaurants
Nichts Aufregendes, aber im **Eagle Chalet** mitten im Skigebiet kann man gemütlich am Kamin oder auf der großen, aussichtsreichen Sonnenterrasse sitzen. Das **Caribou Chalet** an der Talstation beherbergt im ersten Stock ein Café mit Tischservice, das von der Jasper Park Lodge betrieben wird und gute Sandwiches, Burger und Salate serviert.

Wartezeiten
Am Eagle Express kann es morgens mal etwas dauern. Ohne Warten gelangt man auch dann mit dem Caribou Chair bergwärts.

Off the Mountain
19 Kilometer Loipen an der Jasper Park Lodge, weitere rund um Jasper. Zahlreiche Anbieter für Touren mit Schneeschuhen oder Ski ins Backcountry, mit Steigeisen durch den zugefrorenen **Maligne Canyon** oder per Snowmobile oder Hundeschlitten in die Bergeinsamkeit, zum Beispiel **Beyond the Beaten Path**, ✆ (780) 852-5650. Eisklettern mit Guide Peter Amann, ✆ (780) 852-3237. Eisfischen, Schlittschuhlaufen, Pferdeschlittenfahrten und Helikopterrundflüge (High Country Helicopters, ✆ 780-852-0125). **Heliskiing** im 90 Kilometer entfernten Valemount.

Angesagte Dinner-Spots sind **Andy's Bistro** (preiswerte Menüs), **Villa Caruso**, ein Steakhouse. **Papa George's** serviert kanadische Küche in gemütlichem Ambiente am offenen Kamin. Elegant ist das **Edith Cavell** in der Jasper Park Lodge. Kalorien abtanzen kann man im **Atha-B Club**. ☼

REGION 3
Nördliche Rocky Mountains

i Marmot Basin
Jasper, AB T0E 1E0
✆ (780) 852-3816
Fax (780) 852-3533
www.skiingjasper.com
www.jaspercanadianrockies.com

REGION 4
Pazifischer Nordwesten

Pazifischer Nordwesten
Skigebiete von Alyeska bis Whistler

i **Alaska Travel Industry Association**
2600 Cordova St., Ste. 201
Anchorage, AK 99503, USA
© (800) 327-9372
Fax (800) 276-1042
www.travelalaska.com

Der Nordwesten Amerikas ist ein Land der Superlative: Die größten Schneemengen, die höchsten Vulkanberge, die ausgedehntesten Gletscherfelder und das größte Skigebiet des Kontinents. So weit so gut. Leider ist die Gegend auch berüchtigt für ihr schlechtes Wetter. In Kombination mit dem rauen Charakter der jungen, noch immer wachsenden Gebirge ergibt das eine Mischung, die leidenschaftliche Skisportler vor allem deshalb mögen, weil hier keine Schönwetterfahrer ihre Wege kreuzen.

Ausnahmen bestätigen natürlich die Regel. Die Skigebiete an den Flanken der Vulkane in Oregon haben durchaus ihre zahmen Seiten. Der **Mount Bachelor** wird wegen seines flachen unteren Drittels von den Locals immerhin *Flatchelor* genannt. Aber oben lockt auch er mit steilen Gletscherhängen und natürlichen Halfpipes die in schütter bewaldete Schluchten münden. Vor allem im Faltengebirge der **Cascades** und der **Coast Mountains** wird weniger auf vorgezeichneten Schneeautobahnen als vielmehr irgendwo zwischen Berg- und Talstation, in einem meist reich gegliederten, häufig atemberaubend steilem Gelände Ski gefahren, in dem man ständig auf der Suche nach der perfekten Linie durch diesen unglaublich tiefen Schnee ist.

Ab der kanadischen Grenze rücken die Berge bis an den Saum des Pazifiks und eröffnen so Erlebnisse der ganz besonderen Art: Skifahren mit dem Ozean zu Füßen. In **Grouse Mountain** ergänzt das Lichtermeer Vancouvers die Szenerie

4 Pazifischer Nordwesten

Whistler/ Blackcomb, BC, S. 185
Grouse Mountain, BC, S. 191
Alyeska Resort (außerhalb der Karte), AK, S. 193
Crystal Mountain, WA, S. 194
Mount Baker, WA, S. 194
Timberline, OR, S. 195
Mount Hood Meadows, OR, S. 196
Mount Bachelor, OR, S. 197

beim Abendskilauf unter Flutlicht, in **Alyeska** in Alaska stürzen die Abfahrten vom ewigen Eis bis fast in die Fluten des stets eisfreien Turnagain Arm.

Auch für Heliski-Fans ist der pazifische Nordwesten eine gute Adresse. Rund 60 000 Quadratkilometer Skigelände fliegen Anbieter zwischen Seattle und Anchorage an. Die **Chugach Mountains** in Alaska sind das unbestrittene Mekka der Extrem-Skifahrer. Die Saison dauert bis in den Sommer, wenn der Firn zu unvergesslichen Abfahrten unter der Mitternachtssonne lockt.

REGION 4
Pazifischer Nordwesten

Black Tusk dominiert das Panorama von Whistler Mountain

Berge und Klima

Die Gebirgslandschaft des pazifischen Nordwestens gleicht einer Prozession von Vulkanen, einige aktiv, wie der **Mount Saint Helens**, einige schlafend, die meisten erloschen. Viele von ihnen haben sich von Feuerbergen zu eisbedeckten Riesen gewandelt, darunter der **Mount Bachelor** und der **Mount Hood** in Oregon, der 4392 Meter hohe **Mount Rainier** und der **Mount Baker** in Washington sowie der **Mount Garibaldi** in den **Coast Mountains** von British Columbia. Die Coast Mountains erreichen mit dem **Fairweather Mountain** 4663 Meter. Noch höher türmen sich die **Wrangell-** und **St.-Elias-Berge** über dem Golf von Alaska empor: Der **Mount Logan** misst 5959 Meter.

Die hohen Berge sorgen in Kombination mit dem Pazifik für die höchsten Schneefallmengen Nordamerikas. Am Mount Baker wurden im Winter 1998/99 fast 29 Meter gemessen. Die schneemäßig gesehen segensreiche Lage sorgt andererseits für miserables Wetter. Tiefdruckgebiet folgt auf Tiefdruckgebiet. Sturm, starker Schneefall oder Nebel sorgen in den Skigebieten im pazifischen Nordwesten öfter für wetterbedingte Betriebsausfälle als überall sonst auf dem Kontinent. Wechselhaft ist das Wetter auch: Das so genannte »Pineapple Express«-Tief (es kommt aus Hawaii) kann in Whistler auch im Januar bis in höchste Lagen Regen bringen.

Skigebiete

Die ersten kleinen Skigebiete errichteten Park- und Forstverwaltungen sowie Skiclubs in den 1920er bis 1940er Jahren, einige von ihnen verfügten über einfache Schleppseile. Den ersten richtigen Skilift installierte man 1935 am **Mount Baker** in Washington. In Oregon ließ die Regierung 1937 als Arbeitsbeschaffungsmaßnahme während der Großen Depression die Timberline Lodge bauen, die heute als einzige Ski-Lodge das Prädikat »National Historic Monument« trägt. Ein historisches Datum ist für die Region auch der 2. Juli 2003, da wurde Vancouver als Ausrichter der Olympischen Winterspiele 2010 ausgewählt. Die meisten alpinen Skirennen sollen über die Pisten von **Whistler/Blackcomb** gehen. Das Skigebiet wurde 1965 im Hinblick auf die Bewerbung um die Winterspiele 1976 erschlossen und ist heute das größte Nordamerikas. Im Nordwesten liegen auch die einzigen echten Sommerskigebiete Nordamerikas: **Blackcomb** und **Timberline** öffnen zur Gletschersaison.

Die Bundesstaaten und Provinzen entlang der Pazifikküste zählen pro Saison knapp sieben Millionen Skifahrertage, davon rund 30 Prozent allein in Whistler/Blackcomb. Die folgenden Seiten beschreiben neun der insgesamt 50 Skigebiete in Alaska, im westlichen British Columbia, in Washington und in Oregon.

i Tourism British Columbia
12th Floor
510 Burrard St.
Vancouver, BC
V6C 3A8 Canada
✆ (604) 660-3757
www.hellobc.com

i Washington State Tourism Department
✆ 1-800-544-1800
www.experiencewashington.com

i Oregon Tourism Commission
775 Summer St. N.E.
Salem, OR 97301-1282, USA
✆ (503) 986-0000 und 1-800-547-7842
Fax (503) 986-0001
www.traveloregon.com

i Oregon Snowsport Industries Association
Portland, OR 97228
503-768-4299
Fax 503-768-4294
www.oregonski.org

REGION 4
Pazifischer Nordwesten

Extreme-Skiing am Whistler Mountain

Weitere interessante Skiziele sind:
Mount Hood Skibowl, OR (www.skibowl.com)
49° North, WA (www.ski49n.com)
Mission Ridge, WA (www.missionridge.com)
Mount Spokane, WA (www.mtspokane.com)
Stevens Pass, WA (www.stevenspass.com)
The Summit, WA (www.summit-at-snoqualmie.com)
Mount Washington, BC (www.mtwashington.ca)
Eaglecrest, AK (www.skijuneau.com)

Gateways

Von **Anchorage** in Alaska, möglicher Stopover auf einem Flug nach Ostasien, ist es nur etwa eine Stunde bis zu den Pisten von Alyeska, noch näher liegen Anchorages zwei eigene Skigebiete. **Vancouver** bietet ebenfalls Skigebiete direkt vor der Haustür, nach Whistler gelangt man in etwa eineinhalb Stunden.

Ebenso schnell gelangt man von **Portland** zum Mount Hood mit seinen Skigebieten. **Seattle** ist Ausgangspunkt für Crystal Mountain, zum Hausberg The Summit braucht man eine Stunde.

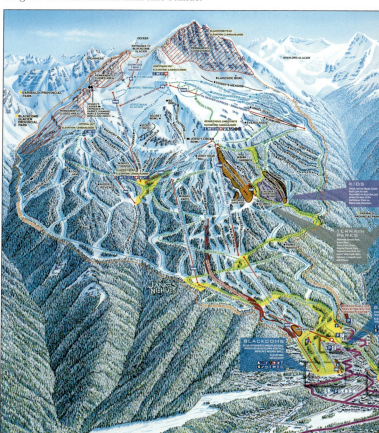

Das größte Skigebiet Nordamerikas: Whistler/Blackcomb

Whistler/Blackcomb, BC

Die größten Höhenunterschiede, die meisten Pisten, mehr Terrain oberhalb der Baumgrenze und mehr Liftkapazität als jeder andere amerikanische Skiberg – diese eindrucksvollen Fakten machen Whistler/Blackcomb zum beliebtesten Skiziel der Neuen Welt. Zusammen mit den autofreien Shoppingmeilen und dem quirligen Après-Ski im Village zu Füßen der Pisten ist Whistler/Blackcomb ein Ski-Resort, das seinesgleichen sucht.

+ Das größte Skigebiet Nordamerikas
+ Hänge für jede Leistungsstufe, inklusive gewalzter Steilhänge und weitläufigem Off-Piste-Terrain
+ lange Abfahrten
+ alpine Szenerie
+ autofreier Ort am Fuß der Pisten mit einladenden Geschäften und lebhaftem Après-Ski
+ gute Auswahl an Bars und Restaurants
+ leicht erreichbar dank Nonstop-Flügen nach Vancouver und relativ kurzem Transfer
+ Heliskiing (vgl. S. 252 ff.).

REGION 4
Pazifischer Nordwesten

Facts & Figures
Berg	2284 m
Tal	653 m
HD	1609 m
Lifte	33
Seilbahn	0
Gondelbahn	3
Express-Sessel	12
Sesselbahnen	6
Schlepplifte	12
	59 007 Pers./Std.
Skigebiet	2947 ha
beschneit	229 ha
Abfahrten	249
Länge	226 km
Charakter	78/4/19
●	64,6 km
■	96,7 km
◆	55,5 km
◆◆	8,9 km
max.	13,1 km
Fall-Linie	6,4 km
Besucher	2 200 000
Skitage	200 (Winter), 56 (Sommer)
VTM/Skifahrer	6.500
Skifahrer/km	49
Schneefall	411/1029 cm

Bewertung
Preis/Leistung	4
Landschaft	4
Skigebiet	
Off-Piste	5
Experten	5
Fortgeschrittene	5
Anfänger	4
Never-Ever	3
Wartezeiten	3
Bergrestaurants	3
Ort	
Dining	5
Sonstige Aktivitäten	5
Après-Ski/Nightlife	5

Skipass
1 Tag	$ 74–79
Kinder (7–12)	$ 37–43
Kinder (0–6)	kostenlos
6 Tage	$ 334–437
Verleih	
Ski 1 Tag	$ 23
Ski 6 Tage	$ 126
Set 1 Tag	$ 28–36
Set 6 Tage	$ 144–180

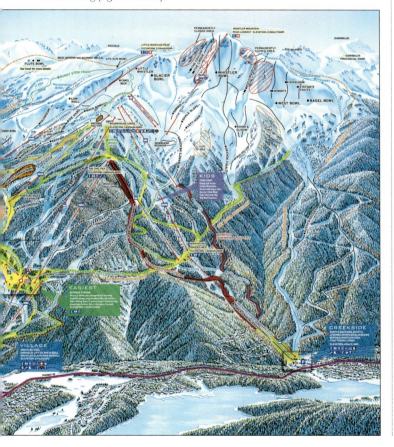

REGION 4
Pazifischer Nordwesten

- Die Nähe zum Pazifik bedingt wenig Sonnenschein, regelmäßig Regen, teils schweren Schnee, starken Wind und Eis auf den Pisten
- Verbindung der Skiberge nur im Tal
- einige Pisten sind für amerikanische Verhältnisse voll
- an Wochenenden längere Wartezeiten bei der ersten Bergfahrt möglich
- Ziehwege am Whistler Mountain.

Alles begann 1966 mit ein paar klapprigen Gebäuden, dort, wo heute das jüngst komplett neu gestaltete **Creekside Base Village** steht. Den Anstoß zum Bau der ersten Lifte gab die Bewerbung um die Olympischen Spiele 1976. Daraus wurde nichts, aber 2010 ist es endlich soweit. Dann werden die meisten alpinen Wettbewerbe der Olympischen Winterspiele in Vancouver über die Pisten von Whistler Mountain gehen.

Das **Whistler Village** entstand in den späten 1970er Jahren. In den Achtzigern folgte das **Blackcomb Village**, inzwischen mit Whistler Village verschmolzen und in **Upper Village** umgetauft. **Whistler North**, der vierte Ortsteil, entstand in den neunziger Jahren und heißt heute **Marketplace**. Die Zentren sind alle autofrei und ihre Architektur für Retortenstationen ziemlich geschmackvoll. Die mit viel Holz gestalteten Gebäude gruppieren sich um mehrere, dank Kopfsteinpflaster recht anheimelnd wirkende Plätze.

Auf monströse Hochhäuser hat man verzichtet, aber es gibt eine Reihe von großen fünf- bis sechsgeschossigen Hotel- und Apartmentbauten. Die Schar der Besucher, die an den vielen T-Shirt-Shops und den Terrassen der Restaurants und Cafés entlangspaziert, ist international: Australier, Japaner, Südamerikaner, viele Briten und auch zahlreiche Deutsche zählen zu Whistlers Klientel. Insgesamt kommt das Resort auf mehr als 200 Shops, 100 Restaurants und Bars und ebenso viele Hotels, Lodges, B&Bs und Condos mit mehr als 5000 Zimmern, davon viele mit direktem Zugang zu den Pisten und Liften.

Die meisten Bars, Shops und Hotels konzentrieren sich in **Whistler Village**, vom Skier's Plaza führen Gondelbahnen auf beide Berge. In **Marketplace** decken sich auch die Einheimischen mit den Dingen des täglichen Bedarfs ein, hier sind Post, Supermarkt und Liquor Store angesiedelt. Das kleinere und ruhigere **Upper Village**, fünf Gehminuten oder eine kostenlose Shuttlebusfahrt entfernt, wird vom Chateau Whistler dominiert, einem Hotel im Stil der großen Schlosshotels der Canadian Pacific. Hier gibt es wenige, aber ausgesprochen gute Cafés und Restaurants.

Autofreier Skiort: Whistler Village

Kinderbetreuung
Die Kinderbetreuung entspricht den in Nordamerika üblichen hohen Standards. Bereits für Kinder ab einem Alter von 3 Monaten gibt es Betreuungsangebote (ganzer Tag $ 98, inklusive Pager für die Eltern). Skikurse werden ab einem Alter von 3 Jahren angeboten.

Anreise
✈ Vancouver (115 km)
🚌 Perimeter's Whistler Express (© 877-317-7788) fährt etwa alle 90 Minuten in 2 1/2 Std. vom **Flughafen Vancouver** direkt zu den Hotels in Whistler. Hin- und Rückfahrt kosten $ 130 (Erwachsene) bzw. $ 90 (Kinder). In Whistler Village verkehren Busse (pro Fahrt $ 1.50, im Zentrum kostenlos).

The Mountain
Den **Whistler Mountain** erreicht man vom Whistler Village mit einer Zehnergondelbahn, die in zwei Sektionen über 1100 Höhenmeter zum Bergrestaurant **Roundhouse** in 1850 Meter Höhe hinauffährt, dem Dreh- und Angelpunkt des Skigebietes. Von hier fächern sich Pisten durch die Wälder in alle Richtungen auf, Cruiser führen zu den Emerald- und Big-Red-Vierern, steilere Runs zur Mittelstation der Gondelbahn. Oberhalb des Roundhouse erschließen zwei weitere schnelle Vierer die baumfreien Bowls, die neben den zahllosen schweren Varianten mittlerweile auch einige gewalzte, mittelschwere Alternativen bieten.

Von der **Creekside Base**, dem Zielbereich des **Dave Murray Downhill**, führen eine Sechsergondel und der Big Red Express zum Roundhouse. Im Winter 2004/05 wurden für die Talfahrt über die 1529 Höhenmeter vom Peak zur Creekside Base neue, direkte Runs eröffnet.

Den **Blackcomb Mountain** erreicht man vom Whistler Village mit der Excalibur-Gondelbahn, vom Upper Village mit dem Wizard und dem Solar Coaster Express, der Skifahrer zum Rendezvous Restaurant an der Baumgrenze in 1860 Meter Höhe hebt. Hält man sich hier links, gelangt man zu kilometerlangen Cruising Runs und zu den Liften, die hinauf auf den **Horstman-Gletscher** führen. Der Showcase T-Bar eröffnet den Zugang zum **Blackcomb-Gletscher**, einem hochalpinen Areal abseits aller Lifte. Rechter Hand warten am Rendezvous Restaurant steilere Hänge und ein Ziehweg zum **7th Heaven Express**, der allein eine riesige Bergflanke erschließt. Von der Bergstation gelangt man ebenfalls auf den Gletscher. Hier startet auch die mit 13,1 Kilometern Länge und 1609 Höhenmetern längste Skiabfahrt Nordamerikas.

Für Könner
Whistler gilt als Mekka der Extremskifahrer und kommt auf ein gebrochenes Rückgrat pro Tag, so erzählt man sich zumindest nach dem dritten Bier im Longhorn Pub. Die Zahl mag Legende sein, aber sie sagt einiges über den Mythos dieses Berges aus. Die Bowls am **Whistler Mountain** bieten Könnern endlose Möglichkeiten, Rinnen jeder denkbaren Steilheit und Weite, von den wächtenüberzogenen Graten oberhalb der **Harmony Bowl** bis zu den gegen senkrecht strebenden Couloirs von **West Cirque** oder **The Chute**.

Blackcomb bietet nicht ganz so viel Auswahl, dafür noch haarsträubenderes Terrain, allen voran den **Couloir Extreme**, den man über einen schmalen Grat von der Horstman Hut aus erreicht. Vom Glacier Express erschließt sich über die Spanky's Ladder extremes Gelände in den **Sapphire, Diamond, Ruby** und **Garnet Bowls**. Auf den sanften Blackcomb Glacier kann man sich durch das sagenhaft steile **Blow Hole** schießen lassen.

Beide Berge bieten neben zahlreichen Buckelpisten auch Runs zwischen den Bäumen, die vom gefährlichen Unterholz befreit sind. Am Whistler

REGION 4
Pazifischer
Nordwesten

Ein Mietwagen ist für die Fahrt nach und in Whistler selbst überflüssig. Reist man in einer Gruppe kann der Mietwagen aber preiswerter als der Shuttle-Transfer sein.
↔ Vancouver 126 km, Seattle 356 km

Anreisedauer: Flug nach Vancouver 10 1/2 Std., Transfer 2 1/2 Std.

Nahe gelegene Skiorte Grouse Mountain, BC, 121 km, vgl. S. 191 f.
Cypress Mountain, BC, 118 km
5 Lifte, 512 m HD
www.cypressmountain.com

Horstman-Gletscher am Blackcomb Mountain

REGION 4
Pazifischer Nordwesten

Mountain erreicht man diese *gladed areas* vom Garbanzo Express, am Blackcomb vom **Expressway** hinüber zum 7th Heaven Express.

Für Fortgeschrittene

Fast 100 Kilometer Pisten entfallen auf die Kategorie mittelschwer, für Fortgeschrittene geradezu ein paradiesischer Umstand. Am **Blackcomb Mountain** kann man für vier bis fünf Kilometer auf Gleitflug schalten, wenn man via **Cruiser** die Vorderseite des Berges hinabschwingt. Auch die Gletscher sind mittelschweres Revier, der weit ausladende **Blackcomb-Gletscher** zwischen den Felszinnen von Spearhead und Blackcomb Peak besticht außerdem durch die großartige Szenerie. Die Südhänge am **7th Heaven Express** bieten ebenfalls reichlich Platz und mittelschweres Tiefschneeterrain.

Am **Whistler Mountain** führen mittelschwere Pisten, die auch fortgeschrittene Anfänger nicht vor unlösbare Aufgaben stellen, aus den Bowls talwärts, **Harmony Ridge** vom Little Whistler Peak, **The Saddle** über den Whistler-Gletscher und **Highway 86** vom Peak. In der sanfteren **Symphony Bowl** traut sich so mancher erstmals in den Tiefschnee abzubiegen.

Unterhalb des **Roundhouse** ziehen zahlreiche perfekt gepflegte Pistenautobahnen durch den Wald, schnelle Lifte führen zurück auf den Berg, so dass man hier schon nach wenigen Stunden das Pensum absolviert haben kann, für das man andernorts einen ganzen Tag benötigt.

Für Anfänger

Whistler verfügt an der Mittelstation der **Village Gondola** über exzellente Übungswiesen, Blackcomb an der Talstation beim **Chateau** und an der Mittelstation der **Excalibur Gondola**. Vom **Roundhouse** führen leichte Abfahrten beidseits in weitem Bogen zur Mittelstation, von wo aus die **Lower Olympic** eine leichte Route ins Tal eröffnet. Am Blackcomb Mountain gibt es sogar vom Gipfel aus eine leichte Abfahrt bis ins Tal, wobei die grünen Pisten hier meist Ziehwege sind.

Für Snowboarder

Im Winter 2004/05 richtete Whistler die Snowboard-Weltmeisterschaften aus. Für Boarder gehört das Resort zu den Topzielen auf dem Globus. Freerider bevorzugen wegen seiner zahlreichen Fall-Line Runs den **Blackcomb Mountain**. Dort warten auch die nachts beleuchtete Superpipe sowie der abends geöffnete Terrain-Park am **Magic Chair**. Insgesamt gibt es vier Parks und zwei Pipes, der größte Park befindet sich am Catskinner Chair.

Bergrestaurants

Die zentralen Bergrestaurants (**Roundhouse** am Whistler und **Rendezvous** am Blackcomb Mountain) bieten ein gutes Preis-Leistungs-Verhältnis, sind aber gesichtslose SB-Kalorien-Tankstellen und zur Mittagszeit unvorstellbar überfüllt. Die beste Wahl unter den großen Restaurants ist die **Glacier Creek Lodge**. Gemütlicher, weil kleiner sind das **Raven's Nest** an der Bergstation der Creekside-Gondelbahn, die **Horstman Hut** und die **Crystal Hut**. Bei guter Schneelage sollte man für mehr Auswahl und weniger Anstehzeit ins Tal abfahren und dort den Lunchstopp einlegen. Tischservice bietet am Berg nur das **Christine's** in der Rendezvous Lodge.

Extremskifahrer finden am Blackcomb Mountain ausgezeichnete Tree-Skiing Runs

ⓘ Tourism Whistler
4010 Whistler Way
Whistler, BC V0N 1B4
✆ (604) 664-5625
Fax (604) 938-5758
www.tourismwhistler.com
www.whistlerblackcomb.com

REGION 4
Pazifischer Nordwesten

Kein anderes Skigebiet in Nordamerika hat so alpinen Charakter wie Whistler/Blackcomb

Wartezeiten
Bei bis zu 28 000 Besuchern am Berg bleiben Wartezeiten an einigen Liften nicht aus, insbesondere, wenn es in den Höhenlagen stürmt (was zur Schließung der Top-Lifte führt) und im Tal regnet – was leider öfter mal vorkommt. In letzter Zeit wurden am Whistler Mountain aber vermehrt Pisten in den mittleren Höhenlagen erschlossen und auch die Liftkapazität verstärkt. An Wochenenden kann es morgens an den Gondelbahnen, die vom Whistler Village in höhere Etagen zielen, voll werden. Dagegen hilft früh aufstehen. Die Whistler Gondola und der Wizard Express fahren bereits ab 7.15 Uhr zur Roundhouse Lodge bzw. zum Rendezvous Restaurant. Dort wartet ein heißes Frühstück und um 8 Uhr gibt die Ski Patrol den Berg frei, den man dann eine Weile fast ganz für sich hat. Fresh Tracks heißt das Angebot ($ 15).

Après-Ski/Nightlife
Für nordamerikanische Verhältnisse geht es in Whistler nach Pistenschluss sehr lebhaft zu. Zu den beliebtesten Hangouts am Nachmittag zählt der **Longhorn Pub** an der Whistler Base. Die große Terrasse ist besonders im Frühjahr beliebt. Drinnen laufen auf großen Videoschirmen Warren-Miller-Filme. Das **Garibaldi Lift Co** an der Whistler-Village-Gondelbahn füllt sich nachmittags rasch. **Citta** im Zentrum von Whistler Village taugt ebenfalls zum Après.
Später am Abend gehören das **Maxx Fish**, ein ziemlich wilder Tanzschuppen, und **Tommy Africa's** zu den Top Spots. Letzteres ist schwer zu finden, aber die beste Location zum Abtanzen. Im legendären **Garfinkel's** trifft sich eher jüngeres Publikum. **Black's Pub** hält 99 Bier- und 45 Scotch-Sorten vor. An der Creekside Base ist die jüngst renovierte **Dusty's Bar & BBQ** der bevorzugte Treffpunkt der Locals, sie bietet gute Live-Musik, eine relaxte Atmosphäre und ein exzellentes Barbecue.

Restaurants
Whistler Village bietet eine reiche Auswahl an Restaurants. Unbedingt reservieren, denn die Plätze reichen wegen der vielen Gäste nicht immer. Alternativ bekommt man auch in vielen Bars anständiges Essen.

✕ **Wildflower**
Fairmont Chateau Whistler
Whistler Village, BC
✆ (604) 938-2033
Regionale, kreative Küche und Meeresfrüchte im Schlosshotelambiente. Frühstück, Lunch und Dinner. $$–$$$

Tipp
An den Bergstationen der Whistler Village Gondola und des Solar Coaster Express starten tägl. 11.30 Uhr kostenlose Touren durch das Skigebiet mit einem Mountain Host. Der gibt Ratschläge, wo man zu welcher Tageszeit die besten Verhältnisse findet oder Technik-Tipps. Viele Hosts sind ehemalige Skilehrer und so begeistert von ihrem Job, dass sie mehr als die erforderlichen 23 Tage Dienst für den kostenlosen Saisonskipass ableisten. Bei ihrer Arbeit gibt es nur ein Tabu: Mit Gästen schwarze Pisten fahren.

Roundhouse auf dem Whistler Mountain

**REGION 4
Pazifischer
Nordwesten**

*Bevorzugter Treffpunkt
der Locals: Dusty's Bar*

Sushi Village
2nd Floor, Westbrook Hotel
Mountain Sq.
Whistler Village, BC
✆ (604) 932-3330
Erstklassiges Sushi, Favorit japanischer Touristen. Lunch und Dinner.
$$–$$$

Rimrock Café
Whistler Creekside
Whistler Village, BC
✆ (604) 932-5565
Gilt als bestes Restaurant am Ort, bekannt für Meeresfrüchte und große Auswahl an guten Weinen. Dinner.
$$$

Caramba
4314 Main St.
Whistler Village, BC
✆ (604) 938-1879
Pasta, Holzofenpizzen und Salate zu vernünftigen Preisen. Lunch und Dinner. $–$$

Evergreens
Delta Whistler Resort
Whistler Village, BC
✆ (604) 932-7346
Regionale Küche, großes Frühstücksbüfett in eleganter Atmosphäre. Frühstück, Lunch und Dinner.
$–$$$

Crab Shack
4005 Whistler Way, gegenüber dem Konferenzzentrum
Whistler Village, BC
Steak; Chicken und Nudeln zu günstigen Preisen in lebhafter Bar-Atmosphäre. Frühstück, Lunch und Dinner.
$

Sonstige Aktivitäten
32 Kilometer gespurte Loipen verschiedener Schwierigkeitsgrade findet man im **Lost Lake Park** und auf den Golfplätzen im Tal. Start ist an der Lorimer Road, fünf Gehminuten vom Village. Beleuchtete Loipe um den Lost Lake. Rund 15 Kilometer Schneeschuh-Trails. Trailpass $ 10, weitere Infos unter www.crosscountryconnection.bc.ca.

Ein **Scenic Flight** mit Whistler Heliskiing, ✆ (604) 932-4105, verschafft einen Überblick über die Umgebung, die man auch per Hunde- oder Pferdeschlitten (Blackcomb Sleighrides, ✆ 604-932-7631) oder mit dem Schneemobil (Blackcomb Snowmobiles, ✆ 604-932-8484) erkunden kann. Die Whistler Alpine Guides, ✆ (604) 938-3228, bieten Eisklettern und Skitouren ins Backcountry.
Im **Meadow Park Sports Center** kann man Eis laufen, schwimmen oder Eishockey spielen. Hallentennisplätze bietet das Delta Mountain Inn. Das **Whistler Activity and Information Center** informiert über weitere Möglichkeiten und nimmt Reservierungen entgegen, ✆ (604) 932-2394.

Grouse Mountain, BC

Direkt von Vancouvers Stadtrand startet die Seilbahn auf den Grouse Mountain. Rund um die Bergstation entfaltet sich ein abwechslungsreiches Skigebiet inmitten mächtiger Fichten. Abends, wenn der Skibetrieb unter Flutlicht weiterläuft, malt die untergehende Sonne kitschige Farben ans Firmament und auf die Wogen des Pazifischen Ozeans, auf die Buchten und Straßenzüge von Vancouver – ein faszinierendes Erlebnis.

+ Großartige Aussicht, vor allem während der Dämmerung
+ nur wenige Minuten von Downtown Vancouver entfernt
+ außer Skifahren zahlreiche andere Aktivitäten möglich
+ Bergrestaurants.

- Wechselhaftes, häufig regnerisches Wetter
- in der Regel schwerer, nasser Schnee
- gerade nach Feierabend lange Wartezeiten
- limitiertes Terrain und volle Pisten.

Schon in den Roaring Twenties thronte auf dem Grouse Mountain ein Bergrestaurant. Kellner mit weißen Handschuhen trugen der High Society auf. Der weiße Sport hielt 1948 mit dem Bau des ersten Doppelsessels Einzug. Die Straße zum Berg wurde 1965 durch die erste Großkabinenbahn Kanadas ersetzt. Kürzlich wurde das **Peaks Chalet** an der Bergstation der Seilbahn für mehrere Millionen Dollar im Stil der zwanziger Jahre renoviert. Viel Naturstein und Holz, alte Fotografien an den Wänden und ein Atrium mit riesiger Feuerstelle und Fenstern, die vom Boden bis zur Decke reichen sorgen für eine rustikal-gemütliche, aber dennoch elegante Atmosphäre.

The Mountain
Vor zwei Jahren wurde die Liftinfrastruktur auf den letzten Stand der Technik gebracht. Jeweils ein schneller Vierer erschließen nunmehr die sanfte Schulter und die steilere Ostflanke des Berges. Wenn es die Schneelage erlaubt, dauert die Saison von Mitte November bis Mitte April. Die Lifte sind täglich von neun bis 22 Uhr in Betrieb.

Für Könner
hält Grouse ein halbes Dutzend Buckelpisten bereit. Die mit bis zu 40 Prozent Gefälle steilsten sind **Purgatory** und **Outer Limits** rechts vom Olympia Express.

REGION 4
Pazifischer Nordwesten

Facts & Figures
Berg	1230 m
Tal	867 m
HD	363 m
Lifte	7
Kabine	2
Gondel	0
Express-Sessel	2
Sesselbahnen	0
Schlepplifte	3
	6500 Pers./Std.
Skigebiet	99 ha
Abfahrten	24
Fläche	82 ha
beschneit	75 %
Flutlicht	8,3 km, 363 m HD
Länge	19 km
Charakter	84/6/10
●	2,8 km
■	9,2 km
♦	6,8 km
längste	2,5 km
Fall-Linie	1,7 km
Besucher	500 000
Skitage	120
VTM/Skifahrer	2700
Skifahrer/km	177
Schneefall	259 cm

Bewertung
Preis/Leistung	4
Landschaft	4
Skigebiet	
Off-Piste	1
Experten	2
Fortgeschrittene	3
Anfänger	2
Never-Ever	2
Wartezeiten	1
Bergrestaurants	4
Ort	
Dining	5
Sonstige Aktivitäten	4
Après-Ski/Nightlife	4

Skipass
9–22 Uhr	$ 45
16–22 Uhr	$ 35
Jugend (13–18)	$ 27
Kinder (5–12)	$ 16
Verleih	
Set 1 Tag	$ 39–48
Jacke und Hose	$ 25

Vom Grouse Mountain bietet sich ein phantastischer Blick auf Vancouver und den Pazifik

**REGION 4
Pazifischer
Nordwesten**

Anreise
Man gelangt mit dem Auto oder den Bussen von Translink zur Talstation in North Vancouver. Mit dem Auto folgt man der Georgia Street nach Westen, durchquert den Stanley Park und überquert die Lion's Gate Bridge. Abfahrt Marine Drive und dann rechts auf die Capilano Road. Ab dort der Beschilderung folgen.

Die Linien 236 (von Lonsdale Quay/Seabus) und 232 (von Phibbs Exchange) fahren alle halbe Stunde zum Grouse Mountain. Infos zu Preisen und Fahrplänen unter ✆ (604) 521-0400.

ℹ Grouse Mountain Resorts
6400 Nancy Greene Way
North Vancouver, BC
V7R 4K9
✆ (604) 980-9311
Fax (604) 984-7234
www.grousemountain.com

Die Seilbahn schwebt von Vancouvers Stadtrand mitten ins Skigebiet des Grouse Mountain

Für Fortgeschrittene
ein echter Genuss sind die schnellen Cruiser am **Olympic Express**. **The Peak**, **Expo** und **Centennial** halten ihre gute Neigung über die gesamte Distanz. Schade, dass nach knapp 400 Höhenmetern Schluss ist.

Für Anfänger
bietet die **Paradise Bowl** mit zwei kleinen Übungsliften geeignetes Gelände. Die einzige andere leichte Piste, **The Cut**, ist leider der populärste Hang des Skigebiets und deswegen chronisch überfüllt.

Für Snowboarder
Drei Terrain-Parks 15 Minuten von Downtown entfernt – welche Großstadt bietet das schon? Für Einsteiger eignet sich der **Paradise Jib Park** in der Paradise Bowl, der **Rookie Park** auf dem Cut Run ist schon etwas anspruchsvoller. Den **Advanced Terrain Park** findet man auf dem benachbarten Side Cut Run.

Bergrestaurants
Im **Peaks Chalet** hat man die Wahl zwischen Fast Food im **Lupins Café** (Pizza, Sandwiches, Suppen), kreativer Westküstenküche im schicken Dekor des **Altitude Bistro** und anspruchsvollem Gourmet Food aus dem Topf von Küchenchef Sylvain Cuerrier im **The Observatory**, in dessen elegantem Ambiente man mit Skiluft allerdings nicht ganz passend angezogen ist.

Sonstige Aktivitäten
Nur wenige Schritte vom Peaks Chalet liegen die 750 Quadratmeter große **Eisbahn** (Schlittschuhverleih $ 5) und der **Munday Alpine Snowshoe Park** mit seinen fünf gut markierten Snowshoe-Trails (Schneeschuhverleih $ 15). Snowshoeing-Kurse sind ebenso im Angebot wie Lauftreffs und Fondue-Touren. Richtig romantisch wird's bei Schlittenfahrten durch den Winterwald (im Lift-Ticket eingeschlossen). Auch Barbecues im Schnee werden hier oben veranstaltet. Bei schlechtem Wetter bietet das **Theatre in the Sky** eine Alternative. Es zeigt einen knapp einstündigen Film über die Landschaft British Columbias.

Das **Wildgehege**, etwas großspurig als »The Refuge for Endangered Wildlife« tituliert, bietet zwei verwaisten Grizzly-Jungen und vier Grauwölfen ein Zuhause. Im **Spirit Gallery Gift Shop** kann man Souvenirs und Kunsthandwerk erstehen.

Alyeska Resort, AK ▲♦■◖■

Alyeska ist das einzige Ski-Resort der Welt, dessen Lifte fast auf Seehöhe starten. Während an der Talstation Seemöwen kreischen, versinkt man am Gipfel in bodenlosem Schnee (in der Rekordsaison 1998/99 fielen 28,3 Meter). Schon die Anreise über den Seward Highway entlang dem fjordähnlichen Turnagain Arm ist atemberaubend.

Die Berge stürzen förmlich ins Meer und mit etwas Glück kann man darin Belugawale sehen, während Weißkopfseeadler über den Wassern der Tidenbucht kreisen. Elche queren regelmäßig die Straße. Zwischen der Abzweigung vom Highway und der Talstation liegt Girdwood, einer der Schauplätze des Goldrauschs in Alaska. Der Ort hat sich etwas vom Charme der alten Tage bewahrt. Pick-up-Trucks dominieren das Straßenbild und die Restaurants servieren Rentier-Burger und große Caribou-Steaks. Girdwood bietet verschiedene B&Bs. Eleganter und direkt an den Pisten logiert man im Alyeska Prince Hotel (307 Zimmer und Suiten). Eine Seilbahn startet direkt vor dem Hotel und liftet Skifahrer in nur 3 1/2 Minuten mitten ins Skigebiet.

The Mountain
Der Ausblick vom oberen Terminal der Seilbahn brachte Alyeska das Prädikat »schönstes Panorama aller US-Skistationen« ein. Allerdings sorgt die vom Pazifik heraufkriechende Feuchtigkeit öfters für Nebel. Auch kommt es vor, dass eine Abfahrt im Pulver startet und an der Talstation in Schnee mündet, der eher an Kartoffelpüree erinnert. Die im Inneren Alaskas üblichen Eisschranktemperaturen sind hier selten. Das Skiterrain breitet sich in einer weiten, offenen Mulde unterhalb des Mount Alyeska aus. Der Spirit-Quad bedient die obere Hälfte und führt bis an den Rand eines kleinen Gletschers. Talwärts gelangt man wahlweise auf mittelschweren oder schweren Pisten.

Off the Mountain
Eine Hundeschlittentour ist fast schon ein Muss, wenn man einmal in Alaska ist, eine Tour mit Chugach Dog Sled Tours kann man am Guest Services Desk des Prince Hotel buchen. Die großartige Gletscherwelt Alaskas erlebt man am besten bei einer Flightseeing Tour. Alpine Air (℃ 907-783-2360) startet von Girdwood. Tandem-Paragliding-Flüge starten im Skigebiet. Zehn Meilen südlich von Girdwood lohnt das Big Game Alaska Wildlife Center einen Besuch.

REGION 4
Pazifischer Nordwesten

Skifahren mit Meerblick in Alyeska

Facts & Figures
Berg	839 m
Tal	91 m
HD	748 m
Lifte	9
	10 335 Pers./Std.
Skigebiet	181 ha
Flutlicht	27 Runs
Länge	21 km
●	3,3 km
■	11,6 km
♦	5,2 km
♦♦	1,1 km
max.	3,6 km
Besucher	125 000
Schneefall	501/1603 cm

Skipass
1 Tag $ 40–50

Anreise
✈ Anchorage (64 km)

ℹ **Alyeska Resort**
Girdwood, AK 99587
℃ (907) 754-1111
Fax (907) 754-2200
www.alyeskaresort.com

»Alaska Powder«

REGION 4
Pazifischer Nordwesten

Facts & Figures
Berg	2134 m
HD	950 m
Lifte	10
	19 110 Pers./Std.
Skigebiet	657 ha
beschneit	14 ha
Flutlicht	3 Lifte
Länge	49 km
🟢	8,0 km
🟦	16,5 km
♦	11,5 km
♦♦	13,1 km
max.	5,1 km
Besucher	330 000
Schneefall	815/953 cm

ℹ️ **Crystal Mountain Resort**
33914 Crystal Mountain Blvd.
Crystal Mountain, WA 98022
✆ (360) 663-2265
Fax (360) 663-3001
www.skicrystal.com

Crystal Mountain, WA 🔺♦♦♦☾🏠

Crystals Wetter kann die Hölle sein, der Schnee schwerer als Zement, aber an guten Tagen verdient der Berg sich den Ruf als eines der bestgehütetsten Geheimnisse der amerikanischen Skigeografie. Das Resort besteht aus drei Hotels und zwei Apartmentkomplexen in fußläufiger Entfernung zu den Liften. Es gibt einige Bars und Restaurants sowie einen Laden – das war's. Nur freitags und samstags abends kommt etwas Leben auf, wenn die Wochenendgäste aus dem nur 122 Kilometer entfernten Seattle (am Wochenende Skifahrten per Bus, $ 60 inkl. Tageskarte, ✆ 1-800-665-2122) bei Live-Entertainment im Sourdough Sal's feiern.

Die moderne Liftflotte zählt je zwei schnelle Vierer- und Sechsersessel. Das Terrain ist wild. Zahlreiche Kare mit steilen Flanken reihen sich entlang einem scharf geschnittenen Grat auf. Vom höchstgelegenen (**Silver Queen**) führen ausschließlich *double black diamond runs* talwärts. Am Nachbargipfel, Standort des Summit House, dessen Terrasse herrliche Blicke auf den greifbar nahen **Mount Rainier** eröffnet, starten auch mittelschwere Pisten. Sind die Bedingungen nicht optimal, stellen diese bereits hohe Anforderungen an das skifahrerische Können. Zwar gibt es im Talgrund einige längere, wirklich leichte Abfahrten, aber nur Experten können das Potential dieses Berges richtig ausschöpfen.

Besonders reizvoll sind die vor Lawinen gesicherten, aber komplett unpräparierten Zonen des **South Back Country** (Aufstieg erforderlich) und des **North Back Country** (erreichbar vom Summit House).

Mount Rainier: mit 4392 Metern Washingtons höchster Berg

Facts & Figures
Berg	1551 m
HD	454 m
Lifte	10
	11 000 Pers./Std.
Skigebiet	239 ha
Länge	26 km
🟢	5,9 km
🟦	11,3 km
♦	7,9 km
♦♦	1,3 km
Max.	2,7 km
Besucher	150 000
Schneefall	1550/1906 cm

ℹ️ **Mount Baker**
1019 Iowa St.
Bellingham, WA 98229
✆ (360) 734-6771
Fax (360) 734-5332
www.mtbaker.us

Mount Baker, WA 🔺♦♦♦⛷

Verglichen mit den meisten anderen, in diesem Buch beschriebenen Arealen, ist dieses Skigebiet, 2,5 Autostunden von Seattle und zwei Stunden von Vancouver entfernt, winzig. Nach Glacier, dem nächsten Ort mit Unterkünften und so etwas wie Nachtleben sind es 30 Kilometer. Strom muss man mittels Generatoren selbst erzeugen. Natürlich gibt es auch 74 Jahre nachdem das erste Rope Tow in Betrieb ging keine High-Speed-Lifte. Eines aber gibt es im Überfluss: Schnee. Mehr als in jedem anderen, durch Lifte erschlossenen Skigebiet der Welt. Im Winter 1998/99 fielen 29 Meter, im Durchschnitt sind es immer noch satte 19 Meter.

Es sind dieser Schnee und das zum Teil haarsträubende Terrain, dem Mount Baker eine loyale Fangemeinde aus Hardcore-Skifahrern und Extrem-Snowboardern verdankt. Um zur nächsten irren Linie und den zahlreichen natürlichen Halfpipes zu gelangen, nehmen sie Fahrten mit zum Teil museumsreifen Liftanlagen und Anstiege aus eigener Kraft in Kauf. Den glücklichen Snowboardern kann dabei selbst der berüchtigte *cascade concrete* – Schnee so fest wie zu Butter geschlagene Sahne – nichts anhaben.

Aber Mount Baker bietet nicht nur Felsbänder und Kanonenrohre. Anfänger finden an der **Heather Meadows Daylodge** einige sanfte Übungswiesen unterhalb des Panorama Dome. Eine schöne Auswahl mittelschwerer Pisten erreicht man von der **White Salmon Lodge**. Die Lifte 7 und 8 erschließen feine Cruiser am **Hemispheres Summit**.

Timberline, OR

Mit dem Palmer-Gletscher verfügt Timberline über das einzige Ganzjahresskigebiet der USA. Berühmt ist das Gebiet an der Südflanke des 3476 Meter hohen Mount Hood auch wegen der wunderschönen, historischen Lodge deren einzigartige Atmosphäre Stanley Kubrick dazu inspirierte, hier seinen Thriller »Shining« zu inszenieren.

Die **Lodge** ist als National Historic Monument eingetragen, Amerikas einziges Skihotel mit diesem Prädikat. Gebaut wurde sie während der Großen Depression als Arbeitsförderungsprogramm. Präsident Roosevelt persönlich übergab sie 1937 der Öffentlichkeit. Das breite, sich zu einem Punkt aufschwingende Dach ist eine Anlehnung an die Gestalt des Mount Hood. Das ganz in Naturstein und Holz gehaltene Gebäude mit seinen indianischen Schnitzereien und dem schmiedeisernen Zierrat vermittelt den Eindruck einer Symbiose von Natur und Architektur in der Bergeinsamkeit Oregons. Die 71 behaglichen Zimmer (ausgestattet mit handgemachten Möbeln) und die ausgezeichnete Küche vertiefen den Genuss dieses Ambientes.

The Mountain
Neben der Lodge startet der Magic-Mile-Express-Lift zu den sanft hingewellten, offenen Flächen mit ihren mittelschweren Pistenboulevards zwischen der Waldgrenze und dem Gletscherrand. Der anschließende, auf den Gletscher führende **Palmer Express** muss wegen der enormen Schneemengen regelmäßig von den Pistenraupen ausgegraben werden, die Bergstation wurde wegen des extremen Wetters in den Berg verlegt. Die Pisten sind schwarz ausgewiesen, machen mit maximal 35 Prozent Gefälle frisch präpariert aber nicht nur Profis Spaß. Die trainieren hier im Sommer, u.a. das kanadische und amerikanische Skiteam, zusammen mit zahlreichen jugendlichen Skirennläufern und Snowboardern, die in Sommerferiencamps an ihrer Technik feilen. Unterhalb der Waldgrenze bedienen weitere drei Sesselbahnen ein Spinnennetz von meist leichten bis mittelschweren Abfahrten mit einigen eingestreuten kurzen Steilhängen.

Off the Mountain
Wenn die Tagesausflügler das Skigebiet verlassen wird es sehr ruhig. Man genießt Whirlpool oder Sauna und lässt sich im Gourmetrestaurant verwöhnen. Abwechslung bieten einige Bars im zehn Kilometer entfernten **Government Camp**.

REGION 4
Pazifischer Nordwesten

Facts & Figures
Berg	2603 m
Tal	1509 m
HD	1094 m
Lifte	6
8100 Pers./Std.	
Skigebiet	306 ha
Flutlicht	25 %, 3 Lifte
Länge	28 km
●	6,8 km
■	12,9 km
◆	8,2 km
◆◆	0,0 km
max.	7,0 km
Besucher	280 000
Schneefall	1016 cm

Skipass
1 Tag $ 41–44

Anreise
✈ Portland (98 km)
🚌 An Wochenenden von Ende Nov. bis Ende März u.a. ab **Hillsboro**, $ 52 inkl. Tageskarte (erhältlich an allen Ticketmaster-Verkaufsstellen).
↔ Eugene 254 km, Salem 151 km, Seattle 290 km

ℹ **Timberline Lodge**
Timberline, OR 97028
✆ (503) 622-7979
Fax (503) 622-0710
www.timberlinelodge.com

Timberline Lodge vor dem Gipfel des Mount Hood

REGION 4
Pazifischer Nordwesten

Facts & Figures
Berg	2225 m
Tal	1379 m
HD	846 m
Lifte	14
	18 108 Pers./Std.
Skigebiet	812 ha
Flutlicht	97 ha, 6 Lifte
Länge	75 km
●	10,5 km
■	31,5 km
◆	12,1 km
◆◆	20,8 km
Max.	5,8 km
Besucher	350 000
Schneefall	1113 cm

Skipass
1 Tag	$ 46–50
5 Tage	$ 175

Anreise
✈ Portland (108 km)

🚌 Park & Ride an Wochenenden von Ende Dez. bis Ende März ab Portland $ 55 inkl. Tageskarte (erhältlich an allen Ticketmaster-Verkaufsstellen).

↔ Salem 185 km, Eugene 298 km, Seattle 391 km

ℹ Mount Hood Meadows Ski Resort
Mount Hood, OR 97041-0470
✆ (503) 337-2222 oder 1-800-SKI.HOOD
Fax (503) 337-2217
www.skihood.com

Mount Hood Meadows, OR

Von den fünf Skigebieten am höchsten Berg Oregons bietet Mount Hood Meadows das weitläufigste und abwechslungsreichste Terrain. Die Superbowl Snowcat bringt Skifahrer bis auf 2774 Meter und ermöglicht damit Abfahrten über 1400 Höhenmeter – vom ewigen Eis bis hinunter in die dichten Wälder am Saum des Vulkans.

Die Lage im National Forest hat den Bau von Hotels an den Pisten bislang verhindert. Die meisten Gäste von Mount Hood Meadows sind ohnehin Tagesgäste aus dem nur 80 Kilometer entfernten Portland. Auf dem Weg dorthin passiert man nach 19 Kilometern **Government Camp**, einen kleinen Ort mit Tankstelle, General Store und einigen Hotels. Hier bekommt man für faires Geld komfortable und saubere Zimmer. Die meisten Skitouristen logieren in **Hood River** (56 km), einem Farm- und Ferienort an den Ufern des Columbia River an der Nordseite des Mount Hood, denn viele der örtlichen Hotels bieten vergünstigte Lifttickets für Mount Hood Meadows.

The Mountain
Der Name Meadows (zu deutsch: Wiesen) führt vollkommen in die Irre, denn er impliziert sanfte Hänge für bequemes Schwingen. Zwar verfügt **Mount Hood Meadows** über reichlich Terrain für Anfänger und Genuss-Skifahrer, aber alles in allem ist dieser Berg weder sanft noch bequem. Im Gegenteil: Meadows gilt als das anspruchsvollste Skigebiet Oregons. Das Angebot für standfeste Skifahrer reicht von den Gletscherhängen in der **Superbowl** (die Bergfahrt mit der Pistenraupe kostet $ 10 extra), den prekären Steilhängen im baumfreien **Heather Canyon** und den Bowls zwischen **Hood Express** und **Cascade Express** bis zu zahllosen Varianten im offenen oder bewaldeten Gelände. Das Rückgrat des Liftsystems bilden fünf schnelle Vierersessel. Die Saison dauert von Ende November bis Anfang Mai.

Mount Bachelor: unten flach, oben steile Gletscherhänge

Off the Mountain

Das 19 Kilometer entfernte **Copper Spur Mountain Resort** bietet Snowtubing und im **Nordic Center** 6,5 Kilometer gespurte Loipen. An Schlechtwettertagen bietet sich ein Abstecher nach **Portland** an, unterwegs kann man in Government Camp im **Mount Hood Museum** vorbeischauen. Fischen kann man in **Welches**.

Mount Bachelor, OR

Östlich der Cascade Range, hart am Rande der Wüste von Oregon, erhebt sich aus dem Nichts ein Vulkankegel wie aus dem Bilderbuch: der Mount Bachelor. Seiner Lage verdankt er den besten Pulverschnee im Nordwesten und 250 Sonnentage im Jahr. Sieben schnelle Vierersessel machen ihn zu einem der besten Skigebiete im amerikanischen Westen.

Obwohl es direkt am Berg keine Unterkünfte gibt, frequentieren fast ausschließlich Urlauber die Hänge am Mount Bachelor. Nächste Ansiedlung ist das 35 Kilometer entfernte, propere Holzfäller- und Touristenstädtchen **Bend**, das Bed & Breakfasts, Hotels und Restaurants bietet. Zwischen Bend und dem Berg liegen einige um Teil sehr komfortable Lodges. Vom **Inn at the 7th Mountain** und dem **Sunriver Resort** mit eigener Landebahn sind es 20 Minuten bis zu den Talstationen. Einige der durchaus erschwinglichen Ferienhäuser verfügen über Whirlpool, Video und Hi-Fi-Anlage.

The Mountain

Mehr als die Hälfte der rund 1000 Höhenmeter liegt oberhalb der Waldgrenze, in einer Mondlandschaft mit Vulkanstotzen, Schlackekegeln und Lavarinnen. Bei klarem Wetter bietet der Gipfel ein fantastisches Panorama: Weites Wüstenland im Osten, Vulkankegel im Norden und im Süden das fast 300 Kilometer entfernte Mount Shasta in Kalifornien. Das Skigelände breitet sich fächerförmig auf der Nordseite des Berges aus. Hinunter zur **Sunrise Lodge** führen von der Bergstation des **Summit Express** mittelschwere Pisten. Nach einem kurzen Anstieg gelangt man zu den 80 Prozent steilen Gletscherhängen in der **Cirque Bowl** und zum schwarzen **West Ridge Run**, der hinüber zur Bergstation des Pine Marten Express führt, der wiederum von der West Village Day Lodge heraufkommt. Dort verwandeln sich die offenen Hänge in ein Labyrinth fein hergerichteter Pistenboulevards, die Bachelor in Verbindung mit den schnellen Liften zu einem Topziel für Speed-Skifahrer machen. Saison von Anfang November bis in den Juli.

Off the Mountain

Die **West Village Base** ist Ausgangspunkt für zwölf Loipen über 56 Kilometer. Der **Snowblast Tubing-Park** bietet Rodelspaß; Hundeschlittentouren und naturkundliche Schneeschuhwanderungen mit dem Förster versprechen ebenfalls Abwechslung.

REGION 4
Pazifischer Nordwesten

Facts & Figures

Berg	2728 m
Tal	1731 m
HD	997 m
Lifte	13
	22 000 Pers./Std.
Skigebiet	809 ha
Länge	75 km
●	17,4 km
■	38,4 km
♦	15,7 km
♦♦	3,6 km
max.	4,9 km
Besucher	500 000
Schneefall	930 cm

Skipass

1 Tag	$ 46-49
6 Tage	$ 249-294

Anreise

✈ Portland (265 km), Redmond (65 km)
🚌 Von **Eugene** für $ 20, Infobei Berg's Ski Shop in Eugene, ☏ (541) 683-1300. Zwischen Bend und dem Berg verkehren Busse für $ 3 pro Fahrt. Tickets gibt es im Mount Bachelor Transit Center in Bend und in Sunriver, Infos unter ☏ 1-800-829-2442 oder (541) 382-2442.
↔ Bend 35 km, Seattle 563 km, San Francisco 798 km

ℹ **Mount Bachelor**
Bend, OR 97709
☏ (541) 382-2442
Fax (541) 693-0210
www.mtbachelor.com

REGION 5
Kalifornien und der Südwesten

Kalifornien und der Südwesten

Skigebiete von Arizona Snowbowl bis Squaw Vallay

Wer in Kalifornien und dem Südwesten ausschließlich »Baywatch«, Strände, ausgedörrte Wüsten und Joshua Trees verortet, sollte sich vergegenwärtigen, dass in der Sierra Nevada der höchste Berg der USA außerhalb Alaskas emporragt und dieses Gebirge seinen Namen den ungeheuren Schneemengen verdankt, die es zu einem Eldorado für Skifahrer machen.

Skifahren im amerikanischen Südwesten ist so vielfältig wie die Szenerien im Reich von Death Valley, Yosemite National Park und Grand Canyon. Wegen der Schneequalität lohnt es sich nicht, über die Rockies hinweg weiter gen Westen zu fliegen. Den Reiz dieser Skiregion macht das überaus variantenreiche, anspruchsvolle Terrain aus, kombiniert mit atemberaubenden Ausblicken, die von den verschneiten Gipfeln über Wüsten, tiefblaue Bergseen, Felsengebirge oder den Pazifik schweifen. Wer den Parallelschwung beherrscht, wird in den Rockies die meisten schwarzen Pisten meistern, im fernen Westen wird er das Ende der *black diamond trails* eher auf dem Hosenboden als auf seinen Ski erreichen. Die steilsten Hänge sind

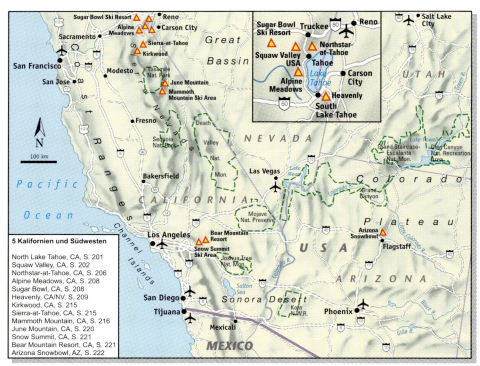

5 Kalifornien und Südwesten

North Lake Tahoe, CA, S. 201
Squaw Valley, CA, S. 202
Northstar-at-Tahoe, CA, S. 206
Alpine Meadows, CA, S. 208
Sugar Bowl, CA, S. 208
Heavenly, CA/NV, S. 209
Kirkwood, CA, S. 215
Sierra-at-Tahoe, CA, S. 215
Mammoth Mountain, CA, S. 216
June Mountain, CA, S. 220
Snow Summit, CA, S. 221
Bear Mountain Resort, CA, S. 221
Arizona Snowbowl, AZ, S. 222

REGION 5
Kalifornien und der Südwesten

Ein Netz von 150 Abfahrten hält der Mammoth Mountain bereit

hier einfach steiler. Der Grund ist die Geologie. Die Rockies sind älter, die Berge durch die Erosion abgerundet. In Skigebieten an der Westküste zielen die Lifte auf messerscharfe Grate, deren Abfahrten oft mit einem Sprung in die dünne Luft beginnen. Wer Klippen und Couloirs liebt, findet hier sein Nirwana. Aber keine Panik: Unterhalb der Grate zeigen sich die Skigebiete von ihrer versöhnlichen Seite. Dort warten die sanften Pistenboulevards durch schüttere Wälder auf die Gelegenheitsskifahrer aus San Francisco und Los Angeles.

Berge und Klima

Die nach wie vor hyperaktive Geologie des amerikanischen Südwestens hat eine vielfältige Gebirgslandschaft kreiert, die von den imposanten Felsengipfeln im jungen Faltengebirge der Sierra Nevada mit dem 4418 Meter hohen Mount Whitney und der Cascades, über Vulkane wie den Mount San Gorgonio in Südkalifornien, den Mount Shasta oder die San Francisco Peaks in Arizona bis hin zu den von Canyons durchzogenen Hochplateaus Arizonas und des südlichen Utah reichen.

Diese Berge zwingen die vom Pazifik heranziehenden, feuchtigkeitsbeladenen Winde zum Aufsteigen in die kalte obere Atmosphäre, wo sie ihnen gewaltige Schneefallmengen entlocken. Ein fünftägiger Blizzard mit drei Meter Neuschnee ist am Lake Tahoe nicht ungewöhnlich. Während des ganzen Winters fallen hier bis zu 13 Meter Schnee. Sobald die kalifornische Sonne herauskommt, wird es auch im Hochwinter angenehm mild. Feuchtigkeit und regelmäßig höhere Temperaturen sorgen für einen Schnee, den die Einheimischen *Sierra Cement* nennen. Immerhin klebt der nicht nur an den Ski, sondern auch an den Hängen: bis Mai in Squaw Valley, bis Juni in Alpine Meadows und bis Juli am Mammoth Mountain. Manchmal bleibt er noch länger und kommt früh, 2004 begann die Skisaison in ganz Kalifornien im Oktober. Den Klimawandel bekamen bislang nur die südkalifornischen Skigebiete zu spüren. Seit den 1950er Jahren reichen die natürlichen Schneefälle nicht mehr aus und nur Beschneiungsanlagen ermöglichen den Fortbestand der dortigen Skigebiete. Der Winter 2004/05 war allerdings der schneereichste aller Zeiten.

---

i California Tourism
Sacramento,
CA 95812-1499, USA
✆ (916) 444-4429 und
1-800-862-2543
www.visitcalifornia.com

i Ski California
www.skicalifornia.com

i Nevada Commission on Tourism
401 N. Carson St.
Carson City,
NV 89701, USA
✆ (775) 687-4322
Fax (775) 687-6779
www.travelnevada.com

i Arizona Office of Tourism
1110 W. Washington,
Suite 155
Phoenix, AZ 85007, USA
✆ (602) 364-3700 und
1-866-275-5816
www.arizonaguide.com

REGION 5
Kalifornien und der Südwesten

Breitwandpanorama von Heavenly – links der Lake Tahoe, rechts die Wüste von Nevada

Skigebiete

Gegen Ende der 1930er Jahre erfasste der Wintersportboom die amerikanische Westküste. In den Bergen oberhalb von Los Angeles und rund um den Lake Tahoe entstanden zahlreiche Skigebiete. Meist handelte es sich um kleinste Areale mit einfachen Seilliften. Walt Disney eröffnete 1939 mit **Sugar Bowl** das erste richtige Ski-Resort Kaliforniens. Nur ein Jahr später ging **Mammoth Mountain**, heute das populärste und größte Skigebiet der Region, an den Start. Das 1949 gegründete **Squaw Valley** richtete 1960 die Olympischen Winterspiele aus und machte Kalifornien weltweit erstmals als Wintersportdestination bekannt. Der dritte im Bunde der drei größten Skigebiete im Südwesten ist **Heavenly** an der Grenze zu Nevada, das sich als einziges Skigebiet der USA über zwei Bundesstaaten erstreckt. Einen immensen Ausbau erfuhren die Skigebiete vor allem in den 1970er Jahren, als auch weitere Retortenorte wie **Kirkwood** und **Northstar** gegründet wurden.

Kalifornien, Nevada und Arizona zählen pro Saison rund 8,4 Millionen Skifahrertage, davon entfallen fast 40 Prozent auf die größten drei. Die folgenden Seiten beschreiben 13 der insgesamt 40 Skigebiete in der Region. Weitere interessante Skiziele sind:

Diamond Peak, NV (www.diamondpeak.com)
Mount Rose, NV (www.skirose.com)
Homewood, CA (www.skihomewood.com)
Bear Valley, CA (www.bearvalley.com)
Sierra Summit, CA (www.sierrasummit.com)
Mount Shasta Board & Ski Park, CA (www.skipark.com)
Mountain High, CA (www.mthigh.com)

Das populärste und größte Skigebiet der Region, Mammoth Mountain, gibt es seit 1940

Gateways

Wer an den Lake Tahoe will, steuert in der Regel San Francisco an. Ein Flug nach Reno in Nevada muss nicht viel teurer sein, verkürzt den Transfer aber erheblich. Mammoth Mountain erreicht man von Reno ebenfalls schnell. Typischerweise reist man über das 520 Kilometer entfernte Los Angeles an, das auch Ausgangspunkt für die südkalifornischen Skigebiete ist. Ebenso weit ist es von Las Vegas, die reizvolle Strecke führt durchs Death Valley. Auch für das südliche Utah ist Las Vegas der beste Ausgangspunkt.

North Lake Tahoe, CA

Wenige Regionen in Nordamerika, bieten auf engstem Raum eine derartige Vielfalt an alpinen und nordischen Skigebieten, wie das Nordufer des Lake Tahoe mit den Ortschaften Truckee und Tahoe City. Die herrliche Landschaft rund um den mit 496 Quadratkilometern größten Bergsee Amerikas und die große Auswahl an Unterkünften, Restaurants und Nightlife-Spots machen sie zu einem perfekten Ziel für einen abwechslungsreichen Winterurlaub.

Wer direkt am Ufer des saphirblauen Sees, der wegen seiner enormen Tiefe auch im Winter niemals zufriert, logieren will, findet in Tahoe City diverse Möglichkeiten. Das Straßendorf, das etwas vom Charme eines Holzfällerlagers hat, erstrahlt den gesamten Winter in Festbeleuchtung. Truckee liegt an der Eisenbahnlinie zwischen Sacramento und Reno unterhalb des Donner Pass. Während des Baus der Eisenbahn entstand hier das zweitgrößte Chinatown an der Westküste. Die meisten Gebäude aus der Pionierzeit Mitte des 19. Jahrhunderts stehen noch und verleihen Truckee jede Menge Wildwest-Flair.

Von Truckee und Tahoe City sind es maximal 45 Kilometer bis zu den zwölf alpinen (den See sieht man von fünf davon) und sechs nordischen Skigebieten am Nordufer. Die fünf größten Alpingebiete sind **Squaw Valley, Northstar, Alpine Meadows, Sugar Bowl** und **Diamond Peak. Mount Rose, Boreal** und **Homewood** sind ebenfalls einen Besuch wert, wenn man mal in der Gegend ist. Soda Springs, Donner Ski Ranch, Tahoe Donner und Granlibakken sind hingegen sehr kleine Areale.

Après-Ski/Nightlife
Pete 'N Peters, **Bridgetender**, **Rosie's Café** oder **Jake's on the Lake** zählen zu den angesagten Wasserstellen in Tahoe City. Das **Sunnyside**, das einige Meilen südlich von Tahoe City direkt am See liegt, hat eine lebhafte Bar.

Die Casinos von **Crystal Bay** hinter der Staatsgrenze zu Nevada sind ebenfalls nicht weit. Sie bieten allabendlich Live-Entertainment. In Downtown Truckee bieten die **Bar of America** und der **Pastime Club** Live-Musik.

Sonstige Aktivitäten
Royal Gorge (www.royalgorge.com, Tageskarte $ 28), das größte Skilanglaufgebiet Amerikas, bietet 330 Kilometer Loipen, zehn Schutzhütten und vier Skilifte für Langläufer.
Tahoe Donner Cross Country (www.tdxc.com, $ 21) spurt 113 Kilometer (zum Teil beleuchtet), **Tahoe Cross Country** (www.tahoexc.org, $ 19) 65 Kilometer Loipen. Alle Zentren bieten Verleih und Unterricht.
Snowmobiling mit Lake Tahoe Snowmobile Tours, ✆ (530) 546-4280, und Snowmobiling Unlimited, ✆ (530) 583-5858, unweit Northstar sowie Cold Stream Adventures in Truckee (www.coldstreamadventures.com). Hundeschlittenfahrten bei Sierra Sled Dog Adventures (auch bei Mondschein, ✆ 530-412-3302) in Truckee.

Gemächlicher sind Ballon- und Dampffahrten über den See. Shoppen kann man sieben Tage in der Woche in den Tahoe Truckee Factory Stores. Zu den Casinos, Museen und ganzjährig bespielbaren Golfplätzen von Reno sind es nur rund 50 Kilometer.

REGION 5
Kalifornien und der Südwesten

Skipässe
North Tahoe Interchangeable Lift Ticket
Gültig in: Squaw Valley, Northstar, Alpine Meadows, Sugar Bowl, Diamond Peak, Homewood und Mount Rose sowie fünf Langlaufgebieten.
www.mytahoevacation.com
2 Tage $ 110
6 Tage $ 312

Ski Lake Tahoe Sampler
Gültig in: Squaw Valley, Northstar, Alpine Meadows, Heavenly, Kirkwood und Sierra-at-Tahoe.
www.skilaketahoe.com.
6 Tage $ 299 (nur via Internet)

i North Lake Tahoe Resort Association
Tahoe City, CA 96145
✆ (530) 583-3494
Fax (530) 581-1686
www.mytahoevacation.com

i Truckee Chamber of Commerce
10065 Donner Pass Rd.
Truckee, CA 96161
✆ (530) 587-2757
www.truckee.com

Truckee am Nordufer des Lake Tahoe

REGION 5
Kalifornien und der Südwesten

Facts & Figures

Berg	2664 m
Tal	1886 m
HD	764 m
Lifte	34
Seilbahn	2
Gondelbahn	1
Express-Sessel	7
Sesselbahnen	19
Schlepplifte	5
	49 000 Pers./Std.
Skigebiet	843 ha
Abfahrten	189
beschneit	163 ha
Flutlicht	3,9 km, 578 m HD
Länge	85 km
Charakter	89/0/11
●	10,3 km
■	29,2 km
◆	31,8 km
◆◆	13,4 km
max.	5,1 km
Fall-Linie	4,3 km

Squaw Valley, CA

Squaw Valley war 1960 Gastgeber der VIII. Olympischen Winterspiele und gilt als Dorado der Extremskifahrer. Hier dreht Warren Miller die waghalsigsten Szenen seiner Skifilme. Squaw Valley bietet aber auch famose, weichgemuldete Schneegefilde für Normalsterbliche und dazu kalifornische Sonne im Überfluss.

+ Fantastisches Off-Piste-Terrain von moderat geneigt bis extrem
+ Anfängerbereich auch in aussichtsreicher Höhenlage
+ massenhaft Schnee, lange Saison
+ hohe Liftkapazität vom Tal aus
+ mehr als nur Skifahren dank Multi-Activity-Zentrum am High Camp.

- Absolut ungenügender Pistenplan
- Flaschenhälse im Pistennetz und überfüllte Hauptabfahrten
- die besonders windstabile Funitel wurde nicht ohne Grund gebaut, starke Winde peitschen öfters über das Skiterrain
- schwerer, nasser Schnee, der zum Vereisen neigt
- Mangel an langen Cruising Runs.

Squaw Valley eröffnete im November 1949. Gründer Alex Cushing leitet noch heute die Geschicke des Skigebietes. Durchaus ungewöhnlich für ein Land, in dem Skigebiete als Positionen in Investment-Portfolios in rascher Folge von einem Besitzer zum anderen geschoben werden. Cushings Aufmerksamkeit galt bis vor kurzem hauptsächlich dem Skiareal selbst, während am Berg in den vergangenen zehn Jahren rund 60 Millionen Dollar in

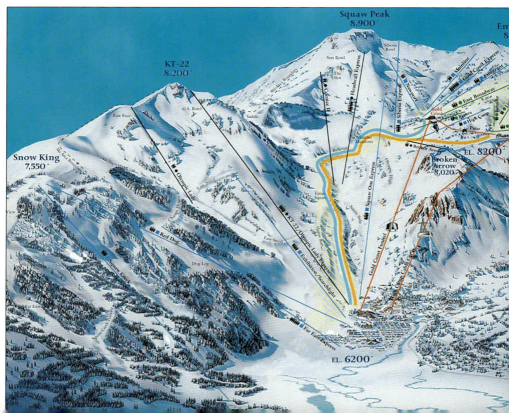

die Infrastruktur investiert wurden, fanden sich an der Talstation Squaw Valleys lediglich einige nicht mehr ganz taufrische Gebäude aus den Sechzigern und ein Parkplatz von gigantischen Ausmaßen. Nichts, wofür es sich nach Liftschluss gelohnt hätte zu bleiben.

Seit 2001 erlebt Squaw Valley jedoch auch als Skiort eine Renaissance. Die kanadische Firma Intrawest errichtete auf einem Teil des Parkplatzes ein fußgängerorientiertes Skidorf nach dem Muster, das sie bereits erfolgreich in den Skigebieten Whistler und Tremblant angewandt hatte. Das Village bietet insgesamt 286 luxuriöse Condominiums, 17 Boutiquen und teils recht witzige Shops sowie sieben neue Restaurants. Den Stil nennt Intrawest europäisch, was wohl vor allem daran liegt, dass keine Autos durchfahren dürfen. Die Gebäude mit viel Holz und Naturstein sind aber hübsch anzuschauen und auch das Pflaster wirkt anheimelnd. Die Lage ist ohnehin kaum zu toppen: nur wenige Schritte von den Condos entfernt startet ein halbes Dutzend Lifte.

REGION 5
Kalifornien und der Südwesten

Höchster Gipfel von Squaw Valley: Squaw Peak

The Mountain

Das Layout dieses Skigebiets erklären zu wollen wäre müßig. Es hat keins – noch nicht einmal der »Pistenplan« nennt irgendwelche Pisten. Er zeigt bloß sechs Skiberge und 34 Lifte und heißt wohl deshalb »Mountain Guide« und nicht *trail map*. Fürs Abfahren gilt daher: einfach der Nase nach. Die Lifte sind entsprechend der Schwierigkeit des Terrains, das sie bedienen, mit Farben gekennzeichnet. Zahlreiche Anlagen sind trotz Modernisierung noch ältere Sessellifte ohne Sicherheitsbügel, darunter praktisch alle Lifte für Anfänger – nicht gut. Die Saison dauert von Mitte November bis zum letzten Montag im Mai.

Für Könner

ist Squaw der Himmel auf Erden. Die einzigen Grenzen setzt das eigene Können, denn die fast zehn Quadratkilometer Skigebiet bieten endlose Optionen. Besonders steil sind die **Palisades** über der **Sibiria Bowl** und **Eagle's Nest** am Gipfel von **KT-22**. Dieser Berg bietet derart viele Varianten, dass einige Saisonpassinhaber nur hier fahren (der gleichnamige Lift wurde von einem Skimagazin zum besten Nordamerikas gekürt). Auch die Lifte **Granite Chief**, **Headwall** und **Silverado** erschließen einige der anspruchsvollsten Abfahrten des Planeten, von denen manche verdammt viel mit Aufzugschächten gemein haben.

Für Fortgeschrittene

manikürten 35 Pistenraupen eine Vielzahl von Hängen, denen es aber bis auf den (an Wochenenden stets vollen) **Mountain Run** an Länge fehlt. Der **Sibiria Express** und der **Gold Coast Express** bedienen das beste Terrain für Fortgeschrittene im oberen Bereich, **Red Dog** und **Squaw Creek** erschließen Cruiser mit fast 400 Höhenmetern, sind aber von der langsamen Sorte.

Besucher	750 000
Skitage	180
Skifahrer/km	48
Schneefall	671/1143 cm

Bewertung	
Preis/Leistung	3
Landschaft	4
Skigebiet	
Off-Piste	5
Experten	5
Fortgeschrittene	4
Anfänger	3
Never-Ever	3
Wartezeiten	3
Bergrestaurants	3
Ort	
Dining	3
Activities	4
Après-Ski/Nightlife	3

Skipass	
1 Tag	$ 62
Jugend (13-15)	$ 31
Kinder (0-12)	$ 5
6 Tage	$ 299
Verleih	
Ski 1 Tag	$ 13-30
Ski 6 Tage	$ 66-138
Set 1 Tag	$ 20-42
Set 6 Tage	$ 93-193

REGION 5
Kalifornien und der Südwesten

Für Anfänger

ist Squaw trotz des Extrem-Images eine gute Wahl. Zum einen gibt es die historische **Papoose Learning Area** (Tageskarte $ 29) am östlichen Ende des Parkplatzes, die in den letzten beiden Jahren mit neuen Liften versehen wurde. Die eigentliche Attraktion ist aber das Übungsgelände hoch oben am

Silverado-Lift in Squaw Valley, dahinter der Lake Tahoe

Kinderbetreuung
Das zentral angesiedelte **SquawKids' Children's Center** betreut Kinder im Alter von 3-12 Jahren. Ein Tag inklusive Lunch, Liftticket und Skiunterricht kostet je nach Saison $ 89–119.

Anreise
San Francisco (315 km), Reno (68 km) mit Verbindungen u.a. von Newark, Detroit, Atlanta, San Francisco, Los Angeles.
Transfers vom **Airport in Reno** bietet No Stress Express zum Preis von $ 46 an (www.

Berg, mit fünf Sesselbahnen zwischen **High Camp** und **Gold Coast**. Wer sich die Talabfahrt nicht zutraut, nimmt einfach eine der talwärts führenden Seilbahnen. Obwohl blau markiert, bietet auch der **Gold Coast Express** leichte Abfahrtsmöglichkeiten – und Sicherheitsbügel.

Für Snowboarder

ist Squaw einfach gigantisch. Die Parks und Pipes sind allesamt im Bereich Gold Coast und High Camp angesiedelt. Der **Belmont Park** bietet leichte Rails, Boxes und Features, der **Central Park** unterhalb des Riviera-Lifts eine Halfpipe, Quarterpipe und zahlreiche Jumps, Rails und Boxes. Eine Superpipe gibt's im **Ford Freestyle Park**.

Bergrestaurants

sind im Gold Coast Complex und im High Camp angesiedelt, beide vom Tal jeweils direkt per Seilbahn erreichbar. Die schönsten Seeblicke hat man von **Alexander's Café** im High Camp (auch am Abend geöffnet). In den meisten der sieben Verpflegungsstationen am Berg ist Gemütlichkeit nicht gerade Trumpf. Alternativen im Tal bieten das **Olympic House** mit zahlreichen Bars und Restaurants.

Wartezeiten

sind in Squaw Valley an Wochenenden nicht ganz zu vermeiden. Den morgendlichen Schlangen an den Seilbahnen entgeht man durch einen kurzen

Marsch zum Squaw One Express. Lange Wege über den Parkplatz vermeidet man durch Parken am Far East Express.

Après-Ski/Nightlife
Die örtlichen Plätze zum Abhängen nach dem Skifahren sind das **Plumpjack** (Probier's mal mit Ruhe und Gemütlichkeit), **Bullwackers** im Resort at Squaw Creek, **Bar One** (Fr/Sa Live-Musik und Dancing, Pool Tables und Karaoke-Abende), die **Plaza Bar** im Olympic House (Sport auf Großbildschirmen) und der **Red Dog Saloon** im Opera House (Treffpunkt der Locals und Liftes, spontane Jam-Sessions). Spät wird's im **Balboa Café**, besonders bei DJ Nites.

Restaurants
Mehr als 40 Restaurants empfehlen sich auch Tagesbesuchern, denn der Stau Richtung Truckee löst sich erst gegen 20 Uhr auf. Also besser gemütlich in Squaw dinieren und dann den Heimweg antreten.

Balboa Café
1995 Squaw Valley Rd.
Squaw Valley, CA
✆ (530) 583-5850
Amerikanische Küche in einem Bistro à la San Francisco. Lunch, Dinner. $ (Bar Menue), $$–$$$

Fireside Pizza
Village at Squaw
Squaw Valley, CA
✆ (530) 584-6150
Ideal für Familien, Pizza, Pasta und preiswerte Getränke in Einmachgläsern. Lunch, Dinner. $

Mamasake
1850 Village South Rd.
Squaw Valley, CA
✆ (530) 584-0110
Sushi von **green circle** (Anfänger) bis **double black diamond** (nur für Experten). Lunch, Dinner. $–$$

Sonstige Aktivitäten
High Camp bietet auf einer Höhe von 2500 Metern eine Eisbahn ($ 22 inkl. Verleih und Cable Car, $ 9 mit Skipass), Badelandschaft ($ 24, ab Mitte März), das **1960 Olympic Winter Games Museum**, eine Indoor Climbing Wall und Snowtubing. Das Nordic Center am Resort at Squaw Creek spurt 18 Kilometer Loipen und Schneeschuh-Trails (Tageskarte $ 15, kostenlose Shuttle vom Village, Verleih und Unterricht). Weitere Loipen in der Umgebung.

REGION 5
Kalifornien und der Südwesten

nostressexpress.com). Auch Squaw Creek Shuttle Service, ✆ (530) 583-6300, fährt nach Squaw Valley. Kostenlose Shuttles von zahlreichen Hotels entlang dem See. Shuttles von Reno und South Lake Tahoe kosten $ 10 (Hin- und Rückfahrt, Reservierung ✆ 866-769-4653).

Wegen der Ausflugsziele wäre ein Mietwagen nützlich. Allerdings bricht bei Schneefall das Chaos aus und die Kettenpflicht wird streng kontrolliert.

Tahoe City 13 km, Truckee 16 km, South Lake Tahoe 65 km, Sacramento 155 km

Anreisedauer: Flug nach Reno 14 Std., Transfer 45 Min.

i Squaw Valley USA
1901 Chamonix Place, Olympic Valley, CA 96146
✆ (530) 583-6985
Fax (530) 581-7106
www.squaw.com

Tipps
Die Tages- oder Nachmittagskarte gilt auch fürs **Flutlicht-Skifahren** (Mitte Dez.–Mitte April tägl.). Das bedeutet fünf kostenlose Extrastunden Skifahren. Beleuchtet wird eine Piste vom High Camp ins Tal, bergwärts geht's mit dem Cable Car. **Ausflug von South Lake Tahoe** nach **Squaw Valley**: Morgens Bustransfer mit Frühstück an Bord, Skifahren und Rückfahrt über den See mit der »Tahoe Queen« einschließlich Dinner, Cocktails und Tanz.

High Camp: Badelandschaft in 2500 Meter Höhe

REGION 5
Kalifornien und der Südwesten

Facts & Figures
Berg	1934 m
Tal	2625 m
HD	691 m
Lifte	17
Seilbahn	0
Gondelbahn	1
Express-Sessel	6
Sesselbahnen	3
Schlepplifte	7
	22 400 Pers./Std.
Skigebiet	739 ha
Abfahrten	70
beschneit	20,9 km
Länge	72 km
Charakter	80/14/6
●	5,8 km
■	28,0 km
◆	37,9 km
◆◆	0,0 km
max.	5,7 km
Fall-Linie	4,4 km
Besucher	521 000
Skitage	150
VTM/Skifahrer	4600
Skifahrer/km	48
Schneefall	709 cm

Bewertung
Preis/Leistung	4
Landschaft	3
Skigebiet	
Off-Piste	2
Experten	3
Fortgeschrittene	5
Anfänger	5
Never-Ever	4
Wartezeiten	3
Bergrestaurants	3

Das neue Northstar Village

Northstar-at-Tahoe, CA   ▲ ◆ ■ (⌂

Northstar erinnert an die Skiberge Colorados: Lange Schussstrecken fließen von sanftgeformten, dicht bewaldeten Bergkuppen hinab zu einer kleinen Station mit Apartmenthäusern, Restaurants, Geschäften und Eislaufplatz. All dies und die exzellente Pistenpflege machen Northstar zum idealen Ziel für Familien.

+ Windgeschützte Lage und dichter Wald machen Northstar an Schlechtwettertagen zur besten Wahl am Lake Tahoe
+ ideales Terrain zum Einstieg ins Buckelpistenfahren
+ prächtige Cruising Runs.
- Im Gegensatz zu benachbarten Gebieten kein offenes Gelände
- zu viele Pisten enden in längeren Flachstücken
- Kinderbetreuung erst ab zwei Jahren und weitab vom Skigebiet.

Northstar entstand 1972 auf dem Land einer Holzfirma und wurde von Beginn an darauf ausgelegt, den Gästen einen angenehmen Urlaub zu ermöglichen. Mit 262 locker verstreuten Condos direkt an den Pisten oder in fußläufiger Entfernung bietet Northstar mehr *ski-in/ski-out* als andere Skigebiete in Kalifornien. Wer dennoch per Shuttle oder Auto zur Talstation muss, wird dort von wirklich freundlichen »ConSKIerges« begrüßt, die dabei helfen, die Ski vom Bus oder Auto zu hieven und darauf aufpassen, während man das Auto parkt. Den Mangel eines fehlenden attraktiven Zentrums wird zum Winter 2005/06 das neue **Northstar-at-Tahoe Village** beheben, dessen Gebäude sich um einen großen Eislaufplatz gruppieren. Hat man vor, hier mehrere Tage Ski zu fahren, sollte man schon allein deshalb direkt in Northstar und nicht in Truckee oder Tahoe City logieren, weil man so das spektakuläre Verkehrschaos vermeidet, das bei Schneefall über die Region hereinbricht. Der Brockway Summit zwischen Northstar und Tahoe City ist häufig nur mit Ketten oder Vierradantrieb befahrbar.

The Mountain
Einer riesigen Schüssel gleicht das Gelände zwischen dem Gipfel des **Mount Pluto** und der Lodge at Big Springs. Man erreicht sie vom Village per Gondelbahn oder Express-Sessel und sie stellt den eigentlichen Beginn des Skiareals dar. Sechs Lifte fächern sich zu den verschiedenen Rändern der Schüssel auf. Weitere Lifte erschließen die Rückseite des Mount Pluto und den **Lookout Mountain**. Die Saison dauert von Ende November bis Mitte April.

Für Könner
installierte Northstar im Sommer 2000 den Lookout Mountain Express, der fünf steile Buckelpisten sowie Tree-Skiing Runs über fast 400 Höhenmeter bedient. Frischer Schnee wird hier weniger schnell verspurt als anderswo am Lake Tahoe. Vom **Challenger Run** auf der Rückseite des Mount Pluto (die ebenfalls schöne, aber nicht so steile Glades bietet) erreicht man die **Sawtooth Ridge**, ein kontrolliertes Off-Piste-Areal. Adrenalinfördernde Abgründe sucht man aber auch hier vergebens.

Für Fortgeschrittene
hält Northstar reihenweise Ego-Booster bereit. Die schwarzen Pisten vom **Mount Pluto** würden in Squaw allesamt als blau durchgehen, denn die meisten zählen zu den 70 Prozent der Pisten, die jede Nacht präpariert werden. Die

Backside bietet fantastisches Cruising auf niemals überfüllten Hängen mit fast 600 Höhenmetern.

Für Anfänger
sind auch die meisten blauen Pisten problemlos zu bewältigen. Die leichteste Variante führt vom Gipfel des Mount Pluto via **West Ridge**, **Luggi's**, **Cascades** und **Main Street** hinunter zur Lodge at Big Springs, wo der **Bear-Paw-Lift** den eigentlichen Übungshang bedient.

Für Snowboarder
hält Northstar nicht weniger als sechs Parks mit insgesamt 41 Jibs und 52 Jumps bereit. Der Vista Express bedient die meisten Parks, darunter auch den größten auf der **Moonshine-Piste** sowie die Superpipe und den **Straits Family Park**, der für ängstliche Naturen einen idealen Einstieg in die Freestyle-Welt bietet.

Bergrestaurants
gibt es mit dem **Summit Deck & Grille** auf dem Gipfel des Mount Pluto (mexikanische und asiatische Küche, spektakuläre Fernblicke über den Lake Tahoe zum Kamm der Sierra, bei Schönwetter Barbecue) und mit der **Lodge at Big Srings** (großer SB-Bereich, Burger, Pizza, Salate, Bar und Kaffeebar, mexikanische Küche im Obergeschoss) an der Bergstation der Gondelbahn.

Off the Mountain

Das **Recreation Center** (© 530-562-0320) mit Pool, Hot-Tub und Fitnesscenter ist für Northstars Gäste kostenlos. Das **Nordic Ski & Snowboard Center** (© 530-562-2475) bietet 50 Kilometer Loipen (Tageskarte $ 27), *warming huts* und Picknicktische sowie Verleih und Unterricht. Einstieg an der Bergstation der Gondelbahn, wo man auch Bungee-Trampolin, Tubing und diverse Snow-Toys (z.B. Snowbikes) ausprobieren kann. Eine Eisbahn bildet das Herz des neuen Village. Die Auswahl an Restaurants ist beschränkt, aber das **True North** ist eines der besten der Region und verarbeitet Bioprodukte, hormonfreies Fleisch und täglich frisch eingeflogene Meeresfrüchte. Die Bar ist ein beliebter Après-Treff. Hot Spot ist aber der **Base Camp Pavilion** mit Live-Musik, großen TV-Screens und Drink-Specials. Kinderbetreuung im **Minor's Camp** ab $ 71 pro Tag (ab 2 Jahren, © 530-562-2278).

REGION 5
Kalifornien und der Südwesten

Rückseite des Mount Pluto

Ort
Dining	3
Activities	3
Après-Ski/Nightlife	2

Skipass
1 Tag	$ 61
Jugend (13–22)	$ 51
Kinder (5–12)	$ 21
Kinder (bis 5)	kostenlos
6 Tage	$ 306

Verleih
Ski 1 Tag	$ 13–46
Ski 6 Tage	$ 66–252
Set 1 Tag	$ 20–58
Set 6 Tage	$ 93–312

Anreise

✈ San Francisco (314 km), Reno (61 km) mit Direktflügen von 10 Airlines.

🚌 Transfers vom **Airport in Reno** bietet No Stress Express zum Preis von $ 46 (www.nostress express.com). Auch Squaw Creek Shuttle Service, © (530) 583-6300, bedient Northstar. Skifahrern, die in Reno oder rund um den Lake Tahoe logieren, bietet Northstar einmal täglich einen kostenlosen Shuttle. Kostenlose Shuttle zwischen den Unterkünften und der Talstation.

🚗 Für Ausflüge ist ein Mietwagen nützlich. Allerdings wird die Kettenpflicht bei Schneefall streng kontrolliert. In Northstar selbst ist ein Auto überflüssig.

↔ South Lake Tahoe 69 km, Sacramento 154 km, Oakland 304 km

ℹ **Northstar-at-Tahoe**
Truckee, CA 96160
© (530) 562-1010
Fax (530) 562-2215
www.NorthstarAtTahoe.com

REGION 5
Kalifornien und der Südwesten

Facts & Figures

Berg	2586 m
HD	2089 m
Lifte	14
Skigebiet	544 ha
beschneit	75 ha (12 %)
Länge	46 km
●	2,4 km
■	24,4 km
◆	14,8 km
◆◆	3,9 km
hike-to	6,2 km
max.	3,0 km
Besucher	230 000
Schneefall	1168 cm

ℹ **Alpine Meadows Ski Resort**
Tahoe City, CA 96145
✆ (530) 583-4232
Fax (530) 581-0963
www.skialpine.com

Facts & Figures

Berg	2555 m
HD	2115 m
Lifte	12
Skigebiet	305 ha
beschneit	153 ha
Länge	40 km
●	7,0 km
■	18,8 km
◆	9,4 km
◆◆	4,9 km
max.	2,7 km
Besucher	314 000
Schneefall	1270 cm

ℹ **Sugar Bowl**
Norden, CA 95724
✆ (530) 426-9000
Fax (530) 426-3723
www.sugarbowl.com

Alpine Meadows, CA ▲◆◆◆■☾⌂

Terrain in allen Kategorien, die besten Schneebedingungen in der Region, weniger Wartezeiten und preiswertere Liftpässe als die Nachbarn – das bietet Alpine Meadows. Besonders Fortgeschrittene und Cracks finden hier passables Gelände, das nicht auf planierte Pisten beschränkt ist und überdies schöne Aussichten über den Lake Tahoe bietet. Von der Base Lodge wirkt das Gebiet eher übersichtlich, erst bei der Bergfahrt mit dem Summit-Six-Chairlift entfaltet sich die tatsächliche Dimension. Rund 100 Abfahrten listet der Pistenplan auf. Die schwersten sind **Wolverine Bowl, Beaver Bowl** und **Estelle Bowl**, die man vom Summit Six erreicht. Tree-Skiers pilgern ins **Promised Land**. Reihenweise mittelschwere Pisten bedienen die Lifte **Alpine Bowl, Roundhouse** und **Lakeview**. Für Snowboarder gibt es eine Superpipe am **Kangaroo-Lift**, die abends beleuchtet wird. Die nächstgelegenen Unterkünfte bietet das zehn Kilometer entfernte Tahoe City.

Alles in allem ein abwechslungsreiches, komplettes Skigebiet. Wie allerdings die angeblich 977 Hektar *skiable terrain*, also fahrbares Gelände, in die 544 Hektar passen sollen, über die sich das Areal insgesamt erstreckt, bleibt ein Rätsel. Wahrscheinlich musste man auf die Konkurrenz in Squaw Valley reagieren, die ebenfalls dieses Kunststück vollbringt. Die Saison, traditionell die längste am Lake Tahoe, dauert von Mitte November bis Ende Mai.

Sugar Bowl, CA ▲◆◆◆■☾⌂

Kein anderes Skigebiet können Skifahrer aus der Bay Area so schnell erreichen wie Sugar Bowl. Entsprechend voll kann es werden. Immerhin entgeht man bei der Heimfahrt direkt nach Liftschluss der Blechlawine, die aus all den anderen Arealen am Lake Tahoe gen Bay Area rollt. Nur 290 Kilometer sind es von San Francisco und man braucht für den Ausflug nicht mal ein Auto. Der Bay Area Ski Bus macht's möglich (www.bayareaskibus.com).

Das Resort ist das Baby von Walt Disney, der hier 1939 mit einem Lift und einem 29-Zimmer-Hotel den Skibetrieb eröffnete. Der Platz ist gut gewählt für ein Skigebiet. Das älteste Schneelabor der Staaten bescheinigt für die letzten 100 Jahre durchschnittlich zehn Meter Schnee, 1982/83 waren es sogar 23 Meter. In den 1940ern und 1950ern pilgerte die Upper Class aus San Francisco nach Sugar Bowl. Die ursprüngliche Lodge steht noch und an der Wand zeigen Bilder, wie sich Errol Flynn hier einst am Feuer lümmelte.

Vier Express-Lifte sorgen für schnellen Zugang auf die vier Skigipfel, die sich im Halbrund um das im Tiroler Stil (so wie Disney ihn verstand) gestaltete Dorf aufreihen. Das ist autofrei und nur per Gondelbahn vom Parkplatz am Highway 40 oder mit dem Snow Shuttle von der Maine Lodge am **Mount Judah** zu erreichen. Das Terrain ist variantenreich: Steilhänge, Tree-Skiing und *bumps* ebenso wie gewalzte, aber rassige, mittelschwere Runs und Terrain-Parks für Boarder. Die Saison dauert von November bis April.

Heavenly, CA/NV

Heavenly kommt dem Skifahrerhimmel auf Erden tatsächlich nah: Der Berg bietet den größten Höhenunterschied und das weitläufigste Ski-terrain am Lake Tahoe sowie Ausblicke auf Tausende Quadratmeilen der Wüste von Nevada und die schillernden Fluten des von einem Kranz schneebedeckter Berge umgebenen Lake Tahoe. Im Tal warten die Spielcasinos von Stateline mit Nightlife und Pokerpartien bis Sonnenaufgang.

+ Atemberaubendes Panorama
+ großartige Cruising Runs, ernstzunehmende Steilhänge
+ weitläufiges Skiareal über zwei Staaten
+ leichte Off-Piste Runs durch die Wälder
+ vielfältiges Nachtleben dank der Casinos in Stateline
+ zahlreiche weitere interessante Skigebiete in der Nähe.

- Ärgerliche Wartezeiten an der 8-er-Gondelbahn, deren Kabinen zumeist nur mit drei Personen befüllt werden
- zu viel Betrieb auf den populärsten Abfahrten
- überzogene Preise in den Bergrestaurants
- windanfällige Pisten im Gipfelbereich
- viele Ziehwege, die zudem oft die Pisten kreuzen und teils schwierige Orientierung
- die Ortschaften South Lake Tahoe und Stateline konterkarieren die landschaftliche Schönheit.

Heavenly liegt am Südende des **Lake Tahoe**, oberhalb der Ortschaften **South Lake Tahoe** auf kalifornischer Seite und **Stateline** in Nevada. Sie gehen nahtlos ineinander über, allerdings stehen Zentimeter hinter der Staatsgrenze mehrere monströse Hotelcasinos, so weiß man immer genau, wo man gerade ist. Diese aufdringlichen aber komfortablen Hotels bieten preiswer-

REGION 5
Kalifornien und der Südwesten

Facts & Figures

Berg	3039 m
Tal	1914 m
HD	1010 m
Lifte	30
Seilbahn	1
Gondelbahn	1
Express-Sessel	8
Sesselbahnen	10
Schlepplifte	9
	46 110 Pers./Std.
Skigebiet	922 ha
Abfahrten	91
beschneit	154 ha
Länge	86 km
Charakter	69/11/20
●	9,2 km
■	51,1 km
♦	17,9 km
♦♦	7,6 km
max.	8,5 km
Fall-Linie	3,5 km
Besucher	965 000
Skitage	150
VTM/Skifahrer	7200
Skifahrer/km	73
Schneefall	161/914 cm

Himmlisches Panorama: Heavenly

REGION 5
Kalifornien und der Südwesten

Bewertung
Preis/Leistung	3
Landschaft	5

Skigebiet
Off-Piste	4
Experten	4
Fortgeschrittene	5
Anfänger	3
Never-Ever	3
Wartezeiten	4
Bergrestaurants	3

Ort
Dining	4
Activities	5
Après-Ski/Nightlife	4

Skipass
1 Tag	$ 55–65
Jugend (13–18)	$ 46–54
Kinder (5–12)	$ 22–32
Kinder (bis 4)	kostenlos
6 Tage	$ 276–390

Verleih
Ski 1 Tag	$ 18–26
Ski 6 Tage	$ 80–160
Set 1 Tag	$ 18–48
Set 6 Tage	$ 133–240

News
Eine neue mittelschwere Piste führt von der Skyline Trail auf der Nevada-Seite zum Eingang des Mott Canyon. Sieben neue Propeller-Schneeerzeuger und sechs neue Pistenraupen sorgen für noch bessere Pistenqualität.

Kinderbetreuung
Kinder im Alter von 6 Wochen bis 6 Jahren werden in der **California Lodge** betreut. Ab 3 Jahren schließen die Aktivitäten auch Skifahren ein und für die 3-4-Jährigen gibt es Programme, bei denen nur ein Vor- oder Nachmittag Ski gefahren und ansonsten gespielt wird. Ein Tag inkl. Lunch und Snacks kostet $ 96, mit einem

Pisten auf Heavenlys Nevada-Seite

te Unterkünfte (subventioniert durch den Casinobetrieb), Entertainment mit großen Namen, einarmige Banditen, Roulette, Poker und zahlreiche andere Möglichkeiten, ein Vermögen zu machen oder zu verlieren. Das Areal rund um die Casinos ist bar jeder Urbanität und entspricht nicht im Mindesten den üblichen Vorstellungen von einem Ferienort in den Bergen. Es gibt wenige Bars und Geschäfte und die Orte sind durch den überbreiten, fußgängerfeindlichen US Highway 50 zerschnitten, an dem sich über Meilen Motels, Supermärkte, Heiratskapellen, Skiverleihe und Fast-Food-Läden aufreihen. Viele davon wirken bei näherer Betrachtung ziemlich schäbig, die hohen Bäume drum herum verdecken das aber meist gnädig.

South Lake Tahoe ist ein Platz für Autofahrer, man sollte sich nicht darauf verlassen, dass Restaurants, Bars oder Shops vom Hotel aus fußläufig zu erreichen sind. Eine Ausnahme bildet das **Heavenly Village**, in das ein Großteil der 200 Millionen Dollar geflossen sind, die in den letzten beiden Jahren durch Vail Resorts investiert wurden, die das Skigebiet 2002 von der American Skiing Company übernahmen. Es bietet 40 Läden, 14 neue Restaurants, neun Galerien, Eisbahn und ein Kino mit acht Leinwänden.

Ansonsten lässt der Ort den in Ski-Resorts üblichen Versuch, einen Hauch von Luxus zu versprühen, gänzlich vermissen. Jenseits von Casinos und Village gibt es kaum schicke Unterkünfte. Aber sie entsprechen normalen amerikanischen Standards und sind im Winter außer an den Wochenenden nicht ausgelastet, was für günstige Preise sorgt. Die Skipisten erreicht man entweder mit der Gondelbahn direkt aus dem Village (dorthin gibt es allerdings keine Talabfahrt) oder von der California Lodge aus, die etwas oberhalb und rund eine Meile außerhalb von South Lake Tahoe liegt. Weitere Zugänge bestehen von den Boulder und Stagecoach Base Lodges auf der Nevada-Seite, um die sich locker zwischen den Bäumen verstreute Ferienhäuser und Apartmentgebäude gruppieren.

The Mountain
Vom Ort sieht man nur einen winzigen Teil des weitläufigen Skigebiets, die Buckelwand von **The Face**. Dahinter breiten sich überwiegend mittelschwere Hänge aus. Nach Nevada gelangt man über den **Skyline Trail** (Stockeinsatz erforderlich) oder via Gondola und Tamarack Chair. Von den Base Lodges in Nevada zielen zwei Liftstaffeln bergwärts, sie bedienen reich gegliedertes, kupiertes, überwiegend mittelschweres Gelände. Zurück nach Kalifornien gelangt man entweder via **Von Schmidt** (ebenfalls ein Ziehweg) oder durch **Maggie's Canyon** (Off-Piste durch den Wald). Die Saison dauert von Mitte November bis Anfang Mai.

Für Könner
bieten der **Mott** und **Killebrew Canyon** adrenalinfördernde, fast senkrechte Fallrinnen zwischen Bäumen, Felsen und Klippen. Wer sein Knochengerüst riskieren möchte, ist hier richtig. Feines Tree-Skiing ist auch vom **Skyline Trail** aus möglich, in den **Powderbowl Trees** und in zahlreichen *gladed areas* auf der Nevada-Seite.
The Face ist eine der besten Buckelpisten Amerikas.

Für Fortgeschrittene
ist Heavenly vielleicht am allerhimmlischsten. Eine Vielzahl von sehr langen, gut gepflegten und über das gesamte Skigebiet verteilten mittelschweren Abfahrten macht die Erkundung des Areals für Fortgeschrittene zu einem Genuss. Die schönsten Cruiser sind **North Bowl** (steil und kurz), **Big Dipper** und **Olympic Downhill**, die durch herrlich artenreiche Wälder führen und tolle Aussichten bieten.

Für Anfänger
eignet sich die **Boulder Lodge** mit ihren leichten Skiwiesen als Einstiegspunkt ins Skigebiet. Auch an der **California Lodge** gibt es Übungslifte, aber die darüber aufragende Buckelwand wirkt etwas einschüchternd. An der Bergstation der Gondelbahn gibt es ebenfalls ein gutes Skischulgelände und die eher hellblauen Pisten am benachbarten **Tamarack Express** bieten ideales Terrain nach den ersten Lernerfolgen, genau wie der **Powderbowl Express**.

Für Snowboarder
ist Heavenly schon seit 1988 eine gute Adresse. Freerider steuern bevorzugt die Steilhänge im **Mott** und **Killebrew Canyon** an oder die Glades in der **North Bowl**. Für Freestyler gibt's die Superpipe (90 m lang, 5 m hoch) auf der **California-Piste** am Tamarack Express, drei Terrain-Parks (High Roller Park bei der Halfpipe, Mini Park auf dem Groove Run, Cascade Park auf der Nevada-Seite mit insgesamt 15 Features) und zahlreiche natürliche Features wie Lips und Hits.

Bergrestaurants
gibt es zwar mehrere, wirklich Aufregendes ist aber nicht darunter. Empfehlenswert sind das **Monument Peak** an der Bergstation der Tram, das eine ruhige Atmosphäre, Tischservice und großartige Ausblicke bietet, aber leider nicht für Fußgänger zugänglich ist, sowie das **Sky Deck** mit seinem exzellenten, aber lächerlich teuren Barbecue. Die jüngst renovierte **East Peak Lodge** auf der Nevada-Seite serviert Pizza, asiatische Küche und auf der riesigen Sonnenterrasse Burger vom Grill. Bei Schlechtwetter wird es wegen der wenigen Innensitzplätze am Berg fürchterlich voll.

> **REGION 5**
> *Kalifornien und der Südwesten*

Von Hevenly gelangt man per Gondola – mit Blick auf die Casinos von Stateline – nach Nevada

halben Skitag $ 135. Reservierung erforderlich unter ✆ (775) 586-7000 (Ext. 6912).

REGION 5
Kalifornien und der Südwesten

Anreise

✈ San Francisco (316 km), Reno (90 km) mit Verbindungen von New York, Minneapolis, Chicago, Denver, Dallas, San Francisco, Los Angeles.

🚌 Transfers vom **Airport in Reno** bietet 18-mal tägl. Tahoe Casino Express (www.tahoe casinoexpress.com, $ 30 für Hin- und Rückfahrt). Die Casinos bieten kostenlose Shuttlebusse innerhalb des Ortes an. Per Shuttle gelangt man auch zu anderen Skigebieten am Lake Tahoe.

🚗 Viele Skigebiete und viel zu sehen im Umfeld, ein Mietwagen ist trotz zahlreicher Shuttle-Verbindungen beinahe Pflicht.

↔ Tahoe City 45 km, Sacramento 162 km, Los Angeles 780 km

Anreisedauer: Flug nach Reno 14 Std., Transfer 1 Std.

Nahe gelegene Skiorte
Sierra-at-Tahoe, CA 22 km
Vgl. S. 215.
Homewood, CA 34 km
8 Lifte, 503 m HD
www.skihomewood.com
Kirkwood, CA 51 km
Vgl. S. 215.
Weitere Orte am Lake Tahoe vgl. S. 215.

ℹ **Heavenly**
Stateline, NV 89449
✆ (775) 586-7000
Fax (775) 588-5517
www.skiheavenly.com
in Deutschland:
Vail Resorts
✆ (02 21) 923 56 92
Fax (02 21) 923 56 93
info@vailresorts.de

REGION 5
Kalifornien und der Südwesten

Tipps
– Bei den Supermärkten von Albertson's bekommt man preiswerte Tageskarten für Heavenly.
– Die Spielcasinos servieren – zu konkurrenzlos günstigen Preisen – ausgezeichnete Büfetts, sei es morgens, mittags oder abends (z.B. Meeresfrüchtebüfett bei **Harvey's**).

Neuschnee über dem Lake Tahoe

Wartezeiten
sind in der Regel kein Problem, abgesehen von einigen Wochenenden und Ferienzeiten, wenn es sich besonders am Sky und Dipper Express staut. Ausnahme ist die Gondelbahn. Während man sich sonst bestens darauf versteht, ein Fahrbetriebsmittel mit der vorgesehenen Personenzahl zu füllen, schafft man es hier trotz mehrerer Einweiser nicht, die Kabinen im Schnitt zu mehr als einem Drittel zu befüllen, was zu gigantischen Schlangen führt.

Après-Ski/Nightlife
Über 100 Bars und Nachtclubs erschweren die Wahl. Beim klassischen Après-Ski am Pistenrand hat Heavenly zwar Schwächen, aber Downtown stellt der Ort so manche Großstadt in den Schatten. Verantwortlich sind vor allem die **Casinos**, die für 24-Stunden-Entertainment sorgen und mit Shows von Stars wie Sugar Ray, Robin Williams, Chris Isaak oder Natalie Merchant weit mehr bieten als Maschinen, in die man Geld stecken kann. Beliebte Bars sind das **Island Café**, der **Tudor Pub** und **Mulligans Irish Pub**. Country & Western gibt's im **Steamers**.

Restaurants
Mit 150 Restaurants bietet Heavenly mehr Auswahl als jedes andere amerikanische Skigebiet und für jeden Geschmack und jedes Budget das passende Angebot.

 Evan's American Gourmet Café
536 Emerald Bay Rd.
South Lake Tahoe, CA
✆ (530) 542-1990
Kalifornische Küche mit ungewöhnlichem Flair. Dinner. $$–$$$

 Fresh Ketch
2435 Venice Dr.
South Lake Tahoe, CA
✆ (530) 541-5683
Frischer Fisch in der Hafenatmosphäre der Tahoe Keys Marina. Lunch, Dinner. $$–$$$

 The Cantina Bar and Grill
765 Emerald Bay Rd.
South Lake Tahoe, CA
✆ (530) 544-1233
Die beste mexikanische Küche am Lake Tahoe zu familienfreundlichen Preisen. Lunch und Dinner. $

Sonstige Aktivitäten
Adventure Peak an der Bergstation der Gondelbahn (Berg- und Talfahrt $ 22) mit 4 Kilometer Loipen ($ 20), Snowbiking, Rodeln, Schneeschuhwandern und Tubing ($ 10 für zwei Stunden). Schaufelraddampfer- oder Heißluftballonfahrten über den Lake Tahoe, geführte Touren zum Fischen

bei Sportsman Tours, ℭ (530) 542-3474. Hundeschlittentouren bei Husky Express Dog Sled Rides, ℭ (775) 782-3047, in den **Grover** oder **Wally's Hot Springs** kann man müde Muskeln entspannen. Pferdeschlitten- und Schneemobilfahren, Ausflüge zu Weingütern und historischen Ortschaften wie **Virginia City** und **Genoa** oder ein Besuch in einem der fünf Spas sind ebenfalls möglich.

REGION 5
Kalifornien und der Südwesten

Kirkwood, CA ▲♦♦ ♦ ■ ⊂ ⏐ ⏐

Wer dem hektischem Treiben und dem Glitzer der Casinos in South Lake Tahoe entfliehen möchte, sollte 45 Minuten durch das Hope Valley Richtung Kirkwood fahren. Hier gibt es weder Hochhäuser noch lärmende Spielautomaten. Stattdessen das Gefühl, an einen geheimen Ort zu gelangen, den nur wenige kennen. Wildnis-Feeling als Kontrast zu den turbulenten Skistationen am Lake Tahoe. Kirkwood wurde 1972 in die Welt gesetzt. Der Platz war gut gewählt. Kirkwood bietet von allen Resorts der Region das ausgewogenste Terrain. Ein separates Areal für Anfänger auf der einen Seite der Skala, supersteile Mulden oberhalb der Baumgrenze, die sich talwärts zu engen Couloirs zwischen Bäumen und Felsen verengen auf der anderen Seite und jede Menge Gelände zwischen diesen Extremen.

Mittelschwere Hänge bietet vor allem die untere Hälfte des Berges, einige der steileren Hänge in der oberen Etage (**Sentinel Bowl** und **Zachary**) sind aber so gut gewalzt, dass man sie auch mit einem soliden Grundschwung beherrscht. Seiner Höhenlage verdankt Kirkwood Schnee, der eine Spur trockener ist als direkt am Lake Tahoe. Die Saison dauert bis in den Mai (2004 begann sie bereits im Oktober) und auch zum Ende der Saison sind die Bedingungen in der Regel noch gut. Zu bemängeln sind eigentlich nur die langsamen Lifte. Pläne, die Situation zu verbessern, existieren. Die Genehmigung steht indes noch aus.

Facts & Figures
Berg	2879 m
HD	502 m
Lifte	12
Skigebiet	539 ha
beschneit	47 ha
(5 %, 4 Abfahrten)	
Länge	50 km
●	5,2 km
■	19,5 km
♦	17,0 km
♦♦	7,9 km
max.	2,8 km
Besucher	350 00
Schneefall	1270 cm

ⓘ **Kirkwood Mountain Resort**
Kirkwood, CA 95646
ℭ (209) 258-6000
Fax (209) 258-8899
www.kirkwood.com

Sierra-at-Tahoe, CA ▲ ■ ● 🏃

Nur 30 Minuten südlich von South Lake Tahoe gelegen, bietet Sierra im Gegensatz zu Kirkwood ein effizientes Liftsystem. Das Hauptargument für einen Tagesausflug (Unterkünfte gibt es keine) in dieses Areal lautet: Tree-Skiing. Auf rund 500 Hektar summiert sich das Terrain im altehrwürdigen Tannenforst. Wirklich gute Skifahrer sollten sich daher nicht lange mit dem Studium des Pistenplans aufhalten.

In der **West Bowl** bietet das Gelände zwischen Horsetail und Clipper unzählige Varianten. Das Gelände am **Grandview Express** ist nach Schneefällen schnell verspurt, zwischen Preacher's-Passion- und Tahoe-King-Lift dauert das etwas länger. Es ist verdammt steil und irgendwer hat riesige Felsblöcke liegen lassen, so dass das Gelände den Charakter eines Terrain-Parks hat. Wer keinen Helm (ohne den sollte man Tree-Skiing meiden), aber trotzdem was auf dem Kasten hat, findet sein Betätigungsfeld in einer Reihe von Buckelpisten unterhalb des Grandview Express. Aber auch Genuss-Skifahrern bietet Sierra-at-Tahoe passendes Gelände, vor allem in der West Bowl. Die mittelschwer ausgezeichnete Abfahrt direkt oberhalb der gut ausgestatteten **Base Lodge** wirkt ziemlich steil, aber keine Panik, das ist die steilste blaue Piste von Sierra und sie wird gut präpariert. Für Anfänger gibt's **Sugar 'n' Spice**, einen langen Cruiser vom Gipfel. Von dort oben hat man einen schönen Blick bis zum Lake Tahoe, der beste Aussichtspunkt ist jedoch die Dachterrasse des **Grandview Grill**.

Facts & Figures
Berg	2698 m
HD	674 m
Lifte	11
Skigebiet	474 ha
beschneit	15 ha (10 %)
Länge	31 km
●	10,9 km
■	12,3 km
♦	7,9 km
max.	4,6 km
Besucher	418 000
Schneefall	1067 cm

ⓘ **Sierra-at-Tahoe Ski Resort**
1111 Sierra-at-Tahoe Rd.
Twin Bridges, CA 95735
ℭ (530) 659-7453
Fax (530) 659-7749
www.SierraAtTahoe.com

REGION 5
Kalifornien und der Südwesten

Mammoth Mountain, CA

Mammoth Mountain ist der unumstrittene Favorit der Skifreaks aus Los Angeles und macht seinem Namen alle Ehre: Über die fünf Kilometer breite Flanke des massigen Vulkans spannt sich ein Netz von 150 Abfahrten. Darunter hochalpine, aussichtsreiche Steilhänge genauso wie sanfte Pistenboulevards in schütteren Wäldern.

Facts & Figures

Berg	3362 m
Tal	2456 m
HD	892 m
Lifte	33
Seilbahn	0
Gondelbahn	3
Express-Sessel	10
Sesselbahnen	13
Schlepplifte	7
	59 370 Pers./Std.
Skigebiet	1072 ha

+ Eines der größten und besten Skigebiete Nordamerikas
+ verlässlich viel Schnee und große Beschneiungsanlage
+ ausgedehnte Steilhänge mit alpinem Charakter im Gipfelbereich
+ zahlreiche leichte bis mittelschwere Cruising Runs
+ jüngst umfangreiche Modernisierung am Berg und im Ort

- Wegen starken Windes stehen die Lifte im Gipfelbereich häufig und die dortigen Pisten können vereist oder verblasen sein
- lange Wartezeiten und teils volle Pisten an den Wochenenden
- wenig Atmosphäre in Mammoth Lakes
- schlechte Pistenmarkierung, mangelhafter Pistenplan

Das Ambiente von Mammoth Lakes, dem Ort am Fuß des Berges, erinnert eher an südkalifornische Vorstädte als an ein alpines Skidorf. Entlang der

überbreiten Main Street, die vom Highway 395 zu den Pisten führt, reihen sich Hotels, Restaurants und kleine Shoppingzentren auf, aber es ist definitiv kein Boulevard zum gemütlichen Bummeln. Auch wenn das Ambiente fehlt, so verleihen die Lage zwischen Bäumen und die zumeist geschmackvoll gestalteten Gebäude (das gilt sogar für das McDonald's Restaurant) dem Ort ein ausreichend freundliches Antlitz. Außerdem liegt er meist unter einer dicken Schneedecke, auch das hilft, sich hier wohl zu fühlen.

Den Mangel an Atmosphäre hat man allerdings erkannt und daher gibt es seit 2003 das **Village at Mammoth**. Dort kann man im Angesicht des bei solchen Projekten unvermeidlichen Clock Towers durch eine kleine Fußgängerzone an Shops, Restaurants und Bars vorbeibummeln, die bis ins letzte Detail darauf abgestimmt sind, die Besucher in Ausgabelaune zu bringen. Aber die Architektur ist gelungen und das Village ist so ziemlich der einzige Platz des ganzen Ortes, an dem man gern eine Weile im Freien verbleibt. Eine Gondelbahn schwebt vom Village über zwischen Bäumen verstreute Ferienhäuser mit teils extrem hohem Neidfaktor zur **Canyon Lodge**, einem der fünf Einstiegspunkte im Skigebiet.

The Mountain
Baumlose Schneemulden, Buckelfelder und offene Paradehänge. Mammoth Mountain kommt alpenländischen Skibergen weitaus näher als die bis zur Postmütze bewaldeten Dreitausender Colorados. Am Horizont untermauern

REGION 5
Kalifornien und der Südwesten

Abfahrten	150
beschneit	193 ha
Länge	112 km
Charakter	92/0/8
●	18,8 km
■	64,3 km
♦	17,2 km
♦♦	11,3 km
max.	5,3 km
Fall-Linie	4,7 km
Besucher	1 375 000
Skitage	180
Skifahrer/km	68
Schneefall	1049 cm

Bewertung
Preis/Leistung	4
Landschaft	4
Skigebiet	
Off-Piste	4
Experten	5
Fortgeschrittene	5
Anfänger	4
Never-Ever	3
Wartezeiten	2
Bergrestaurants	3
Ort	
Dining	4
Activities	4
Après-Ski/Nightlife	3

Skipass
1 Tag	$ 58–63
Jugend (13–18)	$ 43–47
Kind (7–12)	$ 29–32
Kinder (bis 6)	kostenlos
6 Tage	$ 282–286
Verleih	
Ski 1 Tag	$ 18–45
Ski 6 Tage	$ 86–270
Set 1 Tag	$ 23–59
Set 6 Tage	$ 107–354

News
Zur Saison 2005/06 wird die Gastronomie in der Main Lodge neu gestaltet.

REGION 5
Kalifornien und der Südwesten

Kinderbetreuung
Small World Childcare im Mammoth Mountain Inn (gegenüber der Main Lodge) betreut Kinder im Alter von wenigen Wochen bis zu 12 Jahren zu Preisen von rund $ 70 für einen Tag einschließlich Snacks und Mittagessen. Reservierungen mindestens drei Wochen im Voraus unter ✆ (760) 934-0646. Ab 4 Jahren kann die Betreuung mit Skiunterricht kombiniert werden. Zu Preisen ab $ 99 gibt's Kurs, Liftticket und Lunch.

Anreise
✈ Los Angeles (524 km), Reno (265 km)
🚌 Mammoth Shuttle, ✆ (760) 934-6588 und Sierra Express, ✆ (760) 924-8294, bieten Transfers von und nach **Reno** an. Kostenlose Shuttlebusse innerhalb des Ortes, zur Tamarack Lodge und den Talstationen des Skigebiets. Auf den wichtigsten Routen verkehren die Busse im 15-Minuten-Takt, nachts seltener.
🚗 Da die Transfers relativ teuer sind und es rund um Mammoth viel zu sehen gibt, empfiehlt sich ein Mietwagen. Achtung: Der Tioga-Pass ist im Winter geschlossen!
↔ South Lake Tahoe 235 km, Death Valley 345 km, San Francisco 581 km, Las Vegas 608 km
Anreisedauer: Flug nach Reno 14 Std., Transfer 3 1/2 Std.

Mit seinen offenen Hängen erinnert der Mammoth Mountain an alpine Skiberge

die schroffen Felszinnen der über 4000 Meter hohen Ritter Range den alpinen Charakter. Die Orientierung fällt dank des offenen Geländes trotz schlechten Pistenplans nicht schwer. Im Prinzip kann man Mammoths gesamte knapp elf Quadratkilometer unter die Bretter nehmen. Ab April laufen die beim Spring-Skiing auf butterweichem California-Firn. Die Saison läuft bis in den Juni, manchmal bis zum 4. Juli, so auch im Winter 2005/06, als mehr als 15 Meter Schnee fielen.

Für Könner
wurde die Gondelbahn auf den Gipfel geschaffen. Die Nordhänge kippen mit bis zu 44 Grad in die Tiefe. **Hangman's Hollow** und **Climax** sind zwei der beliebtesten unter den zahlreichen *double blacks*, die in Skigebieten wie Jackson Hole allerdings nur einen schwarzen Diamanten erhielten. Wirklich extrem wird es, wenn man nach Osten traversiert und **Beyond the Edge, Dragon's Back, Wazoo** oder **Dragon's Tail** ansteuert. Der **Chair 22** bedient serienweise steile Buckelhänge. Episch wird's bei der Tourenabfahrt hinunter zur **Tamarack Lodge**: Sie kippt kurz vor Schluss durch ein natürliches Loch in einer riesigen Felswand, das **Hole in the Wall**.

Für Fortgeschrittene
gibt es prächtige Hänge in der mittleren Etage des Berges, am Chair 25 und 15 oder auch am Chair 8. **Stump Alley, Broadway** und vor allem **St. Anton** sind High-Speed-Pisten par excellence. Auch der Chair 12 und der Chair 14 bedienen schöne, aber kaum beachtete mittelschwere Pisten. Beherrschbare Buckel sprießen unterhalb der Lifte 3 und 5. Vom Gipfel gelangen Fortgeschrittene auf zwei präparierten Pisten (**Scotty's** und **Cornice Bowl**) durch die steile Vorderseite oder über eine mittelschwere Variante auf der Rückseite talwärts.

Für Anfänger
gibt es vor allem ausgehend von der **Canyon Lodge** geeignetes Gelände und an der **Main Lodge** einen Express-Sessel eigens für Anfänger. **St. Moritz** und **Easy Rider** sind schöne lange Abfahrten ohne Gemeinheiten und sogar vom Gipfel gelangt man via **Road Runner** schon mit einem Grundrepertoire an skisportlichen Fähigkeiten.

Für Snowboarder
lässt dieser Berg keine Wünsche offen. Das offene Terrain in der oberen Hälfte ist nicht weniger als ein Freeriding-Paradies, megabreite Runs wie die **Stump Alley** laden zum lustvollen Carving und was Pipes und Parks betrifft sucht Mammoth ohnehin seinesgleichen.

REGION 5
Kalifornien und der Südwesten

Los geht's am besten im **Discovery Park** an der **Main Lodge** oder der **Family Fun Zone** an der Canyon Lodge. Wer sich in Parks bereits auskennt, steuert gleich die **Unbound South** und **Forest Trail Parks** mit ihren größeren Features an. Den Vogel schießt jedoch der **Unbound Main Park** ab, riesige Terrain Features und gigantische Halfpipes!

Bergrestaurants
Sind nicht gerade Mammoth's größte Stärke. Wirklich am Berg befindet sich nur die **McCoy Station**, an der Mittelstation der Panorama Gondola, dem **SB-Marketplace** sieht man, dass er auf die Bewältigung großer Skifahrermengen ausgerichtet ist. Das abgetrennte **Parallax Restaurant** bietet internationale Küche, Tischservice und schöne Ausblicke, aber keine Gemütlichkeit. Die kommt dank Terrakottafliesen, viel Holz und richtigem Besteck schon eher in der **Main Lodge** an der Talstation auf, wo man im **Cornice Café** amerikanisch und in der **Roma's Mexican Cantina** mexikanisch essen kann. Ansprechend gestaltet ist auch der Freeflow-SB des **Grizzly Square Food Court** in der Canyon Lodge, einem wenig anheimelnden Glas- und Betonbau. Leider wirkt der Sitzbereich etwas trashig. Kleiner und sehr sympathisch sind das **Mill Cafe** und das etwas abgelegene **Outpost**.

Buckelpisten bietet der Mammoth Mountain im Überfluss

Wartezeiten
Für die ist Mammoth berüchtigt, aber nur an Wochenenden und während der Ferien und selbst dann gibt es Taktiken, sie zu umgehen: Möglichst früh höhere Regionen aufsuchen und alle tiefer gelegenen Hauptlifte meiden, vor allem den Chair 2. Die fixgeklemmten Sesselbahnen 9, 12 und 14 sind zwar langsam, aber die Zeit holt man dank nicht existenter Wartezeiten locker wieder rein.

Après-Ski/Nightlife
Lebhaft geht es in der mit Fotos aus den Gründerjahren von Mammoth dekorierten **Thunder Mountain Bar** in der Main Lodge zu. Auch im **Yodler** (Stein für Stein in den Alpen ab- und hier wieder aufgebaut), gegenüber auf der anderen Seite des Parkplatzes. In der Canyon Lodge ist **Grizzly's** der bevorzugte Treffpunkt. Skilehrer und die Ski Patrol treffen sich nach der Arbeit im **Slocum's**.
  Später am Abend bilden sich die Schlangen vor dem **Lakanuki** im Village, das besonders bei Teens und Twens beliebt ist. Kellerbar-Atmosphäre bietet der **Clock Tower Cellar** in der Alpenhof Lodge gegenüber der Village Gondola.

Restaurants
Mammoth bietet mehr als 50 Restaurants, trotzdem bekommt man an Wochenenden ohne Reservierung keinen Platz, es sei denn, man begnügt sich mit Fast Food.

 The Lakefront
Lake Mary Rd.
Village at Mammoth, CA
✆ (760) 934-3534
Der französische Küchenchef Frederic Pierrel serviert eine elegante, französisch-kalifornische Küche, die weit über die Grenzen von Mammoth hinaus Beachtung findet. Breakfast, Dinner. $$–$$$

 Petra's Café
6080 Minaret Rd.
Village at Mammoth, CA
✆ (760) 934-3500
Ambitionierte Küche mit täglich wechselnden, teils ausgefallenen, aber großartigen Kreationen, große Auswahl an offenen Weinen. Breakfast, Dinner. $$

 Skadi
Chateau Rd.
Village at Mammoth, CA
✆ (760) 934-3902. Schöner Blick auf die Berge, erstklassiger Service und

Nahe gelegene Skiorte
June Mountain, CA
32 km
Vgl. S. 220.

 Mammoth Mountain
1 Minaret Rd.
Mammoth Lakes,
CA 93546
✆ (760) 934-2571
Fax (760) 934-0600
www.mammothmountain.com

REGION 5
Kalifornien und der Südwesten

Ritter Range und California Powder

Tipp
Der letzte Ausbruch des Mammoth Mountain ist mit 50 000 Jahren zwar lange her, die vulkanische Aktivität ist aber nach wie vor hoch. Infotafeln auf dem Gipfel geben darüber Auskunft.

Spannender sind direkte Beobachtungen: Dampf steigt ab und an nahe der **China Bowl** auf, Kohlendioxideruptionen kommen an der Loipe um den **Horseshoe Lake** vor, heiße Quellen findet man an mehreren Stellen. Baden sollte man allerdings nicht darin, denn plötzlich aus dem Erdinnern aufdringendes, kochend heißes Wasser hat schon manches Opfer gefordert.

Facts & Figures	
Berg	3101 m
HD	785 m
Lifte	7
Skigebiet	371 ha
Abfahrten	202 ha
beschneit	40 ha
Länge	30 km
●	8,8 km
■	15,0 km
♦	4,0 km
♦♦	2,5 km
max.	6,0 km
Schneefall	693 cm

Skipass	
1 Tag	$ 50
6 Tage	$ 215

ℹ **June Mountain**
Mammoth Lakes,
CA 93546
✆ (760) 648-7733
Fax (760) 648-7367
www.junemountain.com

innovative, saisonale Küche mit Zutaten aus eigenem Anbau und eigener Zucht. Dinner. $$–$$$

Berger's Restaurant
Minaret Rd.
Village at Mammoth, CA
✆ (760) 934-6622
Für Familien hervorragend geeignet, nach Ansicht der Locals gibt es hier die besten Burger, auch zum Mitnehmen. Lunch, Dinner. $–$$

Sonstige Aktivitäten
Um die sieben Seen bei der Tamarack Lodge schlängeln sich 45 Kilometer Langlaufloipen und Schneeschuh-Trails, Nachmittagspass und Verleih je $ 15, ✆ (760) 934-2442. Ausgehend vom Visitors Center in Mammoth Lakes werden 7,4 Kilometer Loipen gespurt. Geführte Snowmobile-Touren (Streckennetz 500 km) zu Kratern, Seen und heißen Quellen ab $ 90 für 1 1/2 Stunden, ✆ (760) 934-9645. Hundeschlittenfahrten, Tubing, Indoor-Klettern und Ballonfahrten sind ebenfalls möglich. Bei Schlechtwetter lohnt ein Besuch im **Mammoth Mountain Ski Museum** ($ 3).

June Mountain, CA

Wem es in Mammoth am Wochenende zu laut und zu voll wird, der ist mit einem Abstecher in das wunderschöne Tal des **June Lake** gut beraten. Der kleine Weiler am Seeufer ist im Sommer beliebtes Urlaubsziel von Fischern und Wanderern und bietet eine erstaunliche Vielfalt an Unterkünften: Condos, Motels und Cabins, alle in nicht mehr als einer Meile Entfernung von der Talstation, die man via Shuttlebus erreicht. Verkehr ist hier selten ein Problem, sowohl auf den Straßen als auch auf den Pisten. Von denen sieht man zunächst nur die unteren, sehr steilen rund 330 Höhenmeter: **The Face** mit seinen *double black diamond trails* bleibt Experten vorbehalten. Anfänger gelangen mit der Sesselbahn oder über einen schmalen Skiweg ins Tal zurück. Oberhalb der Mittelstation am June Meadows Chalet fächert sich die Pisten in Richtung der beiden Gipfel **Rainbow Summit** und **June Mountain** auf. Rainbow ist der sanftere, mit zahlreichen mittelschweren und bis zu drei Kilometer langen leichten Pistenboulevards.

Die Hänge am June sind anspruchsvoller, rund ein halbes Dutzend steiler Chutes und megabreite Cruiser wie Matterhorn durchziehen die Nordflan-

> **REGION 5**
> **Kalifornien und der Südwesten**

Snow Summit, CA △■●◖🏠

Südkalifornien ist eigentlich das Land der Strände und Wüsten. Aber Schnee? Snow Summit liegt gut 2000 Meter oberhalb der Wüste. In dieser Höhe ist es kalt genug, den Schnee mittels 500 Kanonen notfalls selbst zu machen. Besonders wenn die trockenen Santa-Ana-Winde von Utah und Colorado hinüberwehen. Fehlt nur noch Wasser. Das holt sich Snow Summit aus dem **Big Bear Lake**, einem wunderschönen Bergsee, nur zwei Kilometer vom Skigebiet entfernt. Das Wasser wird auf den Berg gepumpt, in die kalte Winterluft gesprüht und fertig ist der Schnee. Beim Abstieg in die Küstenebene heizen sich die Santa-Ana-Winde um bis zu 20 Grad auf und bescheren den Städtern schönstes Strandwetter. Kaum zu glauben, dass Snow Summit diesen Winden eine Saison von Ende November bis Mitte April verdankt.

Snow Summit ist das beliebteste Tagesziel der Alpinsportler aus Los Angeles, das nur 160 Kilometer entfernt ist – nach zwei Stunden Fahrt kann man das Surfbrett gegen Ski oder Snowboard eintauschen. Snowboarder stellen weit mehr als die Hälfte der Klientel. Entsprechend umfangreich ist das Angebot an Terrain-Parks und Pipes.

Auch für Skifahrer hält das ausgedehnteste Pistennetz Südkaliforniens eine Menge Abwechslung bereit. Das Gelände ist reichhaltig gegliedert und eröffnet immer neue Varianten. Snow Summit ist sich seiner Sache trotz der südlichen Lage sicher: Wer mit den Bedingungen nicht zufrieden ist, kann binnen 75 Minuten nach dem Kauf sein Ticket zurückgeben und erhält einen Gutschein für eine neue Tageskarte.

Facts & Figures

Berg	2494 m
HD	372 m
Lifte	12
Skigebiet	182 ha
Fläche der Pisten	94 ha
beschneit	94 ha
Flutlicht	5 Lifte
Länge	22 km
●	7,9 km
■	11,4 km
◆	2,8 km
max.	2,0 km
Besucher	490 000
Schneefall	191 cm

i **Snow Summit Ski Area**
Big Bear Lake, CA 92315
☏ (909) 866 5766
Fax (909) 866 3201
www.bigbearmountain
resorts.com

Bear Mountain Resort, CA △◆◆■◖🏠

Bear Mountain ist knapp drei Kilometer von Snow Summit entfernt und weist mit 508 Metern den größten Höhenunterschied der Region auf. Der bleibt allerdings Experten vorbehalten, denn vom Gipfel des **Bear Peak** führt nur die schwarze **Geronimo** talwärts. Die mittelschweren Abfahrten vom **Goldmine Mountain** und vom **Silver Mountain** kommen auf immerhin 430 vertikale Meter. Die Saison dauert meist vom 1. November bis zum 1. Mai, 2004 begann sie nach ungewöhnlich frühen Schneefällen bereits am 29. Oktober. Normalerweise verdankt Bear Mountain die sechsmonatige Skisaison seiner gewaltigen Beschneiungsanlage: In 24 Stunden könnte das System ein Fußballfeld 18 Meter tief einschneien. Es wird auch verdammt viel Schnee gebraucht für die Superpipe und all die anderen Terrain-Features. Bear Mountain wird fast vollständig als Freestyle-Areal gestaltet: 117 Jumps, 57 Jibs und zwei Pipes. Zahlen, die eine deutliche Sprache sprechen: »Normale« Skifahrer sind hier Außenseiter und in Snow Summit besser aufgehoben. Es sei denn, sie mögen Tree-Skiing. Dazu gibt's im **Deer, Goldmine** und **Bow Canyon** auf 224 Hektar reichlich Gelegenheit – aber nur bei ausreichend Naturschnee. Das Wechseln zwischen beiden Gebieten ist dank gemeinsamem Skipass und kostenlosem Shuttlebus kein Problem. Am Wochenende limitiert Bear Mountain den Verkauf von Lifttickets. Also rechtzeitig reservieren (oder online kaufen).

Facts & Figures

Berg	2684 m
HD	508 m
Lifte	12
Skigebiet	149 ha
Fläche der Pisten	81 ha
beschneit	81 ha
Länge	15 km
●	4,3 km
■	7,3 km
◆	3,0 km
max.	2,7 km
Besucher	286 000
Schneefall	254 cm

i **Bear Mountain Resort**
Big Bear Lake, CA 92315
☏ (909) 866-5766
Fax (909) 585-6805
www.bearmtn.com

REGION 5
Kalifornien und der Südwesten

Facts & Figures
Berg	3509 m
Tal	2816 m
HD	693 m
Lifte	5
Sesselbahnen	4
Schlepplifte	1
	5380 Pers./Std.
Skigebiet	238 ha
Abfahrten	32
Länge	19,5 km
Charakter	79/4/17
●	4,4 km
■	8,8 km
♦	6,3 km
hike-to	4,0 km
max.	3,7 km
Fall-Linie	2,3 km
Besucher	125 000
Skitage	120
VTM/Skifahrer	3200
Skifahrer/km	44
Schneefall	406/632 cm

Bewertung
Preis/Leistung	4
Landschaft	3
Skigebiet	
Off-Piste	3
Experten	3
Fortgeschrittene	3
Anfänger	4
Never-Ever	3
Wartezeiten	2
Bergrestaurants	2
Ort	
Dining	4
Activities	4
Après-Ski/Nightlife	3

Skipass
1 Tag	$ 42
Kinder (8-12)	$ 24
Kinder (bis 7)	kostenlos
Ski 1 Tag	$ 19-29
Set 1 Tag	$ 22-32

Überschaubar: Pistennetz von Snowbowl

Arizona Snowbowl, AZ

Wer hätte das gedacht: Mitten in Arizona, in der schier endlosen Weite des Colorado Plateau existiert eines der ältesten Skigebiete der USA. Nördlich von Flagstaff ragen die Vulkane der mehr als 3800 Meter hohen San Francisco Peaks in den Himmel, auf deren Flanken seit 1938 der Skibetrieb der Snowbowl läuft.

+ Weitläufiges Off-Piste-Areal
+ ideales Anfängergelände am Fuß des Berges
+ günstige Preise
+ Lage inmitten zahlreicher archäologischer Sehenswürdigkeiten und Naturwunder.

- Veraltete Liftflotte ohne High-Speed-Lifte
- mangelnde Schneesicherheit und keine Beschneiungsanlage
- Wartezeiten an den Wochenenden
- das überschaubare Terrain hat man schnell abgefahren.

Von einer Wasserstelle auf dem Weg in den Westen, an der Pioniere am 4. Juli 1876 eine amerikanische Flagge hissten, entwickelte sich Flagstaff dank Eisenbahn und Route 66 schnell selbst zu einem Ziel für Siedler, Holzfäller und Cowboys. Im historischen Ortskern stehen noch viele Gebäude aus der Pionierzeit, die mittlerweile mit einem Schuss Hippie-Kultur versehen sind und nette Cafés und Restaurants, Galerien mit ansprechendem Kunsthandwerk oder Antiquitätenläden beherbergen. Indianische Kräutertees bekommt man hier ebenso wie witzige Secondhand Klamotten. Rund 12 000 Studenten sorgen für eine lebhafte Atmosphäre. Die Uni verdankt ihre Beliebtheit auch den zahlreichen Natursportmöglichkeiten im Umfeld. Die sportbegeisterten Studenten stellen einen Großteil der Klientel der Snowbowl. Auch aus dem nur zweieinhalb Stunden entfernten Phoenix reisen die Skifahrer an.

The Mountain

Trotz der Höhenlage macht sich der Schnee manchmal rar, vor einigen Jahren kamen in einer ganzen Saison nur vier Skitage zusammen. Ein amerikanisches Skimagazin betitelte die Snowbowl daraufhin als »worst place to buy a season pass«. Im Winter 2004/05 hingegen versank das Skigebiet für ein halbes Jahr unter der mächtigsten Schneedecke aller Zeiten - mehr als elf Meter kamen vom Himmel. Sicherheit soll eine Beschneiungsanlage schaffen, die wahrscheinlich zum Winter 2006/07 in Betrieb geht.

Für Könner
erschließt der **Agassiz Chair**, der exakt bis zur Baumgrenze führt, schöne Buckelpisten wie **Casino, Tiger** und die verdammt enge **White Lightning** sowie anspruchsvolles Tree-Skiing-Gelände. Die Tiefschneehänge der **Upper Bowl** erreicht man nach kurzem Aufstieg und etwas Traversieren. Wer mehr aufsteigt, wird mit entsprechend längeren Runs belohnt. Den 3766 Meter hohen **Agassiz Peak** erreicht man nach einem 30–45-minütigen Aufstieg. Tourengeher treffen sich am 4. Juli, um durch den nordseitigen Abenau Canyon vom **Humphreys Peak**, dem höchsten Berg Arizonas, abzufahren.

Für Fortgeschrittene
empfiehlt sich die herrlich aussichtsreiche **Upper Ridge** für die Abfahrt vom höchsten Punkt, sie ist zwar schwarz ausgewiesen, aber in der Regel gut präpariert. Wer kein Risiko eingehen will, steigt an der Mittelstation des Agassiz Chair aus und nimmt **Volcano** und **Lava** hinab zu den superbreiten Crusing-Hängen von **Logjam**. Der **Sunset Triple** bedient ausschließlich mittelschwere, jedoch nicht besonders lange Runs.

Für Anfänger
hält die Snowbowl das beste Übungsgelände des gesamten amerikanischen Südwestens bereit. Es breitet sich auf 20 Hektar natürlichen Prärieflächen am Fuß des Berges aus und wird von zwei Sesselbahnen bedient.

REGION 5
Kalifornien und der Südwesten

Für Snowboarder
gibt es den **Sunset Terrain Park**. Eine Halfpipe soll mit der Beschneiungsanlage kommen. Freerider kommen daher derzeit eher auf ihre Kosten: auf den weiten Hängen der **Upper Bowl**.

Bergrestaurants
gibt es im eigentlichen Sinne nicht, aber die **Hart Prairie** und **Agassiz Lodges** an den Talstationen der gleichnamigen Lifte liegen bereits auf über 2800 Meter und bieten schöne Aussichten hinüber zum **Kendrick Mountain**. Das Angebot entspricht dem amerikanischen Durchschnittsgeschmack, ist aber sehr preiswert.

Off the Mountain

Die Gegend um Flagstaff bietet genügend Naturwunder und sehenswerte archäologische Stätten für einen ganzen Urlaub: Jahrhunderte alte Indianer-Pueblos und Cliff Dwellings im **Walnut Canyon, Montezuma Castle** und im **Wupatki National Monument**. Faszinierende Einblicke in die Geologie erlauben das **Sunset Crater National Monument**, der **Meteor Crater** und natürlich der **Grand Canyon**, dessen Nordrand man von den Pisten der Snowbowl sieht. **Flagstaff** selbst hat Museen, ein Sinfonieorchester, das berühmte Lowell-Observatorium, die historische Downtown und 200 Restaurants zu bieten. Im **Flagstaff Nordic Center** kann man auf 40 Kilometer gespurten Loipen langlaufen oder Schneeschuh wandern, im **Jay Lively Activity Center** Eis laufen; auch River Rafting, Klettern und Fischen zählen zu den winterlichen Outdoor-Optionen.

Off-Piste-Terrain am Humphreys Peak

Anreise

✈ Phoenix (262 km), Flagstaff (31 km) mit Verbindungen von Phoenix

🚌 Der Snowbowl Shuttle verkehrt von Flagstaff zur Snowbowl, Hin- und Rückfahrt kosten von Flagstaff $ 20, ✆ (928) 214-0586.

🚗 Ein Mietwagen ist ein Muss angesichts der vielen Attraktionen, die man im Umfeld der Snowbowl ansteuern kann.

↔ Flagstaff 22 km, Grand Canyon 113 km, Las Vegas 417 km, Albuquerque 542 km

ℹ **Arizona Snowbowl**
Flagstaff, AZ 86002
✆ (928) 779-1951
Fax (928) 779-3019
www.arizonasnowbowl.com

Kendrick Mountain von der Upper Ridge aus

REGION 6
Nordosten

Nordosten

Skigebiete von Bretton Woods bis Whiteface

Die Skiberge in den Green und White Mountains, den Adirondacks und den Laurentides bieten ähnlich viele Pistenkilometer wie ihre Konkurrenten im Westen. Der besondere Reiz eines Skitrips in den amerikanischen Nordosten besteht in dem ganz speziellen Charme der historischen Dörfer und den sanften Waldgebirgen.

Die Reise in die Skimetropolen der Ostküste geht über einsame Straßen, die in weiten Bögen durch sanfte Hügel schwingen, durch Dörfer, die wie die Kulisse eines Weihnachtsfilmes aus Hollywood wirken: Kerzen brennen die Nacht über in den Fenstern der *clapboard houses*, Lichtergirlanden schmücken die Bäume in den tiefverschneiten Vorgärten und die Kirchtürme, die auf jahrhundertealten Granitfundamenten ruhen, sind weißer als der Schnee.

6 Nordosten
Killington, VT, S. 227
Sugarbush, VT, S. 231
Stowe/Mount Mansfield, VT, S. 233
Bretton Woods, NH, S. 234
Cannon Mountain, NH, S. 235
Sugarloaf/USA, ME, S. 236
Sunday River, ME, S. 237
Lake Placid/Whiteface Mountain, NY, S. 238
Tremblant, QC, S. 239

Im Gegensatz zu manchen Ski-Resorts in den Rockies, die auf dem Reißbrett geplant in menschenleere Bergregionen gesetzt wurden, entstanden viele Skigebiete an der Ostküste in der Nähe kleiner Ortschaften. Die häufig aus Europa stammenden Pioniere des Wintersports schlugen dazu schmale Schneisen in die dichten Laubwälder und sorgten für willkommene Abwechslung in den langen Wintermonaten. Irgendwann gingen sie daran, einfache Lifte aufzustellen und Geld mit den Fremden aus Boston und New York zu verdienen, die die Skiorte bereits als Sommerfrische kannten. So entstanden hunderte von Skigebieten.

Inzwischen existieren viele dieser *mom and dad ski areas* nicht mehr. Sie wurden hinweggefegt von einem immer härteren Wettbewerb, in dem nur die Großen überleben. Mehr als 550 Skigebiete sind allein in Neuengland in den letzten Jahrzehnten von der Bildfläche verschwunden. Andererseits haben sich ein gutes Dutzend Skiberge zu komplett ausgestatteten Ferienorten entwickelt. Dort wurden die ehedem schmalen Waldabfahrten, die den Schnee am besten vor Sonne, Wind und Regen schützten, nicht selten in megabreite Pistenboulevards verwandelt – gigantische Beschneiungsanlagen machten es möglich.

Berge und Klima

Noch älter als die schmucken Dörfer sind die Berge. In Millionen von Jahren haben Erosion und Eiszeiten die einst aufgezackten Gipfel glatt gehobelt und Formen hinterlassen, die ideales Skiterrain abgeben. Zwar haben die White Mountains in New Hampshire mit dem 1917 Meter hohen **Mount Washington**, der 1605 Meter hohe **Katahdin** in Maine und die **Chic-Chocs** im nördlichen Québec nach wie vor alpine Züge. Die skitechnisch erschlossenen Berge im nördlich Abschnitt der Appalachen gipfeln aber bis auf eine Ausnahme (**Sugarloaf** in Maine) unterhalb der Waldgrenze. Ski wird in Höhenlagen von 30 bis 1290 Metern gefahren. Höhenkrankheit ist da immerhin ausgeschlossen.

Dafür hat der Schnee nicht die Qualität wie in den Rockies. Die Luftfeuchtigkeit ist höher und auch im Winter kann es immer mal regnen. Wechsel von klirrendem Frost (bis minus 30 Grad) und gelegentlichem (am Mount Mansfield in 1200 Meter Höhe an ein bis zwei Tagen pro Monat), nach Norden hin aber immer seltenerem Regen kennzeichnen den Ostküstenwinter. Die Schneefallmengen sind teilweise beträchtlich. Besonders viel fällt in Vermont, am **Jay Peak** neun Meter pro Jahr.

Weniger gut meint es Frau Holle mit den Skigebieten in New Hampshire und Maine, wobei sich in Maine die etwas nördlichere Lage positiv auf die Schneequalität auswirkt. Québec ist ebenfalls etwas niederschlagsärmer, dafür herrschen hier in der Regel Eisfachtemperaturen, die den Schnee gut konservieren. Dank leistungsstarker Schneeanlagen ist Skifahren von Ende November bis Anfang April überall garantiert, einige Skigebiete verlängern die Saison bis in den Mai. Die beste Zeit sind Februar und März.

REGION 6
Nordosten

ℹ **Vermont Dept. of Tourism and Marketing**
6 Baldwin St., Drawer 33
Montpelier, VT 05633-1301, USA
✆ (802) 828-3676
www.vermontvacation.com

ℹ **Ski Vermont**
26 State St.
Montpelier, VT 05601, USA
✆ (802) 223-2439
Fax (802) 229-6917
www.skivermont.com

ℹ **New Hampshire Division of Travel and Tourism**
172 Pembroke Rd.
Concord, NH 03302-1856, USA
✆ (603) 271-2665
Fax (603) 271-6870
www.visitnh.gov

ℹ **Ski New Hampshire**
North Woodstock, NH 03262, USA
✆ (603) 745-9396
Fax (603) 745-3002
www.skinh.com

Killington in den »grünen« Bergen in Vermont

REGION 6
Nordosten

Skigebiete

Der Skisport hat hier tiefe Wurzeln geschlagen: 1932 fanden in **Lake Placid** im Staat New York die ersten Olympischen Winterspiele auf amerikanischem Boden statt, 1938 richtete **Stowe** in Vermont die ersten amerikanischen Skimeisterschaften aus, **Tremblant** eröffnete 1939 als erste Skistation Kanadas und über die Pisten des **Cannon Mountain** in New Hampshire gingen die ersten Weltcuprennen Nordamerikas. Neben den traditionsreichen Skigebieten, zu denen auch **Killington** als größtes Skigebiet im amerikanischen Osten, **Sugarbush**, **Gore Mountain** und **Bretton Woods** gehören, haben sich jüngere Areale wie **Okemo**, **Stratton** und **Sunday River** durch einen massiven Ausbau innerhalb der letzten Dekade als lohnenswerte Skiziele etabliert.

Der amerikanische Nordosten zählt pro Saison an die 20 Millionen Skifahrertage. Ein gutes Viertel entfällt auf die zehn populärsten Skigebiete. Insgesamt gibt es rund 200, die meisten davon in Québec und New York, 23 werden auf den folgenden Seiten beschrieben. Weitere interessante Skiziele im Nordosten sind:
Okemo Mountain, VT, USA (www.okemo.com)
Smuggler's Notch, VT, USA (www.smuggs.com)
Stratton, VT, USA (www.stratton.com)
Mount Snow, VT, USA (www.mountsnow.com)
Jay Peak, VT, USA (www.jaypeakresort.com)
Mad River Glen, VT, USA (www.madriverglen.com)
Wildcat, NH, USA (www.skiwildcat.com)
Loon Mountain, NH, USA (www.loonmtn.com)
Attitash Bear Peak, NH, USA (www.attitash.com)
Waterville Valley, NH, USA (www.waterville.com)
Hunter Mountain, NY, USA (www.huntermtn.com)
Gore Mountain, NY, USA (www.goremtn.com)
Wachusett, MA, USA (www.wachusett.com)
Mountain Creek, NJ, USA (www.mountaincreek.com)
Mont-Sainte-Anne, QC, Canada (www.mont-sainte-anne.com)
Stoneham, QC, Canada (www.ski-stoneham.com)
Le Massif, QC, Canada (www.lemassif.com)
Bromont, QC, Canada (www.skibromont.com)
Mont Orford, QC, Canada (www.orford.com)
Mont Sutton, QC, Canada (www.mt-sutton.com)
Owl's Head, QC, Canada (www.owlshead.com)

Waitsfield und der Mount Ellen in Vermont

i Tourisme Québec
Montréal, QC H3C 2W3, Canada
✆ (514) 873-2015
Fax (514) 864-3838
www.bonjourquebec.com

i Maine Office of Tourism
59 State House Station
Augusta, ME 04333-0059, USA
✆ 1-888-624-6345
www.visitmaine.com

i Ski Areas of New York
2144 Currie Rd.
Tully, NY 13159, USA
✆ (315) 696-6550
Fax (315) 696-6567
www.iskiny.com

i Visit New Jersey
Trenton, NJ 08625-0820, USA
✆ (609) 777-0885
www.visitnj.org

Gateways

Bester Ausgangspunkt für die Skigebiete in Vermont, New Hampshire und Maine ist **Boston**. New Jersey und das südliche New York erreicht man am besten von **New York City**. **Montreal** ist Ausgangspunkt für Skitrips nach Québec sowie ins nördliche New York und Vermont.

Killington, VT

REGION 6
Nordosten

Killington zählt zu den Top Ten der amerikanischen Skigebiete. Seine Erfolgsformel ist einfach: Nimm einen großen Berg (den zweithöchsten in Vermont), versehe ihn mit einer fast unendlichen Auswahl an Abfahrten (170 an der Zahl), mache genug Schnee, um die Launen des Ostküstenwetters zu bezwingen, und garniere das Ganze mit einem mitreißenden Nachtleben.

+ Größter Skiberg im amerikanischen Osten, größer als einige Gebiete in Colorado
+ lebhaftes Après-Ski in zahlreichen Bars
+ Pisten aller Schwierigkeitsgrade, von kilometerlangen Grünen bis zur steilsten Buckelpiste an der Ostküste
+ ideales Terrain und perfekte Programme für Anfänger
+ gewaltige Beschneiungsanlage.

− Kein richtiges Ortszentrum
− trotz jüngst überarbeiteter Beschilderung ist die Orientierung im riesigen Pistennetz nicht einfach
− extrem langweilig für jeden, der nicht Ski oder Snowboard fährt
− wechselhafte Wetter- und Schneebedingungen
− kein Terrain oberhalb der Waldgrenze
− ein Drittel der Höhendifferenz entfällt auf flaches Gelände.

Killington ist ein außergewöhnlicher Ort, besonders für Europäer. Die meisten Hotels, Condos und Restaurants liegen verstreut entlang der acht Kilometer langen Zufahrtsstraße von der Route 4 und nur einen kleinen Teil der Unterkünfte mit ihren rund 5500 Betten findet man direkt an den Pisten. Immerhin zählt dazu seit 2000 auch ein richtiges Hotel, das **Grand Resort Hotel** an der Snowshed Base. Hier soll in Kürze auch ein *slopeside village* entstehen, aber bis es soweit ist, lässt dieser Ort alles vermissen, was an ein Dorf erinnern könnte. Zu Fuß lässt sich hier nichts erledigen. Hat man sich aber erst einmal daran gewöhnt, entschädigen die äußerst lebhaften Nachtlokale für die Mühen. Viele von ihnen sind am frühen Abend einladende Orte für ein gutes Dinner in entspannter Atmosphäre, auch wenn man mit Kindern unterwegs ist. Killingtons Gäste sind überwiegend Tagesbesucher, Wochenendreisende und Kurzurlauber aus den großen Ostküstenstädten, darunter viele aus New York. Die Folge: An Spitzenwochenenden bricht das Chaos aus. Lange Schlangen an den Ticketschaltern und beim Skiverleih, Wartezeiten an den Liften, überfüllte Pisten und Skifahrer, die ihr Mittagessen auf den Treppenstufen der Restaurants einnehmen. Völlig anders ist das Bild unter der Woche: Da hat man das Vail der Ostküste fast für sich allein.

Facts & Figures

Berg	1274 m
Tal	364 m
HD	910 m
Lifte	26
Seilbahn	0
Gondelbahn	3
Express-Sessel	4
Sesselbahnen	12
Schlepplifte	7
	45 561 Pers./Std.
Skigebiet	1389 ha
Abfahrten	170
Fläche	404 ha
beschneit	251 ha
Flutlicht	Pipe
Länge	120 km
Charakter	67/7/26
●	59,8 km
■	30,7 km
♦	18,3 km
♦♦	10,9 km
max.	12,6 km
Fall-Linie	4,4 km
Besucher	1 085 000
Skitage	205
VTM/Skifahrer	7800
Skifahrer/km	44
Schneefall	620 cm

i **Killington/Pico**
Killington Rd.
Killington, VT 05751
✆ (802) 422-3333
Fax (802) 422-6113
www.killington.com

Fünf von Killingtons sechs Skibergen

REGION 6
Nordosten

Bewertung
Preisniveau	3
Landschaft	2
Skigebiet	
Off-Piste	1
Experten	3
Fortgeschrittene	4
Anfänger	4
Never-Ever	4
Wartezeiten	2
Bergrestaurants	1
Ort	
Dining	2
Activities	2
Après-Ski/Nightlife	4

Skipass
1 Tag	$ 67–72
Jugend	$ 54–59
Kinder (0-12)*	$ 45–50
6 Tage	$ 286–348
Verleih	
Ski 1 Tag	$ 31–36
Ski 6 Tage	$ 151–181
Set 1 Tag	$ 35–40
Set 6 Tage	$ 175/205

* Kinder bis 12 Jahre fahren kostenlos, wenn die Eltern mindestens einen 5-Tages-Skipass kaufen.

News
Killington investiert zur Saison 2005/06 rund eine Million Dollar in die Modernisierung der Beschneiungsanlage, außerdem werden sechs neue Pistenraupen angeschafft.

Kinderbetreuung
Friendly Penguin Day Care bietet Betreuung für Kinder ab 6 Wochen, entweder im Ramshead Family Center (für bis zu 2-Jährige) oder im Grand Hotel (für bis zu 6-Jährige). Ein ganzer Tag kostet $ 65 inklusive Lunch (Reservierung erforderlich).

The Mountain

Der Berg ist riesig, aber auch ziemlich unübersichtlich, nicht zuletzt, weil man nie aus dem Wald herauskommt. Einen Pistenplan mitzuführen ist unverzichtbar, sonst landet man am Ende des Tages unbeabsichtigt am falschen Parkplatz – Killington hat fünf Talstationen. Das ist nicht der einzige Superlativ: Die größte Höhendifferenz und der höchste Skilift Neuenglands, das größte Liftsystem östlich des Mississippi und die leistungsstärkste Beschneiungsanlage Amerikas mit 1850 Schneekanonen verbucht Killington ebenfalls für sich. Trotz der gut sechs Meter natürlichen Schnees macht Killington mehr Schnee als jedes andere Skigebiet. Bis Ende März wächst die Schneedecke auf der Superstar-Piste auf neun (!) Meter an. So kommen trotz des wechselhaften Ostküstenwinters durchschnittlich mehr als 200 Skitage zusammen. Die Saison startet oft schon im Oktober und währt gelegentlich bis in den Juni.

Seit 1996 gehört auch der benachbarte **Pico Mountain** (6 Lifte, 600 m Höhendifferenz, 29 km Abfahrten) zur Familie der American Skiing Company. Die bewirbt Killington und Pico als ein Areal, obwohl die beiden Berge physisch nicht verbunden sind (Planungen dazu existieren schon länger). Killingtons Lifttickets gelten in Pico, für Pico selbst gibt es auch preiswertere Pässe. Mit dem Auto gelangt man in zehn Minuten hinüber, mit dem Bus ($ 2) dauert es etwas länger.

Für Könner
sind die zahlreichen Buckelpisten und Glades ein idealer Spielplatz. Die K-1 Express Gondola bedient doppelschwarze *bump runs* wie **Downdraft**, **Cascade** und **Escapade** und die extrem steilen Glades (hier nennt man sie Fusion Zones) von **Anarchy** und **Julio**. Die Monsterbuckel von **Ovation** erreicht man am besten mit dem Superstar Express. Treffpunkt der Buckelpistenfahrer ist der **Bear Mountain**. **Outer Limits** gilt als die steilste Buckelpiste der Ostküste. Neu und nur für absolute Könner sind die Glades am Bear Mountain.

Für Fortgeschrittene
ist Killington mit rund 30 Kilometern mittelschwerer Pisten ebenfalls eine Reise wert. Lange Cruiser wie **Dreammaker, Bittersweet** und **Cruise Control** ziehen vom **Skye Peak** talwärts, der durch eine Achtergondelbahn erklommen wird.

Gewalzte Steilhänge findet man am **Canyon Quad**. Einen Einstieg ins Tree-Skiing erlauben **Rime, East Glade** und **West Glade**, sie sind nicht zu steil und die Bäume haben einen akzeptablen Abstand.

Für Anfänger
hat Killington das **Snowshed Areal** mit vier eigenen Liften, eigener Baselodge und unendlich sanften Pisten reserviert. Schon am zweiten Tag können die meisten Anfänger das gesamte Skigebiet durchkreuzen, denn von jedem der sechs Gipfel führen leichte Pisten oder Skiwege zu jeder Talstation, darunter die 12,6 Kilometer lange **Juggernaut**.

REGION 6
Nordosten

Anreise
✈ Boston (251 km), Burlington (135 km) mit Verbindungen u.a. von Chicago, Pittsburgh, Philadelphia, New York City und Boston, Rutland (32 km) mit tägl. Verbindungen von Boston.

REGION 6
Nordosten

Killington und der Pico Mountain

🚌 Die Busse von The Bus fahren für $ 2 vom **Airport in Rutland** nach Killington und stehen auch für Fahrten innerhalb der Region zur Verfügung. Fahrten im Bereich des Skigebiets sind kostenlos. Busreiseveranstalter in Boston bieten Tagestouren nach Killington inklusive Skipass für $ 59 an (✆ 617-731-6100).

🚗 Da der Anschlussflug von Boston nach Rutland ohnehin keine Zeit spart, nimmt man besser gleich in Boston einen Mietwagen. Wer ohnehin New York besuchen möchte, gelangt von dort auch per Zug (Amtrak) in fünf Stunden nach Rutland.

↔ Albany 177 km, Montreal 298 km, New York 389 km, Ottawa 434 km

Anreisedauer: Flug nach Boston 8 Std., Transfer 2 3/4 Std.

Tipps
Das **Discovery Centre** bietet unter einem Dach alles, was man am ersten Skitag benötigt, inklusive Schließfächern, Toiletten und Handschuhwärmern. Nach der Anmeldung erläutert der Skilehrer seiner Gruppe, die höchstens sechs Neulinge umfasst, in einem Besprechungsraum mit Videounterstützung, wie man Skischuhe anzieht, Skibindungen bedient und welche Kleidung man benötigt. Anschlie-

Killingtons Gondelbahnen sind beheizt

Für Snowboarder
tut man hier eine Menge. Die Mitglieder der Crews, die die Parks und Pipes pflegen (sechs an der Zahl), sind selbst leidenschaftliche Rider und Hardcore Jibber. Lohn der Mühen sind regelmäßige Auszeichnungen für die besten Parks und Pipes im Nordosten.

Bergrestaurants
Das einzige Bergrestaurant steht auf dem **Killington Peak**, der Besuch lohnt eher wegen der Aussicht als wegen des Essens. Ansonsten findet man an allen Talstationen überwiegend recht trostlose Verpflegungsstationen. Positive Ausnahme ist der neue **Snowshed Food Court**, auch die **Killington Base Lodge** ist erträglich.

Wartezeiten
sind nur an einigen Spitzenwochenenden ein Problem. Dann bietet Killington das Platinum Ticket. Es kostet $ 119 und ermöglicht direkten VIP-Zugang zu den acht wichtigsten Liften.

Après-Ski/Nightlife
Killingtons Après-Ski-Szene wird von vielen als die beste Amerikas bezeichnet, die Atmosphäre ist zumindest lärmender und jünger als in den meisten Orten der Rockies. Die Stimmung wird regelmäßig von exzellenten Bands angeheizt, darunter immer wieder nationale Größen. Am Berg beginnt die Action in der **Mahogany Ridge** in der Killington Base Lodge, im **Long Trail Brew Pub** in Snowshed und in der **Bear Mountain Lounge**. Nach Liftschluss verlagert

sich die Szene in die Bars an der Killington Road: **Charity's**, **Outback Pizza**, **Lookout Bar**, **Wobbly Barn** und **The Pickle Barrel** sind die wichtigsten Anlaufpunkte.

Restaurants
Killington hat mehr als 100 Restaurants und Bars, der überall erhältliche Menu Guide hilft bei der Auswahl.

Hemingway's
4988 US Route 4, Killington, VT
✆ (802) 422-3886
Eins von nur zwei Restaurants in Vermont mit vier Sternen, serviert wird ein drei- oder viergängiges Menü neuer amerikanischer Küche im historischen Ambiente einer alten Postkutschenstation. Dinner. $$$

The Wobbly Barn Steakhouse
Killington Rd., Killington, VT

✆ (802) 422-6171
Seit 1963 eine feste Institution, Steaks, Salate und Meeresfrüchte in lebhafter Scheunenatmosphäre. Dinner ab 16.30 Uhr. $–$$

Sonstige Aktivitäten
Indoor-Kletterwand in der **Snowshed Base Lodge** und im Green Mountain Rock Climbing Center in 15 Minuten entfernten Rutland (750 m² Kletterfläche). Touren mit dem Schneemobil bietet Killington Snowmobile Tours (✆ 802-422-2121) an. Eisfischen auf verschiedenen Seen in der Umgebung, Schlittschuhlaufen auf dem **Grist Mill Pond** an der Killington Road (✆ 802-422-4066). Das **Mount Meadows Cross Country Ski Resort** in der Nähe der Abzweigung der Killington Road bietet 56 Loipen, Verleih, Unterricht, Shop, Wärmehütten, Snowshoeing und Hundeschlittentouren (✆ 802-775-7077).

REGION 6
Nordosten

ßend hilft er, das Leihmaterial auszusuchen und anzupassen. Danach geht's auf eine spezielle Übungspiste.

Man kann sein Liftticket innerhalb einer Stunde nach dem Kauf zurückgeben, wenn man mindestens eine Abfahrt gemacht hat und mit den Bedingungen nicht zufrieden ist. Man erhält dann einen Gutschein für einen anderen Tag. Eine ähnliche Regelung gilt auch für Inhaber von Mehrtagespässen.

Granitriese Mount Ellen

Sugarbush, VT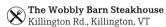

Sugarbush ist das Taos Neuenglands. Die über dem Mad River Valley im Norden Vermonts aufragenden Granitriesen Lincoln Peak und Mount Ellen bieten einige der steilsten Pisten der USA. Kein Wunder, dass dieses Tal einen der verrücktesten Extremskifahrer der Welt hervorgebracht hat: John Egan.

+ Echte Challenge auf Buckelpisten und zwischen den Bäumen
+ anständiges Inventar an Cruising Runs
+ landschaftlich für Ostküstenverhältnisse top
+ ursprüngliche, liebenswerte Ortschaften im Tal

- Wie überall an der Ostküste wechselhaftes Wetter
- die beiden Skiberge sind nicht durch Pisten, sondern nur durch eine lange Sesselbahn verbunden
- etwas abgeschiedene Lage.

Warren und **Waitsfield** heißen die Ortschaften im Mad River Valley – Bilderbuch-Neuengland! Weiße Kirchtürme, *clapboard houses* und rote Holzscheunen. Ein Muss ist ein Frühstück im Warren Store, einem urigen Krämerladen. Man trinkt seinen Kaffee, liest Zeitung und tauscht Neuigkeiten aus. Knarzender Holzfußboden, gusseiserner Ofen, schwere, kupferbeschlagene Eichenkühlschränke und der Duft von frischgebackenen Cookies lassen das Amerika der Shopping-Malls hier Lichtjahre entfernt wirken. Das Skigebiet am **Lincoln Peak** eröffnete 1958 mit einer damals sen-

REGION 6
Nordosten

Facts & Figures
Berg	1238 m
Tal	458 m
HD	780 m
Lifte	16
Seilbahn	0
Gondelbahn	0
Express-Sessel	5
Sesselbahnen	8
Schlepplifte	3
	25 463 Pers./Std.
Skigebiet	921 ha
Abfahrten	111
Fläche	206 ha
beschneit	140 ha
Länge	74 km
Charakter	88/4/7
●	16,1 km
■	35,5 km
♦	22,8 km
♦♦	3,8 km
max.	5,5 km
Fall-Linie	4,0 km
Besucher	359 000
Skitage	155
VTM/Skifahrer	9800
Skifahrer/km	30
Schneefall	685 cm

Skipass
1 Tag	$ 49–65
6 Tage	$ 270–330

Anreise
✈ Montréal (202 km), Burlington (58 km) mit Verbindungen u.a. von Chicago, Pittsburgh, Philadelphia, New York City und Boston.

🚌 Der MadBus bietet kostenlose Fahrten zwischen den Skigebieten und dem Orten im Mad River Valley.

🚗 Ein Mietwagen ist die einzig vernünftige Option für den Trip nach Sugarbush.

↔ Boston 292 km, New York 462 km

ℹ Sugarbush Resort
1840 Sugarbush Access Rd.
Warren, VT 05674
✆ (802) 583-6300
Fax (802) 583-6303
www.sugarbush.com

sationellen Gondelbahn vom Tal bis auf den Gipfel. Der benachbarte **Mount Ellen** folgte 1979. Trotzdem scheuten die New Yorker den etwas weiteren Weg. Den Einheimischen war es recht, dass sich der mit dieser Klientel verbundene Hype weiter südlich abspielte.

Um die Ruhe wäre es 1995 aber beinahe geschehen gewesen. Die American Skiing Company übernahm das chronisch klamme Sugarbush und investierte 28 Millionen Dollar. So viel Geld war in den USA niemals zuvor innerhalb eines Jahres auf einen Berg gepumpt worden. Sieben neue Aufzüge, darunter einer, der die beiden Skiberge verbindet, und eine Steigerung der Schneikapazität um 300 Prozent standen auf der Rechnung. Den »größten Schneesturm in der Geschichte Vermonts« nannten das die Werbestrategen. Außer den Pisten begrub er die Bilanzen der ASC, die Sugarbush vor einigen Jahren wieder verkaufen musste. Mit den neuen Eigentümern präsentiert sich Sugarbush nach Meinung der Locals heute besser denn je. Nicht zuletzt, weil der ursprüngliche Charakter des Terrains unangetastet blieb: Enge, dem natürlichen Gelände folgende Waldabfahrten.

The Mountain
Von Sugarbushs Skigipfeln schweift der Blick über endlos weite Wälder. Im Osten erblickt man die fast 2000 Meter hohen White Mountains und im Westen steigen die Adirondacks über dem Ufer des eisbedeckten Lake Champlain empor.

Für Könner
»Rumble taucht in keiner Rangliste der schwersten Pisten auf, denn die Typen, die solche Ranglisten erstellen, können diese Piste nicht bewältigen.« – so steht es auf einem Schild im Skigebiet von Sugarbush. Rumble bedeutet Schlacht. Ein angemessener Name für diese magenverkrampfend steile, von Felsen durchsetzte, extrem enge Schneise durch den dichten Laubwald am **Castlerock**. In »John Egan's Big World Pub & Grill« in Waitsfield kann man bei einigen Gläsern Egan's Extreme Ale erfahren, wie stolz die Skifans aus dem Mad River Valley auf ihre haarsträubenden *double black diamond trails* sind: **Stein's**, **Ripcord**, **F.I.S.** oder **Exterminator**. Nicht wenige der Geschichten, die man sich hier darüber erzählt, enden mit einem Paar zerbrochener Ski. Monsterbuckel findet man auch auf **The Cliffs** und **Hammerhead** am Mount Ellen.

Für Fortgeschrittene
bietet Sugarbush trotz des toughen Images mehr mittelschwere Pisten als Killington. Noch dazu hat man hier gut geneigtes Terrain über die volle Höhendifferenz. Am **Mount Ellen** via **Rim Run** und **Cruiser**, am **Mount Lincoln** über **Jester** und **Domino** oder **Downspout**.

Für Anfänger
gibt es Übungshänge an den Base Lodges. Der **Inverness Peak** am Mount Ellen bietet leichte Pisten über fast 400 Höhenmeter, der **Gatehouse Express** am North Lynx Peak immerhin über gut 250 Meter.

Für Snowboarder
sind neun Terrain-Parks und eine Halfpipe bestimmt.

Stowe/Mount Mansfield, VT

Der Mount Mansfield ist mit 1339 Metern der höchste und mit seiner kahlen, felsigen Spitze der alpinste Gipfel der Green Mountains. Auch das Skiterrain verdient die Bezeichnung alpin. Die legendären Front Four Trails verursachen schon beim Anblick ein flaues Gefühl in der Magengrube.

Zehn Kilometer unterhalb der Lodge liegt **Stowe**, einer der zehn populärsten Skiorte Amerikas. Hier fanden 1921 der erste Winterkarneval und 1938 die ersten Skimeisterschaften der Staaten statt. Stowe war die unbestrittene »Ski Capital of the East«. Noch immer zeichnet den Ort Postkarten-Idylle à la Neuengland aus: weißer Holzkirchturm und historische Backsteinbauten entlang der Main Street. Dies, rund 60 Restaurants und ebenso viele Hotels, Inns und Guesthouses heben Stowe aus der teils eher gesichtslosen Masse der Mitbewerber heraus. Wer statt Flair kurze Wege vorzieht, kann am Berg im Inn at the Mountain oder einigen Condominiums logieren.

The Mountain
Oben auf dem Octagon, am Beginn der Front Four Trails, mahnen Schilder: »Experts only!«. Eigentlich überflüssig: **Starr** ist so steil, dass alles, was man am Start von ihr sieht, die Mansfield Lodge zwischen den Skispitzen 600 Höhenmeter weiter unten im Tal ist. Diese Bergflanke hat es wirklich in sich. Über die Schulter verlaufen aber auch schöne, 2,5 Kilometer Cruising Runs. Die leichte **Toll Road** folgt dem Verlauf der Bergstraße auf den Mount Mansfield. Eine Achtergondel führt bis knapp unter dessen Gipfel und erschließt mittelschwere Runs. Die dominieren auch das Terrain am gegenüberliegenden **Spruce Peak**. Stowes Pistennetz hängt mit dem von **Smuggler's Notch** zusammen, macht 117 Pistenkilometer. Ein gemeinsames Ticket gibt's leider nicht. Saison ist von Mitte November bis Ende April.

Off the Mountain
Als Heimat eines großen Schneeschuhproduzenten setzt Stowe voll auf die Trendsportart Schneeschuhwandern und bietet leichte Wiesenspaziergänge ebenso wie extreme Touren durch das Felsmassiv des **Mount Mansfield**. Langläufern stehen rund 150 Kilometer Loipen und Skiwanderwege zur Verfügung. Eisklettern kann man am **Smuggler's Notch**. Mehr Speed bieten Hundeschlittenfahrten oder Snowmobiling.

REGION 6
Nordosten

Stowes Pistenetz

Facts & Figures
Berg	1109 m
Tal	390 m
HD	719 m
Lifte	12
	13 966 Pers./Std.
Skigebiet	725 ha
Pistenfläche	197 ha
beschneit	144 ha
Flutlicht	3,3 km/634 m HD
Länge	67 km
●	15,7 km
■	37,3 km
◆	6,8 km
◆◆	7,1 km
max.	6,3 km
Besucher	375 000
Schneefall	846 cm

Skipass
1 Tag	$ 54–60
6 Tage	$ 282–360

Anreise
✈ Boston (330 km)/Burlington (41 km)
↔ New York 539 km, Montreal 160 km

i Stowe Mountain Resort
5781 Mountain Rd.
Stowe, VT 05672
℡ (802) 253-3000
Fax (802) 253-3406
www.stowe.com

Vermonts Höchster: Mount Mansfield

REGION 6
Nordosten

Mount Washington Hotel in Bretton Woods

Facts & Figures

Berg	916 m
Tal	486 m
HD	430 m
Lifte	9
	13 700 Pers./Std.
Skigebiet	283 ha
Fläche	175 ha
beschneit	161 ha (92 %)
Flutlicht	4 Pisten, 2 Lifte
Länge	50 km
▲	12,8 km
■	20,5 km
◆	12,1 km
◆◆	4,8 km
max.	3,4 km
Schneefall	510 cm

Skipass

1 Tag	$ 52–59
6 Tage	$ 211–263

Anreise (300)
✈ Boston (270 km), Manchester (160 km)
↔ Montreal 290 km, New York 536 km

i Bretton Woods Mountain Resort
Route 302
Bretton Woods, NH
03575
✆ (603) 278-3320
Fax (603) 278-3337
www.brettonwoods.com

Mount Washington ist Neuenglands höchster Berg

Bretton Woods, NH ▲■●◖||

Bekannter als das Skigebiet ist das zu seinen Füßen liegende Mount Washington Hotel, denn im Jahre 1944 wurde hier die Gründung von Weltbank und Internationalem Währungsfonds beschlossen. Der denkmalgeschützte, 1902 eröffnete Bau wurde 1999 für den Winterbetrieb fit gemacht und ist seither eines der großartigsten Skihotels Nordamerikas.

Die Faszination des Hauses geht außer von der eleganten Architektur und Dekoration von der Lage im Angesicht des **Mount Washington** aus, des mit 1917 Metern höchsten Gipfels Neuenglands. Der lockte Sommerfrischler bereits im 19. Jahrhundert in das Tal von Bretton Woods. Trotzdem hat die Gegend kaum etwas von ihrer Ursprünglichkeit eingebüßt, denn neben dem Grand Hotel besteht Bretton Woods lediglich aus dem Bretton Arms Country Inn, einem Gasthof aus viktorianischer Zeit, der preiswerteren Lodge at Bretton Woods und einigen Ferienhäusern, die teilweise direkt an den Pisten liegen. Von den Hotels fahren kostenlose Shuttlebusse zum Skigebiet.

The Mountain

Dem Umbau des Hotels folgte die Erweiterung des Skigebiets, das durch die Ergänzung des **West Mountain** und des **Rosebrook Canyon** zum größten in New Hampshire wurde. Der Ausbau fügte dem bislang durch leichte bis mittelschwere Abfahrten geprägten Profil eine raue Seite hinzu, besonders durch die zahlreichen Glades. Wegen der etwas abgeschiedenen Lage und neuen Expressliften sind Warteschlangen fast unbekannt – in New England durchaus bemerkenswert. Das gilt auch für das alpin anmutende Panorama der Presidential Range. Mittlerweile verkehrt die bereits 1869 eröffnete, dampfgetriebene **Zahnradbahn** auf den Mount Washington auch im Winter. Allerdings nur bis in 1158 Meter Höhe. Dort starten zwei präparierte Abfahrten über 335 Höhenmeter. Hotelgäste erhalten einen Skipass, der auch am **Cannon Mountain** mit seinen anspruchsvolleren Pisten gilt.

Off the Mountain

Rund 100 Kilometer aussichtsreiche Loipen, die immer wieder an kleinen Restaurants vorbeiführen, durchziehen den Talgrund. Schneeschuh-Trails, Winterwanderwege, Snowmobiling, Pferdeschlittenfahrten, Eislaufen und Snowtubing ergänzen die Palette der Outdoor-Aktivitäten. Der beheizte Outdoor-Pool im Sportzentrum des **Mount Washington Hotel** ist ein schöner Platz, um den Skitag Revue passieren zu lassen.

REGION 6
Nordosten

Peabody Base und Cannon Mountain

Facts & Figures

Berg	1231 m
Tal	591 m
HD	640 m
Lifte	9
	11 000 Pers./Std.
Skigebiet	178 ha
Pistenfläche	67 ha
beschneit	64 ha
Länge	24 km
●	5,7 km
■	10,4 km
♦	7,8 km
♦♦	0,0 km
max.	3,6 km
Besucher	100 000
Schneefall	373 cm

Skipass
1 Tag $ 38–49

Anreise
✈ Boston (241 km), Manchester (121 km)
↔ New York 550 km, Montreal 295 km

i Cannon Mountain
Franconia, NH 03580
✆ (603) 823-8800
Fax (603) 823-8088
www.cannonmt.com

New Hampshires einzige Seilbahn führt auf den Cannon Mountain

Cannon Mountain, NH ▲♦■☃

Hier entstand 1933 die erste Rennpiste Amerikas, der Taft-Slalomhang. Fünf Jahre später folgte die erste Seilbahn des Kontinents und auch das erste Weltcuprennen Nordamerikas ging über die steilen Hänge des Cannon Mountain. Einen passenderen Ort für das New England Ski Museum hätte man kaum finden können.

Das Museum erinnert vor allem an die 1920er und 1930er Jahre, als in New Hampshire eine der Wiegen des Skisports in Nordamerika stand. Cannon verströmt trotz aller Neuerungen immer noch den Charme früherer Zeiten, die Seilbahnstation ist seit 1938 äußerlich unverändert. Das Gebiet gehört dem Staat New Hampshire und war deshalb nie im Fokus profitorientierter Entwickler. *Slopeside Lodging* gibt es nicht, für ein Bett muss man nach Lincoln oder Woodstock (15 Minuten in südlicher Richtung) oder Franconia (5 Minuten nördlich) fahren. Eine treue Klientel schätzt diesen Retro-Style.

The Mountain
Trotz aller Historie sind Cannons Pisten nicht so schmal, wie sein Image es erwarten ließe, und die Infrastruktur ist modern: Man muss weder auf schnelle Sesselbahnen noch auf die Beschneiung fast aller Pisten verzichten. Das Terrain beginnt am Gipfel mit weitläufigen Hängen auf der Schulter des Berges, geradlinigen Buckelpisten wie **Profile** oder gewundenen Cruisern wie **Vista Way**. **Canyon** füttert eine Reihe von Steilhängen hinunter zum Pass von **Franconia Notch**: die von der Interstate sichtbaren **Front Five**. Vom Pass zielt die Seilbahn zurück auf den Cannon Mountain. Alternativ gelangt man von der Peabody Base Lodge mit dem Peabody Express und dem Cannonball Express zum Gipfel, wo sich das alpine Panorama der fast 2000 Meter hohen White Mountains ausbreitet. Dank der Höhenlage schneit es in Cannon oft, wenn es anderswo in New Hampshire regnet.

Off the Mountain
Das **Franconia Village X-C Ski Center** spurt 65 seiner 105 Loipenkilometer. Das **Skimuseum** ist freitags bis montags von Mittag bis 17 Uhr geöffnet. Der Eintritt ist frei. Pferdeschlittenfahrten bieten das **Rocks Estate** in Betlehem und das **Sunset House** bei Franconia. Dort kann man auch Eislaufen.

REGION 6
Nordosten

Mächtig: Sugarloaf Mountain

Facts & Figures

Berg	1268 m
Tal	425 m
HD	843 m
Lifte	15
	21 810 Pers./Std.
Skigebiet	604 ha
Pistenfläche	275 ha
beschneit	210 ha
Länge	72 km
●	25,1 km
■	26,6 km
◆	11,4 km
◆◆	9,1 km
max.	7,4 km
Besucher	355 000
Schneefall	523 cm

Skipass
1 Tag	$ 53–59
6 Tage	$ 306–312

Anreise
✈ Boston (351 km), Portland, ME (176 km)
↔ New York 685 km, Montreal 315 km

ℹ **Sugarloaf/USA**
5092 Access Rd.
Carrabassett Valley, ME 04947
℡ (207) 237-2000
Fax (207) 237-3768
www.sugarloaf.com

Sugarloafs legendäre Snowfields

Sugarloaf/USA, ME

Sugarloaf Mountain ist der mächtigste Skiberg Neuenglands. Eine gigantische, fast 900 Meter hohe und eineinhalb Kilometer breite Bergflanke, durchzogen von unzähligen Abfahrten. Die Direttissima ist ein einziger, drei Kilometer langer weißer Rausch, ohne Traversen, ohne Ziehwege - und Herzklopfen vom Gipfel bis ins Tal.

Der Berg liegt im rauen Outback des nördlichen Maine, weiter weg von den Ballungszentren der Ostküste als alle anderen großen Skiberge Neuenglands. Wer hierher findet, tut es wegen des Terrains. Das sorgt für eine angenehme Klientel. Das Dorf am Fuß des Berges lässt die abgeschiedene Lage fast vergessen. Es bietet einige Geschäfte, einen Health Club, zwei Hotels und viele Condos, die allesamt entweder direkt am Lift oder entlang der Route des Shuttlebusses durch das Dorf liegen, sowie eine Auswahl individuell betriebener Restaurants und Bars, wie das »Bag & Kettle«, wo sich montagabends bei der Blues Night robuste, stämmige Burschen am Tresen drängen, denen man den Holzfäller im Stammbaum auf den ersten Blick ansieht.

The Mountain
Mit dem **Timberline Quad** gelangt man zu den einzigen lifterschlossenen Skihängen oberhalb der Waldgrenze im gesamten amerikanischen Osten, den legendären, bis zu 60 Prozent steilen **Snowfields**. Ab der Waldgrenze geht es auf Pisten wie **White Nitro** im selben Stil weiter. **Bubblecuffer** ist ebenso steil, dafür richtig schmal und von Felsen durchsetzt. So grimmig wie die Nordflanke, so gemütlich präsentiert sich die Schulter des Berges mit mittelschweren Cruisern wie **Tote Road**. Über sie gelangt man zum **West Mountain**, von wo aus es auch leichte und mittelschwere Varianten bis ins Tal gibt. Auch das untere Drittel der Frontseite ist moderat geneigt und bietet problemlos zu bewältigende, bis zu eineinhalb Kilometer lange Abfahrten. Saison ist von Mitte November bis Ende April.

Off the Mountain
Der **Antigravity Complex** bietet zahlreiche Möglichkeiten, überschüssige Energie loszuwerden: Laufbahn, Kletterwand, Skate Park und Courts für Ballspiele. Das **Sugarloaf Outdoor Center** spurt mehr als 100 Kilometer Loipen und Schneeschuh-Trails. Hier wird auch Eishockey gespielt. Sauna und Hot Tubs locken in den Health Club des **Grand Summit Resort Hotel**. Pferdeschlittenfahrten in den Ferien.

Lang gezogen: das Skiareal von Sunday River

Sunday River, ME ▲ ♦ ■ (| ⋔

Vor 20 Jahren war Sunday River nur ein unbedeutender Skihügel. Dann kam Leslie B. Otten, verordnete dem Hügel neue Lifte, mehr Pisten, Grandhotels und eine der größten Schneeanlagen der Welt: Mit 1570 Kanonen brachte er das Pleistozän in die Wälder Maines zurück. So führte er Sunday River an der etablierten Konkurrenz vorbei an die Spitze der Skiorte im amerikanischen Osten.

Mittlerweile hat Sunday River seinen Zenith jedoch überschritten. Einige der Hotels und Apartmentgebäude am Rand der Pisten – sie können insgesamt 6000 Gäste beherbergen – machen mittlerweile einen leicht abgewohnten Eindruck. Von einem Skidorf kann man ohnehin nicht sprechen, Unterkünfte, Restaurants und Serviceeinrichtungen liegen relativ verstreut. Alternativ kann man im zehn Kilometer entfernten **Bethel** logieren. Schlichte *clapboard houses* in allen Bonbonfarben, einige Backsteingebäude mit stattlichen Säulen und reich verzierten Türmchen, weiße Kirchtürme und eine Main Street, gesäumt von großen Bäumen sorgen für typische Neuengland-Atmosphäre. Die Inns wirken urgemütlich.

The Mountain

Das Skiareal erstreckt sich an den Nordhängen eines lang gezogenen Bergrückens, dessen Erhebungen nach Westen an Höhe zunehmen. So ist die Abfahrt über die volle Höhendifferenz größtenteils ein Ziehweg. Fall-Line Runs bieten rund 500 Höhenmeter. Breite, schnelle und makellos präparierte Skipisten lassen die Ski bestens laufen. Das Kontrastprogramm zu Cruising Runs wie **Sunday Punch** oder **Right Stuff** bieten die Glades, Abfahrten durch den Wald mit Schwierigkeitsgraden von leicht (flach, großer Baumabstand) bis extrem schwer (steil, dicht, niedrige Äste). Buckelfans steuern **White Heat** an. Auf der rund einen Kilometer langen Piste mit 60 Prozent Gefälle wachsen die Buckel wie hormonbehandelt, zumindest auf der Hälfte, die nicht präpariert wird. Empfehlenswert für Könner ist auch **Caramba**, ein wilder Parcours unter dem Jordan-Bowl-Express-Lift. Saison ist von Anfang November bis Anfang Mai.

Off the Mountain

Das **White Cap Fun Center** bietet Abwechslung für Kids: Beleuchtete Eisbahn, Tubing-Park und ein Familienrestaurant. Eher Erwachsene sprechen die Schneeschuhtouren an. Comedy und Konzerte finden im Rahmen der Black Diamond Entertainment Series im **Grand Summit Resort Hotel** statt. **Bethel** bietet ein Kino mit vier Sälen. Ein Shuttlebus verkehrt regelmäßig zwischen Ort und Resort.

REGION 6
Nordosten

Facts & Figures

Berg	957 m
Tal	244 m
HD	713 m
Lifte	18
	32 000 Pers./Std.
Skigebiet	710 ha
Pistenfläche	270 ha
beschneit	248 ha
Länge	75 km
●	26,8 km
■	26,1 km
♦	12,0 km
♦♦	10,2 km
max.	5,9 km
Besucher	547 000
Schneefall	394 cm

Skipass

1 Tag	$ 57–59
6 Tage	$ 294–318

Anreise

✈ Boston (282 km), Portland/ME (121 km)
↔ New York 616 km, Montreal 298 km

i Sunday River Resort
Bethel, ME 04217
✆ (207) 824-5200
Fax (207) 824-5110
www.sundayriver.com

Etwas für Buckelfans: White Head

REGION 6
Nordosten

Lake Placid/Whiteface Mountain, NY

Facts & Figures
Berg	1337 m
Tal	362 m
HD	975 m
Lifte	10
	13 270 Pers./Std.
Skigebiet	264 ha
Pistenfläche	89 ha
beschneit	85 ha
Länge	34 km
●	8,5 km
■	13,9 km
◆	10,5 km
◆◆	1,3 km
max.	5,0 km
Besucher	155 000
Schneefall	279 cm

Skipass
1 Tag	$ 60–66
6 Tage	$ 300–320

Anreise
✈ Montréal (201 km), Burlington (51 km)
🚌 Kostenloser Shuttlebus zwischen Lake Placid und dem Whiteface Mountain sowie dem Mount Van Hoevenberg.
↔ Ottawa 287 km, New York 470 km, Boston 488 km, Toronto 563 km

ℹ Whiteface Mountain
Route 86
Wilmington, NY 12997
℡ (518) 946-2123
Fax (518) 523-2605
www.whiteface.com

975 Höhenmeter in einem ununterbrochenen Rutsch – das ist Rekord an der Ostküste und selbst im Westen übertreffen nur wenige Skiberge die Maße von Whiteface Mountain. Im Jahr 1980 gingen sogar olympische Abfahrtsrennen über die Pisten des Berges in den Adirondacks, auch damit steht Whiteface im Osten allein auf weiter Flur.

Schon in den 1920er Jahren pilgerten New Yorks obere Zehntausend nach Lake Placid, um aus den dunklen, nasskalten Straßenschluchten der Millionenmetropole in die von der Wintersonne verwöhnte Wald- und Seenlandschaft der **Adirondack Mountains** zu entfliehen. Bereits 1932 war Lake Placid erstmals Olympiaort, damals wurden nur nordische Skidisziplinen ausgetragen, 1980 wurden auch Medaillen an die Alpinen verteilt. Architektonisch bildet Lake Placid einen Mischmasch aus Kolonialstil, Bayern, Holzfällerlager und Holiday Inn. Das Publikum ist ein Potpourri aus Touristen, Athleten und Waldarbeitern. Mit seinen zahlreichen Bars, Discos und Pubs gilt Lake Placid als der quirligste Skiort an der US-Ostküste.

The Mountain
Der alleinstehende Berg (15 km von Lake Placid) bietet bei schönem Wetter prächtige Ausblicke, die exponierte Lage sorgt aber regelmäßig für schlechtes Wetter mit schneidenden Winden. Ein Segen ist daher die neue, beheizte Achtergondelbahn, die 741 Höhenmeter zum Gipfel des **Little Whiteface** überwindet. Dieser Komfortsprung hat sich noch nicht rumgesprochen, die Wartezeiten sind immer noch sehr gering für Ostküstenverhältnisse. Von der Bergstation des Summit Quad ist ein Aufstieg bis auf 1417 Meter möglich ist, dem Startpunkt der **Slides**, die nur etwas für Könner sind. Auch die Abfahrtsstrecken der Damen und Herren, **Cloudspin** und **Skyward**, sind anspruchsvoll, nur Parron's führt mittelschwer vom Gipfel. Anfänger müssen sich mit der unteren Hälfte des Berges begnügen und auch für »mittlere« Fahrer sind die Möglichkeiten eingeschränkt. Saison ist von Mitte November bis Mitte April.

Off the Mountain
Eislaufen im **Olympic Center**, Langlauf auf 50 Kilometer zum Teil beschneiten Loipen im Verizon Sports Complex (total 455 km Loipen in der Region), Sprungschanzen am **Mount Van Hoevenberg** (Aussichtsplattform, $ 8), Taxibobfahrten durch den olympischen Eiskanal ($ 40), Hundeschlittenfahrten, Flutlichtrodeln am Ufer des **Mirror Lake**, Schneeschuhwandern – Lake Placid bietet reichlich Abwechslung.

Olympiaberg in den Adirondacks: Whiteface Mountain

REGION 6
Nordosten

Village und Westseite des Mount Tremblant

Facts & Figures	
Berg	875 m
Tal	230 m
HD	625 m
Lifte	11
Seilbahn	0
Gondelbahn	2
Express-Sessel	5
Sesselbahnen	3
Schlepplifte	3
	27 230 Pers./Std.
Skigebiet	976 ha
Abfahrten	94
Fläche	255 ha
beschneit	54,3 km
Länge	82 km
Charakter	83/8/9
●	20,7 km
■	24,1 km
♦	29,0 km
♦♦	8,1 km
max.	6,2 km
Fall-Linie	3,4 km
Besucher	751 000
Skitage	155
VTM/Skifahrer	5100
Skifahrer/km	59
Schneefall	382 cm

Bewertung	
Preisniveau	5
Landschaft	2
Skigebiet	
Off-Piste	1
Experten	3
Fortgeschrittene	4
Anfänger	4
Never-Ever	4
Wartezeiten	3
Bergrestaurants	2
Ort	
Dining	4
Activities	4
Après-Ski/Nightlife	4

Tremblant, QC

Tremblant ist das populärste Skiziel im Osten Kanadas, und das schon seit 1939. Amerikaner lieben den an einem See in der malerischen Landschaft der Laurentians gelegenen Ort für sein französisches Flair ohne Jetlag und Sprachbarrieren – alle Angestellten sind zweisprachig. Die vielen britischen Gäste mögen dieses Flair ebenfalls und vor allem, dass es ohne einen einzigen unfreundlichen Franzosen daherkommt.

+ Das am schnellsten zu erreichende bedeutende Ski-Resort Nordamerikas
+ sehr gelungenes Skidorf mit viel Leben, Atmosphäre und kurzen Wegen
+ umfangreiches Angebot abseits der Pisten einschließlich sehenswerter Dörfer in der Umgebung.

- Von November bis Februar extreme Kälte, vom Gipfel ist bereits die arktische Tundra zu sehen
- windverblasene und vereiste Pisten sind keine Seltenheit
- der Preis der Popularität sind bisweilen volle Hänge.

Joe Ryan, ein exzentrischer Millionär aus Philadelphia, unternahm im Februar 1938 eine Skitour auf den **Mont Tremblant**. Am Gipfel angelangt erklärte Ryan seinem Begleiter: »Dies ist sicherlich einer der großartigsten Plätze auf der Welt, aber er hat einen Haken. Es ist zu schwer, hier rauf zu kommen. Ich glaube, das werde ich ändern.« Ein Jahr später hob Ryan Kanadas ersten und Nordamerikas zweiten Retortenskiort aus der Taufe. Tremblant avancierte rasch zum glamourösen Spielplatz des Ski laufenden Jet-Set. Doch mit den Jahren bröckelte der Putz und 1990 wäre es fast um Mount Tremblant geschehen gewesen.

Für 26 Millionen Dollar übernahm 1992 Intrawest, Eigentümer von Whistler/Blackcomb, das Gebiet. Seitdem wurde Tremblant für die unvorstellbare Summe von fast einer Milliarde kanadischer Dollar quasi neu erschaffen und von einem etwas heruntergekommenen Tagesausflugsziel in den beliebtesten Ferienort Ostkanadas (mit direkten Flügen von New York) verwandelt. Fast zwangsläufig kürten sämtliche Fachzeitschriften Tremblant zum besten Ski-Resort im amerikanischen Osten.

Das frankokanadische Dorf im Stil des 18. Jahrhunderts, das Ryan an den Fuß des Tremblant gesetzt hatte, erstrahlt heute im alten Glanz. Pastellfar-

Schneeschuhwandern mit Aussicht

REGION 6
Nordosten

Skipass	
1 Tag	$ 65
Jugend	$ 48
Kinder (6-12)	$ 38
Kinder (bis 5)	kostenlos
6 Tage*	$ 250-343
Verleih	
Ski 1 Tag	$ 20-32
Ski 6 Tage	$ 108-168
Set 1 Tag	$ 30-43
Set 6 Tage	$ 150-228

* Saison 2005/06

bene Gebäude säumen enge, kopfsteingepflasterte und natürlich autofreie Gassen und Plätze mit zahlreichen Galerien, Boutiquen, Patisserien und Cafés. An alles hat man gedacht und alles ist fußläufig zu erreichen. Auf angenehmste Weise mischt sich hier das frankokanadische *Joie de vivre* mit nordamerikanischen Servicestandards. Das Ergebnis ist nicht weniger als einer der besten Bergferienorte der Welt.

The Mountain
Ganze vier Lifte benötigt man, um Tremblants sämtliche Abfahrten anzusteuern: Eine Achtergondel führt vom Village über die Westflanke (Südseite genannt) des Berges zum Gipfel. Die Ostflanke (genannt Nordseite) und die tatsächlich südseitige **Versant Soleil** erschließen schnelle Vierer mit jeweils gut 500 Höhenmetern. Von der Ostflanke führt außerdem ein Lift zum Nachbargipfel **The Edge**.

Für Könner
sieht der Pistenplan vielversprechend aus. Fast die Hälfte der Pistenkilometer ist als schwer oder sehr schwer markiert und die anspruchsvollen

Hänge sind über den gesamten Berg verteilt. Vorwiegend unter sich bleiben gute Skifahrer am **The Edge** und am **Soleil Express**. Hier folgen meist schmale Pisten den natürlichen Konturen des Geländes, und die Glades von **Brasse-Camarade, Les Bouleaux** oder **Bon Vieux Temps** laden zum Tree-Skiing. Buckel findet man auf **Expo, Banzai, Boiling Kettle** und **Geant** – bei den letzten beiden wartet aber ein langer Runout zur Talstation. Die steilsten Hänge sind **Cossack** und **Dynamite**, die es auf respektable 42 Grad Neigung bringt.

Für Fortgeschrittene
sind **Grand Prix, Beauvallon** und **Alpine** auf der Südseite gut geeignet – schöne, breite Cruiser. **Kandahar** ist zwar schwarz markiert, wird aber gewalzt. Sie hat allerdings einen ziemlich steilen Abschnitt. Auch die Nordseite ist trotz der überwiegend schwarzen Linien auf dem Pistenplan gut für Fortgeschrittene geeignet, solange man möglichst weit rechts oder links bleibt. **Coyote** und **Duncan Haut** lassen sich mit etwas Selbstbewusstsein gut bewältigen und sind lange nicht so stark befahren wie die blau ausgewiesenen **Beauchemin** und **Lowell Thomas**.

REGION 6
Nordosten

News
Mont Tremblant wird in den kommenden Jahren mit einem Investitionsvolumen von nochmals rund einer Milliarde Dollar weiter ausgebaut. Außer zwei neuen Skidörfern werden zusätzliche Skipisten mit einer Fläche von 185 Hektar entstehen, neue Lifte sind frühestens ab dem Winter 2006/07 geplant.

REGION 6
Nordosten

Anreise

✈ Montréal (134 km), Mont Tremblant (35 km) mit Verbindungen von New York (2 x wöchentl.) und Toronto (3 x) mit Voyager Airlines.

🚌 Der Mont Tremblant Express von Skyport fährt drei- bis viermal täglich vom **Airport in Montréal** nach Tremblant, Hin- und Rückfahrt für $ 95, Reservierung unter ✆ 1-877-944-4405. Kostenloser Shuttle vom Mont Tremblant Airport.

🚗 In Tremblant selbst ist ein Auto überflüssig.

↔ Montréal 133 km, Ottawa 152 km, Québec 376 km, Toronto 645 km

Anreisedauer: Flug nach Montréal 8 Std., Transfer 2 Std.

ℹ **Mont Tremblant Ski Resort**
1000, Chemin des Voyageurs
Mont-Tremblant, QC J8E 1T1
✆ (819) 681-2000
Fax (819) 681-5996
www.tremblant.ca

Glamouröser Spielplatz des Jet-Set: Tremblant

Für Anfänger
beginnt Skifahren am Tremblant auf den Übungswiesen von **Équilibre**. **Nansen** ist eine kilometerlange und kinderleichte Abfahrt vom Gipfel zurück ins Dorf. Auf die Nordseite gelangen Anfänger via **P'tit Bonheur** und **Beauchemin Bas**. Der Expo Express erschließt hier vier leichte Varianten.

Für Snowboarder
bietet Tremblant drei Parks und eine Superpipe auf insgesamt 16 Hektar sowie eine Soundanlage mit 10 000 Watt. Die **Progression Zone** für Anfänger und die **Advanced Zone** befinden sich oberhalb des Village am Flying Mile Express, die **Intermediate Zone** auf der Rückseite des Berges am Lowell-Thomas-Lift. Dort ist auch die Superpipe.

Bergrestaurants
Das **Grand Manitou** auf dem Gipfel bietet Tagesgericht, Pizza, Sandwiches, Fritten und Hot Dogs in anständiger Qualität und mit schöner Aussicht über die Seen, Berge und Dörfer, kann aber sehr voll werden.

Wartezeiten
kommen am Wochenende vor, aber auch lang anmutende Schlangen bewegen sich dank der leistungsstarken Lifte in der Regel schnell vorwärts. Wer ein Auto hat, kann morgens auf die Nordseite fahren, wo man weniger wartet als im Village.

Après-Ski/Nightlife
Tremblant bietet ein abwechslungsreiches Nachtleben. Bei Sonnenschein sucht man sich am besten zunächst einen Sessel auf dem **Place St. Bernard**. Das **La Diable** bietet Bier aus eigener Herstellung, **Le Shack** ist etwas lauter, hier spielen oft Live-Bands. Das Epizentrum ist das wirklich wilde **P'tit Caribou**. Später am Abend, wenn die anständigen Amerikaner schon im Bett sind, wird Kleidung hier zunehmend optional.

Restaurants
Die Auswahl an Esslokalen in Tremblant ist enorm. Zu den in Amerika üblichen Angeboten kommen die Gaumenfreuden der französischen und der regionalen Küche Québecs hinzu.

 Aux Truffles
Hilton Homewood Suites
Mont-Tremblant, QC
✆ (819) 681-4544
Kreative französische Küche, Spezialität: Foie Gras und Trüffel. Dinner. $$$

 Crêperie Catherine
Vieux-Tremblant, QC
✆ (819) 681-4888
Bretonische Crêpes. Breakfast, Lunch und Dinner. $

Sonstige Aktivitäten
Das Streckennetz für Langläufer und Schneeschuhwanderer umfasst 260 Kilometer. Man kann mit Pferde- oder Hundeschlitten sowie einem Snowmobile fahren, Schlittschuh laufen auf dem Lac Miroir, Saunieren im Le Scandinave (✆ 819-425-5524). Das Freizeitbad **La Source** bietet ebenfalls Zuflucht vor der Kälte: subtropisches Ambiente, Strand, Wasserfall und Lianen zum Schwingen. Trocken bleibt man im Kino oder beim Stöbern in den 60 Geschäfte.

Best of the Rest

**REGION 7
Best of the Rest**

Unglaublich aber wahr: Die Bundesstaaten und Provinzen mit den meisten Skigebieten liegen nicht in den Rockies oder den Appalachen sondern dazwischen – im Mittleren Westen. Der ist eher für topfebene Prärie als für alpinen Pistenspaß bekannt. Trotzdem zählt alleine die kanadische Provinz Ontario 75 alpine Skigebiete. Darunter mit Blue Mountain ein Skigebiet, dessen 620 000 Besucher Rang 16 in Nordamerika bedeuten. Seven Springs in Pennsylvania und Snowshoe in West Virginia rangieren mit rund einer halben Million Skifahrertagen immerhin noch unter den 30 bedeutendsten Skizentren.

Insgesamt notieren die knapp 300 Skigebiete außerhalb der beiden großen Gebirgssysteme jährlich rund 17 Millionen Besucher. Diese Zahlen liefern genügend Gründe dafür, Sesselbahnen – wenn schon nicht auf richtigen Bergen – so doch an den Uferböschungen des

REGION 7
Best of the Rest

West Virginia Division of Tourism
90 MacCorkle Ave. S.W.
South Charleston, WV 25303
✆ (304) 558-2200 oder
1-800-225-5982
www.wvtourism.com
www.skiingwv.com
www.skiwv.com

Virginia Tourism Corporation
901 E. Byrd St.
Richmond, VA 23219
✆ 1-800-847-4882
www.virginia.org

North Carolina Department of Commerce, Division of Tourism
301 N. Wilmington St.
Raleigh, NC 27601
✆ (919) 733-8372 oder
1-800-VISIT-NC
Fax (919) 715-3097
www.visitnc.com
www.skinorthcarolina.com

Great Lakes of North America
Informationen über Illinois, Indiana, Michigan, Minnesota, Ohio, Ontario, Pennsylvania und Wisconson
www.greatlakes.de

Pennsylvania Tourism Office
400 North St.
Harrisburg,
PA 17120-0225
✆ (717) 787-5453
Fax (717) 787-0687
www.visitpa.com

Pennsylvania Ski Areas Association
5142 State St.
White Haven, PA 18661
✆ (570) 443-0963
www.skipa.com

Mississippi, auf Endmoränenwällen in Wisconsin, der Erdfalte des Niagara Escarpment oder sogar, wie in Michigan, auf künstlich aufgeschütteten Hügeln aufzustellen. Die Nachfrage regelt eben das Angebot, und im für amerikanische Verhältnisse dicht besiedelten Mittleren Westen und Südosten mit Metropolen wie Chicago, Detroit, Toronto und Washington gibt es massenweise potentielle Skifahrer.

Das macht diesen Markt interessant genug für die großen Player im amerikanischen Skibusiness. Intrawest, Eigentümer von Whistler/Blackcomb, Tremblant und diversen Skigebieten in den Rockies, hat am **Blue Mountain** ein Skidorf hochgezogen, das denjenigen in den richtigen Bergen in nichts nachsteht. Auch sonst fehlt es in zahlreichen Skizentren dank Sechsersesselbahnen, moderner Beschneiungssysteme und erstklassiger Pistenpflege an nichts – außer an Höhendifferenz.

Das gilt besonders für den **Mittleren Westen**, wo kein Skigebiet die magische Grenze von 1000 *vertical feet* (305 Höhenmetern) knackt. Dafür verbuchen zumindest die Skiareale in Minnesota (22 Gebiete), Wisconsin (36), Michigan (44), Ontario und im westlichen New York erkleckliche natürliche Schneefallmengen. Kanadische Kaltluft und die Lage an den feuchtigkeitsspendenden Großen Seen machen es möglich. Bis zu fünf Meter Schnee fallen dank des *lake effect* auf die Hänge von **Whitecap** (www.skiwhitecap.com) oder **Holiday Valley**, Schneestürme mit einem Meter Neuschnee sind keine Seltenheit.

Anders die Situation in den südlich angrenzenden Staaten Iowa, Missouri, Illinois, Indiana und Ohio. Angesichts bescheidener Schneefallmengen von 50 bis 130 Zentimeter pro Saison statten die Skigebiete in der Regel sämtliche Pisten mit Schneekanonen aus.

Durch Pennsylvania, Maryland, West Virginia, Virginia, North Carolina, Tennessee, Georgia und Alabama verläuft der südliche Abschnitt der Appalachen, die im **Clingmans Dome** in Tennessee mit 2025 Meter ihre größte Höhe erreichen. Die höchsten Skigebiete im amerikanischen Osten liegen in **North Carolina**. **Ski Beech** gipfelt bei 1661 Meter. Trotzdem wäre man soweit südlich ohne Beschneiungsanlagen verloren. Die Topografie ermöglicht immerhin weitaus längere Abfahrten als im Mittelwesten, in **Snowshoe** über mehr als 400 Höhenmeter.

Die nördlichen Ausläufer der **Appalachen** reichen in die kanadischen Atlantikprovinzen New Brunswick, Nova Scotia, Prince Edward Island und Newfoundland hinein. Hier sorgt das Meer für Feuchtigkeit in den Schneewolken: Fünf Meter fallen am **Marble Mountain** (www.skimarble.com) in Neufundland.

Richtig flach und knochentrocken ist es in den kanadischen Prärieprovinzen Manitoba und Saskatchewan sowie in North Dakota. Trotzdem gibt es jeweils etwa ein halbes Dutzend Alpinskigebiete, die kommen zwar kaum über 100 Höhenmeter hinaus, aber die kalten Winter sorgen für ideales Schneiwetter und damit für gute Pistenbedingungen.

Fehlt nur noch South Dakota. Das kann mit den **Black Hills** ganz im Südwesten des Staates Ausläufer der Rockies aufbieten. **Terry Peak** (www.terrypeak.com) in der Nähe von Rapid City liefert mit Expressvierern und langen Waldabfahrten einen Vorgeschmack auf

REGION 7
Best of the Rest

Snowshoe weist die längsten Pisten im Südwesten auf

die Skigebiete im Nachbarstaat Wyoming, wo die Rockies zur absoluten Höchstform auflaufen.

Skigebiete im Südosten

Die Gäste von **Snowshoe** (991–1452 m) in **West Virginia**, kommen meist aus dem tiefen Süden, doch seit Intrawest die Regie in Snowshoe übernommen hat, entdecken auch Skifahrer von der Ostküste zunehmend die Qualitäten dieses Berges. Snowshoes Skidorf liegt unüblicherweise auf dem Berg. Die 21 Pistenkilometer (100 % beschneit) fließen von den Türen der Hotels zu Tal: östlich des **Cheat Mountain** meist leichte bis mittelschwere Waldabfahrten über rund 200 Höhenmeter.

Anspruchsvoller ist **Widowmaker** im Süden der Basin Area. Am Westhang des Cheat Mountain bietet der durch einen schnellen Vierer erschlossene, fast zwei Kilometer lange Cupp Run das alpinste Skierlebnis im Südosten Amerikas. Bis zu 52 Prozent Gefälle und gigantische Buckel stellen selbst versierte Skifahrer auf die Probe. Per Shuttle gelangt man ins vier Kilometer entfernte Skiareal **Ruckus Ridge**, wo nochmals sechs Lifte und neun Kilometer gut geneigte Pisten über rund 200 Höhenmeter warten (75 % beleuchtet). Der Skipass gilt auch hier. Von Washington nach Snowshoe fährt man 453 Kilometer.

ⓘ **Snowshoe Mountain**
10 Snowshoe Dr., Snowshoe, WV 26209
✆ (304) 572-1000, www.snowshoemtn.com

Gut 250 Kilometer sind es von Washington nach **Wintergreen** (768–1073 m) in **Virginia**. Das liegt auf einem Hochplateau und bietet wundervolle Blicke über bewaldete Bergketten. Von den durch fünf Lifte erschlossenen 23 Pisten sind 13 abends beleuchtet. Das Liftticket gilt auch für den ganzjährig bespielbaren Golfplatz 900 Meter weiter unten im Tal.

ⓘ **Wintergreen Resort**
Wintergreen, VA 22958
✆ (434) 325 2200, www.wintergreenresort.com

Beech Mountain (1429–1661 m) in **North Carolina** ist 130 Kilometer von **Asheville** entfernt. Das Skiareal verfügt über zehn Lifte und knapp acht Pistenkilometer, die zu 100 Prozent beschneit und beleuchtet sind – so holt man das meiste aus der relativ kurzen Saison heraus. Zahlreiche Ferienhäuser säumen die teilweise recht anspruchsvollen Pisten.

ⓘ **Ski Beech**
1007 Beech Mountain Parkway, Beech Mountain, NC 28604
✆ (828) 387 2011 oder 1-800-438-2093, www.skibeech.com

ⓘ **Ontario Tourism**
10th Floor, Hearst Block
900 Bay St.
Toronto, ON, M7A 2E1
Canada
✆ 1-800-668-2746
Fax (416) 314-7563
www.ontariotravel.net

ⓘ **Ontario Snow Resorts Association**
125 Napier St.
Collingwood, ON, L9Y 4E8
Canada
✆ (705) 443-5450
Fax (705) 443-5460
www.skiontario.ca

ⓘ **Midwest Ski Areas Association**
www.snowplaces.com

ⓘ **Michigan Economic Development Corporation**
300 N. Washington Sq.
Lansing, MI 48913
✆ 1-800-644-2489
http://travel.michigan.org

ⓘ **Michigan Snow Sports Industries Association**
7164 Deer Lake Court
Clarkston, MI 48346
✆ (248) 620-4448
Fax (248) 620-9238
www.goskimichigan.com

ⓘ **Wisconsin Department of Tourism**
201 W. Washington Ave.
Madison WI 53708-8690
✆ (608) 266-2161 oder 1-800-432-8747
www.travelwisconsin.com

REGION 7
Best of the Rest

Wisconsin Ski Industry Association
℡ 866-SNOW-WIS
Fax (608) 437-8665
www.skiingwisconsin.com

Minnesota Tourism
100 Metro Sq., 121 7th Place E.
St. Paul, MN 55101
℡ (651) 296-5029 oder 1-800-657-3700
www.exploreminnesota.com

Wisp (768–940 m) ist ein ganzjährig beliebter Urlaubsort 170 Kilometer südlich von **Pittsburgh**. Das einzige Skigebiet **Marylands** liegt direkt am **Deep Creek Lake**, dem größten See des Bundesstaates. Mit neun Liften gelangt man zu Abfahrten über 14 Kilometer Länge, auf denen moderne Propeller-Schneeerzeuger für qualitativ hochwertige Unterlage sorgen.

Wisp at Deep Creek Mountain Resort
296 Marsh Hill Rd., McHenry, MD 21541
℡ (301) 387-4911, www.skiwisp.com

Seven Springs (683–911 m) ist mit gut 21 Pistenkilometern und 5000 Betten in fußläufiger Entfernung zu den Pisten das größte Ski-Resort **Pennsylvanias**. Das Profil der vom 1. Dezember bis zum 1. April schneesicheren Hänge 94 Kilometer südöstlich von **Pittsburgh** ist überraschend anspruchsvoll. Daher bieten die maximal einen Kilometer langen, aber bis zu 200 Meter breiten *slopes* auch für fortgeschrittene Fahrer gute Unterhaltung. Für Abwechslung ist mit Snow Tubing, Snowmobiling, Schneeschuhwanderungen, Pferdeschlittenfahrten, Schwimmbad, Bowling, Indoor-Minigolf und Skating auch abseits der Pisten reichlich gesorgt.

Seven Springs Mountain Resort
777 Waterwheel Dr., Champion, PA 15622
℡ (814) 352-7777 oder 1-800-452-2223, www.7springs.com

Skigebiete rund um die Großen Seen

Holiday Valley (466–710 m), 65 Kilometer südlich von **Buffalo**, ist trotz geringer Höhendifferenz ein respektables Skigebiet – 420 000 Besucher können sich nicht irren. Mit zwölf Liften und 30 Pistenkilometern ist es eines der größten Skigebiete **New Yorks**. **Ellicottville**, das Städtchen am Fuß der Pisten, wird das »Aspen des Ostens« genannt.

Holiday Valley
Route 219, Ellicottville, NY 14731
℡ (716) 699 2345, www.holidayvalley.com

Am Fuß des **Blue Mountain** (229–453 m) in **Ontario**, nur 168 Kilometer von **Toronto** entfernt, schmiegt sich ein *pedestrian village* im Stil der großen Resorts in den Rockies. Shops, Bars und Restaurants gruppieren sich um weitläufige, lichtdurchflutete Plätze und einen künstlichen See. Die historisierende Architektur ist gelungen und die Inszenierung perfekt, keine Blickachse, kein Eindruck und kein Detail wurden dem Zufall überlassen. Das Ski-

terrain bietet mit insgesamt 27 Pistenkilometern, zahlreichen mittelschweren Carving-Strecken und den Monsterbuckeln von **Rinus Run** etwas für jeden Geschmack und herrliche Ausblicke über die Fluten der **Georgian Bay**. Bergwärts geht es mit Nordamerikas größter Sechsersessel-Flotte (insgesamt 13 Lifte). Drei Halfpipes, und drei Terrain-Parks halten auch Snow-

REGION 7
Best of the Rest

boarder bei Laune. *Tube Town*, wo man auf kreisrunden Schlauchbooten den Berg hinabsaust, ist ein Riesenspaß für Kinder und Junggebliebene.

ⓘ Blue Mountain Resort
RR 3, Collingwood, ON L9Y 3Z2
✆ (705) 445-0231, www.bluemountain.ca

Boyne Mountain (218–352 m) gilt wegen seines legendären Après-Ski als Aspen des Mittleren Westens. Von **Detroit** sind es 430 Kilometer. Wer es sich leisten kann, fliegt mit dem Privatjet direkt an den Fuß der 62 Pisten, die trotz bescheidener 134 Höhenmeter auf 23 Kilometer Länge kommen und von zwölf Liften bedient werden. Die meisten Unterkünfte liegen direkt an den Abfahrten, ein neues Skidorf mit zahlreichen Shops und Restaurants ist im Bau. Der Skipass gilt auch im benachbarten **Boyne Highlands** (23 Kilometer Pisten).

ⓘ Boyne USA Resorts
1 Boyne Mountain Rd., Boyne Falls, MI 4971
✆ (231) 549-6000, www.boynemountain.com

Das bereits 1939 eröffnete Skigebiet **Granite Peak** (372–585 m) in **Wisconsin** verfügt über die modernste Liftflotte im Mittleren Westen. In den letzten vier Jahren entstanden fünf neue Anlagen, darunter ein schneller Sechser. Von **Chicago** sind es 448 Kilometer bis zu den 72 Pisten über 25 Kilometer.

ⓘ Granite Peak Ski Area
3605 Morth Mountain Rd., Wausau, WI 54402
✆ (715) 845-2846, www.skigranitepeak.com

Bis fast an das Ufer des **Lake Superior** in Minnesota reichen die Abfahrten von **Lutsen Mountain** (254–514 m), 398 Kilometer nördlich von **Minneapolis**. Mit vier durch die einzige Gondelbahn des Mittleren Westens verbundenen Skibergen und 34 Pistenkilometern ragt Lutsen aus dem Meer der Skihügel zwischen Neuengland und den Rockies heraus – trotz der etwas antiquierten Lifte.

ⓘ Lutsen Mountains
Lutsen, MN 55612, ✆ (218) 663-7281, www.lutsen.com

Snowcat-Skiing – die Heliskiing-Alternative

Monashee Powder Adventures in British Columbia

Von Heli-Puristen wird Snowcat-Skiing gern als die arme Leute Version des Heliskiing verlacht. Zu Unrecht, denn Snowcat-Skiing bietet einige Vorteile. Zuallererst können Pistenraupen nicht vom Himmel fallen und die Fahrt in einer Pistenraupe ist bequemer und nicht mit dem ohrenbetäubendem Lärm verbunden wie der Hubschrauberflug. Außerdem kostet es deutlich weniger: Schon fünf Dollar erkaufen in Brian Head (Utah) den Trip zu unverspurtem Pulver. Ein weiterer Bonus: Die Schneekatzen sind nicht wetterabhängig. Auch bei Schneefall oder Nebel ist ein sechs- bis siebenstündiger Skitag garantiert. Zu guter Letzt lässt sich ein Tag im Tiefschnee per Schneekatze leicht mit einem Aufenthalt in einem Skiresort verbinden. Während Heliski-Unternehmen oft von entlegenen, nur schwer erreichbaren Basen aus operieren (was Zeit und Geld für die Anreise kostet), haben sich viele Cat-Skiing Betreiber in der Nähe etablierter Skiorte angesiedelt. Sie holen ihre Gäste morgens vom Hotel ab und nehmen sie mit zu einem Tag im Tiefschnee.

Einige Skigebiete wie Aspen oder Grand Targhee bieten selbst halb- oder ganztägige Snowcat-Touren an, die von einem Punkt im Skigebiet starten. Wer für den Powder nach Amerika reist, ein paar Tage nach dem letzten Schneefall ankommt und ein stabiles Hoch erwischt, wird auch in großen Skigebieten vielleicht keine unverspurten Hänge mehr finden. Dann bietet Cat-Skiing die Chance, doch noch durch den legendären Pulver zu schweben.

Pistenraupe auf den Sun Peaks

Der dritte Typ der Cat-Skiing-Gebiete bietet das Tiefschnee-Erlebnis nach dem klassischen Heli-Muster an: Von einer Lodge aus erkunden die Gäste für einige Tage oder eine Woche jeden Tag neues Terrain. Und genau wie beim Heliskiing sind die Termine oft schon ein Jahr im Voraus ausgebucht.

Ein Preisvergleich mit den Angeboten der Heliski-Unternehmen lohnt durchaus, immerhin kommen auch beim Cat-Skiing durchschnittlich 3000 Höhenmeter am Tag zusammen, es können aber auch 6000 sein. Der Lunch in einer Berghütte, Getränke während der

Bergfahrt und der Lawinenpiepser sind in der Regel im Preis inbegriffen, Leihski und der Transfer vom Skigebiet nicht immer.

Der Genuss wird gegebenenfalls erheblich geschmälert, wenn der Anbieter nur eine einzige Gruppe zusammenstellt. Im Gegensatz zum Heli kann eine Pistenraupe nur eine Gruppe bedienen. Wenn sich in dieser dann Anfänger und erfahrene Powderhounds vereinen, sind Konflikte vorprogrammiert. Vor der Buchung daher unbedingt fragen, ob der Anbieter dem Leistungsvermögen entsprechende Gruppen einteilt.

Genuss fördernd wirkt auch das Anschnallen von *fat-skis*, den extrabreiten, speziell für Tiefschnee entwickelten Ski. Sie erleichtern das Fahren insbesondere, wenn die Schneebedingungen nicht ganz so perfekt sind. Das kommt leider auch beim Cat-Skiing vor. Dann wirkt sich auch ein echter Nachteil des Cat-Skiing aus: Während in den (wegen des Aktionsradius der Hubschrauber) riesengroßen Heliski-Gebieten meist irgendwo noch gute Schnee zu finden ist, ist das in den kleineren Cat-Skiing-Gebieten nicht immer der Fall.

Tiefschneetag per Snowcat

Diese Skigebiete bieten eigene oder schnell erreichbare Cat-Skiing Reviere (die angegebenen Zeiten beziehen sich auf die Entfernung vom Skigebiet):

Snowcat-Skiing – die Heliskiing-Alternative

Highland Powder Skiing in British Columbia

Steamboat, Colorado
Anbieter: Steamboat Powdercats at Blue Sky West (20 Min.)
Terrain: 4047 ha, max. 488 Höhenmeter, 12 m Schnee
Ab $ 259 für 10–18 Runs, 2440–4880 Höhenmeter
ⓘ Steamboat Springs, CO 80477
✆ und Fax (970) 871-4261
www.steamboatpowdercats.com

Aspen, Colorado
Anbieter: Aspen Mountain Powder Tours (Treffpunkt an der Talstation der Silver Queen Gondola)
Terrain: 3000–3500 m, 450 ha, 7 m Schnee
Ab $ 295 einen Tag
ⓘ Aspen, CO 81612
✆ (970) 920-0720
www.aspensnowmass.com

Durango Mountain Resort, Colorado
Anbieter: San Juan Ski Company (im Skigebiet)
Terrain: 2682–3810 m, 14 165 ha, max. 610 Höhenmeter, 6–9 m Schnee
Ab $ 155 für 6–12 Runs mit Ø 250 Höhenmetern

ⓘ 1831 Lake Purgatory Dr. Durango, CO 81301
✆ (970) 259-9671
www.sanjuanski.com

Anbieter: El Diablo Alpine Guides (1 Std.)
Terrain: 3139–3780 m
$ 140 für Ø 11 Runs mit 3660 Höhenmetern
ⓘ ✆ (970) 385-7288
www.snowcat-powder.com

Wolf Creek, Colorado
Anbieter: San Juan Snowcat (1 Std.)
Terrain: 3426–4039 m, 3100 ha, 10 m Schnee
Ab $ 225 pro Tag für 3000–5000 Höhenmeter
ⓘ Creede, CO 81130
✆ (719) 658-0430, Fax (719) 658-0254, www.sanjuansnowcat.com

Ski Cooper, Colorado
Anbieter: Chicago Ridge Snowcat Tours (im Skigebiet)
Terrain: 3414–3841 m, 971 ha
$ 234 für 10–11 Runs
ⓘ Leadville, CO 80461
✆ (719) 486-2277, Fax (719) 486-3685, www.skicooper.com

Snowcat-Skiing – die Heliskiing-Alternative

Alta, Utah
Anbieter: Alf Engen Ski School (im Skigebiet)
Terrain: 2750–3200 m, 150 ha, 13 m Schnee
Ab $ 235 für 5 Runs mit 2000 Höhenmetern
ⓘ Alta, UT 84092
✆ (801) 359-1078
www.alta.com.

Park City, Utah
Anbieter: Park City Powder Cats (30 Min.)
Terrain: 2316–3292 m, 24 282 ha, 10 m Schnee
Ab $ 375 für 8–10 Runs mit 2438–3660 Höhenmetern
ⓘ Park City, UT 84068
✆ (435) 649-6596
Fax (435) 615-0427, www.pccats.com

Grand Targhee, Wyoming
Anbieter: Snowcat Powder Adventures (im Skigebiet)
Terrain: 2265–2995 m, 405 ha, 730 Höhenmeter, 13 m Schnee
$ 299 für 7–10 Runs mit bis zu 6100 Höhenmetern
ⓘ Alta, WY 83422
✆ (307) 353-2300
www.grandtarghee.com

Brundage Mountain, Idaho
Anbieter: Brundage Mountain Adventures (im Skigebiet)
Terrain: 1800–2584 m, 7689 ha, 8 m Schnee
$ 225 für 7–10 Runs (250–760 Höhenmeter/Run)
ⓘ McCall, ID 83628
✆ (208) 634-7462
www.brundage.com

Silver Mountain, Idaho
Anbieter: Peak Adventures, Cataldo (30 Min.)
Terrain: bis 610 Höhenmeter
$ 255 für 8 Runs mit 3660 Höhenmetern
ⓘ Cataldo, ID 83810
✆ (208) 628-3200
www.peaksnowcats.com

Big Sky, Montana
Anbieter: Montana Backcountry Adventures
Terrain: 1214 ha, 10 m Schnee
$ 260 für 6–8 Runs
ⓘ Big Sky, MT 59716
✆ (406) 995-3880, Fax (406) 995-4037, www.skimba.com

Stevens Pass, Washington
Anbieter: Cascade Powder Cats (25 km)
Terrain: 809 ha, 5–10 m Schnee
$ 295 für 6–18 Abfahrten mit 3048 Höhenmetern
ⓘ 13410 NE 175th St. Woodinville, WA 98072
✆ 1-877-754-2287
www.cascadepowdercats.com

Whitewater, British Columbia
Anbieter: Valhalla Powdercats (30 Min.)
Terrain: 25 000 ha, max 1000 Höhenmeter, 12 m Schnee
Ab $ 239 für 6–10 Runs, 3500–5500 Höhenmeter
ⓘ Nelson, BC V1L 6A5
✆ (250) 352-7656, Fax (250) 352-7650, www.valhallapow.com

Anbieter: Wildhorse Cat Skiing (30 Min.)
Terrain: 1665–2325 m, 13 m Schnee
Ab $ 350 für 3658–4267 Höhenmeter
ⓘ 306 Victoria St., Nelson, BC V1L 6A5, ✆ (250) 354-4441
www.skiwildhorse.com

Anbieter: White Grizzly Adventures (1 1/2 Std.)
Terrain: 550–2250 m, 1214 ha, 50 Runs, 13 m Schnee
Ab $ 375 für 6–7 Runs mit jeweils 900 Höhenmetern
ⓘ Meadow Creek, BC V0G 1N0
✆ (250) 366-4306
Fax (250) 366-4425
www.whitegrizzly.com

Fresh Tracks in Keystone, Colorado

Fernie, British Columbia
Anbieter: Island Lake Lodge Cat Skiing (30 Min.)
Terrain: 1067–2134 m, max. 1067 Höhenmeter, 10–12 m Schnee
Ab $ 271 für 8–12 Runs, 3000–5000 Höhenmeter
ⓘ Island Lake Resort Group, Box 1229, Fernie, BC V0B 1M0
✆ (250) 423-3700, Fax (250) 423-4055
www.islandlakeresorts.com

Whistler, British Columbia
Anbieter: Powder Mountain Cat Skiing (30 Min.)
Terrain: 1067–1981 m, max. 610 Höhenmeter, 11 m Schnee
$ 449 für 6–8 Runs, 2134–3048 Höhenmeter
ⓘ Whistler, BC V0N 1B0
✆ (604) 932-0169, Fax (604) 932-4667, www.pmcatski.com

Powder Springs, British Columbia
Anbieter: Cat Powder Skiing (im Skigebiet)
Terrain: 250 Runs bis 1850 Höhenmeter
$ 900 für 2 Tage mit min. 5 Runs (Ø 7–9) mit unbegrenzten Höhenmetern, Ü/VP
ⓘ Revelstoke, BC V0E 2S0
✆ (250) 837-5151, Fax (250) 837-5111, www.catpowder.com

Squaw Valley, California
Anbieter: Pacific Crest Snowcats (10 Min.)
Terrain: 1950–2407 m, max. 457 Höhenmeter
Ab $ 199 pro Tag für 10 Runs, min. 3048 Höhenmeter
ⓘ Tahoe City, CA 96145
✆ (530) 581-1767
www.pacificcrestsnowcats.com

Marble Mountain, Newfoundland
Anbieter: Blomidon Cat Skiing (30 Min.)
Terrain: 100–762 m, 2800 ha, 5 m Schnee
$ 275 für 10–12 Runs, 3660–4270 Höhenmeter
ⓘ Corner Brook, NL, A2H 6J2
✆ (709) 783-2712, Fax (709) 632-2285, www.catskiing.net

Die folgenden Anbieter operieren von eigenen Basen aus:

Great Northern Snow-Cat Skiing, British Columbia
Terrain: 7500 ha, 15 m Schnee
Ab $ 2110 für 3 Tage mit je 3660–4570 Höhenmetern, Ü/VP
ⓘ 31096 Coyote Valley Rd., Calgary, AB T3L 2R1, ✆ (403) 239-4133, Fax (403) 239-4133, www.greatnorthernsnowcat.com

Highland Powder Skiing, British Columbia
Terrain: 914–2438 m, 6880 ha, max. 1200 Höhenmeter
$ 1540 für 3 Tage mit je 3000–5500 Höhenmetern
ⓘ Meadow Creek, BC V0G 1N0
✆ (250) 366-4260
Fax (250) 366-4260
www.highlandpowderskiing.com

Monashee Powder Adventures, British Columbia
Terrain: 914–2377 m, 19 100 ha in 2 Arealen, max. 1463 Höhenmeter, 18 m Schnee
Ab $ 400 pro Tag inkl. Ü/VP für 8–14 Abfahrten mit 3660–5480 Höhenmetern.
ⓘ RR#2, Site 23, Comp 11 Chase, BC V0E 1M0
✆ (250) 679-8125, Fax (250) 679-2999
www.monasheepowder.com

Retallack Alpine Adventures, British Columbia
Terrain: 914–2591m, 3800 ha, max. 1097 Höhenmeter, 7–13 m Schnee
Ab $ 225 für 6–8 Runs
ⓘ New Denver, BC V0G 1S0
✆ (250) 358-2777, Fax (604) 648-8462, www.retallack.com

Selkirk Wilderness Skiing, British Columbia
Terrain: bis 2500 m, 5200 ha, 10 m Schnee
Ab $ 2950 für 5 Skitage mit je 7 Runs und 3048–5480 Höhenmetern, 6 Ü/VP
ⓘ #1 Meadow Creek Rd. Meadow Creek, BC V0G 1N0
✆ (250) 366-4424, Fax (250) 366-4419
www.selkirkwilderness.com

Weitere Anbieter:
Montana Snowcat Club:
www.montanasnowcatclub.com

Snowcat-Skiing – die Heliskiing-Alternative

Keystone, Colorado

Heliskiing – der ultimative Kick

Wer kennt sie nicht, diese Tage an denen man sich fragt: »Was mache ich eigentlich hier?« Diese Tage, an denen man über die Eisplatten einer überfüllten Piste hinunterkratzt, während einem die messerscharfen Kristalle eines waagerecht mit 100 Stundenkilometer daherkommenden Schneesturms die Sicht nehmen und das blau gefrorene Gesicht zerschneiden. Irgendwann ist jedes Skifahrerleben reif dafür, solchen Tagen etwas entgegenzusetzen.

Deshalb bin ich hier. Hoch oben auf dem Albert Glacier in den Monashee Mountains von British Columbia, einem unberührten Gletscherhang von gigantischen Dimensionen. Am Himmel ist keine Wolke zu sehen. Das muss er sein: der perfekte Tag. »O.K. guys«, durchschneidet es die andächtige Stille, »left of my turns, good spacing«. Unser Guide Eric hat die Richtung vorgegeben. Es dauert nur wenige Schwünge, dann ist klar: Er ist es – der perfekte Tag! Was folgt ist Skifahren wie im Traum, schwerelos, schwebend, nicht auf dem Schnee, mit dem Schnee, in ihm. Nach etwa 30 Schwüngen holen mich meine Oberschenkel aus diesem metaphysischen Zustand in irdische Gefilde zurück, doch der Rhythmus treibt mich weiter hinunter, bis ich völlig außer Atem neben Eric abschwinge. So macht Skifahren süchtig.

Weißer Traum: Heliskiing mit Canadian Mountain Holidays

Der Albert Glacier gehört zum Revier von **Selkirk Tangiers Heliskiing**, einem Skigebiet, so groß wie der Schweizer Kanton Graubünden, mit mindestens 200 benannten Abfahrten. Peter Schlunegger aus Wengen im Berner Oberland gründete das Unternehmen 1980. Zuvor hatte er jahrelang bei Hans Gmoser als Guide für **Canadian Mountain Holidays** (CMH) gearbeitet. Der Österreicher Gmoser bot 1965 weltweit die ersten Heliski-Programme an.

Heute ist CMH die größte Heliski-Operation der Welt. Von den zwölf zumeist einsam in den Bergen gelegenen Lodges werden über 2800 Abfahrten angeflogen. Den maximal 430 Gästen stehen mehr als 17 000 Quadratkilometer Tiefschnee zur Verfügung. Gut 20 Heliski-Unternehmen gibt es in British Columbia insgesamt (in Alberta ist Heliskiing nicht erlaubt), einzelne Reviere auch in den Provinzen Québec und Neufundland. Kein Wunder, dass man den Begriff Heliskiing meist automatisch mit Kanada verbindet.

Für Extremskifahrer hat sich indes längst ein neues Nirwana auf dem amerikanischen Kontinent aufgetan: Alaska. Sieben der 14 amerikanischen Heliski-Anbieter haben hier ihre Basis. Kein Wunder: Die Chugach Mountains rund um Valdez bieten wohl das aberwitzigste Terrain in diesem Abschnitt der Milchstraße. Hier findet man an Steilhängen konstant gute Schneebedingungen, auf denen der Schnee in den Alpen sofort abrutschen würde. Zu danken ist dies der gleichmäßig hohen Luftfeuchtigkeit. Die sorgt allerdings auch für konstant unbeständiges Wetter. Daher bieten einige Veranstalter wie z.B. Points North Heli-Adventures keine Höhenmeter-Garantie, sondern fairerweise eine Abrechnung per Flugstunde an.

Die wenigen Heliski-Operationen im Mainland USA veranstalten überwiegend Tagesprogramme ausgehend von Skiresorts an. So kann man einen Aufenthalt in Snowbird, Jackson Hole oder Sun Valley durch einen Heliskitag krönen.

Abseits größerer Skigebiete liegen die Reviere von North Cascades Heliskiing im Bundesstaat Washington und Ruby Mountain Helicopter Skiing im Wüstenstaat Nevada. Hier buchen die meisten Gäste drei- oder viertägige Programme mit rund 12 000 Höhenmetern.

Heliskiing – der ultimative Kick

First Tracks bei Canadian Mountain Holidays

Heliskiing – Was man wissen sollte

Fahrkönnen
Wer Ski fahren kann, kann auch Heliski fahren. Dank der *Fat-Boys* genannten, extra breiten Tiefschnee-Ski, kann eigentlich jeder Heliski fahren, der sämtliche Abfahrten in normalen Skigebieten kontrolliert bewältigen kann. Vorausgesetzt, das Revier bietet das entsprechende Terrain. Auf jeden Fall sollte man schräg abrutschen, seitlich hochsteigen, einen Steilhang queren und eine Spitzkehre machen können. Problematisch wird es, wenn innerhalb einer Gruppe unterschiedlich leistungsstarke Skifahrer zusammengewürfelt sind. Die Veranstalter bemühen sich jedoch um Ausgewogenheit. Fein raus ist, wer mit einer Gruppe gleichstarker Skifreunde einen ganzen Heli belegen kann.

Ausrüstung
Prinzipiell ist keine spezielle Ausrüstung notwendig. Grundsätzlich sollte man seine eigenen Skistiefel mitbringen (im Handgepäck transportieren!) und funktionelle, vor allem atmungsaktive Oberbekleidung wählen, die Feuchtigkeit gut nach außen transportiert, sowie über Sturmhaube, Schneefang und Handstulpen verfügt, wie z.B. die Projekt Dynamik Jacke von Schöffel. Auch bei der Unterwäsche sollte man nicht sparen. Baumwolle hat noch jeder nach einem 1500-Höhenmeter-Run in der Mittagssonne verflucht. Sinnvoll sind auch Handschuhe mit Stulpenmanschetten.

Heliskiing – der ultimative Kick

Kondition
Braucht man! Tiefschneefahren ist um ein Vielfaches anstrengender als Pistenfahren. Auch hier können die Fat-Boys zwar helfen, da man mit ihnen mehr auf dem Schnee schwebt als in ihm zu versacken, aber eine gewissenhafte Vorbereitung hilft, das teure Erlebnis auch wirklich genießen zu können.

Haftung
Wenn etwas passiert, haftet man selbst. Die Veranstalter lassen sich vor dem ersten Flug eine Verzichtserklärung unterschreiben, die jegliche Haftung oder Schadensersatzleistung durch sie ausschließt.

Gefahren
Es liegt in der Natur der Sache, dass es beim Heliskiing keine absolute Sicherheit gibt. Hauptgefahr im offenen Gelände bilden Lawinen, in den Wäldern die so genannten *Treeholes*. Wegen der hohen Sicherheitsstandards der Veranstalter sind tödliche Unfälle höchst selten. Bei CMH kamen 32 von 100 000 Gästen ums Leben, davon 23 in acht Lawinenunfällen.

Kosten
Ein Tag Heliskiing kostet in Nordamerika 600–1000 $, wobei in Kanada der Wechselkurs günstiger ist. Heliskiwochen kosten in Kanada in der Nebensaison ab 2500 €. Für eine Woche im Februar muss man eher um die 4000 € veranschlagen. Die Kosten für die Anreise sind dabei jeweils nicht enthalten.

Ein Preisvergleich für sämtliche aufgelisteten Anbieter zeigt erhebliche Differenzen. Rechnet man den Preis eines dreitägigen Package mit 15 250 Höhenmetern zu den jeweils günstigsten Saisonzeiten auf die Kosten pro 1000 Höhenmeter runter, ergibt sich eine Spanne von 92 € (Selkirk Tangiers) bis 197 € (Mica Heliguides). Preisvorteile bezahlt man durch andere Nachteile: große Gruppen, viele Gruppen, eine entlegene Basis (hohe Anreisekosten, kein Transfer) oder den Aufpreis für den Skiverleih. Entsprechende Vorteile treiben die Kosten in die Höhe. Ihre gute Lage lassen sich z.B. Telluride Helitrax, Whistler Heliskiing und Sun Valley Heliskiing bezahlen.

Allein Canadian Mountain Holidays bietet mehr als 17 000 Quadratkilometer Skiterrain

Heliskiing – worauf man bei der Auswahl des Reviers achten sollte

Wie viele garantierte Höhenmeter beinhaltet das Package?
Es soll Freaks geben, die ihre Abfahrten nach Schwüngen bemessen. Ein objektiveres Maß sind die gefahrenen Höhenmeter, die gerne abends vor dem Kamin ausgetauscht werden. Leider ist in den meisten Packages nur eine begrenzte Anzahl Höhenmeter eingeschlossen, was mehr gefahren wird, muss dann extra bezahlt werden. Achten sollte man auch darauf, ob sich die Höhenmetergarantie auf gefahrene oder geflogene Höhenmeter bezieht. Manche Veranstalter rechnen nämlich auch die teilweise langen Flüge von der Lodge ins Skirevier und zurück ein, denen keine entsprechenden Abfahrten gegenüberstehen.

Was kosten extra Höhenmeter?
Je nach Leistungsvermögen der Gruppe, Wetter- und Schneelage sowie der Länge der einzelnen Abfahrten kann man pro Tag durchaus 8000–10 000 Höhenmeter erreichen. Hat man für 30 500 Höhenmeter pro Woche bezahlt, erreicht man diese also schon nach drei oder vier Tagen. Die zusätzlich gefahrenen Höhenmeter werden in der Regel mit einem Preis pro 1000 Höhenmeter abgerechnet, der zwischen 45 und 100 € liegt.

Wie sieht es mit Gutschriften für nicht gefahrene Höhenmeter aus?
Bei Wetterpech kann es vorkommen, dass man die gebuchten Höhemeter nicht komplett abfahren kann. Für diesen Fall sollte der Anbieter entweder eine Erstattung in barer Münze oder eine Höhenmeter-Gutschrift für einen anderen Aufenthalt anbieten.

Bietet das Gebiet auch Waldabfahrten?
Runs unterhalb der Waldgrenze, die selbst bei Schneefall ausreichende Sichtbedingungen und grundsätzlich geringere Lawinengefahr bieten, erhöhen die Anzahl der möglichen Flugtage und bieten damit größere Sicherheit, die gebuchten Höhenmeter auch tatsächlich fahren zu können.

Wie anspruchsvoll ist das Gelände?
Wer eher Genießer als Extremskifahrer ist, wird nicht in jedem Revier gleichermaßen auf seine Kosten kommen – und umgekehrt. Man sollte daher vorab in Erfahrung bringen, welchen Charakter das Gelände hat. Als besonders extrem gilt Alaska.

Kann man Ausrüstung leihen?
Wer nicht jedes Jahr zum Heliskifahren geht, hat normalerweise keine Fat-Boys im Keller stehen. Ein Skiverleih kann also sehr nützlich sein. Dass der Verleih von Lawinenortungsgeräten im Package eingeschlossen ist, ist zwar eigentlich selbstverständlich, trotzdem besser nachfragen, wenn es aus dem Info-Material des Veranstalters nicht eindeutig hervorgeht.

Wie viele Landeplätze bzw. Abfahrten werden angeboten?
Während Heliski-Unternehmen in den USA zum Teil nur eine

Heliskiing – der ultimative Kick

Lunch auf dem Albert Glacier im Gebiet von Selkirk Tangiers

Heliskiing – der ultimative Kick

begrenzte Anzahl von Landeplätzen und damit von Abfahrtsvarianten anfliegen können, bieten kanadische Unternehmen oft eine schier endlose Vielfalt. Je größer das Gebiet, desto größer die Chance, dass auch bei nicht optimalen Schneebedingungen irgendwo noch ein paar unverspurte Hänge mit Pulverschnee zu finden sind.

Wie erfolgt die Einschätzung der Lawinengefahr?
Professionelle Anbieter beschäftigen in Lawinenkunde ausgebildete Berg- und Skiführer und verfügen über Kontrollpunkte im Skigebiet, an denen mit Hilfe von Schneeprofilen der Aufbau der Schneedecke beobachtet wird. Auf dieser Basis wird ein Lawinensituationsbericht erstellt. Die Einschätzung des einzelnen Hangs erfolgt bei jeder Abfahrt durch den Guide bei der Gruppe.

Gibt es ein Skigebiet für Tage, an denen nicht geflogen werden kann?
Es gibt sie: die Tage an denen Fliegen unmöglich ist. Bei CMH durchschnittlich fünf Tage pro Saison. Manche Helireviere liegen in unmittelbarer Nähe »normaler« Skigebiete, deren Lifte nicht so wettersensibel wie die Helis sind und wo man seine Muskeln bis zum nächsten Flugtag unter Spannung halten kann. Manche Anbieter bieten die Lifttickets für solche Fälle ohne Aufpreis an.

Bergpanorama am Albert Glacier in den Monashee Mountains von British Columbia

Wie viele Gruppen werden pro Helikopter geflogen?
Ein Helikopter bedient normalerweise mehrere Gruppen gleichzeitig. Während die erste Gruppe gerade abfährt, fliegt er die zweite bergwärts und anschließend vielleicht noch eine dritte. Je nachdem, wie viele Gruppen ein Heli zu bewältigen hat, kann es zu lästigen Wartezeiten nach und großer Hetze während der Abfahrt kommen. Bei mehr als drei Gruppen pro Heli wird es kritisch. Relevant ist auch die Gruppengröße. Standard sind zehn Skifahrer und zwei Guides. Das bedeutet bei vier Gruppen pro Heli, dass bereits bis zu 30 Skifahrer ihre Spuren gelegt haben, bevor die eigene Gruppe an der Reihe ist. Einige Anbieter fliegen wenige und kleine Gruppen und garantieren so jeden Tag *first tracks*. Alternativ bieten fast alle Anbieter die Möglichkeit zum *private heliskiing*, wobei eine Gruppe einen Heli exklusiv bucht. Das ist allerdings wesentlich teurer.

Heliskiing – und sonst?
Wer den ganzen Tag Heliski fährt, braucht abends zwar nicht mehr viel Zerstreuung, aber Massagen, Stretching oder ein Bad im Whirlpool können helfen, die Muskeln für den nächsten Tag in Schuss zu bringen. Daher lohnt es sich zu prüfen, was in dieser Hinsicht geboten wird und was es kostet.

BRITISH COLUMBIA

Hier steht die Wiege des Heliskiing und nirgendwo sonst in der Welt gibt es so viele Heliskiing-Anbieter. Insgesamt fliegen diese rund 80 000 Quadratkilometer Skigelände an, das entspricht der doppelten Fläche der Schweiz, aber nur acht Prozent der Fläche der extrem dünn besiedelten westlichsten kanadischen Provinz. In diesem riesigen Skiareal sind gleichzeitig niemals mehr als 900 Heliskifahrer unterwegs.

Östliches British Columbia

Ski gefahren wird in den Purcells mit den Bobbie Burns und Bugaboos, den Selkirks, Monashees, Cariboos und den an der Grenze zu Alberta gelegenen Rocky Mountains. Alle in der Folge genannten Unternehmen (in Klammern das Jahr der Aufnahme des Skibetriebs) bieten Abfahrten auf Gletschern, offenen Schneefeldern und in bewaldetem Terrain. Die Schneefallmengen betragen je nach Gebiet und Höhenlage zwischen sechs und 30 Metern pro Winter. An etwa sieben von zehn Tagen kann man mit guten Bedingungen rechnen.

Canadian Mountain Holidays (1965)
Basis: 12 Lodges rund um Revelstoke, Golden und Valemount, 50–54° nB
Terrain: 500–3140 m, 12 Gebiete unterschiedlicher Schwierigkeit über 17 254 km^2, 2839 Runs, max. 2500 Höhenmeter.
Ab $ 2902 für 13 110 garantierte Höhenmeter an 3 Tagen mit bis zu 11 Pers./Gruppe, inkl. Ü/VP, Transfer von Calgary, Skiverleih, Extra-Vertical $ 77/1000 m.
ⓘ Banff, AB T1L 1J6
℡ (403) 762-7100
Fax (403) 762-5879, www.cmhski.com

Selkirk Tangiers Heliskiing (1977)
Basis: Revelstoke, 51° nB
Terrain: 1000–3000 m, 3000 km^2, mehr als 200 Runs, 800–2200 Höhenmeter.
Ab $ 2115 für 13 000 Höhenmeter an 3 Tagen inkl. Ü/VP mit bis zu 4 Gruppen à 11 Pers./Heli, Extra-Vertical $ 82.50/1000 m.
ⓘ Revelstoke, BC V0E 2S0
℡ (250) 837-5378, Fax (250) 837-5766, www.selkirk-tangiers.com

Mike Wiegele Helicopter Skiing (1970)
Basis: Blue River, 52° nB
Terrain: 1046–3569 m, 6700 km^2, 1000 Runs, max. 1800 Höhenmeter, anspruchsvolles Gelände.
Ab $ 3361 für garantierte 9140 Höhenmeter mit max. 3 Gruppen à 10 Pers./Heli an 3 Tagen inkl. Ü/VP, Skiverleih, Transfer von Kamloops, keine extra Kosten für weitere Höhenmeter!
ⓘ 1 Harrwood Dr.
Blue River, BC V0E 1J0
℡ (250) 673-8381, Fax (250) 673-8464
www.wiegele.com

R.K. Heliskiing (1970)
Basis: Panorama Ski Resort, 50° nB
Terrain: 1200–3000 m, 1500 km^2, 120 Runs, 1463 Höhenmeter (Ø 900 m).
Ab $ 600 für 3 Runs mit 11 Pers./Gruppe inkl. Skiverleih und Verpflegung, ab $ 2331 für 5 Runs/Tag (rund 13 500 Höhenmeter) an 3 Tagen inkl. Ü/VP, Skiverleih.
ⓘ Invermere, BC V0A 1K0
℡ 1-800-661-6060, Fax (250) 342-3466, www.rkheliski.com

Great Canadian Heliskiing (1990)
Basis: Golden, 51° nB
Terrain: 1000–3300 m, 2000 km^2, mehrere 100 Runs, 500–2100 Höhenmeter pro Run, Ø 2 Tage pro Saison kein Skifahren möglich.

Heliskiing – der ultimative Kick

R.K. Heliskiing fliegt direkt vom Skigebiet Panorama aus

Heliskiing – der ultimative Kick

Ab $ 3355 für 15 250 Höhenmeter mit max. 4 Pers./Gruppe an 3 Tagen inkl. Ü/VP, Skiverleih, Extra-Vertical $ 75/1000 m (in der Nebensaison inkl. extra Höhenmeter!).

ⓘ Golden, BC V0A 1H0
✆ (250) 344-2326
Fax (250) 344-2316
www.greatcanadianheliski.com

Purcell Helicopter Skiing (1973)
Basis: Golden, 51° nB
Terrain: 1000–3048 m, 2000 km^2, 150 Runs, max. 1000 Höhenmeter. Ab $ 610 für 3 Runs, 2000–3000 Höhenmeter mit 11 Pers./Gruppe, ab $ 2520 für 9000 Höhenmeter an 3 Tagen inkl. Ü/VP, Extra-Vertical $ 75/1000 m.

ⓘ Golden, BC V0A 1H0
✆ (250) 344-5410
Fax (250) 344-6076
www.purcellhelicopterskiing.com

Robson Helimagic
Basis: Valemount, 53° nB
Terrain: 1067–2750 m, 1500 km^2, 70 Runs. Ab $ 549 für 4 Runs, ab $ 2599 für 12 000 Höhenmeter an 3 Tagen inkl. Ü/VP mit 8 Pers./Gruppe.

ⓘ Valemount, BC V0E 2Z0
✆ (250) 566-4700
Fax (250) 566-4333
www.robsonhelimagic.com

Crescent Spur Heli-Skiing
Basis: Crescent Spur, 54° nB
Terrain: 1500–2750 m, 3850 km^2, 457–1219 Höhenmeter. Ab $ 5170 für 24 380 Höhenmeter (19 810 m garantiert) an fünf Tagen mit 6 Ü/VP, Skiverleih, Transfer von Prince George, mit 10 Pers./Gruppe, Extra-Vertical $ 82/1000 m.

ⓘ General Delivery
Crescent Spur, BC V0J 3E0
✆ (250) 553-2300, Fax (250) 553-2301
www.crescentspur.com

Mica Heli Guides (1987)
Basis: Mica, 52° nB
Terrain: 760–3400 m, 4700 km^2, über 200 Runs, max. 2300 Höhenmeter. $ 4750 für 13 500 Höhenmeter an 3 Tagen inkl. Ü/VP, Skiverleih mit max. 3 Gruppen à 4 Pers., Extra-Vertical $ 100/1000 m.

ⓘ Revelstoke, BC V0E 2S0
✆ (250) 837-6191
Fax (250) 837-6199
www.micaheliguides.com

Coast Range

Die Heliski-Unternehmen operieren in der südlichen und zentralen Coast Range mit den **Pacific** und **Kitimat Ranges** sowie in den **Hazelton Mountains**. Alle Areale bieten Terrain auf Gletschern ebenso wie Abfahrten zwischen den Bäumen. Die Schneefallmengen betragen 12–30 Meter pro Winter.

Im Gelände von Purcell Helicopter Skiing

Coast Range Heliskiing
Basis: Pemberton, 50° nB
Terrain: 1200–2600 m, 809 km^2, 600 Runs mit 450–950 Höhenmetern (Ø 610 m). Ab $ 739 für 4 Runs (1800–3000 Höhenmeter), ab $ 2497 für 6 Runs/Tag an 3 Tagen (8200–13 700 Höhenmeter) mit 3 Gruppen à 4 Pers., inkl. Skiverleih, Transfer von Whistler (25 Min.), Extra-Run $ 90.

ⓘ Pemberton, BC V0N 2L0
✆ (604) 894-1144, Fax (604) 894-1146, www.coastrangeheliskiing.com

Whistler Heliskiing (1980)
Basis: Whistler, 50° nB
Terrain: 700–2800 m, 4000 km^2, mehrere 100 Runs, max. 1500 Höhenmeter (Ø 610 m). Ab $ 640 für 3 Abfahrten, 1400–2300 Höhenmeter, ab $ 3210 für 6 Runs/Tag an 3 Tagen (8100–13 800 Höhenmeter) mit 3 Gruppen à 5 Pers., inkl. Skiverleih, Ü/VP, Extra-Run $ 90.

ⓘ Whistler, BC V0N 1B0
✆ (604) 932-4105, Fax (604) 938-1225, www.whistlerheliskiing.com

Tyax Lodge Heliskiing (1991)
Basis: Tyax Mountain Lake Resort bei Gold Bridge, 200 km nördlich von Vancouver, 51° nB
Terrain: 914–3048 m, 3500 km^2, 300 Runs, max. 1707 Höhenmeter. Ab $ 2719 für 13 110 Höhenmeter

mit 10 Pers./Gruppe an 3 Tagen inkl. Ü/VP, Skiverleih, Transfer von Whistler/Vancouver, Extra-Vertical $ 80/1000 m.

(i) Vernon, BC V1T 6N4
✆ (250) 558-5379, Fax (250) 558-5389, www.tlhheliskiing.com

Dreamcatcher Heliskiing (2003)
Basis: Bella Coola, 400 km nördlich von Vancouver, 52° nB
Terrain: 366–2439 m, 3370 km^2, max. 1722 m Höhendifferenz (Ø 730 m).
$ 4900 für 22 966 Höhenmeter mit max. 2 Gruppen à 4 Pers. an 3 ganzen und 2 halben Tagen mit 5 Ü/VP, Extra-Vertical $ 80/1000 m.

(i) Banff, AB, T1L 1G7
✆ (403) 762-0435
Fax (403) 762-0436
www.dreamcatcherheliskiing.com

Northern Escape Heliskiing (1990)
Basis: Terrace, 55° nB
Terrain: 450–2450 m, 5500 km^2, 150 Runs, max. 2000 Höhenmeter.
Ab $ 2825 für 13 110 Höhenmeter mit 3 Gruppen à 4 Pers. an 3 Tagen inkl. Ü/VP, Skiverleih, Extra-Vertical $ 92/1000 m.

(i) Terrace, BC V8G 4A2
✆ (250) 615-3184
Fax (250) 615-3181
www.northernescapeheliskiing.ca

Heliskiing – der ultimative Kick

Auf zur nächsten Abfahrt – Northern Escape Heliskiing fliegt nur mit Kleingruppen à vier Personen

Northern British Columbia

Die nördlichen **Coast Montains** mit den **Chilkoot** und den **Skeena Mountains** bilden das Terrain der hier ansässigen Heliski-Unternehmen. Die Baumgrenze liegt recht niedrig, so dass das Gelände überwiegend offen oder vergletschert ist. Die Runs enden zum Teil fast auf Meereshöhe. Pro Winter fallen acht bis 22 Meter Schnee.

Last Frontier Heliskiing (1996)
Basis: Bell II Lodge und Stewart, 57° nB
Terrain: 360–2600 m, 9000 km^2, 600 Runs, max. 1500 Höhenmeter (Ø 750–1000 Höhenmeter).
Ab $ 4989 für 30 500 Höhenmeter an 7 Tagen mit 5 Pers./Gruppe, inkl. Ü/VP, Skiverleih, Extra-Vertical $ 90/1000 m.

(i) Vernon, BC V1T 6N4
✆ (250) 558-7980, Fax (250) 558-7981, www.lastfrontierheli.com.

Klondike Heli-Ski (1994)
Basis: Atlin, 60° nB
Terrain: 350–2400 m, 6000 km^2, 450 Runs, max. 2000 Höhenmeter.
Ab $ 5990 für 32 000 Höhenmeter mit max. 4 Gruppen à 5 Pers. an 7 Tagen inkl. Ü/VP, Skiverleih, Transfer von Whitehorse, Extra-Vertical $ 71/1000 m.

(i) Atlin, BC V0W 1A0
✆ (250) 651-7474, Fax (250) 651-7474, www.atlinheliski.com

Tulsequah Heliskiing
Basis: Atlin, BC 60 km nordöstlich von Juneau, 60° nB
Terrain: 40–2600m, 4800 km^2, 250 Runs, 800–2000 Höhenmeter.
$ 8228 für 35 000 Höhenmeter (25 000 m garantiert) in 2 Gruppen à 5 Pers., inkl. 7 Ü/VP, Skiverleih, Transfer von Juneau, Extra-Vertical $ 79/1000 m.

(i) Haines Junction, YT Y0B1L0
✆ (867) 634-2224, Fax (867) 634-2226, www.tqhheliskiing.com

Weitere Anbieter in British Columbia:
Valhalla Powdercats bei Nelson (www.valhallapow.com), ab $ 885/ Tag
Snowwater Heli-Skiing bei Nelson (www.snowwater.com), 32 000 Hektar
High Terrain Helicopters in Nelson (www.highterrainhelitours.com)

Ein kleiner Ausschnitt der 5500 Quadaratkilometer Skigelände von Northern Escape Heliskiing

Heliskiing – der ultimative Kick

HELISKIING-GEBIETE IN DEN USA

Die Heliski-Reviere in den USA erreichen mit Ausnahme Alaskas keine kanadischen Dimensionen, bieten aber eine erstaunliche landschaftliche Vielfalt und liegen häufig in der Nähe populärer Skigebiete.

Colorado
Colorados einziges Helirevier sind die **San Juan Mountains**, die im Gegensatz zu weiten Teilen des Staates eine atemberaubende Szenerie bieten und auf die rund acht Meter Schnee pro Winter fallen. Ski wird hauptsächlich oberhalb der Waldgrenze, auf Lichtungen und zwischen Bäumen gefahren.

Telluride Helitrax (1982)
Basis: Telluride, 38° nB
Terrain: 2600–4000 m, 650 km^2, max. 975 m Höhendifferenz (Ø 670 m).
Ab $ 795 für 5–6 Runs, 3045–3750 Höhenmeter, ab $ 2985 für 11 250 Höhenmeter mit 3 Gruppen à 4 Pers. an 3 Tagen inkl. Ü/VP, Skiverleih, Extra-Vertical $ 90/Run.
ⓘ Telluride, CO 81435
✆ (970) 728-8377
www.helitrax.net

Idaho
Das Heliski-Gelände rund um **Sun Valley**, das älteste der Staaten, erstreckt sich in den Boulder, Smoky und Pioneer Ranges der **Sawtooth Mountains**. Auf die zumeist offenen Hänge fallen sieben Meter Schnee pro Jahr.

Die San Juan Mountains rund um Telluride

Sun Valley Heli-Ski (1966)
Basis: Sun Valley, 44° nB
Terrain: 1829–3200 m, 1950 km², max. 1200 m Höhendifferenz (Ø 610 bis 760 m).
Ab $ 675 für 6 Runs, 3660 Höhenmeter mit 4 Pers./Gruppe, ab $ 3325 für unbegrenzte Höhenmeter mit 2 Gruppen à 4 Pers. an 3 Tagen mit 2 Ü/VP in der Smokey Mountain Lodge, Transfer von Sun Valley.
ⓘ Sun Valley, ID 83353
✆ (208) 622-3108, Fax (208) 726-6850, www.svheli-ski.com

> *Heliskiing – der ultimative Kick*

Utah
Der Charakter des Heliski-Terrain in den **Wasatch Mountains** unterscheidet sich kaum von jenem der Skigebiete Snowbird oder Alta: freie Hänge, schüttere Wälder und 13 Meter jährlicher Schneefall.

Wasatch Powderbird Guide (1973)
Basis: Snowbird, 41° nB
Terrain: 2100–3350 m, 182 km², max. 950 m Höhendifferenz (Ø 610 m).
Ab $ 525 für 7 Runs, ca. 4250 Höhenmeter mit 4 Pers./Gruppe, ab $ 1470 für 3 Tage, Extra-Vertical: $ 85/Run.
ⓘ Snowbird, UT 84092
✆ (801) 742-2800
www.powderbird.com

Diamond Peaks Heli Ski Adventures
Basis: Powder Mountain Ski Resort, 41° nB
Terrain: 60 km²
$ 595 für 6 Runs, 5500 Höhenmeter mit 3 Pers./Gruppe.
ⓘ Ogden, UT 84412
✆ (801) 745-4631
http://diamondpeaks.com

Wyoming
Hier machen die Rockies ihrem Namen felsige Ehre. Entsprechend abwechslungsreich ist das Gelände in den **Snake River Mountains, den Palisades, Hobacks, Tetons** und **Gros Ventre Mountains**, die pro Jahr zehn bis zwölf Meter Schnee erhalten.

High Mountain Heli-Skiing (1974)
Basis: Jackson Hole, 44° nB
Terrain: 2195–3353 m, 1250 km², max. 975 m Höhendifferenz (Ø 760 m).
$ 675 für 6 Runs, 3660–4570 Höhenmeter mit 4 Gruppen à 5 Pers., ab $ 2575 für 3 Tage mit 5 Ü/VP, Extra-Vertical: $ 70/Run.
ⓘ Teton Village, WY 83025
✆ (307) 733-3274
Fax (307) 733-3529
www.heliskijackson.com

High Mountain Heliskiing bietet Day-Heliskiing von Jackson Hole aus

Heliskiing – der ultimative Kick

Washington
Die **North Cascade Mountains** bieten das einzige vergletscherte Heliski-Terrain der USA außerhalb Alaskas. Hart an der kanadischen Grenze entspricht es vom Charakter her den Arealen im Nachbarland, um die 20 Meter Schnee pro Jahr sind die Regel.

North Cascades Heliski
Basis: Mazama, 48° nB
Terrain: 671–2743 m, 1200 km^2, 80 Runs, max. 1200 m Höhendifferenz.
Ab $ 795 für 5 Runs mit mindestens 3048 Höhenmetern, ab $ 2550 für 9144 Höhenmeter mit 3 Gruppen à 5 Pers. an 3 Tagen inkl. Ü/VP, Skiverleih, Extra-Vertical: $ 85/Run.
(i) Winthrop, WA 98862
✆ (509) 996-3272
Fax (509) 996-3273
www.heli-ski.com

Nevada
Das **Great Basin** im Wüstenstaat Nevada ist durchzogen von in Nord-Süd-Richtung verlaufenden Gebirgszügen, die aus den vom Pazifik heranbrausenden Tiefs im Winter bis zu acht Meter Schnee erhalten. So auch die **Ruby Mountains**, die auf offenen Hängen und in lichten Wäldern das einzige Heliski-Areal Nevadas bieten.

North Cascades Heliski
Basis: Mazama, 48° nB
Terrain: 671–2743 m, 1200 km^2, 80 Runs, max. 1200 m Höhendifferenz.
Ab $ 795 für 5 Runs mit mindestens 3048 Höhenmetern, ab $ 2550 für 9144 Höhenmeter mit 3 Gruppen à 5 Pers. an 3 Tagen inkl. Ü/VP, Skiverleih, Extra-Vertical: $ 85/Run.
(i) Winthrop, WA 98862
✆ (509) 996-3272
Fax (509) 996-3273, www.heli-ski.com

Nicht alle 1683 Quadratkilometer des Skigeländes von Valdez Heli-Camps sind so anspruchsvoll

Alaska

Direkt aus dem Pazifik ragen die **Chugach Mountains** an der Küste Alaskas empor. Das maritime Klima sorgt für bis zu 25 Meter Schnee pro Jahr. Die Baumgrenze liegt auf 61 Grad nördlicher Breite bei 600–700 Metern. Das Skiterrain ist zumeist vergletschert.

Heliskiing – der ultimative Kick

Chugach Powder Guides (1997)
Basis: Girdwood (Alyeska Resort), 61° nB
Terrain: 0–1981 m, 1206 km², 610–1370 m Höhendifferenz.
$ 675 für 6–7 Runs, 4800–6000 Höhenmeter, ab $ 2820 für 18 300 Höhenmeter (15 240 m garantiert) mit 5 Pers./Gruppe an 5 Tagen inkl. Ü im Alyeska Prince Hotel, Transfer von Anchorage, Extra-Vertical: $ 82/1000 m.
ⓘ Girdwood, AK 99587
✆ (907) 783-4354
Fax (907) 783-4355
www.chugachpowderguides.com

Alaska Backcountry Adventures (1989)
Basis: Thompson Pass nahe Valdez, 61° nB
Terrain: 450–2400 m, max. 1950 Höhenmeter (Ø 1200 m).
$ 595 für 6 Runs mit ca. 6100 Höhenmetern mit 5 Gruppen à 5 Pers., ab $ 4435 für 7 Flugtage innerhalb von 10 Tagen mit RV-Miete ab Anchorage und Stellplatz, Strom, Wasser, Extra-Vertical: $ 85/Run.
ⓘ Tahoe City, CA 96145
✆ (530) 581-1767
www.alaskabackcountry.com

Valdez Heli Ski Guides (1993)
Basis: Thompson Pass, 61° nB
Terrain: 6500 km², max. 1890 Höhenmeter (Ø 900-1500 m).
$ 750 für 6 Runs, 5500–6100 Höhenmeter mit 4 Pers./Gruppe, $ 2850 für 18300 Höhenmeter an 3 Tagen inkl. Ü/VP und Transfer von Valdez, Extra-Vertical: $ 90/Run.
ⓘ Girdwood, AK 99587
✆ (907) 835-4528
Fax (800) 817-4828
www.valdezheliskiguides.com

Valdez H20 Heli Adventures (1995)
Basis: Thompson Pass, 61° nB
Terrain: 4050 km²
$ 3124 für 3 Skitage mit jeweils 6 Runs über Ø 6100 Höhenmeter mit 4 oder 10 Pers./Gruppe und 5 Ü/HP, Skiverleih, Transfer von Valdez, Extra-Vertical: $ 75/Run.
ⓘ Valdez, AK 99686
✆ (907) 835-8418, Fax (907) 835-8419, www.h2oguides.com

Points North Helicopter Skiing
Basis: Cordova, 60° nB
Terrain: 2600 km²
$ 525 pro Stunde Flugzeit/Person, resultiert durchschnittlich in $ 700/Tag für 1,3 Flugstunden und 5–8 Runs, 6100–7600 Höhenmeter, $ 150 für Ü/VP.
ⓘ Cordova, AK 99574
✆ (877) 787-6784
www.alaskaheliski.com

Valdez Heli-Camps (1996)
Basis: Valdez, 61° nB
Terrain: 1219–2743 m, 1683 km², 200 Runs, max. 1500 Höhenmeter.
$ 689 pro Tag, $ 2459 für garantierte 12 190 Höhenmeter an 3 Tagen mit max. 4 Gruppen à 4 Pers. inkl. Ü/VP, Transfer von Valdez, Extra-Vertical: $ 75/1000 m.
ⓘ Valdez, AK 99686
✆ (907) 835-5898
Fax (907) 835-3291
www.valdezhelicamps.com

Weitere Anbieter in den USA:
Park City Heliski, Park City, Utah (www.pccats.com)
Out Of Bounds, Haines, Alaska (www.alaskaheliskiing.com)
Alyeska Air Service, Girdwood, Alaska (ski planes),
✆ 1-888-262-1345
Mountain Flying Services, Haines, Alaska (ski planes),
✆ 1-800-954-8747
Ultima Thule, McCarthy, Alaska (ski planes), ✆ (907) 258-0636
Wrangell Mt. Air, McCarthy, Alaska (ski planes), ✆ 1-800-478-1160

Genau die Sorte Steilhang, für die Alaska berühmt ist: hier bei Valdez Heli-Camps

Unterkünfte in Colorado und New Mexico

Unterkünfte

Hotels, Motels, Bed & Breakfasts

Die bei den Unterkünften angegebenen **Preiskategorien** gelten jeweils für einen *double room*. Für Kinder, die im Zimmer der Eltern schlafen, wird meist kein Aufpreis berechnet. Die Bedeutung der Dollarsymbole für einen *double room* (zwei Personen, gelegentlich können jedoch bis zu vier Personen zum angegebenen Preis im selben Zimmer übernachten):

Die **Preise** beziehen sich jeweils auf die günstigste Zimmerkategorie und die günstigste Saisonzeit zwischen Mitte Dezember und etwa Anfang April. Bis Anfang Dezember und Ende April gibt es gelegentlich noch günstigere Raten. Andererseits kosten Zimmer zu Weihnachten häufig wesentlich mehr. Den Preisen liegen die Angaben in Landeswährung zu Grunde (US-$ bzw. CAN-$), ein Haus in der Kategorie $$$ kostet demzufolge, umgerechnet in Euro, in Kanada weniger als in den USA.

$	–	bis 70 Dollar
$$	–	70 bis 110 Dollar
$$$	–	110 bis 150 Dollar
$$$$	–	150 bis 250 Dollar
$$$$$	–	über 250 Dollar

Die Unterkünfte sind den einzelnen Regionen zugeordnet und darunter alphabetisch nach Orten sortiert.

COLORADO UND NEW MEXICO

Aspen, Colorado

Insgesamt bietet Aspen rund 9000 Betten für Touristen, nur wenige Häuser liegen fußläufig zu den Pis-

Gehört zu den 20 Top-Hotels der USA: St. Regis in Aspen

Denkmalgeschütztes Haus in Aspen: Hotel Jerome

ten. Schätzungsweise weitere 10 000 Betten in Ferienhäusern werden ausschließlich durch ihre Eigentümer belegt.

Hotel St. Regis*****
315 E. Dean St., Aspen, CO 81611
✆ (970) 920-3300, Fax (970) 925-8998
www.stregisaspen.com
Zum Winter 2004/05 für 37 Mill. $ renoviertes und um einen großzügigen Wellness-Bereich ergänztes Haus, das zu den 20 Top-Hotels Nordamerikas gezählt wird. Fußläufig zum Aspen Mountain. $$$$$

Hotel Jerome****
330 E. Main St., Aspen, CO 81611
✆ (970) 920-1000, Fax (970) 925-2784
www.hoteljerome.com
Das 1889 erbaute, denkmalgeschützte Haus im Zentrum Aspens verfügt heute über mehr Eleganz, als die Silberbarone, die hier einst ein und aus gingen, je gekannt haben. Auch wer nicht im Jerome absteigt, sollte einmal hindurchlaufen, um die antiken Möbel und die alten Bilder zu betrachten. $$$$$

The Gant****
610 S. West End, Aspen, CO 81611
✆ (970) 925-5000, Fax (970) 925-6891
www.gantaspen.com
Condominium-Hotel mit geräumigen Wohnungen, alle mit Kamin ausgestattet. Kostenloser Shuttlebus. $$$$

Hotel Lenado****
200 S. Aspen St., Aspen, CO 81611

✆ (970) 925-6246, Fax (970) 925-3840
www.hotellenado.com
Liebenswertes, kleines, architekturpreisgekröntes Boutique-Hotel mit urgemütlichem Frühstücksraum, Hot Tub auf der Dachterrasse mit Blick auf den Aspen Mountain und aufmerksamem Service. $$$$

The Aspen Meadows****
845 Meadows Rd., Aspen, CO 81611
✆ (970) 925-4240, Fax (970) 925-7790
www.aspenmeadowsresort.dolce.com
In einem Park, fünf Minuten von Downtown gelegen. Große, helle und modern gestaltete Zimmer. $$$$$

Sky Hotel****
709 E. Durant, Aspen, CO 81611
✆ (970) 925-6760, Fax (970) 925-6778
www.theskyhotel.com
Nur wenige Schritte von der Gondelbahn auf den Aspen Mountain entfernt; Après-Ski Bar und Sportgeschäft im Haus, Outdoor-Pool und Hot Tub. $$$

The Inn at Aspen***
38750 Hwy. 82, Aspen, CO 81611
✆ (970) 925-1500, Fax (970) 925-9037
www.eastwestresorts.com
Ideale Lage direkt an der Talstation von Buttermilk (man kann mit den Ski vor die Zimmertüren fahren), nur 2 km vom Airport und am Knotenpunkt der Buslinien zu den anderen Skibergen. Vollwertiges Frühstücksbüfett, kostenloser Shuttle nach Downtown. $$$

Hotel Aspen***
110 W. Main St., Aspen, CO 81611
✆ (970) 925-3441, Fax (970) 920-1379
www.hotelaspen.com
Zentral gelegenes Haus ohne Pomp, dafür mit kostenlosem Frühstück, Pool und Jacuzzi. $$$$

Hotel Durant***
122 E. Durant, Aspen, CO 81611
✆ (970) 925-8500, Fax (970) 925-7879
www.durantaspen.com
Schön renoviertes, kleineres Haus nur zwei Blocks von Downtown und eineinhalb Blocks vom Lift 1 entfernt. Am Kamin in der Lobby oder im Outdoor-Jacuzzi lässt es sich nach einem Tag auf dem Berg herrlich entspannen. $$$

Independence Square Lodge***
404 S. Galena, Aspen, CO 81611
✆ (970) 920-2313, Fax (970) 925-1233
www.indysquare.com
Die einzige Lodge an der Mall im Zentrum von Aspen, nur einen Block vom Berg. Historisches Ambiente, Frühstück und Airporttransfer inklusive. $$

Unterkünfte in Colorado

L'Auberge d'Aspen***
435 W. Main St., Aspen, CO 81611
✆ (970) 925-8297
www.preferredlodging.com
Gemütliche, liebevoll eingerichtete Blockhütten für zwei Personen unweit von Downtown – sehr romantisch. $$$

Limelite Lodge***
228 E. Cooper, Aspen, CO 81611
✆ (970) 925-3025, Fax (970) 925-5120
www.limelite-lodge.com
Drei Blocks vom Aspen Mountain entfernt, große, nicht mehr ganz zeitgemäße Zimmer, kostenloses Frühstück. $$$

Aspen Mountain Lodge**
311 W. Main St., Aspen, CO 81611
✆ (970) 925-7650, Fax (970) 925-7650
www.aspenmountainlodge.com
Etwas angejahrtes Ambiente, aber gutes Preis-Leistungs-Verhältnis, Frühstück und Erfrischungen zum Après-Ski inklusive. $$$

Beaver Creek, Colorado

Gut 3400 Betten warten in Beaver Creek auf Gäste, überwiegend mit direktem Pistenzugang. Preiswertere Alternativen bieten die Unterkünfte im 3 km talauswärts an der I-70 gelegenen Avon.

The Ritz Carlton Bachelor Gulch******
0130 Daybreak Ridge, Avon, CO 81620
✆ (970) 748-6200, Fax (970) 343-1070
www.ritzcarlton.com
Im Stil inspiriert von den Nationalpark-Lodges in

The Ritz Carlton Bachelor Gulch in Avon

Unterkünfte in Colorado

Yosemite und Yellowstone bietet das Hotel ultimativen Luxus bis hin zum Technology Butler und einem großen Wellness-Bereich. $$$$$

Park Hyatt Beaver Creek Resort*****
Beaver Creek Resort, Avon, CO 81620
✆ (970) 949-1234, Fax (970) 949-4164
www.beavercreek.hyatt.com
Kürzlich für 8,1 Mill. $ renoviert und um das 2000 m² umfassende **Allegria Spa** erweitert. Alle Zimmer mit freiem Internetzugang, Funktastaturen und Flatscreens. $$$$

The Pines Lodge****
141 Scott Hill Rd., Beaver Creek, CO 81620
✆ (970) 845-7900, Fax (970) 845-7809
www.rockresorts.com
Nahe dem Strawberry-Lift gelegenes, einladend gestaltetes Haus mit Annehmlichkeiten wie Skischuhwärmer auf dem Zimmer, Massagen, beheizten Outdoor-Pool und Dampfbad. $$$$

Inn at Beaver Creek****
10 Elk Track Lane, Beaver Creek, CO 81620
✆ (970) 845-5990, Fax (970) 845-5279
www.theinnatbeavercreek.com
Näher als dieses Haus, kann ein Hotel nicht am Skilift liegen. Zu den Leistungen zählen ein großes Frühstücksbüfett sowie Cocktails, Kaffee und kleine Speisen zum Après. $$$$

Comfort Inn***
0161 W. Beaver Creek Blvd., Avon, CO 81620
✆ (970) 949-5511, Fax (970) 949-7762
www.comfortinn.com
Preisgünstiges Kettenhotel mit der umfangreichen Standardausstattung nebst Pool und Hot Tub, geräumigen Zimmern und inklusiven Extras wie Zeitung, Ortsgespräche und Frühstück. $$

Breckenridge, Colorado

Hotels, Apartmentkomplexe und Bed & Breakfasts in viktorianischen Gebäuden mit zusammen mehr als 25 000 Betten stehen zur Wahl, die meisten davon mit direktem Pistenzugang.

Beaver Run Resort***
620 Village Rd., Breckenridge, CO 80424
✆ (970) 453-6000, Fax (970) 453-4284
www.beaverrun.com
Riesiges, etwas betonlastiges, aber direkt an den Pisten des Peak 9 gelegenes und ideal für Familien geeignetes (eigene Kinderbetreuung, Indoor-Minigolf) Hotel- und Apartmentgebäude. Kostenloser Shuttle in den Ort. $$$

Great Divide Lodge***
550 Village Rd., Breckenridge, CO 80424
✆ (970) 547-5725, Fax (970) 453-5116
www.greatdividelodge.com
Jüngst für 4 Mill. $ renoviertes Hotel, nur 50 m vom Lift. $$

Hyatt Main Street Station***
505 S. Main St., Breckenridge, CO 80424
✆ (970) 547-2700, Fax (970) 453-0463
www.hyattmainstreetstation.com
Luxuriös ausgestattete Apartments, mehr als ein Dutzend Shops und Restaurants in der Anlage, außerdem 7 Whirlpools, Outdoor-Pool, Fitnesscenter und Spa. $$$

River Mountain Lodge***
100 Park Ave., Breckenridge, CO 80424
✆ (970) 453-4121
Eines der preiswertesten Apartmenthäuser, nur einen Block von Downtown entfernt, Skipiste auf der anderen Straßenseite. $

The Village at Breckenridge***
535 S. Park Ave., Breckenridge, CO 80424
✆ (970) 547-5725, Fax (970) 453-5116
www.villageatbreckenridge.com
Der funktionelle 225-Zimmer-Komplex umschließt die Talstation am Peak 9. Große, üppig ausgestattete Zimmer. Restaurants, Cafés, Health Club, Indoor- und Outdoor-Pools, Hot Tubs und Sauna im Haus. $$

Copper Mountain Resort, Colorado

Das Resort verfügt über rund 3500 Betten, alle fußläufig zu den Liften. Alle Unterkünfte werden zentral verwaltet, die Buchungen laufen über:
✆ (970) 968-2318 oder 1-888-219-2441
www.coppercolorado.com
Man hat die Wahl zwischen den Kategorien Bronze ($$$), Silver ($$$$), Gold ($$$$) und Platinum ($$$$$).
Wer über Copper Mountain Central Reservations bucht, erhält VIP-Zugang an den Liften und kostenlosen Eintritt in den Athletic Club.

Keystone Resort, Colorado

Keystone verfügt über 8000 Betten in zwei Hotels, einem Bed & Breakfast und zahlreichen Apartmentanlagen, als deren Gast man im Resort diverse Vergünstigungen erhält. Alle Unterkünfte kann man bei

Keystone **Central Reservations** buchen.
✆ (970) 496-4500 oder 1-877-753-9786
www.keystoneresort.com

Keystone Lodge****
22101 US Hwy. 6, Keystone, CO 80435
✆ (970) 496-2316, Fax (970) 496-4215
www.rockresorts.com
Modernes, rustikal-elegantes Haus direkt am See im Lakeland Village. Shops und Restaurants im Haus, Shuttle zu den Liftanlagen. $$$$

The Inn at Keystone***
23044 US Hwy. 6, Keystone, CO 80435
✆ (970) 496-3658, Fax (970) 496-4215
Preiswertes Haus unweit der Mountain House Base, Hot Tubs auf der Dachterrasse – besonders schön, wenn die Pisten abends erleuchtet sind. $$

Snowmass, Colorado

Im Snowmass Village werden rund 6000 Betten vermietet, viele davon in Condos direkt an den Pisten.

Pokolodi Lodge**
25 Daly Lane
Snowmass Village, CO 81615
✆ (970) 923-4310, Fax (970) 923-3650
www.pokolodi.com
Unambitioniertes, dafür auch in der Hochsaison bezahlbares Haus, 150 m von den Pisten, kostenloser Airport-Shuttle und Frühstück inklusive. $$

Silvertree Hotel***
100 Elbert Lane, Snowmass Village, CO 81615
✆ (970) 923-3520, Fax (970) 923-5494
www.silvertreehotel.com
Stilmäßig eindeutig den 1970er Jahren zuzuordnen, aber direkt vor den großen Fenstern der Lobby schwebt die Sesselbahn bergwärts. Ausstattung und Dienstleistungen auf hohem Niveau. $$$

Stonebridge Inn***
300 Carriage Way, Snowmass Village, CO 81615
✆ (970) 923-2420, Fax (970) 923-5889
www.stonebridgeinn.com
Einladendes Haus mit aussichtsreicher Bar in der Lobby, nicht mehr ganz taufrisch, aber jüngst renovierte Zimmer, kostenloser Shuttle vom Airport, 50 m zu den Pisten, Frühstück inklusive. $$

Steamboat, Colorado

Steamboat Springs und das Retortendorf an der Talstation der Gondelbahn zählen 18 917 Betten in allen Preislagen, davon liegen 9859 in maximal 300 m Entfernung von den Pisten. Generell niedrigere Preise in Downtown Steamboat Springs.

Steamboat Grand*****
2300 Mt. Werner Circle
Steamboat Springs, CO 80487
✆ (970) 871-5500, Fax (970) 871-5501
www.steamboatgrand.com
Brandneues, luxuriöses aber etwas seelenloses Tophotel im Base Village, gute Küche, großzügiger Outdoor-Pool mit zwei riesigen Hot Tubs, kostenlose Skiaufbewahrung an der Gondelbahn. $$$$

Hotel Bristol****
917 Lincoln Ave., Steamboat Springs, CO 80477
✆ (970) 879-3083, Fax (970) 879-8645
www.steamboathotelbristol.com
Gemütliches Haus im viktorianischen Stil, relativ kleine, aber liebevoll mit Antikmöbeln und Telefonen mit Drehwahlscheiben eingerichtete Zimmer, Indoor Hot Tub mit Blick auf die Main Street von Downtown Steamboat. $$

Unterkünfte in Colorado

Unterkünfte in Colorado und New Mexico

Best Western Ptarmigan Inn***
2304 Après Ski Way, Steamboat Springs, CO 80487
✆ (970) 879-1730, Fax (970) 879-6044
www.steamboatlodging.com
Optimale Lage direkt an der Skipiste, nicht ganz taufrische, aber komplett ausgestattete Zimmer, großer Outdoor-Pool mit Hot Tub, kostenloser Parkplatz. $$$

Rabbit Ears Motel**
201 Lincoln Ave., Steamboat Springs, CO 80477
✆ (970) 879-1150, Fax (970) 870-0483
www.rabbitearsmotel.com
Ein Motel wie aus einem Hollywood-Movie, direkt gegenüber den Hot Springs in Downtown, schnörkellos und stolz darauf, ein Stück authentisches Amerika zu sein, kostenloses Frühstück und Internet. $

Taos, New Mexico

Rund 3700 Betten zählen die 14 Hotels und Lodges im Taos Ski Valley und die zahlreichen Häuser im 31 km entfernten Taos.

The Bavarian Lodge***
Taos Ski Valley, NM 87525
✆ (505) 776-8020, Fax (888) 304-5301
www.thebavarian.com
Drei thematisierte Suiten und ein großes Apartment mitten im Skigebiet; die exquisite Einrichtung stammt bis hin zu den Kerzenhaltern aus Bayern. $$$$$

The Inn at Snakedance**
Taos Ski Valley, NM 87525
✆ (505) 776-2277, Fax (505) 776-1410
www.innsnakedance.com
Ideal im Zentrum von Taos Ski Valley gelegen, kom-

Bavarian Lodge in Taos Ski Valley

Fechin Inn, Taos

fortable, komplett ausgestattete Zimmer, ungezwungene Atmosphäre und ausgezeichnetes Restaurant. $$$

Fechin Inn***
227 Paseo del Pueblo Norte, Taos, NM 87571
✆ (505) 751-1000, Fax (505) 751-7338
www.fechininn.com
Elegantes Hotel im Pueblo-Stil in einem großen Park nur zwei Blocks von der Plaza im Zentrum von Taos. Freundlicher Service und ansprechendes Interieur im Stil des Südwestens. $$$

Best Western Kachina Lodge***
413 North Pueblo Rd., Taos, NM 87571
✆ (505) 758-2275, Fax (505) 758-9207
www.kachinalodge.com
Preiswertes und gut ausgestattetes Haus nur wenige Schritte vom historischen Taos Pueblo entfernt, Shuttlebus ins Skigebiet. $$

Telluride, Colorado

In Telluride sowie im höher gelegenen Mountain Village stehen rund 5100 Betten zur Verfügung.

New Sheridan Hotel***
231 W. Colorado Ave., Telluride, CO 81425
✆ (970) 728-4351, Fax (970) 728-5024
www.newsheridan.com
Es gibt keine bessere Adresse für einen Skiurlaub mit Wildwest-Touch als dieses denkmalgeschützte Haus aus dem Jahr 1891, in dessen Bar Butch Cassidy und Sundance Kid ihre Überfälle planten. Antike Möbel, familiäre Atmosphäre und nur 300 m zur Gondelbahn. $$

Camel's Garden****
250 W. San Juan
Telluride, CO 81435
✆ (970) 728-9300, Fax (970) 728-0433
www.camelsgarden.com
Luxuriöses Hotel direkt an der Talstation der Gon-

Unterkünfte in Colorado

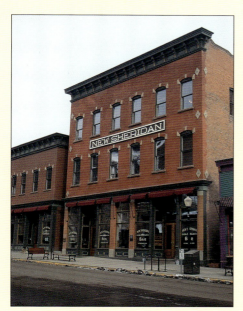

Hotel mit Wildwest-Touch: New Sheridan in Telluride aus dem Jahr 1891

delbahn, modern im Design mit ebensolcher Kunst in der Lobby sowie italienischem Marmor und handgefertigten Möbeln in den Zimmern. $$$$$

Wyndham Peaks Resort****
Country Club Dr., Telluride, CO 81435
✆ (972) 728-6800, Fax (970) 728-6175
www.wyndham.com
Luxuriöses Haus im Mountain Village mit 174 Zimmern und Suiten, einem fast 4000 m² großen Fitness- und Wellnessbereich sowie Kinderbetreuung. $$$$$

Vail, Colorado

Vail allein hält rund 19 000 Betten bereit, nicht alle davon im fußläufig zu den Liften gelegenen Vail Village. Im Umkreis von zehn Meilen summiert sich das Angebot auf über 40 000 Betten. Dazu kommen tausende von nicht zu mietenden Ferienhäusern.

The Lodge at Vail****
174 E. Gore Creek Dr., Vail, CO 81657
✆ (970) 476-5011, Fax (970) 476-7425
www.rockresorts.com
Elegantes Luxushotel nur wenige Schritte von den Liften, dessen 165 Zimmer in Marmor und Mahagoni schwelgen und teils herrliche Blicke auf den Vail Mountain bieten. $$$$$

Vail Marriott Mountain Resort****
715 W. Lionshead Circle, Vail, CO 81657
✆ (970) 476-4444, Fax (970) 476-1647
www.vailmarriott.com
Tophotel mit allen Annehmlichkeiten, 150 m von der Lionshead-Gondelbahn. $$$$

Hotel-Gasthof Grammshammer****
231 E. Gore Creek Dr., Vail, CO 81657
✆ (970) 476-5626, Fax (970) 476-8816
www.pepis.com
Von Pepi und Sheika Gramshammer seit 1964 eigentümergeführtes Skihotel mit österreichischer Gemütlichkeit und Küche mitten in Vail Village – ein Klassiker. $$$$

Vail Cascade Resort & Spa****
1476 Westhaven Dr., Vail, CO 81657
✆ (970) 476-7111, Fax (970) 479-7020
www.vailcascade.com
Großer, luxuriös ausgestatteter Hotel- und Condominium-Komplex in West Vail, günstige Lage für Ausflüge nach Beaver Creek und eigener Sessellift vom Haus auf den Vail Mountain, Umfangreiche Wellness- und Beauty-Angebote. $$$$$

Antlers at Vail***
680 W. Lionshead Place, Vail, CO 81657
✆ 970-476-2471, Fax (970) 476-4146
www.antlersvail.com
Um einen Innenhof gruppierter Condo-Komplex 150 m zur Lionshead-Base, jüngst für 20 Mill. $ renoviert und erweitert, alle Wohnungen mit Kamin, vollwertiger Küche und Balkon. $$$$

Evergreen Lodge***
250 South Frontage Rd. W., Vail, CO 81657
✆ (970) 476-7810, www.evergreenvail.com
Zentral zwischen Village und Lionshead gelegen (Shuttle hält vor der Hintertür), behagliche und geräumige Zimmer mit Granit im Bad, Kühlschrank, Kaffeemaschine, Bügelequipment und Internet, kostenloser Parkplatz. $$$

Lion Square Lodge***
660 W. Lionshead Place, Vail, CO 81657
✆ (970) 476-2281, Fax (970) 476-7423
www.lionsquare.com
Sehr persönlich (da jeweils in Privatbesitz befindlich) eingerichtete Hotelzimmer und Ferienwohnungen, alle mit kostenlosem DSL-Anschluss. Schöner Poolbereich, kostenlose Parkplätze und ideale Lage direkt neben der Gondelbahn. $$$$

Unterkünfte in Colorado und Utah

Vail Marriott Mountain Resort

Vail Racquet Club***
4690 Vail Racquet Club Dr., Vail, CO 81657
✆ (970) 476-4840, Fax (970) 476-4890
www.vailracquetclub.com
Behagliche, hervorragend ausgestattete Ferienwohnungen in Chalets im Schweizer Stil, die sich um ein Zentralgebäude mit Restaurant, Fitnesscenter und den dampfenden 25-m-Outdoor-Pool nebst Hot Tubs gruppieren, rund 5 km von Vail Village. $$$

Winter Park, Colorado

Die Region verfügt über 12 500 Gästebetten.

Winter Park Mountain Lodge***
Hwy. 40, Winter Park, CO 80482
✆ (970) 726-4211, Fax (970) 726-1094
www.winterparkhotel.com
Etwas lieblose öffentliche Bereiche, aber renovierte, gut ausgestattete Zimmer und die einzige Microbrewery der Region, Shuttle zum 1 km entfernten Skigebiet. $$

Zephyr Mountain Lodge*****
201 Zephyr Way, Winter Park, CO 80482
✆ (970) 726-8400, Fax (970) 726-8485
www.zephyrmountainlodge.com
Neuestes Haus direkt an der Talstation, elegant eingerichtete Zimmer mit kompletter Küche, Shops und Restaurants im Haus. $$$$

Iron Horse Resort****
Iron Horse Dr., Winter Park, CO 80842
✆ (970) 726-8851, Fax (970) 726-2321
www.ironhorse-resort.com
Direkt an der Piste gelegen, nicht mehr ganz taufrisch aber mehr als komplett ausgestattet: kostenloser, hoteleigener Shuttle nach Downtown, Tiefgarage, Wireless-Lan in der Lobby. $$$

UTAH

Alta

Die 1136 Betten von Alta verteilen sich auf 16 Lodges, Condominiums und Chalets.

Alta Lodge
10230 E. State Hwy. 210, Alta, UT 84092
✆ (801) 742-3500, Fax (801) 742-3504
www.altalodge.com
Für die Lage inmitten des Pulverparadieses zahlt man leicht überzogene Preise, auch wenn sie Frühstück und ein sehr gutes Dinner einschließen. Kleiner Trost: Heliskiing ist viel teurer und kaum besser. $$$$$ (*dorm-room* $$)

Deer Valley

Goldener Hirsch Inn****
7570 Royal St. E., Park City, UT 84060
✆ (435) 649-7770, Fax (435) 649-7901
www.goldenerhirschinn.com
Elegantes Haus im österreichischen Stil mit großzügigen, aber nicht immer geräuschfreien Zimmern (von den Lobby Bedrooms ist abzuraten). $$$$$

Park City: Goldener Hirsch Inn

Park City

In Park City, Deer Valley und The Canyons werden rund 21 500 Betten vermietet, dazu kommen tausende in privaten Ferienhäusern.

Hotel Park City*****
20001 Park Ave., Park City, UT 84060
✆ (435) 200-2000, Fax (435) 940-5001
www.hotelparkcity.com
Luxuriöses Hotel mit umfangreichem Beauty- und Wellness-Angebot und 54 Suiten mit Kamin, Balkon, Marmorbädern, Hot Tub, Bose Surround System, CD- und DVD-Player sowie High-Speed-Internet. $$$$$

Park City Marriott****
1895 Sidewinder Dr., Park City, UT 84060
✆ (435) 649-2900, Fax (435) 649-4852
www.parkcitymarriott.com
Etwas außerhalb gelegen, kostenlose Shuttles in die Skigebiete, 199 geräumige Zimmer, Restaurant, Ski-Shop, Hallenbad, Sauna, Whirlpool, Fitnessraum im Haus. Nicht zu verwechseln mit den Marriott's Mountainside Villas, dem neuesten Hotel direkt an den Talstationen des Mountain Resorts. $$

Radisson Inn***
2121 Park Ave., Park City, UT 84060
✆ (435) 649-5000, Fax (435) 649-4887
www.radisson.com/parkcityut
Etwas außerhalb von Park City gelegen (kostenloser Shuttle in die Skigebiete), Frühstücksbüfett inklusive. $$

The Yarrow Hotel****
1800 Park Ave., Park City, UT 84060
✆ (435) 649-7000, Fax (435) 645-7007
www.yarrowresort.com
Zentral in Park City gelegenes Hotel mit gutem Standard, 180 geräumigen Zimmern, Outdoor-Pool und Fitnesscenter. $$

Best Western Landmark Inn***
6560 N. Landmark Dr., Park City, UT 84098
✆ (435) 649-7300, Fax (435) 649-1760
www.bwlandmarkinn.com
Etwa 10 km von Downtown Park City entfernt (kostenloser Shuttle), Lobby mit Blick in den Poolbereich, 106 komfortable Zimmer, Factory-Outlet direkt um die Ecke. $$

Salt Lake City

Die 17 000 Hotelzimmer der Stadt sind ca. 45 Minuten von den Skipisten der Wasatch-Berge entfernt.

Best Western Garden Inn***
154 W. 600 South, Salt Lake City, UT, 84101

Unterkünfte in Utah

1910 gebaut und unter Denkmalschutz: Peery Hotel in Salt Lake City

✆ (801) 521-2930, Fax (801) 355-0733
www.bestwestern.com
311 komplett ausgestattete Zimmer in zentraler Innenstadtlage, Transfer vom Airport, Parkplatz und Internet kostenlos. $$

Little America Hotels & Towers*****
500 S. Main St., Salt Lake City, UT 84101
✆ (801) 596-5700, Fax (801) 596-5911
www.littleamerica.com
850 riesige, luxuriös ausgestattete Zimmer in denen man nach dem Hinflug sein Gepäck noch mal in aller Ruhe sortieren kann. Fußläufige Entfernung zum Temple District, Shops und Restaurants. Kostenloser Airport-Shuttle. $$

Red Lion Salt Lake Downtown***
161 W. 600 South, Salt Lake City, UT 84101
✆ (801) 521-7373, Fax (801) 524-0354
www.redlion.com
393 Zimmer mit Balkon oder Patio. Sky Bar im 13. Stock mit einer fantastischen Aussicht auf die Stadt und die nahen Berge. Parkplätze und Airport-Transfer kostenlos, Outdoor-Pool, Whirlpool, Fitnesscenter. $$

Peery Hotel ****
110 W. Broadway, Salt Lake City, UT 84101
✆ (801) 521-4300, Fax (801) 364-3295
www.peeryhotel.com
Denkmalgeschütztes, jüngst renoviertes Haus, Baujahr 1910. Liebenswertes, historisch-elegantes Ambiente. Zentrale, dafür nicht ganz ruhige Lage in Downtown. $$

Snowbird

Snowbirds vier Lodges verfügen über 882 Zimmern mit rund 1800 Betten. Buchbar über **Snowbird Cen-**

Unterkünfte in den nördlichen Rockies

Lobby der Cliff Lodge in Snowbird

tral Reservations, ✆ (801) 742-2222, Fax (801) 947-8227, www.snowbird.com

Cliff Lodge****
Hwy. 210, Snowbird, UT 84092
Eindrucksvolles 11-stöckiges Atrium, ungewöhnliche Zimmer mit Glasscheibe zwischen Bad und Bett, exquisite Restaurants, Pool und Hot Tubs mit traumhaftem Panorama auf dem Dach, Wellness im **Cliff Spa**. $$$$

NÖRDLICHE ROCKIES

Banff, Alberta

Banff verfügt über rund 5000 Hotelbetten, die im Winter selten ausgebucht sind, falls doch, ist Canmore die nächstgelegene Alternative, dort gibt es auch zahlreiche Ferienwohnungen. Direkt an der Piste liegt nur das Sunshine Inn.

Banff Aspen Lodge***
401 Banff Ave., Banff, AB T1L 1A9
✆ (403) 762-4401, Fax (403) 762-5905
www.banffaspenlodge.com
Wirkt von außen nicht sehr ansehnlich, aber die Zimmer sind frisch renoviert. Sauna, Dampfbad, Whirlpool unter freiem Himmel, kostenlose Parkgarage und Skiservicekeller. $$

Banff Caribou Lodge***
521 Banff Ave., Banff, AB T0L 0C0
✆ (403) 762-5887, Fax (403) 762-5918
www.banffcaribouproperties.com
Sympathisches Haus im Lodge-Stil mit viel hellem Ahornholz – 10 Minuten Fußweg von Downtown Banff. Kostenloser Shuttle-Service ins Zentrum, Health-Club mit drei Whirlpools und hoteleigene Skischule. $$$

Banff International Hotel***
333 Banff Ave., Banff, AB T1l 1B1
✆ (403) 762-5666, Fax (403) 760-3281
www.banffinternational.com
Wer dunkle Teppiche und Eichenmöbel mag und Wert auf Marmor im Bad legt, ist hier an der richtigen Adresse. Boutiquen, Restaurants, Sauna, Dampfbad, Fitnessraum und Whirlpool im Haus, Internet, Videospiele und Kaffeemaschinen auf den Zimmern. $$$

Banff Park Lodge****
222 Lynx St., Banff, AB T1L 1K5
✆ (403) 762-4433, Fax (403) 762-3553
www.banffparklodge.com
Elegantes Hotel in ruhiger Lage im Zentrum von Banff mit zwei Restaurants und kleiner Ladenzeile, Pool und Dampfbad. $$$

Banff Springs******
405 Spray Ave., Banff, AB T1L 1I4
✆ (403) 762-2211, Fax (403) 762-5755
www.fairmont.com/banffsprings
Dieses Hotel, ein Wahrzeichen der kanadischen

Banff Springs – eine Hotel-Legende in den Rockies

Unterkünfte in den nördlichen Rockies

Rockies, ist ein Erlebnis: Ein Schlosshotel wie aus dem Bilderbuch, noch dazu in traumhafter Lage auf einem Hügel, 15 Gehminuten von Downtown Banff. Großzügige Wellness- und Wasserbereiche, Shops, Restaurants und diverse Aktivitäten. $$$$$

Banff Ptarmigan Inn***
337 Banff Ave., Banff, AB T1L 1B7
✆ (403) 762-2207, Fax (403) 760-8287
www.bestofbanff.com
Gemütliches Hotel nur zwei Gehminuten vom Zentrum, exklusiv für Nichtraucher. $$$

Brewster's Mountain Lodge***
208 Caribou St., Banff, AB T1L 1C1
✆ (403) 762-2900, Fax (403) 762-2970
www.brewstermountainlodge.com
Viel helles Holz, handgearbeitete Möbel und traditionell gemusterte Stoffe erfreuen das Auge, nächtlicher Lärm stört bisweilen die Ohren. Wer vorhat, sich selbst ins Nachtleben von Banff einzuschalten, ist hier richtig. $$

Charlton's Cedar Court****
513 Banff Ave., Banff, AB T0L 0C0
✆ (403) 762-4485, Fax (403) 762-2744
www.charltonresorts.com
Motelähnliche Anlage mit klassisch kanadisch eingerichteten Zimmern und nicht mehr ganz zeitgemäßem Poolbereich. $$$

Mount Royal Hotel****
138 Banff Ave., Banff, AB T1L 1 A7
✆ (403) 762-3331, Fax (403) 762-8938
www.mountroyalhotel.com
Das 1908 errichtete und immer wieder erweiterte Haus markiert das Zentrum von Banff und bietet eine angenehme Kombination aus Tradition und modernem Komfort einschließlich High-Speed-Internet in jedem Zimmer. $$

Rimrock Resort*****
425 Mountain Ave., Banff, AB T1L 1J2
✆ (403) 762-3356, Fax (403) 762-4132
www.rimrockresort.com
Als »Enklave der Höflichkeit« beschreibt sich das etwas oberhalb von Banff gelegene Hotel gern selbst. Dem kann man zustimmen. Das Haus ist nobel, kultiviert, elegant und veredelt durch ein exzellentes Restaurant, ein herrliches Spa und Aussichten, die ihresgleichen suchen. $$$$

Royal Canadian Lodge****
459 Banff Ave., Banff, AB T1L 1B4
✆ (403) 762-3307, Fax (403) 762-2744
www.charltonresorts.com
Elegantes Haus mit Gourmet-Restaurant, Wellness-Bereich und luxuriös eingerichteten Zimmern, von

Traumlage: Sunshine Inn direkt auf der Skipiste

denen viele über Kamin und Whirlpool verfügen. $$$

Spruce Grove Inn***
555 Banff Ave., Banff, AB T1l 1B5
✆ (403) 762-3301
www.banffvoyagerinn.com
Die ausladenden Balkone aus großen Holzstämmen sind hübsch anzuschauen und bieten eine feine Aussicht. Der Eingangsbereich ist dagegen etwas schlicht geraten. Moderne und komfortable Zimmer, Whirlpool, Sauna und Schwimmbecken im Nachbarhaus. $$

The Rundlestone Lodge****
537 Banff Ave., Banff, AB T1L 1A6
✆ (403) 762-2201, Fax (403) 762-4501
www.rundlestone.com
Modernes, mit viel Holz und Naturstein an den Stil alter Lodges angelehntes Haus mit schönen Zimmern und einem eleganten Restaurant. $$

Sunshine Inn**
Sunshine Village
Banff, AB T1L 1J5
✆ (403) 762-6500, Fax (403) 762-6513
www.skibanff.com
Traumhafte Lage: Das einzige Hotel Kanadas, das sowohl in einem Nationalpark als auch direkt auf einer Skipiste steht. Die Räume wurden jüngst renoviert. Die Zimmerpreise erscheinen auf den ersten Blick recht hoch, beinhalten aber Lifttickets für die Anzahl der Nächte plus einen Tag. $$

Big White, British Columbia

Das Resort verfügt über gut 15 000 Betten, die meisten mit direktem Pistenzugang. Alle Unterkünfte

Unterkünfte in den nördlichen Rockies

werden zentral verwaltet und dementsprechend gibt es für alle Unterkünfte mit Ausnahme der drei Hotels einen zentralen Check-in. Buchungen laufen über:
✆ (250) 765-888, Fax (250) 765-1822
www.bigwhite.com

Hotel Chateau at Big White****
5335 Big White Rd., Big White, BC V1X 4K5
Vom Stil her nicht in der Liga anderer kanadischer Chateau-Hotels, aber schön und umfangreich ausgestattete Zimmer, Spa im Haus, Pool auf dem Dach. $$$

Hotel Inn at Big White***
5340 Big White Rd., Big White, BC V1X 4K5
Unambitioniertes Haus mit geräumigen Zimmern, die alle über eine kleine Küche verfügen, Outdoor-Pool und Hot Tub mit Blick über die Monashees. $$$

Hotel White Crystal Inn***
5275 Big White Rd., Big White, BC V1X 4K5
Perfekte Lage direkt neben dem Village Center, alle Räume verfügen über große Badezimmer, Küchenecke und Kamin, Sauna und Pool im Haus. $$

Stonebridge Lodge
Big White Rd., Big White, BC V1X 4K5
Luxuriöse, geschmackvoll eingerichtete Ferienwohnungen, teils mit privatem Hot Tub auf dem Balkon. $$$$

Chateau on the Ridge Condos***
Kettle View Rd., Big White, BC V1X 4K5
Sehr geräumige Ferienwohnungen, alle mit Waschmaschine, Trockner und vollwertiger Küche. $$$

Whitefoot Lodge**
Big White, BC V1X 4K5
Mitten im Village gelegen, verschiedenste Zimmerkategorien, angefangen bei einfachen, aber komfortablen Budget-Rooms für rekordverdächtig kleines Geld. $

Fernie, British Columbia

Das Fernie Alpine Resort verfügt über rund 4300 Betten, weitere Hotels und Condos mit rund 2200 Betten im 7 km entfernten Fernie.

Lizard Creek Lodge****
5346 Highline Dr., Fernie, BC V0B 1M6
✆ (250) 423-2057, Fax (250) 423-2058
www.lizardcreek.com
Beste Lage direkt am Skilift, Outdoor-Pool am Pistenrand, umfangreicher Service, aber trotz dekorativem Massivholz bleibt der Eindruck von Billigbauweise. $$$$

Riverside Mountain Lodge***
100 Riverside Way, Fernie, BC V0B 1M1
✆ (250) 423-5000, Fax (250) 423-5067
www.riversidemountainlodge.com
Familienorientiertes Hotel mit einer der größten Wasserrutschen Kanadas im eigenen Spaßbad, zwischen Fernie und dem Skigebiet gelegen. $$

Best Western Fernie***
1622 7th Ave., Fernie, BC V0B 1M0
✆ (250) 423-5500, Fax (250) 423-5501
www.bestwesternfernie.com
Zwischen Tankstelle, Supermarkt und McDonalds 2000 am Ortsrand errichtet, bietet das Haus nicht die beste Lage, aber modernen Komfort und unter den 19 Zimmertypen findet jeder den passenden. $$$

Jackson, Wyoming

Im gesamten Tal von Jackson Hole stehen rund 10 000 Gästebetten zur Verfügung.

Best Western Lodge at Jackson Hole***
80 Scott Lane, Jackson, WY 83002
✆ (307) 739-9703, Fax (307) 739-9168
www.lodgeatjh.com
Komfortables Haus mit vollwertigem Frühstücksbüfett, eine Meile vom Town Square, kostenloser Shuttle ins Skigebiet. $$$

Days Inn***
350 S. Hwy. 89, Jackson, WY 83001
✆ (307) 733-0033, Fax (307) 733-0044
www.daysinnjacksonhole.com
Kein Schnickschnack, dafür Frühstück und Ortsgespräche inklusive, Skischuh- sowie Handschuhtrockner, Hot Tub, Sauna, Kinder bis 12 Jahre kostenlos. $

Parkway Inn***
125 N. Jackson Ave., Jackson, WY 83001
✆ (307) 733-3143, Fax (307) 733-0955
www.parkwayinn.com
Haus im viktorianischen Stil, sehr gemütliche, mit antiken Möbeln eingerichtete Zimmer und Suiten, Fitnesscenter mit Sauna, Pool und Spa. $$$$

Red Lion Wyoming Inn***
930 W. Broadway, Jackson, WY 83002
✆ (307) 734-0035, Fax (307) 734-0037

www.wyoming-inn.com
Luxuriöses Ambiente zu erschwinglichen Preisen, Frühstück, High-Speed-Internet und Airport-Shuttle inklusive. $$$

Unterkünfte in den nördlichen Rockies

Jasper, Alberta

Zimmer kosten in Jasper im Winter teils nur ein Drittel dessen, was im Sommer zu zahlen ist. Insgesamt werden 5500 Betten angeboten.

Jasper Park Lodge*****
Old Lodge Rd.
Jasper, AB T0E 1E0
℃ (780) 852-3301, Fax (780) 852-5107
www.fairmont.com/jasper
Großzügiges, am Lac Beauvert gelegenes und wunderschön in die Landschaft des Nationalparks eingebettetes Hotel mit rustikaler Eleganz. Shuttlebus in das 7 km entfernte Jasper und zum Skigebiet. Restaurants, Bars, Lounges und Shops im Haus. $$$$

Amethyst Lodge***
200 Connaught Dr., Jasper, AB T0E 1E0
℃ (780) 852-3394, Fax (780) 852-4142
www.amethystlodge.com
Funktional gestaltetes Haus im Zentrum von Jasper, Restaurant, Bar und zwei Außen-Whirlpools. $

Chateau Jasper***
96 Geikie St., Jasper, AB T0E 1E0
℃ (780) 852-5644, Fax (780) 852-4860
www.decorehotels.com
Nichtraucherhotel, eher rustikal als mondän. Etwas außerhalb, 10 Minuten vom Zentrum gelegen, kostenloser Shuttle. $$$

Jasper Inn Alpine Resort***
98 Geikie St., Jasper, AB T0E 1E0
℃ (780) 852-4461, Fax (780) 852-5916
www.jasperinn.com
Geräumige Zimmer, Hallenbad, Sauna, Whirlpool, Dampfbad, Münzwaschmaschinen und ein gutes Restaurant im Haus. $$

Lobstick Lodge***
Geikie St., Jasper, AB T0E 1E0
℃ (780) 852-4431, Fax (780) 852-4142
www.lobsticklodge.com
Familiär und freundlich geführtes Haus, zehn Gehminuten vom Zentrum. Von der gemütlichen Skyline Lounge hat man einen schönen Blick auf die Stadt, Hallenbad, drei Außen-Whirlpools, Sauna, Dampfbad und Münzwaschautomaten. $$

Sawridge Hotel***
82 Connaught Dr.
Jasper, AB T0E 1E0
℃ (780) 852-5111, Fax (780) 852-5942
www.sawridgejasper.com
Schöne Lobby mit Kamin über drei Stockwerke, Hallenbad, Außen-Whirlpools, finnische Sauna und Spa. $$

Kimberley, British Columbia

Das Alpine Resort bietet rund 2500 Betten an oder in der Nähe der Pisten. Niedriger ist das Preisniveau im 3 km entfernten Kimberley selbst.

Marriott Residence Inn****
500 Stemwinder Dr., Kimberley, BC V1A 2Y6
℃ (250) 427-5175, Fax (250) 427-5176
www.residenceinn.com
Perfekte Lage, großzügige Zimmer mit sehr guter Ausstattung, Outdoor-Pool am Pistenrand, Frühstück mit Waffeln zum Selberbacken und das alles zu erschwinglichen Preisen. $$

Lake Louise, Alberta

Rund 2500 Betten bieten die Unterkünfte rund um den Lake Louise im Banff-Nationalpark.

Fairmont Chateau Lake Louise*****
111 Lake Louise Dr., Lake Louise, AB T0L 1E0
℃ (403) 522-3511, Fax (403) 522-3834
www.fairmont.com
Direkt am Ufer des Lake Louise gelegen, der spektakuläre Viktoria-Gletscher ist zum Greifen nahe, bie-

Fairmont Chateau in Lake Louise

Unterkünfte in den nördlichen Rockies

tet dieses Hotel absoluten Luxus, vier Restaurants, Boutiquen, Hallenbad, Whirlpool, Fitnesscenter und Dampfbad. $$$$

Deer Lodge***
P.O. Box 100, Lake Louise, AB T0L 1E0
✆ (403) 522-3747, Fax (403) 410-7406
Das Gegenmodell zum Chateau: Kein Fernsehen, dafür ein großartiger Hot Tub auf dem Dach. Das Haus ist alt und rustikal, aber gut gepflegt. $$$

Lake Louise Inn***
210 Village Rd., Lake Louise, AB T0L 1E0
✆ (403) 522-3791, Fax (403) 522-2018
www.lakelouiseinn.com
Gemütliches Hotel fünf Gehminuten vom Ortszentrum von Lake Louise. $$

Moonlight Basin, Montana

Bislang stehen in Moonlight rund 600 Betten zur Vermietung zur Verfügung, weitere werden u.a. im geplanten Base Village hinzukommen.

Moonlight Lodge***
Hwy. 64, Big Sky, MT 59716
✆ (406) 993-6000, Fax (406) 993-6606
www.eastwestbigsky.com
Verschiedene Optionen von sehr luxuriösen Ferienwohnungen für bis zu 10 Personen direkt in der Lodge bis hin zu rustikalen, aber sehr komfortablen Blockhütten für vier oder mehr Personen mit privatem Hot Tub auf der Terrasse, von der aus man einen herrlichen Blick über die Berge Montanas hat. Alle Unterkünfte haben direkten Pistenzugang. $$$$

Silver Star, British Columbia

Rund 3500 Betten umfasst das Angebot im Silver Star Mountain Resort, die zur Hochsaison gut gebucht sind. Alternativ kann man dann im 22 km entfernten Vernon logieren.

Swiss Hotel Silver Lode Inn***
Box 3005, Silver Star Mountain, BC V1B 3M1
✆ (250) 549-5105, Fax (250) 549-2163
www.silverlode.com
Außen auf Mining Town thematisiert, innen ein Hauch von Schweiz in Kanada. Restaurant mit Schweizer Küche, gemütliche Bar, Hot Tubs in einigen der 38 Zimmer. $$

Silver Star Club Resort***
Box 3003, Silver Star Mountain, BC V1B 3M1
✆ (250) 549-5191, Fax (250) 549-5177
www.silverstarclubresort.com
Zum Resort gehören das **Vance Creek Hotel** an der Main Street, in dem Rezeption, Bar und Restaurant untergebracht sind, das **Chilcoot** und als neueste Ergänzung das **Silver Creek Hotel**. Standard-Hotelzimmer im Chilcoot, ansonsten Apartments mit Küche und ein bis zwei Schlafzimmern. $$

Silver Star Vacation Homes****
Box 3002, Silver Star Mountain, BC V1B 3M1
✆ (250) 542-0224, Fax (250) 542-1236
www.skisilverstar.com
Pittoreske Villen im viktorianischen Stil, verstreut auf einer Anhöhe im Wald gelegen, vor den Häusern führen Pisten entlang, innen warten Kamin und Ledersofas, auf dem Balkon Hot Tub und Grill – ein echtes Wintermärchen. $$

Sun Peaks, British Columbia

Die 5000 Betten von Sun Peaks bieten alle optimalen Pistenzugang.

Delta Sun Peaks Resort****
3240 Village Way, Sun Peaks, BC V0E 1Z1
✆ (250) 578-6000, Fax (250) 578-6001
www.deltahotels.com
Größtes Hotel am Ort mit 220 komfortabel und geschmackvoll eingerichteten Zimmern direkt am Sundance-Lift. Großer Outdoor-Pool, drei Whirlpools, Sauna, Dampfbad. $$$$

Sun Peaks Lodge****
3180 Creekside Way, Sun Peaks, BC V0E 1Z1
✆ (250) 578-7878, Fax (250) 578-7865
www.sunpeakslodge.com
Perfekte Kopie eines Südtiroler Gasthauses im Her-

zen des Sun Peaks Village. Sauna, Whirlpool, Dampfbad und Tiefgarage. $$$

Nancy Greene's Cahilty Lodge***
3220 Village Way
Sun Peaks, BC V0E 5N0
✆ (250) 578-7454, Fax (250) 578-7451
www.cahiltylodge.com
Hotel der kanadischen Skilegende Nancy Greene. Familiäre Atmosphäre und günstige Packages mit kostenlosem Skipass vor Weihnachten. $$$

Sun Valley, Idaho

Sun Valley bietet 1200 Betten, in Ketchum kommen weitere rund 5000 Gästebetten hinzu. Noch etwas preiswerter kann man im 19 km entfernten Hailey logieren.

Sun Valley Lodge*****
Sun Valley, ID 83353
✆ (208) 622-2001, Fax (208) 622-2030

www.sunvalley.com
Die Mutter aller amerikanischen Skihotels: Hier gingen ab 1936 Hemingway und Hollywoodgrößen wie Gary Cooper, Cary Grant und Clark Gable ein und aus, ihre Bilder und viele weitere historische Aufnahmen schmücken die Gänge der luxuriös ausgestatteten Herberge, die über einen großen Outdoor-Pool und eine Eisbahn verfügt. $$$$

Sun Valley Inn*****
Sun Valley, ID 83353
✆ (208) 622-2001, Fax (208) 622-2030
www.sunvalley.com
Im Stil der Lodge ähnlich, auch der Pool hat dieselbe Größe, bietet aber den schöneren Blick auf den Bald Mountain. Wie in der Lodge wurden die Zimmer jüngst renoviert, mit TV-Großbildschirmen und Marmorbädern ausgestattet. $$$$

Unterkünfte in den nördlichen Rockies

Four Seasons Resort Jackson Hole

Teton Village, Wyoming

Teton Village bietet rund 3000 Betten mit direktem Zugang zu den Pisten.

Four Seasons Resort Jackson Hole*****
7680 Granite Loop Rd., Teton Village, WY 83025
✆ (307) 732-5000, Fax (307) 732-5001
www.fourseasons.com
Bestes Haus am Platz mit außergewöhnlichem Service und Spitzenlage direkt an der Talstation der Gondelbahn, 2003 neu eröffnet. $$$$$

Best Western Inn at Jackson Hole**
3345 W. McCollister Dr., Teton Village, WY 83025
✆ (307) 733-2311, Fax (307) 733-0844
www.innatjh.com
Schöner Outdoor-Pool mit Jacuzzi, 83 Zimmer (teilweise mit Küche), eigener Skiservice, nur wenige Schritte von den Liften. $$$$

Alpenhof Lodge***
3255 W. Village Dr., Teton Village, WY 83025
✆ (307) 733-3242, Fax (307) 739-1516
www.alpenhoflodge.com
Familiär geführtes Haus mit 43 Zimmern, rustikal mit viel Holz ausgestattet. $$$$

Teton Mountain Lodge
3385 W. Village Dr., Teton Village, WY 83025
✆ (307) 734-7111, Fax (307) 734-7999
www.tetonlodge.com
Herrliche Lobby mit zwei Kaminen und mächtigen Baumstämmen, Skischuhtrockner, TV mit Großbildschirm und High-Speed-Internet auf allen Zimmern. $$$

Unterkünfte im Pazifischen Nordwesten

PAZIFISCHER NORDWESTEN

Whistler, British Columbia

Mehr als 15 000 Betten bieten die verschiedenen Base Villages von Whistler in einer Entfernung von maximal 500 m zum nächsten Lift. Insgesamt kommt das Resort auf weit mehr als 20 000 Betten.

Fairmont Chateau Whistler******
4599 Chateau Blvd., Whistler, BC V0N 1B4
✆ (604) 938-8000, Fax (604) 938-2291
www.fairmont.com/whistler
Das Château Disaster aus Frank Schätzings Roman »Der Schwarm«, ist auch in der Realität das führende Haus am Platz und ideal direkt an der Talstation des Blackcomb Mountain gelegen. $$$$$

Four Seasons Whistler**
4591 Blackcomb Way, Whistler, BC V0N 1B4
✆ (604) 935-3400, Fax (604) 935-3455
www.fourseasons.com/whistler

Das führende Haus am Platz: Fairmont Chateau Whistler

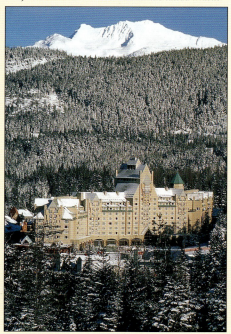

Das elegante Hotel öffnete im Mai 2004 im Upper Village am Blackcomb Mountain, alle Zimmer verfügen über Balkon oder Terrasse und Kamin. $$$$$

Listel Whistler Hotel**
4121 Village Green, Whistler, BC V0N 1B4
✆ (604) 932-1133, Fax (604) 932-8383
www.listelhotel.com
Gutes Hotel in optimaler Lage nahe den Liften und dem Ortszentrum, Außenpool, Whirlpool, Sauna, Waschautomaten, Playstation auf allen Zimmern. $$$$

Residence Inn**
4899 Painted Cliff Rd., Whistler, BC V0N 1B4
✆ (604) 905-3400, Fax (604) 905-3432
www.whistler-marriott.com
Erstklassiges Hotel, direkt an der Piste, etwas oberhalb der Talstation von Blackcomb gelegen. $$$

The Westin Resort & Spa***
4090 Whistler Way, Whistler, BC V0N 1B4
✆ (604) 905-5000, Fax (604) 905-5640
www.westinwhistler.com
Nur wenige Minuten von den Skiliften und dem Ortszentrum entfernt; Hallenbad, Whirlpool, Sauna, Fitnesscenter, Spa & Health Club über zwei Etagen. $$$$

Coast Whistler Hotel*
4005 Whistler Way, Whistler, BC V0N 1B4
✆ (604) 932-2522, Fax (604) 932-6711
www.coastwhistlerhotel.com
Pool, Sauna, Whirlpool und Skishop im Haus, 10 Gehminuten zum Lift, alternativ kostenloser Shuttle. $$$

Crystal Lodge & Suites*
4154 Village Green, Whistler, BC V0N 1B4
✆ (604) 932-2221, Fax (604) 932-2635
www.crystal-lodge.com
Im Herzen des Village gelegen, mehrere Restaurants im Haus. $$$

Delta Whistler Village Suites*
4308 Main St., Whistler, BC V0N 1B4
✆ (604) 905-3987, Fax (604) 938-6335
www.deltahotels.com
Im Zentrum des North Village, Innen- und Außenpool, Whirlpool, Sauna, Dampfbad, Wellness-Bereich, Skiverleih, 207 Zimmer, 10 Gehminuten vom Lift. $$$

Holiday Inn Sunspree Resort*
4295 Blackcomb Way, Whistler, BC V0N 1B4
✆ (604) 938-0878, Fax (604) 938-9943
www.whistlerhi.com
Mitten in Whistler gelegen, gut ausgestattete Studios

mit Internet, Küche und Bügelbrett, Starbucks-Café im Haus. $$$$

Horstman House***
4653 Blackcomb Way, Whistler, BC V0N 1B4
✆ (604) 935-3495, Fax (604) 935-3468
www.horstmanhouse.com
Schönes Apartmenthaus im Upper Village nahe der Talstation der Gondelbahn zum Blackcomb Mountain, beheizter Außenpool, Whirlpool, Fitnessraum, alle Zimmer mit Küche. $$$$

Whistler Cascade Lodge***
4315 Northlands Blvd., Whistler, BC V0N 1B4
✆ (604) 905-4875, Fax (604) 905-4089
www.whistler-cascadelodge.com
Zentral im Herzen von Whistler gelegen, alle Zimmer mit Kitchenette, Pool, Sauna, Whirlpool, Fitnessraum im Haus. $$$

Whistler Village Inn & Suites***
4429 Sundial Place, Whistler, BC V0N 1B4
✆ (604) 932-4004, Fax (604) 932-3487
www.whistlervillageinnandsuites.com
Kleineres Haus in unmittelbarer Nähe der Talstation der Gondelbahnen, beheizter Außenpool, Whirlpool, Sauna. $$

Whistler Village Resort***
4050 Whistler Way, Whistler, BC V0N 1B4
✆ (604) 932-7323, Fax (604) 932-7332
www.whistlervillageresort.com
Im Zentrum des Village, Restaurant, Bar und Geschäfte im Haus. $$$

KALIFORNIEN UND SÜDWESTEN

Mammoth Lakes, California

Der Ort verfügt über rund 8500 buchbare Betten, weitere gut 19 000 Betten stehen in Zweitwohnungen und privaten Ferienhäusern.

Alpenhof Lodge**
6080 Minaret Rd., Mammoth Lakes, CA 93546
✆ (760) 934-6330, Fax (760) 934-7614
www.alpenhof-lodge.com
Preisgünstiges Haus mit bayrischem Ambiente, eigener Bar und einem der besten Restaurants in Mammoth in idealer Lage direkt gegenüber der Gondelbahn. $$

Holiday Inn Mammoth & Suites***
3236 Main St., Mammoth Lakes, CA 93546
✆ (760) 924-1234, Fax (760) 934-3626
www.holidayatmammoth.com
Modernes Haus, rund 1,5 km von der Gondelbahn entfernt, mit komplett ausgestatteten Zimmern,

Unterkünfte in Kalifornien und Südwesten

darunter auch Familien-Apartments mit eigenem Jacuzzi. $$$

Mammoth Mountain Inn***
1 Minaret Rd., Mammoth Lakes, CA 93546
✆ (760) 934-2581, Fax (760) 934-0701
www.mammothmountain.com
Im Besitz der Liftgesellschaft, die hier ihre Kinderbetreuung untergebracht hat. Das Haus liegt direkt im Skigebiet, verfügt über Restaurant, zwei Gemischtwarenläden und Zimmer sowie Studios, von denen die besten im Hauptgebäude sind. $$$

North Lake Tahoe, California

Northstar bietet rund 5500 Betten im Resort selbst, der Bereich North Lake Tahoe mit Truckee, Tahoe City und Incline Village kommt auf weitere 10 000 Betten.

Northstar-at-Tahoe***
Northstar Dr., Truckee, CA 96160
✆ (530) 562-1010, Fax (530) 562-2215
www.northstarattahoe.com
Verstreut im Wald gelegene Condos für bis zu 14 Personen mit Holzfassaden, toller Ausstattung und kostenlosem Ruf-Shuttle. $$$$

Best Western Truckee Tahoe Inn***
11331 Brockway Rd., Truckee, CA 96161
✆ (530) 587-4525, Fax (530) 587-8173
www.bestwesterntahoe.com
Rund 10 km von Northstar entfernt, kostenlose Extras wie ein üppiges Frühstück sowie Kaffee und Tee in der Lobby, gut ausgestattete Zimmer und vergünstigte Skipässe für die Areale der Umgebung. $$

Squaw Valley, California

Im Umkreis von 5 km um die Talstationen werden 3500 Betten angeboten.

Resort at Squaw Creek****
400 Squaw Creek Rd., Olympic Valley, CA 96146
✆ (530) 583-6300, Fax (530) 581-6632
www.squawcreek.com
Eigenständige, luxuriöse Ferienanlage mit 403 Zimmern, eigenem Liftanschluss an das Skigebiet, vier Restaurants, Boutiquen, Spa, Fitnesscenter, Pools. $$$$

Unterkünfte in Kalifornien und Südwesten

The Village at Squaw***
1750 Village East Rd., Olympic Valley, CA 96146
✆ (530) 584-1000, Fax (530) 584-6290
www.thevillageatsqaw.com
Brandneue Condominiums, wenige Schritte von den Liften, alle mit Kamin, Balkon, High-Speed-Internet, DVD-Player und eigenem, kostenlosen Stellplatz in der Tiefgarage. Whirlpools, Sauna und Fitnesscenter im Haus. $$$

Squaw Valley Lodge****
201 Squaw Peak Rd., Olympic Valley, CA 96146
✆ (530) 583-5500, Fax (530) 583-0346
www.squawvalleylodge.com
Zentral zwischen Cable Car und Funitel gelegen, alle Studios und Wohnungen mit Küche, kostenlose Tiefgarage. $$$$

South Lake Tahoe, California

Insgesamt 22 000 Betten stehen zu beiden Seiten der Staatsgrenze zur Verfügung. Sie werden wegen der Casinos auch im Winter teilweise durch Nichtskifahrer belegt.

Marriott's Timber Lodge***
4100 Lake Tahoe Blvd., South Lake Tahoe, CA 96150
✆ (530) 542-6600, Fax (530) 542-6610
www.marriott.com
Ideale Lage direkt neben der Talstation der Village Gondola. Nur wenige Schritte zu den Casinos in Stateline. $$$$

Inn by the Lake***
3300 Lake Tahoe Blvd., South Lake Tahoe, CA 96150
✆ (530) 542-0330, Fax (530) 541-6596
www.innbythelake.com
Geräumige, gut ausgestattete Zimmer, abwechslungsreiches kostenloses Frühstück, Shuttle-Stopp vor der Haustür, eigenes Fitnesscenter. $$

Best Western Timber Cove Lodge***
3411 Lake Tahoe Blvd., South Lake Tahoe, CA 96150
✆ (530) 541-6722, Fax (530) 541-7959
www.timbercovetahoe.com
Herrliche Lage direkt am Seeufer mit eigenem Pier und Outdoor-Pool. $

Embassy Suites***
4130 Lake Tahoe Blvd., South Lake Tahoe, CA 96150
✆ (530) 544-5400, Fax (877) 497-8483
www.embassytahoe.com
400 Suiten in guter Lage nur 50 m vom nächsten Casino und unweit der Gondelbahn. Schönes Ambiente, herausragender Service, umfangreiche Ausstattung. $$$

Lakeland Village***
3535 Lake Tahoe Blvd., South Lake Tahoe, CA 96150
✆ (530) 544-1685, Fax (530) 544-7796
www.lakeland-village.com
Tolle Lage direkt am See, ideal für Gruppen oder Familien geeignete, geräumige Ferienwohnungen, Shuttle zu den Talstationen. $$

Service von A–Z

SERVICE von A–Z

Anreise 281
Ausreise........................ 281
Autofahren 282
Automiete 283
Backcountry/out of bounds 283
Einreisebestimmungen 284
Essen und Trinken 284
Geld/Devisen/Reisekosten 285
Gepäck 286
Hinweise für Behinderte 287
Klima/Kleidung.................... 287
Langlauf 288
Liftanlagen 288
Links rund um den Schnee 288
Maße und Gewichte 290
Medizinische Vorsorge............... 290
Notfälle 291
Pisten 291
Post.......................... 292
Saisonzeiten/Feiertage............... 292
Sicherheit 293
Skipässe/Liftverbünde 293
Skischulen und Guides 295
Snowboard 295
Sprache/Ski-Slang.................. 295
Stromspannung 297
Telefonieren 297
Trinkgeld 298
Unterkunft 298
Verleih........................ 299
Wartezeiten 299
Zeitunterschied/Jetlag 299
Zoll.......................... 299

Anreise

Man sollte mindestens zwei Stunden vor Abflug in Europa beim Check-in Schalter sein, da bereits hier umfangreiche Sicherheitsüberprüfungen stattfinden.
Die wichtigsten Gateways für die Skigebiete Nordamerikas sind:
– **Denver** (Nonstopflug ab Frankfurt mit United Airlines in 10 $^{1}/_{2}$ Std. ab Frankfurt)
– **Salt Lake City** (kein Nonstopflug, die schnellste Verbindung bietet United Airlines via Chicago in 14 $^{1}/_{2}$ Std.)
– **San Francisco** (Nonstopflug mit United Airlines in 11 $^{1}/_{2}$ Std.)
– **Boston** (auch hier bietet United den schnellsten Flug: 8 Std.)
– **Calgary** (nonstop mit Air Canada in 10 Std.)
– **Vancouver** (nonstop in 10 $^{1}/_{2}$ Std.) und
Montreal (nonstop in 8 $^{1}/_{4}$ Std. mit Air Canada) in Kanada.
Zurück geht's dank Jetstream meist schneller.
Während des Fluges verteilen die Flugbegleiter in der Regel Einreise- und Zollformulare. Die teilweise lächerlich anmutenden Fragen sollte man nicht zum Anlass für Kommentare bei der Einreise nehmen. Als Adresse gibt man am besten das erste Hotel im Zielgebiet an.
  Vor der Gepäckausgabe wartet der *immigration officer*, der sich nach Zweck *(holiday)* und Dauer der Reise erkundigt und die Aufenthaltsdauer festsetzt. In Folge der Ereignisse des 11. September wurden die Einreisebedingungen verschärft und die Kontrollen ausgeweitet (zum Teil muss man die Schuhe ausziehen, von jedem Einreisenden werden ein digitales Porträtfoto und Fingerabdrücke von beiden Zeigefingern gemacht, das Gleiche geschieht bei der Ausreise), so dass bei der Einreise insbesondere in die USA mit langen Wartezeiten zu rechnen ist.
  Gepäck kann man zwar zum endgültigen Bestimmungsort durchchecken. Man muss es am ersten angesteuerten Flughafen aber in Empfang nehmen und hinter dem Zoll neu einchecken. Wer beim Flug ins Skigebiet umsteigen muss, sollte daher unbedingt genügend Transferzeit einplanen. Das Winterwetter bringt in Nordamerika die Flugpläne gelegentlich durcheinander. Man sollte daher versuchen, möglichst wenige Teilstrecken einzuplanen, wenn man über Flughäfen im Nordosten, mittleren Westen oder Kanada fliegt.

Ausreise

An einigen Flughäfen wird bei der Ausreise eine so genannte »Airport Improvement Fee« erhoben, die in den Preisen der Flugtickets nicht enthalten ist. So muss man beim Abflug vom Flughafen Vancouver zurzeit CAN-$ 15 pro Person entrichten.

SERVICE von A–Z

Autofahren

Hat man den oft noch recht dichten Verkehr um die Airports erst einmal hinter sich, kann man sich auf entspanntes Fahren freuen. Vom *Cruising* (bedeutet ungefähr so viel wie entspanntes Gleiten) spricht man schließlich nicht nur beim Skifahren. Sowohl in den USA als auch in Kanada fährt man vergleichsweise rücksichtsvoll und in Folge der Tempolimits auch langsamer.

Straßenkarten und Stadtpläne bekommt man meist kostenlos entweder direkt am Mietwagenschalter oder bei der Tourist Information am Flughafen oder gegen Bares an vielen Tankstellen, in Drugstores und Buchhandlungen.

Die Orientierung ist einfach, da die in den Karten verzeichneten Nummern für Straßen aller Kategorien auch ausnahmslos an den Wegweisern angezeigt sind, ergänzt um die Information, in welcher Himmelsrichtung man gerade unterwegs ist. Dafür fehlen Richtungshinweise für weiter entfernte Ziele, wie sie in Europa üblich sind.

In Kanada erfolgen alle Angaben im metrischen System (Entfernungs- und Geschwindigkeitsschilder), mit Ausnahme älterer Straßenschilder, die noch Meilen ausweisen – das kann für Verwirrung sorgen.

Die **Verkehrsvorschriften** entsprechen weitgehend denen in Europa. Einige Unterschiede gibt es aber:

- Auf Autobahnen (Interstate Highways) gilt ein Tempolimit, in der Regel 65–75 m.p.h. (Meilen pro Std., d.h. 105–121 km/h), in Ortschaften 25–30 m.p.h. (40–48 km/h).
- An Schulbussen mit blinkender Warnanlage, die Kinder ein- oder aussteigen lassen, darf man nicht vorbeifahren. Das gilt auch für Fahrzeuge aus der Gegenrichtung!
- Rechts abbiegen an roten Ampeln ist erlaubt, nachdem man vollständig angehalten und sich vergewissert hat, dass weder ein Fußgänger noch ein anderes Fahrzeug behindert wird.
- Außerhalb von Ortschaften muss man zum Parken oder Anhalten vollständig von der Straße abfahren.
- Fußgänger haben immer Vorfahrt.
- Die Anschnallpflicht variiert je nach Staat/Provinz.

Abgesehen davon, dass Alkohol am Steuer natürlich (im Rahmen unterschiedlicher Promillegrenzen) nicht erlaubt ist, ist es auch untersagt, angebrochene Spirituosen im Auto mitzuführen.

An Tankstellen muss man manchmal im Voraus bezahlen (PAY FIRST) bzw. eine Kreditkarte hin-

Auf dem Weg von Taos nach Denver: Blanca Peak

terlegen. Die Preise variieren: Gegen Barzahlung und/oder bei Selbstbedienung (SELF SERVE) gibt es mehr Sprit als auf Kreditkarte und/oder beim Tankwart (FULL SERVE).

SERVICE von A–Z

Automiete

Skiurlaub in Nordamerika erfordert in vielen Fällen zwar nicht unbedingt einen Mietwagen, da die großen Skigebiete bezahlbare Shuttlebusse von den Airports anbieten und die Orte selbst meist über ein funktionierendes öffentliches Transportsystem verfügen, dennoch ist man mit dem eigenen Wagen flexibler. Besonders viele Flexibilität bietet ein Wohnmobil. Die erhält man im Winter besonders günstig und in vielen Skigebieten kann man über Nacht kostenlos stehen.

Die meisten Hotels berechnen relativ hohe **Parkgebühren**, sie können bis zu $ 40 pro Tag betragen. Wer nach einem Transatlantikflug zunächst noch einen Aufenthalt in Boston, San Francisco oder Vancouver plant, sollte den Mietwagen erst an dem Tag anmieten, an dem die Fahrt ins Skigebiet oder der Beginn der Rundreise ansteht.

In einigen Regionen bietet es sich überdies an, während eines Aufenthalts mehrere Skigebiete abzufahren. Dafür ist man auf einen Mietwagen angewiesen. Den sollte man **unbedingt bereits vor Reiseantritt buchen und bezahlen**, vor Ort ist das wesentlich teurer.

Infos zu Mietpreisen, Freimeilen und Überführungsgebühren erhält man im Reisebüro oder direkt bei den internationalen Autovermietern. Die informieren auch über die Kosten für Skigepäckträger und Schneeketten, die man bei Fahrten in die Skigebiete sicherheitshalber dabei haben sollte. Einige Autovermieter bieten allerdings keine Schneeketten an und verbieten sogar deren Benutzung. Wer nicht mit Sommerreifen in einen Schneesturm geraten will, sollte das bei der Wahl des Autovermieters beachten. Wer längere Strecken fährt, sollte auch einen Schlafsack im Kofferraum haben.

Bei der Anmietung des Autos vor Ort muss man den nationalen **Führerschein** und eine **Kreditkarte** vorlegen. Wer keine besitzt, muss, wenn er einen Gutschein *(voucher)* hat, im Voraus bezahlen und eine Kaution hinterlegen. Klären Sie bereits bei der Buchung vor Reiseantritt ab, dass der Abschluss weiterer Versicherungen vor Ort nicht erforderlich ist (weil diese z.B. schon über die Kreditkarte abgedeckt sind). Dann fällt es leichter, den hartnäckigen Versuchen der Mietwagenfirmen-Mitarbeiter, weitere Leistungen zu verkaufen, zu widerstehen.

Den Wagen sollte man bei Übernahme zunächst genau untersuchen und sich insbesondere beim Camper alles genau erklären lassen. Bezüglich des Sprits gibt es verschiedene Regelungen. Am wenigsten Stress hat man, wenn man die erste Tankfüllung bezahlt und dafür den Wagen leer zurückgeben kann. Am Ende der Reise gegebenenfalls ein paar Liter nicht verfahrenen Sprit zu verschenken schmerzt weniger, als ein wegen der Suche nach einer Tankstelle verpasster Flug.

Backcountry/out of bounds

Als Backcountry wird das liftmäßig unerschlossene »Hinterland« der Skigebiete bezeichnet. Im Backcountry befindet man sich also außerhalb der Grenzen *(out of bounds)* des regulären Skigebiets und die darf man in der Regel nicht überschreiten. Wer es dennoch tut und dabei von der Ski Patrol erwischt wird, hat die längste Zeit einen Skipass gehabt. Zwar ist der Zugang ins Backcountry nicht grundsätzlich untersagt, er darf aber nicht aus dem markierten Skiraum erfolgen. Damit will die Forstverwaltung, auf deren Gelände die meisten Skigebiete operieren, vermeiden, dass der Skibetrieb über definierte Grenzen hinaus für Störungen des Wildes sorgt. Dafür hat man innerhalb der Skigebietsgrenzen in Nordamerika kaum Restriktionen beim Variantenfahren zu berücksichtigen.

Einige Skigebiete, wie Jackson Hole in Wyoming oder Moonlight Basin in Montana, ermöglichen jedoch den Zugang durch so genannte *backcountry gates*. Sie haben dafür eine spezielle Genehmigung *(permit)* des Forest Service. Andernorts gelangt man von ausgewiesenen *trailheads* in die Tourengebiete. Egal wie man es erreicht: Im Backcountry ist spezielle Ausrüstung unabdingbar. Eine Lawinenschaufel, Erste-Hilfe-Set und Verschütteten-

SERVICE
von A-Z

Suchgerät, das man vielerorts in Skischulen oder Sportgeschäften ausleihen kann, gehören auf jeden Fall in den Rucksack. Vor dem Aufbruch sollte man sich über die aktuelle Lawinengefahr informieren. Ohne einen Partner oder Guide, der im Notfall für Hilfe sorgen kann, sollte man ebenfalls nicht losgehen. Weitere Informationen unter Sicherheit.

Einreisebestimmungen

USA: Deutsche Staatsangehörige benötigen für die Einreise einen maschinell lesbaren Reisepass (weinrot), der mindestens für die Dauer des geplanten Aufenthaltes gültig sein muss. Das gilt auch für Kinder. Ein Visum benötigen Staatsbürger u.a. aus Deutschland, Österreich und der Schweiz erst ab einer Aufenthaltsdauer von mehr als 90 Tagen. Rückflug- bzw. Weiterflugticket (außer für Kanada, Mexiko und Karibik) müssen vorliegen.

Weitere Auskünfte erteilt die Einreise- und Visa-Hotline unter ✆ 0190-85 00 55 (€ 1,86/Minute). Auskünfte auch im Internet unter www.auswaertiges-amt.de.

Kanada: Bürger der Bundesrepublik Deutschland können mit einem gültigen, elektronisch lesbaren Reisepass ohne Visum nach Kanada einreisen. Der Pass muss bis zur Beendigung der Rückreise in das Heimatland gültig sein und man muss ein Rückreiseticket (oder einen anderen Nachweis, dass die Rückreise gesichert ist) vorlegen können. Viele Fluggesellschaften schreiben allerdings eine längere Gültigkeitsdauer des Reisepasses vor (meist sechs Monate über den Aufenthalt hinaus).

Weitere Auskünfte bei der Kanadischen Botschaft unter ✆ (030) 20 31 20 oder im Internet: www.auswaertiges-amt.de.

Ratsam ist es, sicherheitshalber Kopien von Pass, Führerschein, Kreditkarte und Flugticket anzufertigen, und diese getrennt von den Originaldokumenten aufzubewahren.

Essen und Trinken

Frühstück: Das *Breakfast* ist im Preis für die Übernachtung zumeist nicht eingeschlossen, allerdings haben sich einige Ski-Hotels auf europäische Klientel eingestellt und servieren zumindest etwas süßes Gebäck, Tee und Kaffee. Die Preise für das Frühstücksbüffet sind oft ziemlich saftig. Eine reizvolle und erstaunlich preiswerte Alternative ist es, eines der meist zahlreichen Restaurants oder einen Coffee Shop aufzusuchen, die Frühstück servieren. Zu den Klassikern zählen neben *Bagels* und *Pancakes* auch die Kombi aus kross gebratenem Speck *(bacon)*, Rührei, Bratkartoffeln *(hash browns)* und Toast.

Mittagessen: Den *Lunch* nimmt man auf einer Skireise meist gezwungenermaßen im Restaurant am Berg zu sich, am besten vor 12.30 Uhr, denn anschließend können die Warteschlangen sehr lang werden. Das Grundangebot der amerikanischen Berggastronomie präsentiert sich kontinentweit ziemlich einheitlich: *Burger*, *Chili* (gerne im Brot angerichtet), *Fries* und Pizza in Selbstbedienung und statt Skiwasser gibt es *Cranberry Juice*. Je nach Gegend ergänzt um wenige regionale Spezialitäten (z.B. *Clam Chowder* in Neuengland, eine sämige Suppe mit Meeresfrüchten).

In den Top-Orten etablieren sich mittlerweile auch anspruchsvollere Gastronomiekonzepte, vereinzelt gibt es Bedienrestaurants. Die Preise sind beim gegenwärtigen Dollarkurs auf Alpenniveau. In *picknick rooms* kann man mitgebrachte Speisen verzehren, manchmal sind diese sogar mit Mikrowelle ausgestattet. Trinkwasserspender sind weit verbreitet und grundsätzlich kostenlos. Bergrestaurants schließen übrigens früh, teils schon um 14 Uhr.

Abendessen: Im Vergleich mit Europa essen die meisten Amerikaner früh zu Abend, trotzdem ist in den großen Resorts die gastronomische Versorgung bis in den späten Abend gewährleistet (wenn auch ab 21 oder 22 Uhr oft nur noch in reduziertem Umfang) und sie ist besser als ihr Ruf. In den populärsten Restaurants erhält man ohne Reservierung meist nur nach längerer Wartezeit einen Platz. Die Preise für ein Dinner sind recht hoch, aber es werden sehr große Portionen serviert. Man kann zur Kostensenkung ohne weiteres beim stets

Bergrestaurant in Telluride

Beaver Creek: Gourmet-Dinner in der Blockhütte

gereichten (kostenlosen) Wasser bleiben und kein Getränk ordern. Außerdem ist es üblich, sich die Reste des Essens zum Mitnehmen einpacken zu lassen. Wer ein *condominium* an der Piste hat, kann sich das Essen am Mittag des nächsten Tages bei einem kurzen Zwischenstopp in der Mikrowelle schnell aufwärmen. Alternativ bestellt man ein Hauptgericht für zwei Personen, auch das ist gang und gäbe.

Die im Buch aufgeführten Restaurants sind nach folgenden **Preiskategorien** für ein Abendessen (ohne Getränke, Vorspeisen, Desserts, Steuer und Trinkgeld) gestaffelt:

$ – bis 15 Dollar
$$ – 15 bis 25 Dollar
$$$ – über 25 Dollar

In Restaurants in Nordamerika ist es üblich, am Eingang zu warten, bis einer der Mitarbeiter einen Platz zuweist. Bezahlt wird selten beim Kellner sondern meist an der Kasse. Das übliche Trinkgeld kann man einfach auf dem Tisch liegen lassen.

Alkohol: Die Verkaufs- und Ausschankgesetze für Alkohol variieren von Staat zu Staat und von Provinz zu Provinz. Die strengsten Gesetze hat der Mormonenstaat Utah, aber das Sprichwort »if you don't find a drink in Utah, you aren't thirsty« zeigt, dass niemand verdursten muss. Zwar ist Alkoholausschank nur in privaten Clubs erlaubt. Letztlich hat das aber nur eine kleine Formalität beim Betreten einer Bar oder eines Pubs zur Folge. Man muss Mitglied werden und für die Mitgliedschaft ein paar Dollar zahlen. Dafür kann man als »Mitglied« auch Freunde als »Gäste«, mit in den »Club« bringen, was die Sache verbilligt. Restaurants dürfen ohne Formalitäten an der Bar Alkohol ausschenken, allerdings darf man nicht mehr als ein Glas alkoholischen Inhalts gleichzeitig vor sich stehen haben.

Das Mindestalter für den Konsum von Alkohol liegt jedoch fast überall bei 21 Jahren. Den Ausweis sollte man auch beim Einkauf im Supermarkt dabei haben, auch wenn es dort nur Getränke mit niedrigem Alkoholgehalt gibt. Hochprozentiges erhält man nur in den *liquor shops*, allerdings nicht an Sonn- und Feiertagen. Das Trinken von Alkohol in der Öffentlichkeit ist untersagt und auch beim Skifahren verpönt. Die in Europa üblichen Schneebars gibt es nicht.

Geld/Devisen/Reisekosten

Kanadischer und US-Dollar haben 100 Cent. Es gibt jeweils Münzen zu 1 Cent *(penny)*, 5 Cent *(nickel)*, 10 Cent *(dime)*, 25 Cent *(quarter)*, 50 Cent *(half dollar)* und 1 Dollar. Im Umlauf befinden sich außerdem Scheine zu 1, 2, 5, 10, 20, 50 und 100 Dollar. Vorsicht: Die US-Dollar Scheine *(bills, notes)* sind alle gleich groß und grün (Ausnahme: die 20-Dollar-Note, die seit neuestem pfirsichfarben ist), das führt leicht zu Verwechslungen. Viele Geschäfte und vor allem Tankstellen nehmen Banknoten

SERVICE
von A–Z

nur bis zu einem Wert von $ 50 an. Große Scheine also im Hotel stückeln lassen oder gar nicht erst mitbringen.

Da für den Bargeldtausch Gebühren anfallen und ungünstigere Wechselkurse als beim bargeldlosen Zahlungsverkehr berechnet werden, empfiehlt es sich, soweit als möglich **Kreditkarten** zu verwenden. Die sind ohnehin sinnvoll bei der Anmietung von Mietwagen und häufig bei der Durchführung von Reservierungen Pflicht. Alle bekannten und gängigen Kreditkarten (VISA, Mastercard, American Express und Diners) werden überall als Zahlungsmittel akzeptiert – auch für kleine Beträge.

Reiseschecks werden ebenfalls problemlos angenommen. Man bezahlt damit im Restaurant, an der Tankstelle und im Hotel und erhält Wechselgeld in bar zurück. Bargeld in Euro wird selbst in den Großstädten nur am internationalen Flughafen und – zu normalen Banköffnungszeiten – in einigen wenigen Wechselstuben umgetauscht. Mittlerweile erhält man auch an vielen Geldautomaten nicht nur mit der Kreditkarte, sondern auch mit der EC-Karte Geld (auf das Cirrus-Zeichen achten).

Entsprechend unserer Mehrwertsteuer werden auch in den USA und Kanada verschiedene Verkaufssteuern *(Sales Tax, Goods & Service Tax)* erhoben, deren Höhe allerdings staatenabhängig variiert und bis zu 15 % betragen kann. **In Nordamerika ist es üblich, Preise netto auszuweisen und die Steuer erst beim Bezahlen aufzuaddieren.** Man zahlt also mehr, als auf dem Preisschild oder in der Speisekarte steht.

Kanada ist in jeder Hinsicht das günstigere Skiland. Die Preise für Skipässe, Essen und Unterkunft liegen teils deutlich unter US-Niveau.

Gepäck

Pro Person können zwei Gepäckstücke bis zu je 32 kg mitfliegen. Reisegepäck nach/von/innerhalb der USA nicht abschließen, da die US-Behörden die verschlossenen Koffer z.T. gewaltsam öffnen. Dadurch entstehende Kofferschäden ersetzt die Fluggesellschaft nicht.

Da eine Skiausrüstung als ein Gepäckstück zählt, kann es durchaus Sinn machen, im Skisack nicht nur Ski und Stöcke zu verstauen. Ski werden als sperriges Gepäck *(bulk luggage)* behandelt und man muss an der Gepäckausgabe fallweise länger auf sie warten. Daher ist die Option Leihski bei knappen Fluganschlüssen prüfenswert. Man bekommt in allen Skigebieten erstklassiges Material (siehe Verleih).

Nichts wie rein: Wo es kalt wird, gibt's zum Glück auch Wärmehütten

Hinweise für Behinderte

In den USA gibt es erheblich mehr Einrichtungen für Rollstuhlfahrer, die zudem meist besser ausgestattet sind als z.B. in Deutschland. Allgemein kann man sich darauf verlassen, dass alle öffentlichen Gebäude (z.B. Rathäuser, Postämter, Besucherzentren) Rampen haben. Dies gilt auch für die meisten Supermärkte, Museen und Sehenswürdigkeiten. Durchweg sind Bordsteine an den Fußgängerüberwegen abgeflacht. In vielen Hotels und Hotelketten gibt es Rollstuhlzimmer. Die Firma AVIS vermietet Autos mit Handbedienung.

Einige Skigebiete bieten spezielle Programme für Rollstuhlfahrer und blinde Skifahrer. Winter Park in Colorado beherbergt das »National Sports Center for the Disabled«, das neben Skiunterricht u.a. auch Golfen, Rafting, Klettern, Radfahren und therapeutisches Reiten anbietet. Mit 17 000 Unterrichtsstunden pro Jahr ist es die größte derartige Einrichtung weltweit (www.nscd.org).

Klima/Kleidung

Die Größe des nordamerikanischen Kontinents bedingt extrem unterschiedliche Klimata. Die Skigebiete liegen in den wärmeren Regionen jedoch in größeren Höhenlagen, so dass selbstverständlich in allen Skiregionen während der Wintersaison entsprechende Witterung herrscht. Trotzdem gibt es markante Unterschiede. Mit extremer Kälte muss man z.B. in **Québec** oder den **nördlichen Rocky Mountains** rechnen. Sehr wechselhaft ist das Wetter an der **Ostküste** (Wechsel zwischen Eisschranktemperaturen und Regenwetter), in **Alberta** (bei Föhn sonniges T-Shirt-Wetter, normalerweise aber zweistellige Minusgrade) und an der **Pazifikküste** (auch in Whistler regnet es regelmäßig, extrem niedrige Temperaturen sind hier ebenso wie in Kalifornien eher selten).

Als besonders sonnig gelten die Skigebiete in **Colorado** und in **Kalifornien**, aber die gern verbreitete Mär, dass der Schnee in den Rockies meist nachts fällt, sollte man nicht glauben, auch in Colorado kann der *White-Out* tagelang dauern. Wegen der südlichen Lage sind Warmlufteinbrüche in **Colorado**, **Utah**, **Kalifornien** und **New Mexico** (ganz zu schweigen von Nevada und Arizona) jederzeit möglich.

Zur Orientierung nachfolgend durchschnittliche Tagesmaxima und -minima der Temperatur in einigen Orten in Grad Celsius.

Ort	Dez.	Jan.	Feb.	März	April
Aspen, CO	2/-12	2/-13	4/-11	8/-7	11/-3
Alta, UT	0/-10	-1/-11	0/-10	1/-8	5/-5
Jackson, WY	-2/-14	-3/-15	0/-13	5/-9	11/-4
Banff, AB	-4/-13	-6/-16	-2/-14	3/-10	9/-4
Lake Louise, AB	-7/-20	-7/-21	-2/-18	3/-14	8/-7
Whistler, BC	0/-6	0/-6	3/-4	7/-3	12/0
Heavenly, CA	5/-6	4/-7	5/-7	7/-5	10/-3
Tremblant, QC	-5/-15	-8/-20	-5/-18	1/-11	8/-3
Wildcat, NH	-1/-11	-4/-15	-2/-14	2/-9	8/-2
Mt. Mansfield, VT	-6/-14	-8/-17	-8/-16	-4/-12	3/-5

Die **Skibekleidung** sollte also auf unterschiedlichste Temperaturen abzustimmen sein, was am besten nach dem Zwiebelschalenprinzip funktioniert. Zusätzlich zu den üblichen Accessoires sollte man eine Gesichtsmaske mitnehmen. Auch ein Paar Seidenhandschuhe kann die Kälte erträglicher machen.

Wer an die Ostküste oder an die Pazifikküste reist, ist mit wasserdichtem, aber atmungsaktivem Material (Jacke, Hose und Handschuhe) gut beraten. Unser Autor hat mit Bekleidung von Schöffel sehr gute Erfahrungen gemacht. Die Zeiten, als man in Nordamerika preisgünstig Sportbekleidung kaufen konnte, sind übrigens vorbei.

SERVICE
von A–Z

Nach dem Skifahren ist legere, aber warme Freizeitkleidung angesagt, denn abends und nachts wird es auch nach milden Tagen oft sehr kalt. Formelle Kleidung ist auch in den besten Restaurants nur in absoluten Ausnahmefällen erforderlich.

Langlauf

Anders als in Europa ist das Benutzen von Loipen in Nordamerika fast immer kostenpflichtig. Die meisten **Nordic Centers** sind privat betriebene Unternehmen, die Loipenpflege wird also nicht als kommunale Angelegenheit zur Tourismusförderung betrachtet. Außerhalb klassischer Wintersportgebiete spuren die Kommunen jedoch Loipen für die einheimische Bevölkerung. Der Preis für einen *trail pass* in einem kommerziellen Langlaufgebiet muss die tatsächlichen Kosten decken und beträgt dementsprechend bis zu $ 28 pro Tag. Dafür kann man sicher sein, dass die Loipen nicht von Fußgängern zertreten sind.

Das größte Langlaufareal ist **Royal Gorge** in der Nähe des Lake Tahoe in Kalifornien, es bietet 90 gespurte Loipen über 330 km Länge (15 km beschneit), 10 Wärmestuben, Lifte an Steigungsstrecken und eine große Daylodge auf einem Areal von 36 km (www.royalgorge.com). Die Webseite der Cross County Ski Areas Association (www.xcski.org) bietet Informationen zu Skilanglaufgebieten in ganz Nordamerika.

Das benutzen der gespurten Langlaufloipen ist kostenpflichtig

Topmoderne Sechssesselbahn mit Doppeleinstieg in Breckenridge

Liftanlagen

Die Skipisten werden traditionell fast immer von Sesselbahnen bedient, schließlich sind sie eine amerikanische Erfindung (die erste ging in Sun Valley in Betrieb). Gondelbahnen sind selten (und wurden seit Einführung der schnellen, kuppelbaren Sessellifte vielfach durch solche ersetzt), Pendelbahnen sind absolute Exoten und Schlepplifte bringen lediglich Anfänger bergwärts.

Die Sesselbahnen haben oft keine Fußstützen (vereinzelt nicht einmal Sicherheitsbügel). Das hat versicherungstechnische Gründe, denn Fußstützen sorgen am Ausstieg oft für Komplikationen und amerikanische Skifahrer klagen gerne. Das ist auch ein Grund dafür, dass die Lifte oft schon um 15.30 Uhr schließen – je später der Tag, desto höher die Unfallquote. Nebenbei spart das natürlich Betriebskosten.

Die größeren Skigebiete haben ihre Liftflotten mittlerweile so weit modernisiert, dass man Fahrten mit langsamen Sesselbahnen fast komplett vermeiden kann. Die kurzen Fahrtzeiten sind auch bei tiefen Temperaturen sehr angenehm.

Links rund um den Schnee

Der Vista Point Ski Guide Nordamerika bietet gebündelte Informationen über die Skiresorts in Nordamerika. Mehr als vier Millionen Seiten findet man, wenn man zum Beispiel unter www.google.de »Ski USA« oder »Ski Canada« als Suchbegriff eingibt. Einige der interessantesten Adressen aus dem Datenwhiteout des World Wide Web finden Sie hier.

Wenn Ihnen die mehr als 100 in diesem Führer vorgestellten Skigebiete nicht reichen: **www.ski**

town.com bietet einen vorbildlich strukturierten Überblick über fast alle rund 750 Skigebiete Nordamerikas, einschließlich Panoramakarten. Einziges Manko dieser Site: Die Webadressen der Skigebiete sind nur in Einzelfällen angegeben.

Wer wissen will, wie es anderen Skifahrern am potentiellen nächsten Urlaubsort ergangen ist, findet ausführliche Beschreibungen dazu in den Reviews unter **www.goski.com**. Für welche Skigebiete man zu spät kommt, weil sie längst nicht mehr existieren, zeigen private Webseiten wie **www.nelsap.org** *(New England lost ski area project)* oder **www.coloradoskihistory.com**. Außer aufgegebenen Gebieten (allein in New York und New England sind das rund 750) findet man auf diesen Seiten auch Infos zu liebenswerten Kleinstarealen.

Eine gute Quelle für Neuigkeiten und interessante Features sind die Webseiten der amerikanischen Skizeitschriften *Skiing Magazine* (**www.skiingmag.com**) und *SKI* (**www.skimag.com**).

Wer sich über Hintergründe des amerikanischen Skibusiness informieren will, ist bei **www.saminfo.com**, der Webseite der Zeitschrift *Ski Area Management* gut aufgehoben.

Die Seite von Tony Crocker (**http://members.aol.com/crockeraf/main.htm**) nannte das *Powder Magazine* (www.powdermag.com) »die vollständigste, umfassendste und objektivste Quelle

SERVICE von A–Z

Informiert über Skigebiete: Nelsap

Mit Google Earth im Tiefflug über die Skigebiete – hier den Mount Hood mit den Arealen Timberline und Mount Hood Meadows

SERVICE
von A–Z

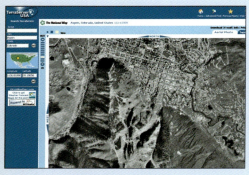

Kostenfreier Download: Terraserver

Längenmaße:	1 inch (in.)	= 2,54 cm
	1 foot (ft.)	= 30,48 cm
	1 yard (yd.)	= 0,9 m
	1 mile	= 1,6 km
Flächenmaße:	1 square foot	= 930 cm²
	1 acre	= 0,4 Hektar
		(= 4 047 m²)
	1 square mile	= 259 Hektar
		(= 2,59 km²)
Hohlmaße:	1 pint	= 0,47 l
	1 quart	= 0,95 l
	1 gallon	= 3,79 l
Gewichte:	1 ounce (oz.)	= 28,35 g
	1 pound (lb.)	= 453,6 g
	1 ton	= 907 kg
Temperatur:	32° Fahrenheit	= 0° Celsius
	104° Fahrenheit	= 40° Celsius

Umrechnung: Grad Fahrenheit minus 32 geteilt durch 1,8 = Grad Celsius

zum Thema Schneefall in den nordamerikanischen Skigebieten«. Tonnenweise Schneefalldaten zu den mehr als 2800 Wetterstationen in den 13 westlichsten amerikanischen Bundesstaaten findet man unter **www.wrcc.dri.edu/climsum. html**. Analoge Informationen zu Kanada **www.climate.weatheroffice.ec.gc.ca**.

Links zu den Lawinenwarndiensten an Ost- und Westküste sowie in den Rockies bietet die Seite **www.csac.org**.

Wer sich mögliche Reiseziele erst mal im Luftbild mit einem Meter Auflösung oder auf einer topografischen Karte (beides auch sehr nützlich für Touren ins Backcountry) ansehen möchte, findet die entsprechenden Dateien für die gesamte USA (!) unter **http://terraserverusa.com**, für British Columbia (lückenhaft) unter **http://maps. gov.bc.ca** und für ganz Kanada (gröbere Auflösung) unter **http://toporama.cits.rncan. gc.ca**.

Faszinierende dreidimensionale Flüge über die Skigebiete in Top-Auflösung bietet **www. earth. google.com**. Downloads von Karten oder Flügen sind mit der kostenfreien Version des Programms allerdings nicht möglich.

Hilfreich bei der Anreiseplanung ist ein Routenplaner, der auch Skigebiete in seiner Datenbank hat, Mappoint (**http://mappoint.msn.com**) hat sie alle. Allerdings keine Wintersperren – also Straßenkarte mitnehmen.

Maße und Gewichte

Kanada hat vor einiger Zeit das metrische System eingeführt. Im Alltag werden jedoch auch dort nach wie vor häufig Fuß, Meilen, Pounds und Pints verwendet, in den USA sowieso. Die oben stehende Aufstellung hilft bei der Umstellung.

Medizinische Vorsorge

In den USA ist man automatisch Privatpatient. Die Arzt- bzw. Krankenhauskosten sind extrem hoch. Wer nicht privat versichert ist, benötigt unbedingt eine **Auslandskrankenversicherung**, die für Urlaubsreisen preiswert zu haben ist. Grundsätzlich sind alle Kosten im Voraus zu bezahlen. Für solche Notfälle erweist sich eine Kreditkarte als sehr nützlich. Erkundigen Sie sich deshalb, welche Leistungen Ihre (oder eine) Kreditkarte im Krankheitsfall im Ausland einschließt.

Bis spät in die Nacht geöffnete **Apotheken** findet man unter den Bezeichnungen *drugstore* oder *pharmacy*. Hier erhält man die meisten gängigen Medikamente auch ohne Rezept. Ständig benötigte Medikamente sollte man schon von zu Hause mitbringen (und möglichst ein Attest bei sich haben für den Fall, dass der Zoll Fragen stellt).

In einigen Skigebieten der Rocky Mountains droht die **Höhenkrankheit**. In Colorado und New Mexico liegen schon die Talstationen auf fast 3000 m, in vielen Skigebieten zielen die höchsten Lifte auf über 3500 m. In der Regel verschwinden die Beschwerden (Kopfschmerz, Übelkeit, Schlafprobleme, Müdigkeit) nach ein bis zwei Tagen. Falls nicht, sollte man einen Arzt aufsuchen, der ggf. empfehlen wird, sich in tiefer gelegene Gegenden zu begeben. Das ist ärgerlich, wenn man für eine Woche gebucht hat, abgesehen davon, dass der Urlaubsgenuss natürlich ohnehin geschmälert ist.

Wer nicht weiß, wie er die Höhe verträgt, sollte nicht gleich Copper Mountain, Breckenridge, Keystone oder ähnlich hoch gelegene Resorts ansteuern. Park City in Utah liegt auf 2100 m, Jackson Hole auf 1900 m, Banff auf 1600 m und Whistler auf 650 m. Müssen es unbedingt die hoch gelegenen Orte sein, beugt man durch viel Trinken (mindestens drei Liter am Tag) am besten der Höhenkrankheit vor.

Gegen die in diesen Höhen und geografischen Breiten (Taos liegt südlicher als Tunis) ebenfalls drohenden Beschwerden wie Sonnen- und Gletscherbrand sowie Schneeblindheit sollte man sich ebenfalls wappnen: Mit Sonnenbrille, Sunblocker und Lippenschutz mit hohem Lichtschutzfaktor. Probleme bereiten wegen der trockenen Luft auch die Nasenschleimhäute. Hier hilft eine Majoranpaste (gibt's in der Apotheke).

Notfälle

Bei Notfällen im Skigebiet wendet man sich an die **Ski Patrol**. Deren Stationen sind im Pistenplan *(trail map)* des Gebietes ebenso verzeichnet wie die Telefonnummer. Bei der Meldung eines Unfalls den Pistennamen und ggf. die Nummer des nächstgelegenen Liftmastes angeben. Man kann die Ski Patrol auch an der nächstgelegenen Liftstation benachrichtigen lassen. In weitläufigen Skigebieten gibt es **Notruftelefone** (ebenfalls im Pistenplan verzeichnet). Die **Pistenrettung**, also der Transport vom Berg bis zum Krankenwagen, ist meist, wie z.B. in Colorado, kostenlos.

Teuer wird es, wenn man bei Ausflügen ins Backcountry verunglückt. Für die Rettung kommen dann schnell $ 10 000 zusammen. In Colorado be-

Ski Patrol in Telluride

SERVICE
von A–Z

inhalten die Jagd- und Fischereilizenzen eine Versicherung für solche Fälle. Viele Tourengeher kaufen daher Lizenzen, obwohl sie nie Jagen oder Fischen.

Unter der Telefonnummer ✆ 911 kann man jederzeit sowohl die Polizei als auch Krankenwagen und Feuerwehr anfordern. Man kann sich auch einfach an den Operator (0) wenden, dem man Namen, Adresse oder Standort und die Sachlage schildert. Der Operator informiert dann die entsprechenden Stellen.

Bei **Pannen** mit dem Auto sollte man sich als erstes mit seiner Mietwagenfirma in Verbindung setzen, um die weiteren Schritte abzusprechen. In Notfällen wendet man sich an die **Highway Patrol**. Dies informiert dann Abschleppdienste, Notarzt usw. Auch die AAA (American Automobile Association) unterhält einen eigenen Pannendienst, den Mitglieder von ADAC, ÖAMTC und anderen europäischen Clubs in Anspruch nehmen können (Mitgliedsausweis mitnehmen).

Pisten

In Amerika haben die Skigebietsmanager verinnerlicht, dass Skifahrer zahlen, um abzufahren. Also wird den Abfahrten noch mehr Beachtung geschenkt als den Liften. Pro Lift gibt es daher wesentlich mehr Abfahrten als in Europa. Das hat zur Folge, dass man wesentlich mehr Platz auf der Piste hat – eines der Geheimnisse, warum Skifahren in Nordamerika so viel Spaß macht. Der Anteil täglich gewalzter Pisten ist allerdings geringer als in den Alpen. Dafür informieren morgendliche *Grooming Reports* darüber, welche Pisten frisch präpariert sind. Um die Qualität der Pistenpflege veranstalten viele nordamerikanische Skigebiete einen ziemlichen Hype. Manche haben Namen für ihr Schnee-»Produkt« erfunden und diese als Warenzeichen geschützt. Begriffe wie »manikürt« oder *corduroy* (zu Deutsch: Kordsamt) verwenden die Gebiete schon fast inflationär, wenn es darum geht, die Oberfläche der gewalzten Pisten zu umschreiben. Ohne Zweifel: Die *grooming crews* machen vielerorts einen verdammt guten Job. Dass sie verbreitet auch recht steiles Gelände glatt bügeln, sorgt für das Gefühl, eine Klasse besser zu fahren, als gewöhnlich. Wegen der geringen Frequentierung, behalten die Pisten vielerorts länger ihre makellose Oberfläche.

Die **Pistenklassifizierung** unterscheidet sich von der europäischen. Leichte Abfahrten *(begin-*

SERVICE
von A–Z

Manikürte Pisten in Moonlight Basin, Montana

die mit zwei schwarzen Rauten markiert wird. Bei extrem schweren Abfahrten zieren die Buchstaben EX die beiden Rauten. Der absolute Schwierigkeitsgrad einer schwarzen Piste variiert von Skigebiet zu Skigebiet, ein Pistengütesiegel, das für einheitliche Auszeichnung sorgt, gibt es nicht. Man kann sich in Nordamerika allerdings darauf verlassen, dass Pisten ein gleichmäßiges Profil haben. Leichte Pisten, die plötzlich in einen Buckelhang münden, kann sich angesichts der Gerissenheit amerikanischer Anwälte kein Skigebiet leisten.

Post

Die wichtigsten Postgeschäfte wie das Versenden von Briefen und Postkarten an die Daheimgebliebenen kann man in der Regel an der Hotelrezeption erledigen. Manche Skigebiete bieten sogar kostenlose Postkarten für den Versand von Urlaubsgrüßen an. Die Beförderung einer Postkarte nach Europa dauert auch mit Luftpost oft länger als eine Woche.

ner oder *easy runs)* werden mit einem oder zwei *(advanced beginners)* grünen Kreis markiert, mittelschwere Abfahrten *(intermediate oder more difficult runs)* mit einem oder zwei blauen Quadraten und schwere Pisten *(advanced, difficult)* mit einer schwarzen Raute. Zusätzlich gibt es die Kategorie sehr schwer *(double black diamond* oder *expert)*,

Saisonzeiten/Feiertage

Die Skisaison startet in Nordamerika meist im November. Sowohl in den Rockies als auch in Neuengland tragen einige Gebiete einen inoffiziellen

Zeigt, wo's lang geht: Pistenmarkierung

Wettstreit darum aus, als erste die neue Saison zu eröffnen. Meist gewinnen ihn Loveland in Colorado und Killington in Vermont. Sie öffnen oft schon im Oktober. Hochsaison herrscht zwischen den Jahren (aber Achtung: auch in den Rockies sind dann oft noch nicht alle Pisten befahrbar!) um President's Birthday im Februar und während der Spring Break genannten Schulferien im März. Dann sind die Schneebedingungen am besten.

Fällt Ostern in den April, bedeutet das Nebensaison. Ski fahrende Amerikaner gehen dann schon lieber zum Golfen. Gerade die Rockies erhalten aber im Frühjahr viel Schnee, den man dann fast für sich hat, und zwar zu günstigen Preisen. Verschiedene hoch gelegene oder mit großen Beschneiungsanlagen gesegnete Gebiete dehnen die Saison bis in den Mai aus. **Mammoth Mountain**, **Arapahoe Basin**, **Snowbird** und **Mount Bachelor** lassen die Lifte laufen, so lange es eben geht, manchmal bis zum Nationalfeiertag am 4. Juli. Sommerskifahren auf Gletschereis kann man in **Timberline** und auf dem **Blackcomb Mountain**.

Feiertage während der Skisaison:
Thanksgiving (USA, 4. Do im Nov., in vielen Gebieten offizieller Start der Skisaison)
Christmas Day (25. Dez., in Kanada mit Ausnahme British Columbias auch der 2. Weihnachtsfeiertag. Die Feiertage werden auf Mo und Di verlegt, falls sie auf Wochenendtage fallen)
Neujahrstag (1. Jan.)
Martin Luther King Day (USA, 3. Mo im Jan.)
President's Birthday (USA, 3. Mo im Feb.)
Karfreitag (Kanada)
Ostermontag (Kanada)

Sicherheit

Die USA und Kanada sind insgesamt sichere Reiseländer. Wer in die Skigebiete fährt, macht fast schon automatisch einen großen Bogen um Brennpunkte der Kriminalität wie Miami oder Los Angeles. In ländlichen Gegenden wie den Green Mountains von Vermont schließen die Menschen nachts nicht mal ihre Haustüren ab.

In Skigebieten, die bei Bewohnern großer Städte populär sind (Mammoth Mountain, Killington, Hunter Mountain) tendieren Ski allerdings schon eher dazu, Beine zu bekommen. Der alte Trick, die Ski nicht als Paar sondern einzeln an verschiedenen Stellen zu postieren, schützt recht zuverlässig vor unliebsamen Überraschungen nach dem Lunch. Wer auf Nummer Sicher gehen will, gibt die Bretter beim *ski-check* in Obhut. Im Luxusresort **Deer Valley** oder auch in **Mammoth Mountain** kostet das nichts extra.

Naturgefahren lauern in amerikanischen Skigebieten ebenfalls nur eingeschränkt. Schätzungsweise 95 % des erschlossenen Skiterrains in Nordamerika befinden sich unterhalb der Waldgrenze und das Gelände hat oft Mittelgebirgscharakter. Die Lawinengefahr ist daher generell geringer als in den hochalpinen Skigebieten der Alpen. Terrain oberhalb der Waldgrenze, wie es vor allem **Whistler/Blackcomb** bietet, wird durch die Ski Patrol vor Lawinen gesichert. Das gilt natürlich nicht für Gelände jenseits der Skigebietsgrenzen. Wer sich dorthin aufmachen will, findet unter www.avalanche.org Links zu den regionalen Lawinenwarndiensten *(avalanche centers)*. Ausführliche Informationen zum Verhalten im ungesicherten Gelände liefert die Seite der National Ski Patrol (www.nsp.org).

Skipässe/Liftverbünde

Lifttickets sind in Nordamerika (v.a. in den USA) durchweg teurer als in Europa (im Durchschnitt um 40 % bei einem Euro-Kurs von US-$ 1.30), Preise von $ 70 für die Tageskarte sind keine Seltenheit. Noch dazu fallen die Ermäßigungen für Mehrtagespässe geringer aus. Der 6-Tages-Pass kostet in den Alpen pro Tag meist um die 25 % weniger als die Tageskarte, in Nordamerika eher um die 15 %.

Zum Glück ist Amerika das Land der Rabatte und Sonderangebote. So kann man Skipässe in

> SERVICE
> von A–Z

SERVICE
von A–Z

Supermärkten oder an Tankstellen im Vorverkauf zu vergünstigten Preisen erhalten: Bei Safeway mit $ 10 Ermäßigung für Sugar Bowl, bei King Soopers in Denver (☎ 303-238-6486) für verschiedene Gebiete in Colorado, bei Harmon's (☎ 801-967-9213) und Smith's (☎ 801-328-1683) in Salt Lake City für Gebiete in Utah.

Auch ein Blick auf die Webseiten der Skigebiete lohnt. Sie informieren über *specials*, wie Cross-Marketing-Aktionen (wie z.B. $ 10 Ermäßigung auf die Tageskarte für Kinder, wenn man einen Kassenzettel von McDonalds vorzeigt), und Vorverkaufs-Rabatte. Den 6-Tages-Pass für Breckenridge (Hauptsaison) bekommt man im Netz zum Beispiel für $ 320 statt für $ 426, wenn man ihn sieben Tage im Voraus kauft.

Kinderermäßigungen werden sehr unterschiedlich gehandhabt, sind aber generell höher als in Europa. Auch für Jugendliche gibt es günstigere Tickets, wobei die Altersgrenzen zwischen 17 und 22 Jahren schwanken. Ab 60 wird es dann ebenfalls preiswerter und Senioren über 70 sowie Kleinkinder fahren vielerorts kostenlos oder für einen eher symbolischen Betrag von z.B. $ 5. Skigebiete im Umfeld größerer Städte bieten meist während der Woche ermäßigte Tickets (um 25 %). Sparen kann man auch, wenn man Lifttickets im Paket kauft, z.B. vier Coupons für Tageskarten, die man während der Saison abfahren kann.

Die oftmals sehr preisgünstigen **Saisonpässe** (branchenintern spricht man vom *season pass war*) sind für Urlauber aus Europa leider keine Option. Dafür bieten die Skigebiete für diese Klientel teilweise spezielle Mehrtagesskipässe an, die man entweder individuell (aber zwingend vor Reiseantritt) oder über einen Reiseveranstalter buchen kann. Sie ermöglichen es zwar, verschiedene Skigebiete kennen zu lernen (mit dem **Colorado Skipass** Vail, Breckenridge, Beaver Creek, Keystone und Arapahoe Basin, mit dem **Ski Utah Passport** Deer Valley, Park City, The Canyons, Snowbird und Solitude, mit dem **Lake Tahoe Skipass** Heavenly, Alpine Meadows, Kirkwood, North-Star-at-Tahoe, Sierra-at-Tahoe und Squaw Valley, mit dem **Alberta Skipass** Norquay, Lake Louise und Sunshine), sparen aber, abhängig vom Dollarkurs, nicht unbedingt Geld.

Regionalskipässe, die in Dutzenden von Skigebieten an hunderten von Liften gelten, gibt es in Nordamerika nicht. Die genannten Tickets bilden die Ausnahme und sind teilweise nur für internationale Gäste erhältlich. Was es gibt, sind **gemeinsame Lifttickets** für benachbarte Gebiete, wenn diese im Besitz derselben Gesellschaft sind. Beispiele sind Killington und Pico, Mount Snow und Haystack, Big White und Silver Star, die Vail Resorts Beaver Creek, Vail, Breckenridge und Keystone, die vier Skiberge von Aspen, die beiden Resorts am Big Bear Lake in Südkalifornien oder Whistler/Blackcomb.

Es gibt verschiedene Skiareale, die physisch zwar zusammenhängen (Deer Valley mit Park City, Stowe mit Smuggler's Notch, Solitude mit Brighton), aber trotzdem keinen gemeinsamen Skipass anbieten. Das liegt unter anderem daran, dass elektronische Zutrittssysteme (die die Abrechnung der Ticketeinnahmen zwischen verschiedenen Eigentümern ermöglichen) praktisch unbekannt sind. Dafür gibt's hier ein Gratis-Lächeln bei der Kontrolle des Lifttickets – die ist noch menschliche Arbeit.

In vielen Skigebieten kann man sein Liftticket innerhalb einer gewissen Frist nach Erwerb (meist eine Stunde) zurückgeben, wenn man mit den Schnee- und Pistenbedingungen nicht zufrieden ist. Auch in Skigebiete, die das nicht offensiv bewerben, lohnt es sich im Falle eines Falles am *guest services desk* danach zu fragen. Es gibt aber kein Geld zurück, sondern lediglich einen Gutschein,

Gemeinsame Skipässe wie in Alta und Snowbird gibt es nur in wenigen Skigebieten

den man an einem anderen Tag gegen ein Liftticket einlösen kann.

Manche Gebiete (z.B. **Copper Mountain**) bieten Übernachtungsgästen Privilegien bei der Benutzung der Lifte: erste Bergfahrt 15 Minuten vor der offiziellen Öffnung und VIP-Zugang für kürzere Wartezeiten an den Liften und im Verleih.

Skischulen und Guides

Amerikanische Skischulen kennzeichnet ein sehr differenziertes Kursangebot. Kaum ein Ski-technisches Problem, für das nicht spezielle *clinics* oder *workshops* angeboten würden. Das sind kurze, aber zielgerichtete Intensivprogramme zur Verbesserung der Technik im Pulver, zwischen den Buckeln oder den Torstangen. Für zwei Stunden zahlt man $ 25–50.

Angesichts der wenigen Urlaubstage sind amerikanische Skifahrer bestrebt, das meiste aus ihrem Skitrip herauszuholen. Nicht selten engagieren sie daher einen Privatskilehrer. Das bringt privilegierten Zugang am Lift und verkürzt die Suche nach den versteckten Sahnestückchen des Skigebiets. Ein Privatlehrer kostet rund $ 250–500 pro Tag.

SERVICE von A–Z

Superpipe in Breckenridge

Snowboard

Das Snowboard ist eine amerikanische Erfindung. Jake Burton, Chuck Barfoot und Tom Sims entwickelten Ende der 1970er in Kalifornien die Urform des Snowboards. Mitte der 1980er hatte es bereits weitgehend die heutige Gestalt. Damals war das alternativ angehauchte Gerät nur in 7 % der amerikanischen Skigebiete erlaubt, heute gibt es nur noch drei Bastionen der Skifahrer, die dem Ansturm der Snowboarder widerstehen: **Deer Valley** und **Alta** in Utah sowie **Taos** in New Mexico.

Das andere Extrem findet sich in Kalifornien, wo es mit **Kratka Ridge** ein reines Snowboard-Gebiet gibt und Berge, deren Pisten fast komplett in Terrain-Parks verwandelt wurden, wie z. B. **Bear Mountain**. Diese Parks sind inzwischen aber auch bei Skifahrern beliebt, so dass die Grenzen der beiden sich einst fast feindlich gegenüberstehenden Lager mittlerweile etwas verwischen. Snowboarder sind auch in Nordamerika eine wichtige Zielgruppe für die Wintersportorte und so finden sich in (fast) allen namhaften Skigebieten Halfpipes, Terrain-Parks oder spezielle Snowboard-Trails.

Sprache/Ski-Slang

In Kanada ist neben Englisch auch Französisch offizielle Landessprache. Gesprochen wird es allerdings nur in der Provinz Québec, aber auch dort kommt man mit Englisch problemlos zurecht.

Deutsch wird nur vereinzelt gesprochen, wenn auch in den Skigebieten etwas häufiger als im Landesdurchschnitt. So mancher Bayer, Österreicher

SERVICE von A–Z

oder Schweizer hat als Hotel- oder Skischulmanager Karriere im nordamerikanischen Skibusiness gemacht oder arbeitet als Skilehrer.

Einige der folgenden Begriffe wird man in nordamerikanischen Skigebieten häufiger hören oder lesen:

Base Lodge – zentrales Gebäude, meist an der Talstation der Lifte, das sämtliche Dienstleistungseinrichtungen wie Ticketschalter, Skiverleih, Toiletten, Gastronomie, Ski-Shop etc. beherbergt.

black diamond – schwarze Raute, Markierung für schwere Pisten, besonders schwere Pisten sind mit zwei schwarzen Rauten markiert.

Bowls – unpräparierte, baumfreie Mulden und Kare in den Höhenlagen der Skigebiete, die Tiefschneeabfahrten innerhalb des kontrollierten Skigebiets erlauben.

Bumps/Moguls – Buckel

Child Care – Kinderbetreuung

Chute/Couloir – steile Rinne, nur etwas für Könner

Clinic – kurze Skischullektion, die sich mit einem speziellen Aspekt der Technik befasst, z.B. Buckelpistenfahren *(bumps clinic)*.

Condominiums – Ferienhäuser bzw. Apartments

Cruiser – gut präparierter, meist mittelschwerer Hang mit gleichmäßiger Neigung, der lange, ununterbrochene Schwungserien ermöglicht.

Day Ski Area – Skigebiet ohne Übernachtungsmöglichkeiten an den Pisten

Demo Ski – Topmodelle der Skifirmen, die man in den meisten Skigebieten (gegen Gebühr) testen kann.

Fall-Line Run – Abfahrt, die ohne Querpassagen der natürlichen Falllinie des Geländes folgt.

First Tracks – die ersten Spuren in einem unberührten Tiefschneehang

Glades – vom Unterholz befreite Zonen im Wald, die zum Skifahren freigegeben sind, je nachdem, wie dicht die Bäume stehen, mehr oder weniger anspruchsvoll.

Glade-Skiing – Skifahren in den Glades

Goggles – Skibrille

Groomed Run – gewalzte Piste

Grooming Reports – Liste oder Pistenplan mit Informationen zu den aktuell gewalzten Abfahrten im betreffenden Skigebiet.

Guest Services – hier kann man reklamieren, Auskünfte einholen, Reservierungen tätigen oder Suchanzeigen aufgeben (die von hier aus dann an alle Liftstationen weitergegeben werden).

Homerun – letzte Abfahrt des Tages

Mountain Hosts/Ambassadors – meist Freiwillige, die als Gegenleistung für einen Saisonpass kostenlose Kennenlern-Touren durch das Skigelände führen und im Gebiet für Auskünfte zur Verfügung stehen.

Locals – Einheimische, dazu zählt in Skigebieten auch das Saisonpersonal

Off-Piste – Skifahren abseits markierter Pisten

Pedestrian Village – für Fußgänger konzipiertes

Piste mit Fernsicht: Steamboat, Colorado

Skidorf an den Pisten
Poles – Skistöcke
Powder – Pulverschnee
Ridge – Grat, Bergkamm
Run – Abfahrt
Six Pack – Sechsersesselbahn
Skiable Terrain – die mit Ski (oder Snowboard) befahrbare Fläche (in *acres* oder ha), die in Nordamerika statt der Pistenlänge in km angegeben wird, dadurch wird auch die Breite von Abfahrten berücksichtigt.
Skibums – leidenschaftliche Skifahrer, die vorübergehend oder auf Dauer in ein Skigebiet ziehen, um möglichst jeden Tag Ski zu fahren und die nur arbeiten (bevorzugt abends in Pubs und Restaurants), um sich den Liftpass leisten zu können.
Ski Patrol – kümmert sich um die Sicherheit im Skigebiet und die Bergung von Verletzten, zieht auch schon mal Skipässe rücksichtsloser Akteure ein.
Ski Resort – Skiurlaubsort
Slope – Hang
Snowcat-Skiing – preiswerte Alternative zum Heliskiing, bei der man mit einer Pistenraupe (*snowcat* – Schneekatze) zu Tiefschneehängen transportiert wird.
Snowmaking – Beschneiung
Trail map – Pistenplan
Tram – Großkabinenbahn
Tree-Skiing – Skifahren durch den naturbelassenen Wald, ist vielerorts erlaubt.
XC-Skiing – Skilanglauf

Stromspannung

Die Stromspannung beträgt in Kanada und den USA 110 Volt. Auch für umschaltbare Elektrogeräte wie Rasierapparat oder Föhn benötigt man einen Adapter für die amerikanischen Steckdosen. Da diese vor Ort schwer erhältlich sind, sollte man sie gleich mitbringen.

Telefonieren

Auch in den USA und Kanada gibt es inzwischen recht gut ausgebaute GSM-Mobilfunknetze, während es noch vor wenigen Jahren fast ausschließlich analoge Handynetze gab, die mit dem in Europa üblichen GSM-Mobilfunkstandard nicht kompatibel waren.

Dennoch ist die Handy-Telefonie jenseits des Atlantiks nicht mit den Gepflogenheiten in Europa vergleichbar. Zum einen werden in erster Linie nur die großen Ballungsgebiete und einige wichtige Interstate Highways abgedeckt, nicht jedoch das Land dazwischen. Zum anderen funken die amerikanischen GSM-Netze in den Frequenzbereichen um 850 und 1900 MHz.

SERVICE
von A–Z

Wer in Nordamerika telefonieren möchte, benötigt daher entweder ein separates Handy, das die dort üblichen Frequenzbereiche abdeckt, oder ein so genanntes Triband- oder Quadband-Handy, das sowohl die in Europa üblichen Frequenzbänder um 900 und 1800 MHz als auch die amerikanischen Bereiche unterstützt.

Im Gegensatz zu den meisten europäischen Ländern steht in Nordamerika oft nur ein GSM-Netz zur Verfügung. Eine manuelle Netzwahl, bei der man sich beim günstigsten Roaming-Partnernetz seines Heimat-Netzbetreibers einbucht, entfällt daher.

Auch mit **Calling Cards** kann man seine Gesprächskosten vom Handy aus kaum minimieren. Die Zugangsnummern mit Vorwahlen wie 1-800 oder 1-888 sind zwar vom Festnetz aus kostenlos zu erreichen. Wählt man eine solche *toll free*-Nummer aber vom Handy aus an, so fallen hierfür Gesprächskosten für ein Inlandstelefonat an.

Auch wenn Sie in Nordamerika angerufen werden, müssen Sie zahlen. Der Anrufer zahlt nur die normalen Entgelte für den Anruf auf ihr deutsches Handy. Die Weiterleitung in die USA und nach Kanada geht auf Ihre Kosten. Dazu kommen noch Zuschläge, die der amerikanische Netzbetreiber erhebt. Wichtig: Auch der SMS-Empfang wird von einigen amerikanischen Netzbetreibern berechnet. Das gleiche gilt für nicht zustande gekommene Gespräche (für die Dauer des Rufaufbaus und Freizeichens). Vor der Mailbox-Kostenfalle sollten Sie sich ebenfalls in Acht nehmen.

Die **Hotels** berechnen oft extrem hohe Servicegebühren für Telefonate. Achtung: Auch eingehende Faxe können im Hotel sehr teuer werden. In der Regel ist man also auf öffentliche Telefone angewiesen. Die gibt es zuhauf: an Tankstellen, in Supermärkten und in den Bergrestaurants.

Hilfreich ist zu allen Zeiten der **Operator** (»0«), der Rufnummern vermittelt, Vorwahlnummern *(area codes)* durchgibt und auch den Preis für ein Gespräch nennt. Um eine Nummer herauszufinden, ruft man die *directory assistance*, die man innerhalb des eigenen Vorwahlbezirks unter ✆ 411 erreicht; für andere Bezirke wählt man die jeweilige Vorwahl und dann ✆ 555-1212. Auskünfte über die gebührenfreien 1-800-Nummern gibt es unter ✆ 1-800-555-1212.

Das Telefonieren aus der Telefonzelle, dem *payphone*, erfordert etwas Übung. Ortsgespräche *(local calls)* sind einfach. Man wirft 20 Cent ein und wählt die siebenstellige Nummer.

Wie man **Ferngespräche** *(long distance calls)* führt, wird meist in der Aufschrift am Telefon

297

SERVICE
von A–Z

erläutert. Häufig wählt man die dreistellige Vorwahl und die Nummer, doch ist manchmal eine »1« oder andere Zahl als Vorwahl erforderlich. Danach meldet sich der Operator oder eine Computerstimme und verlangt die Gesprächsgebühr für die ersten drei Minuten. Spricht man länger, kommt die Stimme wieder und möchte mehr Geld. Es empfiehlt sich also, Kleingeld *(change)* zu horten.

Angesichts der verwirrenden, aber durchweg hohen Telefontarife in Nordamerika sollte man gleich zu Beginn der Reise eine **Prepaid-Telefonkarte** kaufen. Solche Karten gibt es speziell für *international calls* teilweise mit extrem günstigen Tarifen (z.B. 3 Cent die Minute nach Deutschland). Erhältlich sind diese Karten vor allem in Supermärkten, an Tankstellen oder in Telefonshops zu $ 5-, 10-, 50- etc. Beträgen. Minutenpreise und sonstige Konditionen *(z.B. minimum fee)* sowie Reichweite unbedingt vergleichen.

Trinkgeld

Bedienungsgelder sind in Hotel- und Restaurantrechnungen meist nicht enthalten. Das Personal hat nur ein geringes Grundgehalt und ist auf Trinkgelder angewiesen. Daher ist in Restaurants Trinkgeld in Höhe von mindestens 15 % der Gesamtsumme allgemein üblich. Gepäckträger erhalten ca. $ 1–2 je Gepäckstück, Taxifahrer erwarten 10 bis 15 % der Fahrpreises, Zimmermädchen $ 1 pro Tag und Person, Barkeeper $ 0.50–1 pro Getränk.

Luxuriös logieren: Beaver Creek

Unterkunft

Das Preisniveau amerikanischer Hotels ist hoch. Aber: Wer die *rack rate*, den im Zimmer angeschlagenen Preis, zahlt, ist selber schuld. Individualreisende sollten grundsätzlich nach der **lowest possible rate** fragen – und nicht einfach nur danach, was ein Zimmer kostet. Hotelgutscheine (für 1–4 Personen) bringen ebenfalls Ersparnisse. Sie werden u.a. von folgenden Ketten angeboten: **Days Inn**, **Holiday Inn**, **Travelodge**, **Sheraton** und **Hilton**. Auch die Buchung über einen Reiseveranstalter kann Geld sparen, ohne dass man den Reiseverlauf deswegen weniger flexibel gestalten müsste. Mit Baustein-, Paket- und Safariangeboten gehen die Programme der Veranstalter auf die individuellen Bedürfnisse von Skireisenden ein.

Die weitaus meisten der hier empfohlenen Hotels können von Europa aus reserviert werden, individuell oder über einen Reiseveranstalter. *In Nordamerika selbst sollte man dazu die stets gebührenfreie Nummer nutzen (1-800 oder 1-888 u.a.)*. Die über die 1-800er-Nummern reservierten Zimmer kosten bei Hotelketten oft weniger, als sie beim Einchecken vor Ort kosten würden.

Auch bei der Hotelreservierung gilt: Ohne Kreditkartennummer läuft immer weniger (an Wochenenden/Feiertagen überhaupt nichts). Hat man eine, wird das Zimmer garantiert aufgehoben. Wird eine Reservierung ohne Kreditkarte akzeptiert, muss man bis **spätestens 18 Uhr** einchecken. Bei der kurzfristigen Zimmersuche sind die örtlichen Visitors Bureaus behilflich.

Hotelzimmer sind in amerikanischen Skigebieten meist wesentlich größer als in Europa und verfügen häufig über eine einfache Küchenzeile. Standard sind Telefon, Minibar, Teekocher und TV-Gerät. Die Zimmer sind meistens mit zwei Double- bzw. Queen-Betten oder einem Kingsize-Betten ausgestattet (Kingsize-Bett ca. 2 x 2 m; Double und Queen ca. 1,3 x 2 m) und können mit bis zu vier Personen belegt werden. Zimmer mit 3 oder 4 Betten gibt es nicht. Die Preise werden in der Regel pro Zimmer berechnet, zusätzliche Personen kosten im Doppelzimmer *(double room)* nur einen geringen Aufpreis.

In den Hotels kann man zwischen Raucher- und Nichtraucherzimmern wählen. Allerdings überwiegt bei weitem die Zahl der Räume für Nichtraucher. Die meisten Hotels verlangen ein »Deposit«, z.B. für Telefongespräche vom Zimmer aus oder für die Benutzung der Minibar und nehmen hierfür beim Check-in einen Kreditkartenabzug oder Bargeld.

Praktisch: Viele Hotels bieten preisgünstige Gelegenheiten, Wäsche zu waschen *(laundry)*. Neben den Hotelzimmern bieten die meisten Skigebiete so genannte *Condominiums* an, **Ferienwohnungen** mit komplett ausgestatteter Küche, Wohnzimmer und ein oder mehreren Schlafräumen.

Top-Qualität aus dem Regal: Skiverleih

Verleih

Man kann nach Nordamerika zwar reichlich Gepäck mitnehmen und Ski werden als Sportgerät kostenlos transportiert. Bequemer reist es sich aber ohne sperrigen Skisack. Die Verleihgeschäfte *(rental shops)* sind gut sortiert und bieten neben Standardware auch qualitativ hochwertiges Leihmaterial. Um das zu bekommen, sollte man nach *high performance* Ski oder *demo rentals* fragen, deren Ausleihe selbstverständlich etwas teurer ist.

Die Preise für die Miete von Ski, Stiefeln und Stöcken für Erwachsene schwanken zwischen rund $ 15 und $ 55, je nach Güte des Materials und Prestige des Orts. Bei Vorbestellung (z.B. online via Internet) gibt's oft günstigere Raten, auch bei mehrtägiger Miete wird's billiger. Unabhängige Verleihshops sind günstiger als die skigebietseigenen, dafür liegen sie selten direkt an der Piste. In den Prospektständern der Hotel-Lobbys findet man Rabattcoupons der Verleihgeschäfte.

Da Verleih, Skilifte und Skischule häufig in der Hand eines Betreibers sind, gibt es vergünstigte Paketangebote für Liftticket, Material und ggf. Skikurs. Vor allem für Anfänger werden diese *packages* oft sehr preiswert angeboten. So will man Eintrittsbarrieren in den Skisport absenken.

Das Sortiment an alternativen Sportgeräten (z.B. Big-Foot, Snowbike) ist nicht so umfangreich wie in manchen Alpenorten, aber Schneeschuhe *(snowshoes)* gibt es überall.

Wartezeiten

In Skigebieten unweit von Ballungsräumen muss man sich vor allem an den Wochenenden auf Wartezeiten an den Liften einstellen. »Unweit« hat in

SERVICE von A–Z

Nordamerika selbstverständlich andere Dimensionen, Mammoth Mountain wird am Wochenende von Skifans aus dem 600 km entfernten Los Angeles überschwemmt. Aber keine Panik bei großen Menschentrauben! Erstens steht man in Nordamerika nicht so dicht gedrängt am Lift (es sieht also nach mehr Volk aus, als es tatsächlich ist), zweitens verfügen gerade die von *weekend-crowds* betroffenen Gebiete über leistungsstarke Lifte, drittens sorgen die *lift attendants* dafür, dass kein Sitzplatz im Sessel leer bleibt, die Kapazität also voll ausgenutzt wird, und viertens fällt das Warten sehr relaxt aus und bietet eine gute Gelegenheit für einen *chat* mit den Umstehenden. Manchmal werden sogar *cookies* und heiße Getränke gereicht.

Zeitunterschied/Jetlag

Kanada ist in 6, die USA sind (mit Ausnahme Hawaiis) in 4 Zeitzonen gegliedert. Die in diesem Buch beschriebenen Skigebiete liegen im Wesentlichen in 3 Zeitzonen: *Eastern Time* (Skigebiete an der Ostküste, MEZ minus 6 Stunden), *Mountain Time* (Rocky Mountains, MEZ minus 8 Stunden) und *Pacific Time* (Westküste, MEZ minus 9 Stunden). Gegen den Jetlag hilft folgende Strategie: Auf dem Hinflug nicht schlafen und nach der Ankunft bis mindestens etwa 22 Uhr Ortszeit aufbleiben. So hat man die größte Chance, auch den ersten Skitag bereits genießen zu können.

Zoll

Die Einfuhr von Obst, Gemüse, Pflanzen, Milchprodukten und Fleisch ist nicht gestattet. Die genannten Produkte werden beim Zoll konfisziert. Die persönliche Reiseausrüstung (Kleidung, Kamera, Laptop) kann man zollfrei mitbringen.

In die USA darf man außerdem folgende Produkte zollfrei einführen:
– 200 Zigaretten oder 50 Zigarren (besser nicht aus Kuba) oder 3 Pfund Tabak
– 1 Liter alkoholische Getränke
– Geschenke im Wert bis zu $ 100

Nach Kanada kann man abweichend Folgendes zollfrei einführen:
– 1 Kilo Tabak
– 8 Liter Bier
– Geschenke bis zu einem Wert von CAN-$ 25 pro Stück (die Anzahl der Geschenke ist nicht begrenzt).

Orts- und Sachregister

Die **fetten** Hervorhebungen verweisen auf ausführliche Erwähnungen, *kursiv* gesetzte Begriffe und Seitenzahlen beziehen sich auf den Service von A–Z.

Adirondacks, NY 224, 238
Albert Glacier, BC 252
Albuquerque, NM 34
Alpine Meadows, CA 199, 201, **208**
Alta, UT 16, 17, 19, 20, 24, 27, 95, 97, **103–106**, 250, 270
- Point Supreme 103 f.
- Sugarloaf Mountain 103 f.
Alyeska Resort, AK 16, 26, 183, 184, **193**
- Mount Alyeska 193
Anchorage, AK 184
Angel Fire, NM 88, **93**
Anreise 281
Arapahoe Basin, CO 16, 33, **73**
- Lenawee Mountain 73
Arizona Snowbowl, AZ **222 f.**
- San Francisco Peaks 222
Arrowhead, CO vgl. Beaver Creek
Aspen, CO 22, 25, 33, 34, **35–48**, 248, 249, 264 f.
Aspen Highlands, CO 15, 18, 21, 22, **41 ff.**
- Highland Bowl 15, 41
- Highland Peak 41
Aspen Mountain, CO 27, **38 ff.**
- Ridge of Bell 19
Athabasca River 179
Ausreise 281
Autofahren 282 f.
Automiete 283
Avon, CO 55, 56

Backcountry/out of bounds 283 f.
Banff, AB 22, 124, **168 f.**, 257, 272 f.
- Banff Upper Hot Springs 169
- Johnston Canyon 169
- Sulphur Mountain Gondola 169
Banff National Park, AB 168, 170
Bay Area, CA 208
Bear Mountain Resort, CA **221**
- Bear Peak 221
- Goldmine Mountain 221
- Silver Mountain 221
Beaver Creek, CO 17, 20, 21, 22, 34, **55–59**, 265 f.
- Arrowhead 55
- Bachelor Gulch 55
- Beaver Creek Mountain 55 ff.
- Golden Eagle 58

- Grouse Mountain 55, 56
Beech Mountain, NC 245
Bend, OR 197
Bethel, ME 237
Big Bear Lake, CA 29, 221
Big Game Alaska Wildlife Center, AK 193
Big Mountain, MT 16, **146**
Big Sky, MT 15, 16, 17, 18, 19, 20, 21, 22, , 23, **140–143**, 250
- Andesite Mountain 141
- Lone Mountain 140 f.
- Lone Peak 140 f.
- The Big Couloir 19
Big White, BC **147–150**, 273 f.
- Big White Mountain 147, 148 f.
Bitterroot Range, ID 125
Black Hills, SD 244
Black Tusk, The, BC 21
Blue Mountain, ON 243, 244, **246 f.**
Bogus Basin, ID 20, **131**
Boreal, NV 201
Boston, MA 226
Boyne Highlands, MI 247
Boyne USA Resort, MI **247**
- Boyne Mountain, MI 247
Bozeman, MT 146
Breckenridge, CO 15, 16, 17, 18, 20, 22, 34, **60–64**, 266
- Peak 7 61, 63
- Peak 8 15, 61, 63 f.
- Peak 9 61, 63, 64
- Peak 10 61, 62
Bretton Woods, NH 20, 226, **234**
- Mount Washington 234
- Mount Washington Hotel 234
Brian Head, UT 16, 248
Bridger Bowl, MT **146**
Brighton, UT 16, 96, 97, 107, **108**
Brundage Mountain, ID 250
Buttermilk, CO **44**

Calgary, AB 126
Cannon Mountain, NH 226, **235**
Cascade Range, WA/OR 182, 197
Castle Mountain, AB 16, 18, 22, **178**
Chic-Chocs, QC 225
Chilkoot Mountains, BC 259
Chugach Mountains, AK 183, 263
Clingmans Dome, TN 244
Coast Mountains, BC 182, 183, 259
Coast Range, BC 258 f.
Colorado Plateau, AZ 222
Copper Mountain, CO 16, 17, 18, 19, 34, **65–68**, 266 f.
- Copper Bowl 65, 67
- Copper Peak 66 f.
- Far East 19
- Union Peak 67
Copper Spur Mountain Resort, OR 197
Crested Butte Resort, CO 16, 34
- Extreme Limits 19
Crowsnest Pass, BC 161

Crystal Mountain, WA 19, 184, **194**
Death Valley, CA 200
Deer Valley, UT 17, 20, 21, 22, 95, 96, 110, **116–119**, 270
- Bald Mountain 117 f.
- Empire Canyon 117 f.
- Silver Lake Village 116
- Snow Park Village 116 f.
Denver, CO 34, 73
Diamond Peak, NV 201
Dillon, CO 68
Dollar Mountain, ID vgl. Sun Valley
Donner Pass, NV 26
Durango Mountain Resort, CO 16, 249

Ellicottville, NY 246
Einreisebestimmungen 284
Essen und Trinken 284 f.

Fairweather Mountain, BC 183
Fernie Alpine Resort, BC 20, 124, **161 ff.**, 251, 274
- Lizard Range 162
Flagstaff, AZ 222, 223

Gallatin River 140
Geld/Devisen/Reisekosten 285 f.
Gepäck 286
Girdwood, AK 193
Golden, BC 167
Gore Mountain, NY 226
Government Camp, OR 197
- Mount Hood Museum 197
Grand Canyon, AZ 223
Grand County, CO 77
Grand Targhee, WY 16, 21, 22, 27, **139**, 248, 250
- Fred's Mountain 139
- Peaked Mountain 139
Grand Teton, WY 21, 124, 125, 132, 139, 261
Granite Peak Ski Area, WI **247**
Great Basin, UT/NV 96, 262
Great Salt Lake, UT 96
Green Mountains, VT 224, 233
Gros Ventre Mountains, WY 261
Grouse Mountain, BC 21, 22, 182 f., **191 f.**

Hazelton Mountains, BC 258
Heavenly, CA/NV 18, 21, 22, 200, **209–215**
- Heavenly Village 210

Heliskiing **252 ff.**
Highland Powder Skiing, BC 251
Hinweise für Behinderte 287
Hoback Mountains, WY 261
Holiday Valley, NY **246**
Homewood, NV 201
Hood River, OR 196

Icefields Parkway, AB 179
Invermere, BC 164

300

Orts- und Sachregister

Jackson, WY 124, **132**, 274 f.
- Elk Refuge 132
- National Museum of Wildlife Art 132
Jackson Hole, WY 15, 19, 21, 132, **133–138**
- Apres Vous Mountain 133, 134 f.
- Corbett's Couloir 136
- Rendezvous Mountain 133, 134
- Teton Village 133, 134, 277
Jasper, AB 25, 124, 179, 275
Jasper National Park, AB 179
Jay Peak, VT 225
June Lake, CA 220
June Mountain, CA **220 f.**

Kellogg, ID 131
Kelowna, BC 147
Ketchum, ID 22, **128 f.**
Keystone, CO 16, 18, 21, 22, 27, **69–73**, 266 f.
- Dercum Mountain 70 f.
- Keystone Resort 70
- Lake Village 70
- North Peak 70, 71
- River Run Village 70
- The Outback 70
Kicking Horse, BC 15, 20, 21, 22, **167**
Killington, VT 17, 19, 20, 21, 22, 29, 226, **227–231**
- Bear Mountain 228
- Killington Peak 228, 230
- Pico Mountain 228
Kimberley, BC **160**, 275
- Kimberley Alpine Resort 160
- Northstar Mountain 160
Kirkwood, CA 16, 18, 26, 200, **215**
Kitimat Range, BC 258
Klima/Kleidung 287 f.

Lake Louise, AB 19, 21, 124, 168, **174–177**, 275 f.
- Chateau Lake Louise 175
- Lipalian Mountain 175
- Mount Whitehorn 175
Lake Placid/Whiteface Mountain, NY 16, 22, 226, **238**
- Little Whiteface 238
- Mount Van Hoevenberg 238
Lake Superior, MN 247
Lake Tahoe, NV 21, 26, 27, 200 f., 208, 209
Langlauf 288
Las Vegas, NV 200
Laurentides, QC 224
Liftanlagen 288
Lincoln Peak, VT 231 f.
Links um den Schnee 288 ff.
Los Angeles, CA 200
Loveland Pass, CO 34
Loveland Ski Area, CO 16, 18, 33, 73
Lutsen Mountains, MN **247**

Mad River Glen, VT 18
Mad River Valley, VT 231
Maligne Canyon, AB 181
Mammoth Mountain, CA 19, 20, 21, 199, 200, **216–220**
- Grizzly 19
- Mammoth Lakes, CA 216 f., 279
- Village at Mammoth 217
Marble Mountain, NL 244, 251
Marmot Basin, AB **179 ff.**
- Marmot Peak 179 f.
Maroon Bells, CO 21, 33
Maße und Gewichte 290
Maverick Mountain, MT 22
Medizinische Vorsorge 290 f.
Meteor Crater, AZ 223
Millicent Rogers Museum, NM 88
Minarets, The, CA 21
Mirror Lake, NY 238
Mohawk Mountain, CT 28
Monarch Ski Resort, CO 16
Monashee Mountains, BC 125, 148, 251, 252
Montezuma Castle, AZ 223
Montreal, QC 226
Moonlight Basin, MT 15, 16, 18, 22, 141, **144 f.**, 276
- Castle Rock 145
- Lone Peak 15, 21, 144, 145
Mount Assiniboine, AB 21, 125, 167
Mount Bachelor, OR 21, 22, 182, 183, **197**
Mount Baker, WA 16, 26, 183, **194**
Mount Ellen, VT 231, 232
Mount Garibaldi, BC 183
Mount Hood Meadows, OR 15, 18, **196 f.**
Mount Hood, OR 183, 184, 195 f.
Mount Katahdin, ME 225
Mount Mansfield, VT 233
Mount Rainier, WA 183, 194
Mount Rose, NV 201
Mount St. Helens, OR 183
Mount Tremblant, QC 239 ff.
Mount Washington, NH 225, 234
Mount Werner vgl. Steamboat

Nakiska, AB 22, **178**
Nelson, BC 159
Nevada Desert, NV 21
New York City 226
North Cascades Mountains, WA 262
North Lake Tahoe, CA **201**, 279
Northstar-at-Tahoe, CA 200, 201, **206 f.**
- Lookout Mountain 206
- Mount Pluto 206 f.
- Northstar-at-Tahoe Village 206
Notfälle 291

Ogden, UT 109
Okemo Mountain, VT 20, 226

Pacific Range, BC 258
Panorama, BC 15, 18, 22, **164 ff.**
- Panorama Village 164
Park City, UT 17, 22, 24, 95, **110 f.**, 271
- Jupiter Peak 112 ff.
- Park City Mountain 112
- Pioneer Peak 112 ff.
- Resort Center 112, 113, 115
- Utah Olympic Park 111
Park City Mountain Resort, UT 18, 96, **112–115**, 250
Pisten 291 f.
Portland, OR 184, 197
Powder King, BC 16
Powder Mountain, UT 16
Powder Springs, BC 251
Purcell Mountains, BC 167, 258

Red Resort, BC **158**
- Granite Peak 158
- Red Mountain, BC 16, 22, 158
Red River, NM 88, **93**
Reno, NV 200
Ritter Range, CA 218
Rocky Mountains 124 ff.
Rossland, BC 158
Ruby Mountains, NV 262
Ruidoso, NM 94

Saisonzeiten/Feiertage 292
Salt Lake City, UT **98**, 110, 271
- Salt Lake City International Airport 95, 97
San Francisco, CA 200, 208
San Juan Mountains, CO 21, 33, 83, 87, 260
San Miguel River 83
Sangre de Cristo Mountains, NM 88, 89
Santa Fe Ski Area, NM 16
Sawtooth Mountains, ID 260
Schweitzer Mountain, ID **131**
Seattle, WA 184, 194
Selkirk Mountains, BC 27, 159, 251, 252, 257
Seven Springs, PA 243, **246**
Sicherheit 293
Sierra Blanca Peak, NM 94
Sierra Nevada, CA/NV 199
Sierra-at-Tahoe, CA **215**
Silver Mountain, ID 20, **131**, 250
Silver Star Mountain Resort, BC 18, **151–154**, 276
- Silver Star Mountain 151, 152 f.
Silverton Mountain, CO 15, 16, 18, 22, **87**
- Storm Peak 87

301

Orts- und Sachregister

- The Billboard 19
Sipapu, NM 88
Skeena Mountains, BC 259
Ski Apache, NM **94**
Ski Banff@Norquay, AB 168, **169**
Ski Beech, NC 244, **245**
Ski Cooper, CO 18, 22, 249
Skipässe/Liftverbünde 293 ff.
Ski Smithers, BC 16, 18, 22
Smuggler's Notch, VT 17
Snake River 132
Snake River Mountains, WY 261
Snowboard 295
Snow King, WY 20, 132, **138**
- Snow King Mountain 138
Snow Summit, CA 29, **221**
Snowbasin, UT 16, 18, 22, **109**
Snowbird, UT 16, 17, 19, 95, 97, **99–102**, 271 f.
- Cliff Lodge 99, 102
- Hidden Peak 99, 100 f.
- Little Cottonwood Canyon 24, 99
- Mach Schnell 19
- Mineral Basin 100, 101
- Mount Baldy 100
- Snowbird Center 99
Snowcat-Skiing **248 ff.**
Snowmass, CO 15, 16, 17, 18, 20, 21, **45 ff.**, 267
- Big Burn 45
- Elk Camp 45, 47
- High Alpine 45
- Sam's Knob 45, 46, 47
Snowshoe, WV 243, 244, **245**
- Cheat Mountain 245
- Widowmaker 245
Solitude, UT 16, 95, 97, **107**
- Big Cottonwood Canyon 107
- Eagle Ridge 107
South Lake Tahoe, CA 209, 210, 278
Sprache/Ski-Slang 295 ff.
Squaw Valley USA, CA 18, 19, 22, 199, 200, 201, **202–205**, 251, 279 f.
- KT-22 19
- Squaw Peak 203 f.
- 1960 Olympic Winter Games Museum 205
Stateline, NV 209 f.
Steamboat, CO 15, 17, 21, 22, 33, 34, **78 ff.**, 249, 267 f.
- Mount Werner 33, 78 f.
Stevens Pass, WA 250
Stowe/Mount Mansfield, VT 17, 226, **233**
Stratton, VT 226
Stromspannung 297
Sugar Bowl, CA 16, 25, 200, 201, **208**

- Mount Judah 208
Sugarbush, VT 226, **231 f.**
Sugarloaf Mountain, ME 236
Sugarloaf/USA, ME 225, **236**
Summit County, CO 16, 33, 61
Sun Peaks, BC 18, 20, 22, **155 ff.**, 276 f.
- Mount Morrisey 155 f.
- Mount Tod 155 f.
- Sundance Peak 155
- Sundance Ridge 155
Sun Valley, ID 20, 21, 22, 124, 126, **127–130**, 260 f.
- Bald Mountain 127
- Dollar Mountain 128 f., **130**
Sundance, UT 20, 95, **123**
- Mount Timpanogos 123
- Bishop's Bowl 123
Sunday River, ME 29, 226, **237**
Sunset Crater National Monument, AZ 223
Sunshine Village, AB 18, 19, 21, 168, **170–173**
- Goat's Eye Mountain 170 f.
- Lookout Mountain 170 ff.
- Mount Standish 170
- Wildwest 19

Tahoe City, NV 201, 208
Tamarack Resort, ID 22, 126
Taos Pueblo, NM 88
Taos Ski Valley, NM 15, 22, **88–93**, 268
- Al's Run 19, 89 f., 92
- Kachina Peak 15, 90
- Wheeler Peak 89
Taos, NM 16, 88
Telefonieren 297 f.
Telluride, CO 16, 17, 18, 19, 21, 22, 33, **83–86**, 268 f.
- Bald Mountain 84
- Bushwacker 19
- Palmyra Peak 83 f.
- Telluride Mountain Village 16, 83, 86
Terry Peak, SD 244 f.
Tetons/Teton Range, WY vgl. Grand Tetons
Teton Village, WY (vgl. auch Jackson Hole) 277
The Canyons, UT 20, 95, 110, **120 ff.**
- Cabriolet Mountain 121
- Murdock Peak 122
Timberline, OR 15, 21, 183, **195**
- Palmer-Gletscher 195
Tremblant, QC 16, 22, 226, **239–242**
- Mount Tremblant 239 ff.
Trinkgeld 298
Truckee, NV 201
Turnagain Arm, AK 183, 193

Uinta Mountains, UT 96
Unterkunft 298

Vail, CO 17, 19, 20, 21, 22, 27, 34, **49–54**, 269 f.
- Back Bowls 51
- Blue Sky Basin 51, 52, 53
- Prima 19
- Vail Mountain 50 ff.
Vancouver, BC 21, 183, 191
Verleih 299
Victoria Glacier, AB 21, 125, 175

Waitsfield, VT 231
Walnut Canyon, AZ 223
Warren, VT 231
Wasach Mountains, UT 24, 96, 97, 109, 117, 261
Wartezeiten 299
Wheeler Peak, NM 89, 93
Whistler Village, BC 22
Whistler/Blackcomb, BC 15, 17, 19, 20, 21, 22, 183, **185–189**, 278 f.
- Blackcomb-Gletscher 187, 188
- Blackcomb Mountain 187
- Creekside Base Village 186
- Horstman-Gletscher 187
- Upper Village 186
- Whistler Mountain 186, 187 f.
- Marketplace/Whistler North 186
White Mountains, NH 224, 225
White-Sands-Dünen, NM 94
Whiteface Mountain, NY 15, **238**
Whitefish, MT 146
Whitewater, BC 22, **159**, 250
- Ymir Peak 159
Winter Green, VA **245**
Winter Park Resort, CO 16, 17, 18, 19, 21, 34, **74–77**, 270
- Winter Park 74 f.
- Summit Express 19
- Mary Jane 74 ff.
- Parsenn Bowl 74 ff.
- Vasquez Ridge 74 ff.
Winter Park Village, CO 16, 74
Wisp at Deep Creek Mountain Resort, MD **246**
Wolf Creek, CO 27, 249
Wrangell/St. Elias Mountains, AK 183
Wupatki National Monument, AZ 223

Yellowhead Pass, AB 179
Yellowstone National Park, WY 124, 126

Zeitunterschied/Jetlag 299
Zoll 299